먹고
기도하고
먹어라

떡고
기도하고
떡어라

미친 듯이 웃긴
인도 요리 탐방기

마이클 부스 지음
김현수 옮김

글항아리

일러두기

• 원서에서 이탤릭으로 강조한 곳은 고딕으로 표시했다.
• 본문에 첨자로 부연설명한 것은 옮긴이 주다.

중년을 향해 가고 있거나 이미 넘어선 분,
몸이 예전 같지 않아 속상한 분,
인간은 결국 죽음을 피할 수 없으며,
고로 모든 게 부질없단 생각이 드는 분,
산만해서, 후회가 많아서, 너무 비싼 주방용품 때문에 고민하느라
시간을 흘려보내고 있는 분,
세상 그 모든 분께

그리고 감사하게도 이 모든 것에 해당되지 않는……
아, 중년이라는 점만 빼고
나의 아내 리센에게

서문

원래 처음에는 단순한 식도락 여행기를 쓸 작정이었다. 내가 예전에 썼던 그런 책들처럼 말이다. 계획은 이랬다. 인도를 여행하며 각 지역의 흥미로운 레시피를 발굴하고, 음식에 열정을 가진 사람들을 만나고, 그런 다음 그들의 삶, 조국, 역사에 빛나는 통찰력을 버무려 넣은 책, 그러니까 일종의 음식 사회 인류학 책을 내자. 그게 내가 출판사 편집자에게 한 얘기였다. 그는 사람 좋고, 사람 잘 믿고, 관대한 성격인 데다, 유명하고 쟁쟁한, 정상적인 작가들만 상대해왔기에, 내가 앞으로 이어질 이따위 글을 내놓으리라곤 전혀 예상하지 못했을 거고, 이런 대접을 받아서도 안 될 분이었다.

이 책이 엉뚱한 방향으로 흘러간 데에는 우리 마누라께서도 톡톡히 한몫하셨다. 어쨌든 그래서 이 책으로 말할 것 같으면, 멘털이 탈탈 털려서 툭하면 발끈하고, 피곤에 찌들대로 찌들어 실의에 빠져 사는 남자, 식탐 하난 끝내주지만 제대로 하는 건 하나도 없는 알코올 중독 애 아빠가 인도아대륙 아시아 남부의 아대륙으로 방글라데시, 부탄, 인도, 네팔, 파키스탄의 인간애, 광기, 지혜와 대면한 뒤 일어난 일에 대한 고해서로 둔갑해버렸다. 그렇다고 먹는 얘기를 결코 적게 한 건 아니라는 사실은 미리 밝혀둬야겠다.

딴 데 정신 팔기가
영원무궁토록 필요한 이유

'마흔아홉이 되려면 10년이나 남았는데, 나는 문득, 내가 이미 망가졌음을 깨달았다.'

_『무너져 내리다』, F. 스콧 피츠제럴드

"인간이라는 종족이 종종 믿고 의지하는 나름 위로가 되는 다양한 망상적 신화들 있지? 하느님, 천당, 산타클로스, 북유럽인의 이상향이라는 발할라 그리고 어느 책에서 지상낙원이라고 했다는 상하이 같은 것 말이야. 그런 걸 싹 무시하고 살면 우리가 생각하고 행동하고 바라고 말하는 이유는 아주 기본적이고 절박한 두 가지 요소에서 비롯된다고 보면 돼. 첫째, 번식의 필요성! 둘째, 피할 수 없는 죽음의 공포에서 벗어나기 위해 딴 데 정신 팔고 싶은 강렬한 욕구. 그리고 솔직히 까놓고 섹스도 여기 넣어줘야지. 왜냐하면 섹스도 딴 데 정신 팔려고 하는 거잖아, 안 그래?"

"마이클, 샹그릴라 아냐? 상하이는 실제로 존재하는 도시야."

"아, 그래! 맞아 샹그릴라. 내가 말하려고 한 게 거기야."

"그래서 넌 어따 정신을 파는데?"

친구의 질문에, 나는 대답 대신 팔로 방 안을 한번 휙 훑으며 내 뒤쪽 찬장에 놓여 있는 빈 와인 병들, 우리가 깨끗이 싹싹 긁어 먹은 디저트 그릇 그리고 싱크대 안에 쌓여 있는 냄비와 프라이팬들을 가리켰다.

"음식. 나는 음식 생각을 하고, 음식 관련 글을 읽고, 음식 관련 글을 쓰고, 음식을 먹어. 너는 마라톤을 하지. 그리고 넌," 그 늦은 시간에 나는 다른 친구를 약간 어정쩡하게 가리켰다. "넌 귀엽게도 애같이 축구에 집착하잖아. 너는 밥 딜런이라면 환장을 하고. 그리고 넌 스티브 잡스가 만드는 하얀색 플라스틱 물건이 나왔다 하면 그게 뭐건 족족 사대잖아."

'인류의 심적 평안을 위해 우리는 영원토록 딴 데 정신을 팔아야 한다'는 나의 야심찬 이론을 정립하고 세심하게 다듬는 데는 40년이란 세월이 걸렸다. 비록 아직 이 이론이 철학계에서 그리 큰 반향을 불러일으키는 것 같진 않지만 어쨌든 나는 이 이론을 굳게 믿고 있다. 그래서 이 기회에 이 심오한 통찰을 친구들과 함께 나누기로 한 것이다. 이 친구들로 말할 것 같으면, 내가 술에 취해 저 혼자 잘났다고 지껄이는 데 이골이 나서 내 말을 절대 기분 나쁘게 받아들이지 않을, 아니, 어차피 십중팔구는 귓등으로도 안 듣고 있을 녀석들이다.

"만약 영적인 믿음이 없으면 삶이 좀 허무할 것 같다는 말은 일리가 있어. 근데 너의 '딴 데 정신 팔기'에는 결정적인 문제가 있어." 애플 맥 중독자인 제스퍼가 말했다.

"뭐가 문젠데?"

"딴 데 정신 팔겠다고 네가 고른 게, 얼마 못 가서 널 죽일 거라는 거다, 인마."

"그냥 죽으면 다행이게? 외롭고, 처량하게, 사람들에게 잊힌 채, 변비에 걸려 죽을걸? 네가 로마에서 한 짓을 생각하면 뭔 말인지 알 거다." 마라톤에 미친 녀석이 웃으며 덧붙였다.

나는 결혼 10주년을 맞아 두 아들, 아홉 살 애스거, 일곱 살 에밀을 떼어놓고 아내 리센과 단둘이 로마에 다녀왔다. 리센이 깜짝 선물로 여행을 준비했고 나는 뛸 듯이 기뻐했다. 출발일이 다가오면서 나는 음식 웹사이트, 블로그, 여행 책자를 모조리 훑어보며 젤라토 가게, 디저트 숍, 맛집, 와인 바를 총망라한 빽빽한 여행 일정을 짰고, 로마에 착륙한 첫날 오후부터 콩 튀듯 팥 튀듯 온 도시를 미친 듯이 뛰어다니며 일정표에 체크를 해나갔다.

내가 꿈꿨던 여행은 이런 게 아니었다고, 그날의 세 번째 피스타치오 아이스크림을 먹고 난 직후 아내가 내게 말했다. (말이 나온 김에 피스타치오 맛 아이스크림은 맛있는 젤라토 가게를 선별할 수 있는 리트머스 시험지다. 그러니까 다른 맛을 잘못 골라 망하기 전에 꼭 먼저 피스타치오 맛을 먹어봐야 한다. 피스타치오 맛 아이스크림에 색소를 넣어 밝은 초록색으로 만드는 집은 가차 없이 아웃이다. 그런 집은 아이스크림을 진지하게 만드는 곳이 아니다. 그런 집 아이스크림은 애들이나 먹는 거다. 진정한 피스타치오 아이스크림은 색이 칙칙하다 못해 거의 갈색을 띠는 녹색이어야 하고, 되도록이면 시칠리아 동북부, 브론테라는 도시 인근 과수원에서 수확한 피스타치오가 좋다.)

"음, 알았어." 나는 잠시 고민했다. 그래, 그럼 이렇게 하자!

"지금부터는 찢어져서 다니는 게 어때? 당신은 가서 성당이랑 뭐 그런 것들 구경하고, 나는 아까 비행기에서 당신한테 말했던 카놀리작은 파이프 모양으로 튀겨 속을 달콤한 치즈나 크림, 견과류 등으로 채운 이탈리아 디저트를 판다는 그 케이크 집에 갈게. 그리고 호텔에서 다시 만나 저녁 먹으러 가자. 내가 두 군데 예약해뒀거든. 하나는 미슐랭 별을 받은 집인데, 그쪽이 별로 안 당기면 좀 더 격식 안 차려도 되는 데로 가도……"

"여보, 우리 지금 로마에 왔어. 애들도 없이 우리 단둘이만. 그리고 오늘은 우리 결혼 기념일이라고. 근데 찢어져서 다니자고?"

내 딴에는 썩 괜찮은 해결책이라고 말했던 건데, 아닌 모양이었다. 그 후로 장장 10분간 스페인 계단을 반쯤 올라갈 때까지, 로마의 어느 묘지에 잠들어 있다는 시인 키츠가 눈을 번쩍 뜨고 살아 돌아올 만큼 큰 목소리로 아내는 내 계획의 문제점을 지적해댔다. 결국은 나도 아내의 말이 무슨 얘긴지 이해할 것도 같았고, 무엇보다 내가 아내의 기분을 그렇게 망쳤다는 게 속상했다.

이 사건 하나만으로 내가 사랑 없이, 외롭게, 소화 불량으로 고통받으며 종말을 맞이할 거라고 친구들이 예언한 것은 아니다. 이 자리에서 몇 가지 예를 더 들어보겠다. '그래, 내가 멍청한 놈이에요. 그래도 날 사랑해줘요'라는 식의 ─ 먹히지도 않겠지만 그래도 뭐 시도는 해볼 만한 ─ 수를 쓰는 게 아니라 그저 내 인생이 얼마나 비정상적인 것이 되었는지, 내 식욕이 나를 얼마나 치명적으로 산만하게 만들었는지 보여주기 위해서다. 대체로 크리스마스는 이런 사건의 발화점이 되곤 한다.

만약 당신이 자유로운 미각의 방종을 허락하는 삶을 산다면, 특별한 일 없는 평일에 푸아그라를 먹는 게 아무렇지 않다고 생각한다면, 저녁 식사를 준비하는 데 적어도 한 시간, 대개는 그보다 훨씬 많은 시간을 쓴다면, 그리고 기분 좋게 취하는 날이 적어도 일주일에 사흘 이상 된다면 크리스마스를 그보다 더 특별하게 보내겠다는 생각 자체가 실은 도전이다.

문제의 그 크리스마스 날, 나는 자유방사로 키운 거위를 샀다. 거위의 뼈를 발라낸 후 그 안을 뼈를 발라낸 오리고기로 채울 계획이었다. 그렇게 두 가지 고기를 하나로 말아 일종의 발로타인닭, 오리 등 가금류의 뼈를 발라내 다른 고기와 야채를 다져 만든 속을 채운 요리. 형태를 유지하기 위해 묶거나 꼬치 등으로 꿰어 굽고, 삶기도 한다 을 만들고, 두 고기의 뼈를 우려 졸여낸 육수와 함께 차려내고 싶었다. 굉장히 공이 많이 들고 기술적으로도 쉽지 않은 요리였다. 야단법석을 떨며 만드는, 힘이 잔뜩 들어간 요리인지라 평소에는 주말이 아니고는 결코 벌이지 않을 일이었다. 그리고 미슐랭 별 레스토랑인

파리의 라틀리에 뒤 조엘 로뷔숑의 주방에서 일하던 때에 배운 폼므 퓌레를 곁들일 예정이었다. 폼므 퓌레란, 갓 삶은 감자를 라이서_{삶은 감자 등을 넣고 압력을 가해 작은 구멍 밖으로 국수 가락처럼 밀어내는 조리 도구}로 힘겹게 으깬 후, 버터 한 덩이와 집에서 키운 적채를 넣고 섞어서 만드는 프랑스식 매시드 포테이토다. 그 외에도 함께 곁들일 간단한 요리 몇 가지 그리고 후식으로 귤 셔벗과 함께 초콜릿 수플레를 만들고, 커피랑 같이 내놓을 초콜릿까지 다 직접 만들 생각이었다. 물론 전채 요리도 준비해야 했고…….

리센은 특별히 독실한 사람은 아니지만, 1년 중 몇몇 특별한 날, 특히 크리스마스에는 교회에 가야 한다고 생각했다. 반면에 나는 그 어떤 날이건 간에 교회 예배 참석이 필수적이지도, 바람직하다고도 믿지 않는 사람이거니와 웃풍이 드는, 조명이 휘황찬란한 건물 안에 앉아 당나귀가 등장하는 노래를 부르고, 이류 신학 대학을 졸업한 치마 입은 남자의 훈계를 들으며 낭비할 시간 따윈 더더욱 없다. 나는 당근을 브뤼누아즈_{채소를 3밀리미터 크기의 주사위 모양으로 잘게 자르는 것}해야 했고, 부케 가르니_{요리할 때 향을 더하기 위해 넣는 작은 허브 주머니}를 묶어야 했다.

우리 부부는 살벌하게 한판 떴다. 나는 내 위장의 욕구가 식구들의 영적 자양분보다 더 중요한 사람으로 매도당했다. 리센은 어느 대목에선가 "아무리 수선을 떨어봐야 입으로 들어가면 다 똑같은 음식일 뿐이야!"라는 말을 내뱉었고, 설거지 등등에 전혀 협조하지 않겠다는 협박도 이어졌다. 결국은 내가 교회에 끌려가 예배 내내 씩씩대고 거친 한숨을 토해내는 걸로 일단락되는 듯했으나, 나는 끝내 오븐의 불을 줄이는 걸 '까먹었다'는 구실로 일찍 빠져나와버렸다.

교회 얘기가 나와서 말인데, 한번은 장례식장에 앉아 있다가 아메데이 토스카노 블랙 66 엑스트라 다크 초콜릿아메데이는 세계 유수의 잡지와 초콜릿 전문가들이 최고로 꼽는 이탈리아 토스카나의 초콜릿 회사의 한 귀퉁이를 아주 조금 떼어내 씹던 중 걸린 적도 있다. 리센 할머니의 장례식이긴 했지만 정말 아주 작게 딱 한입만 먹었단 말이다. 그리고 고인께선 정말, 정말 연세가 많으셨음에도 내가 한 짓은 아주 부적절한 행동으로 보였던 모양이다.

이쯤에서, 배심원단에게 털어놓을 일이 몇 가지 더 있다. 별 세 개에 빛나는 아주 고급스럽고 클래식한 파리의 레스토랑 가이 사보이에서 은밀하게 나 혼자 저녁을 먹는 데 400유로를 썼다가 들킨 일. (그것도 새 소파를 살 돈이 없다고 반대한 지 일주일 만의 일이었다. 그렇지만 열다섯 가지 음식이 나오는 코스의 질과 거기 들어간 인간의 노고 및 시간을 따져볼 때 그날의 저녁 식사는 그 어떤 소파보다 훨씬 더 가치 있었고, 훨씬 오랫동안 내게 영향을 주었다고 당당히 말할 수 있다.) 그 외에도 50파운드짜리 화이트 샤토네프를 몇 병씩 산 일, 400파운드짜리 가정용 아이스크림 기계를 산 일 그리고 내가 만들고 싶었던 인도 요리의 핵심 재료인 싱싱한 카레 잎을 사겠다고 왕복 50마일의 운전을 마다하지 않은 일 정도다.

우리는 최근에 도시 한복판에서 시골 구석으로 이사를 했다. 가장 가까운 인도 음식점과 아시아 식품점까지도 겁나 멀고, 김과 해조류, 레몬그라스, 커버처 초콜릿일반 초콜릿보다 코코아버터 함유량

이 높은 고급 초콜릿으로부터도 백리 길, 썩 괜찮은 버건디와인의 명산지
브르고뉴 지방에서 생산되는 포도주 셀렉션, 싱싱한 망고스틴, 코스 사이
사이에 리넨 식탁보 위의 부스러기를 털어내주는 웨이터가 있는
레스토랑, 조리 음식이 골고루 갖추어진 진열 코너, 장인의 경지
에 이른 정육점 주인, 피스타치오 마카롱 등등 내 인생에서 몹
시 소중한 모든 것으로부터 너무나도 아득히 멀었다.

내 삶에 이런 재앙이 닥치기 전까지는 지난 30여 년간 평균
일주일에 한 번은 인도 음식점에 가곤 했다. 알루 빈디오크라와 감
자를 넣어 만든 드라이하고 간이 약한 카레 요리, 사그 파니르인도식 생치즈인 파니
르와 시금치를 넣어 만든 정통 인도 카레, 차파티팬케이크처럼 둥글넓적하게 구운 빵,
단삭고기나 야채에 렌틸콩과 고수풀을 넣은 인도 요리, 볼티고기, 채소로 만드는 카레
요리. 볼티라는 둥근 금속 냄비에 담겨 나온다, 바지야채 튀김의 일종는 내 식단의
단골 음식들이었고, 금요일 밤에 은박 용기에 가득 담긴 걸쭉하
고, 톡 쏘는, 입안을 불태울 듯한 음식이 없으면 불안하고 신경
이 날카로워졌다.

그러나 더는 도시의 삶을 감당할 경제력이 안 된다는 게 우리
의 현실이었다. 지난 10년 동안은 많은 사람이 그렇게 하듯 집을
담보로 대출을 받아 수입을 보충해왔지만 2008년의 아마겟돈
을 방불케 하는 경제 위기가 도래하면서 그 소박한 게임의 음악
이 딱 멈춰버렸고 우리는 몇 개 남지 않은 의자에 엉덩이를 붙이
려고 허둥대야 했다. 생활비는 급등했지만 잡지사나 신문사에서
프리랜서 저널리스트에게 주는 원고료는 마치 돌에 새겨놓은 것
처럼 아주 오랫동안 꿈쩍도 하지 않았다. 나는 1990년대 후반에

이 일을 시작했을 때와 단 한 푼의 차이도 없이 똑같은 돈을 받고 있었다. 실은 내가 기고하는 다수의 출판사에서는 오히려 원고료를 깎았다. 그런가 하면 인터넷이라는 위대한 신생 개척지는 프로 작가들에게 동네 지역 신문 수준의 고료를 줄 뿐이었다.

징징대고 싶은 마음은 전혀 없다. 내 벌이도 썩 나쁜 편은 아니었다. 비록 더 나은 사회를 만드는 데 공헌하시는 그분들의 위엄을 따라가진 못했지만 연륜 있는 교사와 비슷하게 벌고 있었다. 그리고 내가 이 바닥에서 쭉쭉 뻗어나가지 못하는 이유는 전적으로 나의 잘못된 선택들과, 누구나 짐작하겠지만 본질적으로 내 성격과 재능 부족 탓이었다. 처음에 이 일을 시작했을 땐, 당연히 나도 작가로서 이름을 드날리겠다는 야심찬 포부가 있었다. 그러나 잡지의 커버 스토리를 쓰기도 하고, 기사에 사진과 함께 이름이 실리기도 하고, 무엇보다 가장 빛나는 영예인 잡지의 기고자 소개란에 사진과 함께 필자 약력이 실리기도 했지만 (아, 저널리스트라는 인간들이 그 엄지손톱만 한 사진을 가지고 얼마나 고민하고 애면글면하는지…… 대부분의 독자는 대체 이런 고급 잡지에 왜 이렇게 못생긴 사람들의 얼굴을 실을까 의아해하며 휙 넘겨버릴 텐데 말이다) 내 이름은 신문 구독률에 영향을 미치는 이름이 아니었고, 이제 10년 차 작가가 됐음에도 불구하고 새로운 담당 편집자에게 전화를 걸었을 때 그 사람이 내가 누군지 바로 알 확률은 딱 반반이었다. 내색은 못 해도 마음속 저 깊은 곳에서는 당연히 편집자들이 나를 찾아 우리 집 문전으로 쇄도해야 마땅하다고 느끼고 있건만, 현실은 내가 편집자의 문을 부수고 들어가야 일을 따낼 판이 돼버리고 나면 아무리 상황이 좋을 때라도 멘털이 흔들릴 수밖에 없다. 심지어 마흔 살 생일을 목전에 두면 그런 일이 훨씬 더 무겁게 다가올 수 있다. 작은 모욕이나 작은 역경(정기적으로 기고하던 칼럼에서 잘리거나 편집자가 내가 낸 아이디어를 훔치는 일)에도 나는 휘청 흔들렸다. 편집자가 급하게 써 보낸 이메일의 뉘앙스를 두고도 몇 시간씩 고민했다. 이 사람이 일부러 짧고 퉁명스럽게 쓴 걸까, 아니면 너무 바빠 예의를 갖춰 쓸 시간이 없었던 걸까? 누구라도 마땅히 받아들여야 할 정당한 비평에도 몸져누운 것은 물론이다. 나이가 들수록 느긋해지고 온화해진다더니! 나는 오히려 예전보다 더 쉽게 화내고 더 분해하고 더 억울해했다. 결코 좋은 모양새는 아니라는 거, 인정한다. 나도 부끄럽게 생각한다.

그렇다고 병적으로 우울증을 앓는 건 아니었다. 그렇게 주장함으로써 내 행동을 정당화하거나 그런 정신과적 진단의 격을 떨어뜨릴 생각은 추호도 없다. 나는 그저 정말, 정말로 행복하지 않았을 뿐이다. 대부분은 내가 자초한 무기력한 불안감에 빠져 허우적대며 점점 더 사소한 고충들에 집착하고 돈 한 푼에도 벌벌 떨게 됐다.

성질이 더러운 상사와 따분한 통근길에 시달리고, 장래도 빤한 월급쟁이들에게는 혼자 프리랜서로 일하는 것이 더없이 행복한 일로 보일 수도 있다. 당연히 한 사람의 성인으로 고용되어 일하고 있는 내 친구들은 내 불평을 결코 그냥 참아주지 않는다. 그리고 나 역시 한 사람의 삶과 일에 있어 그런 자유로움이 행복의 주춧돌로 인용돼왔음을 잘 알고 있다. 그러나 그런 자유로움은 또 완전히 다른 종류의 스트레스와 긴장감을 동반한다. 특히 나 같은 사람들은, 공항의 장기주차장에 갇혀 대기 중인 사파리 공원의 개코원숭이 정도의 자유를 누릴 뿐이라는 걸 알려드리고 싶다. 왜냐하면 집에서 일을 하면 진도는 너무 느리고, 오전 내내 집 안을 뒤져서 설탕이나 지방이 함유된 식품들을 모조리 다 찾아내 먹고, 죙일 일과 관련 없는 활동, 즉 딴짓으로 시간을 보내다가 오후 다섯 시 반쯤, 한 게 아무것도 없다는 사실(테런스 트렌트 다비라는 뮤지션에게 실제로 무슨 일이 있었던 것인지 알아낸 걸 빼고는)을 깨닫는다.

내 집중력이 작은 파편처럼 조각조각 분산됐다는 것도 도움이 되지 않았다. 나에 비하면 우리 아들 애스거의 금붕어는 항공 관제사의 집중력을 탑재한 것처럼 보였다. 내가 매일 정맥주사처럼 주입하는 소모적인 현대인의 커뮤니케이션이란 게 점점 더 조각조각 분열되고 정신없어지면서, 내 시냅스가 엉망이 되어버렸거나 아니면 그저 나이를 먹으면서 맛이 갔거나 둘 중 하나인 것 같았다. 이런 현상에 대해 잘 알고 있는 과학자들은 인터넷이 우리 두뇌 작용 자체를 바꾸고 있다고 말한다. 전전두엽 피질의 기능을 약화시켜 우리 모두를 ADHD 벌새_{활동량이 많아 날개를 1초에 55번이나 퍼덕이는 종도 있고 주로 단독생활을 하며 공격적이다}로 만들고 있다는 것이다. 현대의 기술과 미디어는 끊임없는 불안과 비상사태를 야기하는 환경을 조성했다고 그들은 설명한다. 예를 들어 TV 채널을 계속 바꿔대는 것은 네안데르탈인이 정글 속에서 이빨

이 무시무시한 짐승들을 경계하며 헤매고 다니는 것과 유사한, 고도의 경계심을 갖게 한다는 것이다. 매번 TV 채널을 돌리거나 인터넷 화면을 바꿀 때마다, 받은 메일함에 새로운 이 메일이 도착하거나 휴대전화의 메시지 수신음이 울릴 때마다 당신의 뇌는 새로운 환경이나 위협으로 인지하는 것에 새로 적응하도록 강요받는다. 방금 전까지만 해도 오프라 윈프리와 함께 소파에 앉아 있던 당신은 어느 순간 오지에서 독거미를 마주한다. 그러다가 로또의 당첨 번호가 몇 번인지 기다리고 있는데, 어제 마무리하기로 약속했던 일이 준비됐냐는 질문이 날아오는 식이다. 많은 사람이 여기에 대처하는 것이 버겁다고 느낄 거라 생각한다. 우리 뇌는 끊임없이 밀려드는 정보의 구정물 아래로 서서히 가라앉고 있다.

그 결과 적어도 내 경우에는 어떤 일이든 몇 분 이상 집중해서 붙잡고 있는 것이 불가능해졌다. 일하는 날의 하루 여덟 시간 중 돈을 받는 일에는 30분에서 한 시간 정도를 쓴다는 계산이 나온다. 나머지 시간은 나보다 더 잘나가는 저널리스트들의 트위터 대화를 엿보고, 그들이 지들끼리는 다 친하고, 문학 축제에도 더 많이 초대받고, 더 좋은 의뢰를 많이 받는다는 사실에 씁쓸함을 느끼며 보냈다. 혹은 요리 블로거의 그 전날 저녁 메뉴에 대한 새로운 포스팅이 떴나 보려고 이미 방문했던 블로그를 계속 들락날락거리기도 했다. 내 이메일 계정을 전부 다시 확인하기도 했고, 내 책들의 아마존 순위를 차례대로 다 체크한 다음, 내 라이벌과 친구들의 순위를 확인하고 그 숫자의 격차에 의기

소침해져버렸다. 내 이름이나 내 책 제목들을 검색해보기도 했다. 최근에 어떤 얘기들이 회자되는지 — 그런 언급이 있기나 하다면 — 알아보기 위해서였다. 내가 함께 학교를 다닌 인간들 중 나보다 아주 조금이라도 불쌍하게 사는 인간이 있을까 하는 희망으로(헛된 희망으로 밝혀졌지만) 동창 찾기 사이트인 프렌즈 리유나이티드를 기웃거리기도 했다. 하긴, 모두가 알다시피 프렌즈 리유나이티드에 들어가 시간을 보내고 있다는 건 분명 당신이 완전 루저라는 얘기— 헐.

내 하루의 하이라이트는 아이들을 학교에서 데려와 집에서 같이 「못 말리는 어린 양 숀」을 보는 시간이었다. 물론 생계에는 전혀 도움이 안 됐다. 사실 아주 솔직히 말하자면 내 하루의 하이라이트는 여섯 시쯤 피노누아 한 병의 힘을 빌려 서서히 긴장을 풀고 저녁을 준비하는 시간이었다.

꽤 괜찮은 치즈 가게에서 멀리멀리 떨어진, 사방이 들판 천지인 곳에서 하루를 마감하는 것은 실패자의 숙명이다. 막상 와보니 다행히 이 지역은 학군도 좋았고, 아이들도 각자 자기 방을 가질 수 있었고, 공기도 훨씬 맑은 것 같았다. 그러나 내가 알던 내 삶은 끝장나 있었다. 중년이란 나이가 현실로 다가오고 있다는 사실, 그리고 내 꿈들이 근처에 미슐랭 별을 받은 음식점 하나 없는 이곳, 이 끝없이 펼쳐진 논밭 한가운데서 끝나고 말았다는 사실을 곱씹으면서 나는 점점 내 안으로 움츠러들었다.

하루는 네발가락도롱뇽에 대한 다큐멘터리를 봤다. 정말 매력이라고는 눈을 씻고 봐도 찾을 수 없는 양서류, 이 도롱뇽에게 한 가지 특이점이 있는데, 영구동토층에 자신의 몸을 묻고 몇 년씩이나 얼어붙은 채로 있을 수 있다는 것이었다. 내가 하고 싶은 게 바로 저거라고 나는 느꼈다. 어쩌면 지금 내가 하고 있는 게 바로 저게 아닐까 하는 생각도 들었다. 진흙투성이 벌판 한가운데서, 낡아 해진 방수 외투를 입은 테드라는 이름의 아저씨들과 낡은 수바루 차들에 둘러싸인 채.

어디서부터 잘못된 걸까? 하루는 양말을 신기 위해 침대 귀퉁이에 앉아 생각했다. 이제 내 복부 사이즈는 더 이상 선 채로 양말을 신을 수 없는 지경에까지 이르렀다. 다음은 뭘까? 피터 유스티노프영화「쿼바디스」등에 출연한 영국 배우 스타일로 바지를 겨드랑이 바로 밑까지 끌어올려 입게 될까? 아카펠라 동호회에 가입하게 될까? 통풍에 걸리게 될까? 나처럼 1980년대에 어린 시절을 보낸 사람들은 모든 게 가능하다는 신념을 주입받았다. 우리는 가장 환상적인 꿈을 성취할 수 있다고, 그럴 자격이 있으며 그럴 의무가 있다고. 재키 콜린스의 작품 전집쯤은 그저 특이한 어깨 장식 정도로 우스워 보일 만한 눈부신 성공, 부, 명예 그리고 강력한 어깨 뽕을 가질 권리를 타고났다고. 당신이 운명을 거머쥘 수 있을 만큼 야심만만하고 오만하다는 가정하에 말이다. 그러나 나는 펜트하우스나 고급 맞춤 정장, 값비싼 시계와는 눈에 띄게 거리가 먼 삶을 살고 있었다. 대신 만약 내 삶을 주제로 전시회를 기획하게 된다면 주요 전시 품목은 녹슨 도요타 자가용, 이케아 선반 몇 개, 팩 와인이 될 것이다. 나는 나의 영원한 동반자인 마이너스 통장과, 저가 브랜드들이 줄줄이 걸린 옷장, 점점 빈도가 잦아지는 어마무시하게 아픈 치통과 더불어 살았다. 한 사람의 40년 인생 끝자락의 현실이었다.

만약 당신이 불운하게도 심각한 교통사고를 겪은 적이 있다면 충돌이 일어나기 1, 2초 전의 시간이 슬로비디오처럼 갑자기 느려지는 그 느낌이 무엇인지 알 것이다. 그건 마치 피할 수 없는 결과를 더 생생하게 느끼게 해주려는 사디스트적인 현상이 아닐까 나는 의심하고 있다. 마흔이 다가온다는 것은 그 충돌 직전의 몇 초와 비슷한데 다만 그걸 최소 18개월 정도로 늘려놓는 것이다.

"마흔이 되기 전에는 삶이나 모든 경험에 '헬로, 헬로, 헬로'야." 마흔이라는 이정표를 막 지나간 친구 하나가 투덜거렸다. "그런데 그날이 지나고 나면 기본적으로 무조건 '굿바이, 굿바이, 굿바이'가 된다니까." 마흔이라니. 어떻게 내가 마흔이 된단 말인가! 존 레넌의 사망 소식을 들었을 때, 나는 슬프기도 했지만 그래도 마흔이면 살 만큼 살았네, 라고 느꼈다. 그런데 그랬던 내가 그 산송장의 나이로 접어든 것이다. 사회의 관심이나 요구에 불필요한 잉여의 삶 말이다.

중년이란 것은 자기 충족 예언_{어떤 예언이나 생각이 이루어질 거라 강력하게 믿음으로써 그 믿음에 의한 피드백으로 행동을 변화시켜 직간접적으로 진짜 이루어지게 하는 예측}처럼 돼버렸다. 가까이 다가오면 다가올수록 나는 점점 더 중년처럼 변해갔다. 나는 일간지의 원예 면을 읽기 시작했고, 라디오2_{BBC의 라디오 채널로 어덜트 컨템퍼러리와 성인 취향의 록음악을 주로 방송}한다도 점점 들을 만해졌고, 쉽게 노여움을 탔다. 아무것도 아닌 것들에 폭발했다. 무례한 운전, 전동 칫솔 헤드의 가격, 사람들이 문법을 틀리게 말하는 것 같은 일에 무너졌다. 서서히, 슬프고, 고단하게 나는 안으로 붕괴되고 있었다. 하지만 그때는 아무도, 심지어 내 아내 리센도 눈치 채지 못할 거라고 확신했다.

내 커리어의 권태감, 시골로의 귀양, 경악할 정도의 육체적 노쇠(한 올이긴 하지만 왼쪽 귀에서 완강하게 계속 자라나는 귀털, 푹신푹신한 소파에서 몸을 일으키려 할 때마다 본의 아니게 터져나오는 신음 소리, 마로니에 열매 크기에 육박하는 치질)로부터 딴 곳으로 정신을 팔기 위해서(거봐요, 딴 데 정신을 팔아야 살 수 있다고요). 나는 집에서 나만의 인도 음식 만들기라는 야심찬 프로젝트에 착수했다. 그러나 결과는 어설픈 흉내에 그쳤다. 절대로 소스의 농도를 적절하게 맞출 수 없었고, 실력 있는 인도 레스토랑의 음식처럼 톡 쏘는 짜릿한 맛을 낼 수 없었다. 나는 기_{ghee, 인도 요리에 사용되는 정제 버터}가 단순히 녹여서 투명하게 만든 버터라고 생각했기에 — 나중에 보니 잘못 알고 있었다 — 제일 좋아하는 요리를 내가 만들면 왜 레스토랑 버전의 풍부한 느낌과 만족스러운 무게감을 살릴 수 없는지 이해할 수 없었다. 앗, 근데 내가 무슨 말을 하다가 여기로 샌 거지?

자식을 키운다는 건, 물론, 내 삶에 목적, 집중력, 기쁨을 선사했다. 애스거와 에밀은 특히 3번 요소를 넘치게 선물해주었다. 그 녀석들은 아이들이 당신을 무척 따르고, 당신과 함께 시간 보내기를 원하고, 당신이 재미있어하는 것들(겨드랑이로 방귀 소리 내기, 진 와일더의 코미디 영화, 록음악에 맞춰 허공에 대고 드럼 치기)

에 함께 웃을 수 있는 유머 감각까지 갖춘 그야말로 효도 황금기에 도달해 있었다. 그러나 자식이 태어나는 순간, 당신의 인생은 더 이상 당신 것이 아니게 된다. 그 순간부터 당신은 아이 머리가 뒤로 꺾이지 않게 붙들어야 하고, 그 작디작은 입안으로 이유식을 떠 먹여야 하고, 걸음마를 떼면 잡아주어야 하고, 학교 갈 준비를 시켜야 하고, 학교에서 가르치는 것들을 최대한 흡수하고 있는지 확인해야 하고, 좀 더 시간이 흐른 뒤에는 아이들을 가라테, 수영, 기타 레슨으로 실어 날라야 한다. 이제 머지않아 클럽으로, 파티 장소로, 금요일 밤엔 경찰서로 아이들을 데리러 가야겠지. 이렇게 무서운 속도로 계속 커간다면 아이들을 제대로 알기도 전에 곧 나는 결혼식에서 덕담을 하며 작별 인사를 해야 할지도 모른다.

어쩌면 책임감은, 그리고 오직 자기밖에 모르던 사람에게 이런 초점의 변화는 좋은 일일 수도 있다. 고매한 인격을 갖춘 인간으로 성숙해지는 마지막 단계일 수도 있으니까. 그러나 만성 자아도취자인 나에게 이런 발전은 젊었을 적 내가 세웠던 목표를 다시는 성취할 수 없다는 유감으로 얼룩져 있었다. 이제 공식적으로 기한이 끝나버린 거였다. 사회는 이제 나의 목표가 아닌, 아이들의 목표를 위해 나를 헌신해야 한다고 압박해왔다. 하지만 내게 할 일이 남아 있다고 느꼈다.

문제는 이거였다. 내 커리어를 위로 견고히 쌓아올리는 대신 나는 손 놓고 앉아서 먼 미래가 아닌 중간쯤의 미래를 노려보며 대부분의 시간을 보내고 있다는 것. 직장암에 대해 생각하고, 도무지 낫지 않는 구강염에 대해 조바심 내고, 내 경제 상황에 대해 고민하며 만약 중병에 걸리면 우리 식구들이 어떻게 살아나갈까 걱정했다. 그러다보면 내 장례식에는 누구누구가 나타날 것이며 그들의 비통함은 1에서 10까지 등급 중에 어디쯤 해당될지 생각하고 있었다. 나는 만성 피로— 숙취로 더 악화된—에 시달렸고, 절대 끝내지 못하는 '나의 할 일' 목록을 보며 죄책감을 느꼈다. 솔직히 그 할 일 목록을 끝낼 수 있을 거라는 희망은 품어본 적도 없다. (처진 전선 같은 건 그냥 건드리지만 않으면 위험하지 않잖아요, 맞죠?)

그리하여 나는 나의 문학 영웅인 F. 스콧 피츠제럴드가 내 최애 작품 중 하나인 『무너져 내리다』를 썼을 당시와 세 가지 공통점을 찾을 수 있었다. 나도 서른아홉이었고, 어떤 면에서는 나도 무너지고 있었으며, 셋째, 완벽한 자가 명상법을 알코올에서 발견했다는 점. (나의 영웅처럼 고매하고 우아하면서도 간결하고 깔끔한 문장이 담긴, 참을 수 없을 정도로 통렬한 시적 소설로 내 동료들의 졸작을 부각시킬 만한 걸출한 재능을 갖추지 못했다는 것은 실로 애석한 일이지만, 다 가질 수는 없잖아요?) 지금 돌이켜보면, 숨길 수 없는 나의 신호들은, 피츠제럴드의 비극적 낭만주의보다는 품격이 훨씬 떨어지는 감정적 균열이었고, 나의 음울한—당시에는 어쩔 수 없었던 것으로 보이는—파국은 피츠제럴드의 자기 인식을 갖추지도 못했다. 그렇지만 어쨌든 다른 사람들 눈에는 그게 다 보였던 것 같다.

"난 당신 나이의 남자들에게서 비슷한 모습을 많이 봤어요.

그래서 한 말씀만 해드리자면⋯⋯" 파티에서 만난 어떤 의사와 우리 삶에 대해 몇 마디 얘기를 나누었는데 그가 이렇게 말했다. 짐작건대, 내가 대화 중에 와인을 얼마나 퍼마시는지 눈여겨본 모양이었다. "만약 그쪽 삶이 이렇게 계속되다가는 어딘가가 망가질 거예요. 당신이 고장 날 거라는 건, 가정이 아니라 시간 문젭니다."

물론 리센도 나를 많이 걱정했고, 허리까지 늪에 빠진 남자에게 구원의 밧줄이랍시고 내려준 것이 요가와 명상이었다. 나는 딱 잘라 거절했다. 피트니스센터나 향을 피우는 것과 관련된 일엔 참여하고 싶지 않다고. 하지만 대신 절충안으로, 말하기 좀 부끄럽지만 얼마 동안은 자기계발서나 사이비 종교 책에서 해답을 찾으려고 노력했다. 정말 닥치는 대로 읽었다. 『네 안에 잠든 거인을 깨워라』 『성공하는 사람들의 7가지 습관』 『더 짧은 시간에 더 많은 일 하기How to Get More Done in Less Time』 『원하는 것을 갖고, 가진 것을 원하는 법How to Have What You Want and Want What You Have』. 그중 대부분이 진부하고, 질리고, 뻔하고, 단순하고, 별 소용이 없었다. 샴푸 케이스에 적힌 철학이었다. '당신은 소중하니까요!' '느끼는 대로 행동하세요!' '아침엔 노래하세요!' 와 같은. 모든 내용이 뇌가 손상된 극단적 낙천주의자 독자들을 위한 것임이 분명했다. 내 인생에 대해선 해주는 얘기가 별로 없었다. 그것도 꼭 일곱 가지 단순한 규칙으로 정리해줬다. 춤추는 법을 배워라, 웃음 치료를 시도하라, 포스트잇에 자기 긍정의 말을 적어 집 안 구석구석에 붙여라 등등. 그러나 내가 생각하는 치료는 한 손에 술병을 들고 책을 읽는 것이었다. 혹은 잠을 자거나. 그게 뭐 잘못인가?

행복 전문가들이 입에 달고 살아 우리 귀에도 익숙한 말은 '자기 자신에게 충실하자'이다. 그러나 나라는 인간을 내 포부와 커리어로 대부분 규정하던 나로서는 그 두 가지가 시들어버리자 내 개념 자체가 거의 남아 있지 않다고 느꼈다. 나로서는 영 관심 없는 하느님이나 우주의 영적 원리에 대해 논하는 책들도 있었다. 대부분은 똑같은, 빤한 불변의 진리를 끝없이 되새김질하는 것으로 만족하는 듯했다. 목표를 설정하라, 긍정적인 사고를 하라, 자신이 누리는 축복들을 헤아려보라, 삶의 작은 것들에 감사하는 법을 배우라, 장미꽃 향기를 맡으라, 지금을 살아라, 습관을 고쳐라, 동호회에 가입하라, 치실을 잘 하라.

어떤 책의 저자는 이름이 마피아 두목 이름으로나 어울릴 법한 '척 스페차노'였다. 거짓말 아니고 진짜로.

내가 읽은 베스트셀러 중 하나는 프랑스 정신과 의사 프랑수아 를로르의 『쿠페 씨의 행복 여행』이었는데 이 책은 자기계발서 분야에서 진실과는 거리가 먼 천진난만한 우화 쪽에 속했다. 한없이 낙천적인 정신과 의사가 무엇이 사람들을 행복하게 만들고 불행하게 만드는지 알아보기 위해 세계를 여행한다는 책이었다. (표지에는 '전 세계 200만 부 판매 달성'이라고 적혀 있었다. 아니, 추천사랍시고 할 말이 그것밖에 없나? 자동차 사고만 나도 너도나도 구경하겠다고 속도를 늦추며 몰려드는 게 인간이라는 종족이다. 내 말이 틀렸나요?)

그 여행길에서 헥터는 행복의 '비결' 리스트를 만든다. 그중 몇 가지.

No. 8b: 불행은 사랑하는 사람들로부터 떨어져 있는 것이다.

그리고,

No. 10: 행복은 당신이 사랑하는 일을 하는 것이다.

그래? 그럼 나도 행복해야겠네.

틀로르는 어느 인터뷰에서 이렇게 주장했다. '어떤 사람들은 선천적으로 행복을 타고난다. 아가들에게서도 이 점을 발견할 수 있다. 수학, 음악, 스포츠를 잘하는 것과 마찬가지다. 당신도 행복의 능력을 갖고 태어났지만 그 부분을 연마해야 한다.' 사람들은 행복 디폴트 체계 ─ '병적 우울증'에서부터 아주 '큰 행복'에 이르기까지 ─ 가 설정된 채 태어난다고, 그리고 외부 영향에 의해 단지 일시적으로 거기서 벗어나는 것이라고, 그는 말했다.

비록 나는 사랑하는 사람들로부터 떨어져 있는 일도 거의 없고 내가 꽤 좋아하는 일을 하고 있지만(비록 내가 기대했던 성공에 이르진 못했지만), 아무래도 행복이란 재능은 못 타고난 모양이다. 나의 디폴트 설정은 행복 스펙트럼에서 이요르_{곰돌이 푸의 당나귀. 늘} 쪽에 위치하고 있는 거다. _{의욕 없고 부정적이고 자신 없는 캐릭터로 늘 행복하고 긍정적인 티거와 대조를 이룬다}

내가 읽은 책 중에 그나마 마음에 와닿았던 것은 크리스토퍼 해밀턴의 『중년Middle Age』이었다. 내용이 어찌나 절망적이고 음울한지 마지막 페이지를 넘길 때쯤엔 오븐에 머리를 처박고 죽어버리고 싶은 마음을 진정시켜야 했다.

해밀턴은 이렇게 적고 있다. 중년이 다가오면서 '섬뜩한 죽음이 옆에 와 있다. 육체는 우리가 거의 혹은 전혀 통제할 수 없는 자연스러운 과정들에 매우 취약함을 보여준다. 거울을 볼 때면 해골이 우리를 노려보기 시작한다. 마치 죽음이 이미 우리 안에 있는 것만 같다.'

음, 이제야 말이 좀 통하는 사람을 만났군.

해밀턴은 계속해서 이렇게 말한다. 중년이 되면서 깨달을 것이라고. 이 세상이 얼마나 더러운 곳인지, 착한 사람들은 절대 1등을 하지 못할 것이고, 당신의 원대한 계획들은 수포로 돌아갈 것이며, '오만과 자만은 성공과 명망을 얻기 위해 종종 필요한 조건이고, 선함은 대체로 진실한 덕목으로서가 아니라 공포와 불안 때문에 행해지는 것이라는 걸.'

해밀턴은 막심 고리키의 『여름 전설』이란 작품을 인용한다. '나이 먹을수록 우리를 둘러싸고 있는 추잡함, 따분함, 평범함, 부당함을 더 쉽게 알아차리게 된다.'

생각해보라, 고리키는 아침 막장 드라마 같은 건 본 적도 없는 사람이었다.

해밀턴은 현대 사회의 대부분의 병폐가 자격을 주장하고 관심을 추구하는 서양 문화에서 기인한다고 주장한다. '개인으로

서 인정받고 싶은 욕구가 만연하다. 그 욕구는 명성에 대한 갈구, 눈에 띄고 싶은 욕망의 극단적 형태를 띠게 된다. 그저 몇몇 사람으로부터 어쩌다 한 번 정도로는 만족하지 못하고, 언제나 인정, 숭배, 질투와 갈망의 따뜻한 빛에 둘러싸여 있길 원한다.'

그건 그렇고, 내가 「투데이」라는 TV 프로그램에서 인터뷰도 한 사람이란 얘기는 했던가?

그러던 어느 날, 치킨 티카 마살라 재워서 구운 닭고기를 넣은 매콤한 카레. 주황색 소스는 크림 맛이 난다. 영국에서 아주 보편적인 요리에 한 시간을 쏟고도 병에 넣어 파는 설탕 범벅의 질척한 소스보다 못한 것을 만들어냈는데, 리센이 부엌에 들어오더니 식탁 위의 와인 병에 남아 있던 마지막 한 잔을 따라 내 앞에 앉았다.

"마이클, 이렇게는 도저히 안 되겠어." 와인 잔을 내려다보던 리센은 기다란 손잡이를 만지작거리며 말했다. 심장이 쿵 떨어졌다. 이거 지금 리얼이야? 우리가 정말 이런 얘기를 나누고 있는 거야? 솔직히 우리 사이가 그렇게 나쁜 건 아니었다. 나는 이런 이야기를 할 준비가 전혀 안 돼 있었다.

"우린 떠날 필요가 있다고 생각해." 리센이 말했다.

"떠나……? 서로 떨어져 있자는 뜻이야?" 사실 언젠가는 리센이 나에게 진력이 날 날이 오리라는 생각을 안 하고 산 건 아니었다.

"뭐?" 리센이 고개를 들었다. "아니. 우리 다 같이 떠나자고. 당신, 너무 피곤해 보여. 당신이 진짜로 행복한 모습을 마지막으로 본 게 언제인지 기억도 안 나. 당신 술 마신다고 뭐라 하는 것도 이제 지겨워, 진짜. 당신은 내가 싫어하는 거 알면서도 계속 마시잖아. 통제가 안 되는 것 같아. 당신, 술 마셔도 너무 마셔. 나 많이 생각했어. 우리에겐 휴식이 필요해. 당신도 틀에 박힌 일상에서 벗어날 필요가 있어. 그것밖엔 해결 방법을 못 찾겠어. 우리 인도에 가는 게 어때?"

"인도? 장난해? 애들을 데리고 인도에 가자고? 미쳤어?" 나는 콧방귀를 뀌었다. "생각해봐. 교통지옥에, 식중독에, 가난, 땡볕, 벌레들, 질병, 말라리아." 그러다가 잠시 멈췄다. 갑자기 머릿속에서 전구가 탁 켜지는 느낌이었다. 그리고 어디선가 이런 목소리가 들려왔다. '마이클, 시크 케밥_{인도 향신료와 다진 고기를 섞어 원통형으로} 말아 꼬치에 끼워 먹는 케밥만 생각해.'

마치 내 마음을 읽기라도 한 듯 리센은 얘기를 이어나갔다. (솔직히 리센이 그 정도 유추하는 건 대단한 심령술이 필요한 일은 아니었다.)

"나 지금 완전 진지해. 하지만 조건이 하나 있어. 그리고 이건 정말 확실하게 분명히 해두고 싶은데, 이번 여행은 당신이 떠났던 음식 투어가 아니라는 걸 명심하는 게 좋아. 난 절대로 석 달 내내 이 음식점에서 저 음식점으로 왔다 갔다만 하다 올 생각은 없어."

"석 달?"

"그래. 2주 정도 바닷가에 가서 앉아 있다 오는 게 의미가 있다고 생각해? 여보, 난 지금 휴가를 떠나자는 얘기가 아냐. 당신이 직접 경험했으면 하는 것들이 있고, 어쩌면 나는 당신을 도울 수도 있을 것 같아. 지금 빨리 손보지 않으면 이 가정은 얼마 못 갈 거야."

이게 무슨 뜻이지? 설마 내가 생각하는 그 얘길 하는 건 아니겠지?

"이 세상에 우리보다 조금 덜 누리고 사는 사람들을 보면 우리도 새로운 것에 눈을 뜰 수 있지 않겠어? 인도에 가서 아무것도 먹지 말라는 얘기는 아니야. 그리고 거기서 지내는 동안 글을 몇 편 쓸 수도 있겠지. 하지만 우리도 다 같이 가는 거면 한 가지 조건에 동의해야 해. 조건은, 전체적인 여행 계획은 내가 짜겠다는 거야. 어디를 가고, 어느 지역에서 얼마 동안 머무르고…… 또,"

그만하면 나쁘지 않은 조건이었다. 리센은 20대에 인도 여행을 했고, 그때 얘기를 종종 신이 나서 하곤 했다. 그러면 적어도 나를 귀찮게 하진 않겠지.

"도착한 지역에서 이틀 중 하루는 내가 일정을 짤 거야."

나는 안경을 벗어서 내려놓았다. 나는 리센의 속셈을 훤히 꿰뚫고 있었다. 영적으로 좋다면서 온갖 잡다한 것을 들이댈 게 분명했다. 사원, 아시람한두교도들이 거주하며 수행하는 사원, 덥수룩한 머리에 마오리 원주민 문신을 한 인간들. 향불, 요가, 채식주의 그리고 대마 같은 것들. 타이다이Tie-dye, 홀치기염색이라고도 하는 이 염색법은 면사 등으로 천을 묶어서 염색 용액에 담갔다 꺼내 무늬를 넣는 방식이다. 기성품을 싫어하는 젊은이들이 좋아하며 일종의 반체제 운동의 상징이 된 적도 있다한 옷, 허리를 끈으로 묶는 펑퍼짐한 면바지, 눈썹 피어싱, 수정 펜던트, '힐링' 요법, 차크라와 유기농 콩 등등. 리셴은 예전에도 이런 성향을 드러냈었다. 한번은 리셴이 나를 이스트 그린스테드 근처의 숲에서 열린 대체 의학 주말 프로그램에 끌고 갔고, 거기서 나는 꼼짝없이 무슨 백인 마녀가 시키는 대로 풍선 흉내를 내며 걸어다녀야 했다. 지금도 낯이 화끈거리는 그때의 굴욕은 내 대뇌피질에 깊이 아로새겨져 영원히 지울 수 없는 기억으로 남아 있건만 인도는 쿤달리니, 차크라, 기 수련 등등 이곳 주말 프로그램 정도와는 완전히 다른 허튼수작의 새 지평을 활짝 열어주었다.

그리하여, 한편으로 나는 백단유 연기가 피어오른 자욱한 구름 속에서 엄지와 검지를 맞대어 동그라미를 만들고 양반다리를 하고 앉아 '옴' 챈팅을 하는 모습을 그리고 있었고, 다른 한편으로는 도사쌀가루 반죽을 얇게 펴서 구운 인도 전통 요리, 불타는 듯한 비리야니쌀에다 향신료에 잰 고기, 생선, 계란 또는 채소를 넣어 찌거나 고기 등의 재료를 미리 볶아 쌀과 함께 찐 인도 요리, 부드러운 코프타다진 고기, 양파, 향신료를 함께 갈아 둥글게 빚거나 꼬챙이에 붙여 긴 막대 모양으로 만들어 구운 음식, 부드럽고 쫄깃한 차파티인도 등지에서 먹는 팬케이크처럼 둥글넓적하게 구운 빵를 떠올리고 있었다.

"좋아, 가자." 나는 말했다.

리셴은 얼마 되진 않지만 따로 모아둔 돈이 있다고 말했다. 그동안 내게 얘기하지 않은 건 '당신으로부터 도망치기 위한 탈출 자금'이기 때문이었다고. 나는 리셴이 이것을 내게 솔직히 오픈했다는 점에 방점을 찍고 이 말에 대해 깊이 생각하지 않기로 했다. 그리고 어쩌면 인도에 머무는 동안 뭔가 쓸거리를 찾을 수 있을지도 모르니 내 에이전트에게 음식에 관한 책을 쓸지도 모르겠다고 말해두겠노라 얘기했다.

우리는 아이들이 새집과 친구들을 한동안 떠나 있어야 한다는 사실에 어떤 반응을 보일지 초조해하며 애스거와 에밀에게 이 뉴스를 전했다. 그러나 인도에서는 '경찰 아저씨가 코끼리를 타고 다닌다'는 말 한 방에 거의 다 넘어왔다.

그리고 학교 선생님들과 교장 선생님을 찾아가 이 여행의 목적이 교육이라는 것도 분명히 말씀드렸다. 절대 고아인도 중서부 아라비아해에 면해 있는 주의 어느 해변에 석 달 동안 누워 빈둥거리지 않을 것이며, 인도 남부의 여러 지역뿐만 아니라 북부의 역사 유적지를 답사하고 학교 공부도 열심히 하겠다고 다짐한 뒤에 허락을 받았다.

그 뒤 일주일 동안 내가 우리 집 20마일 반경의 살균 손소독제를 몽땅 사들이는 동안 리센은 인도아대륙에서 보낼 석 달의 일정을 짜기 시작했다. 아내가 컴퓨터 앞에 앉아 있는 동안 어깨너머로 들여다보며 유용한 제안들을 던져봤지만 대부분은 그 자리에서 까였다.

리센이 짠 최종 일정은 다음과 같았다. 일단 델리로 날아가 첫 달은 그 지역을 여행한다. 암리차르(리센은 아마도 황금사원에서 시간을 보낼 생각이었겠지만 내가 들은 바로는 그곳 사람들이 튀김 요리 전문가이며 인도 최고의 라씨걸쭉한 요구르트에 물, 소금, 향신료를 섞어 거품이 생기게 만드는 인도 전통 음료를 만든다고 했다)에서 시작해 라자스탄으로 이동. 남부의 케랄라와 타밀나두를 여행할 둘째 달의 출발 지점은 뭄바이로 정했다. 마지막 한 달간은 동쪽 해안을 따라 올라가면 어떻겠냐고 내가 제안했다. 갖은 향신료로 유명한 마드라스뿐만 아니라 프랑스 식민지의 영향으로 아주 흥미로운 역사적인 요리들을 맛볼 수 있는 퐁디셰리까지. 그러나 출발 직전까지 우리의 마지막 4주간 일정은 안개 속에 싸여 있었다.

"내가 알아서 할게." 리셴이 말했다. "당신은 걱정하지 마." 그러더니 미소를 지었다. '너도 한번 당해봐'라는 느낌을 주는 미소였다.

인도 입성과 신고식

처음 계획했던 일정보다 6개월이 지난 뒤에야 우리는 인도로 출발할 수 있었다. 인도 여행 베테랑이 우리에게 말해준 견딜 만한 날씨와 합리적인 여행 물가가 교집합을 이루는 시점인 1월 중순부터 3월 중순 사이로 일정을 맞추려다보니 그렇게 시간이 떠버렸다. 그 기간보다 조금이라도 일찍 갔다가는 호텔 숙박비와 휴가 인파가 최고치를 갱신하는 성수기와 물릴 것이고 그 기간보다 조금이라도 늦었다가는 견디기 힘든 여름 열기에 튀겨질 각오를 해야 한다는 것이었다.

6개월이란 기간은 우리에게 준비할 시간을 넉넉하게 벌어주었지만, 우리 아들 애스거에게는 불안을 키울 시간을 주었다.

"거기 사람들은 아직도 활이랑 화살을 갖고 있어요?"

"누가?"

"인디언들이요."

나는 우리가 만날 '인디언'들은 인도 사람들이라고 설명해주었다.

"그럼, 그 사람들은 총을 갖고 있어요?"

에밀은 이렇게 물었다. "가서도 내 친구들은 계속 만날 수 있어요?" 친구들은 4000마일 떨어져 있을 테지만 우리는 스카이프를 하면 될 거라고 설명해주었다. "그거 알지? 컴퓨터 앞에 앉아서 상대방을 보면서 얘기하는 거야." 에밀은 우리 아빠가 약간 맛이 간 것 같다는 눈길로 나를 쳐다봤다.

불안과 공포를 조성하는 데에는 디스커버리 채널이 한몫했다. 한번은 인도 남부의 마이소르주에 사는 어떤 남자의 이야기를 봤는데 그 사람의 이웃들이 욕실 장 안에 있는 킹코브라를 잡아달라고 신고하는 아주 몸서리쳐지는 내용이었다. 또 하나는 벵갈, 어느 마을에 식인 호랑이가 출몰한다는 내용이었다.

"거기 가면 우리한테 총을 나눠줘요?" 애스거가 물었다.

"총은 왜?"

"뱀 때문에요. 집 안에서 뱀이 나온다잖아요."

"아니, 총을 주긴 누가 줘. 그리고 집집마다 뱀이 있는 건 아니야."

"그럼 호랑이가 나타나면 우린 어떡해요?"

"막춤을 춰서 호랑이를 정신없게 만들면 돼."

실은 나도 뱀이 걱정이었다. 인터넷에서 뱀의 위협에 대해 많이 찾아 읽었기 때문이다. 그게 실수였다.

'킹코브라는 전 세계적으로 가장 크고 무시무시한 독사다'라고 어느 웹사이트에 나와 있었다. '킹코브라에게 딱 한 번만 물리면 다 자란 커다란 코끼리도 세 시간 안에 죽는다. 인도에서는 1년에 2만 명의 사람이 뱀에 물려 죽는다.' 그리고 인도는 세계에서 두 번째로 독성이 강한 뱀, 크레이트의 서식지이기도 한데 이 뱀은 '침낭이나 부츠, 텐트에 은신하는 경향이 있다.'

물론 거미도 있었다. 나는 일평생 공식적인 거미 공포증 환자로 살아온 사람이고, 내 생각에는 지극히 정당한 거미 공포증을 극복하기 위해 여러 해에 걸쳐 수차례 심리 상담을 받으러 가기도 했다. 스트레스는 엄청 심했지만 별 효과는 없었다. (걔들은 내가 자기네를 무서워하는 걸 알면서도 왜 나만 보면 전속력으로 달려오는 걸까?) 어느 평화로운 아침, 인터넷을 돌아다니다가 스태퍼드셔라는 가족이 북부 인도를 3주간 여행한 내용을 올린 블로그를 발견했다. 그 블로그는 그들이 여행에서 경험한 공중화장실에 대부분 초점을 맞추고 있었다. 그런데 찬디가르의 어느 암울한 게스트하우스에서 찍은 한 장의 사진에서 내 시선을 강탈하는 것이 있었으니, 그것은 화장실 휴지 걸이 옆 타일에 착 달라붙어 있는 무지막지하게 거대한 거미였다. 정말 과일 바구니만 한 사이즈였다. 나는 그 웹사이트를 북마크에 추가해두고 그날 하루 동안 30분 간격으로 다시 들어갔지만 감히 모니터 화면을 만져볼 엄두조차 내지 못했다.

그 외에도 밤에는 잠 못 이루게 하며 낮에는 눈을 커다랗게 뜨고 인터넷을 서핑하게 만들었던 위험 요소들은 다음과 같았다. 이국적인 장염에 걸리는 것(내 친구 중 하나는 4년 전에 뭄바이에 갔다가 병에 걸렸는데 후속 치료로 위의 절반을 잘라냈고 그 여파로 지금도 고통받고 있다), 아주 끔찍한 교통사고로 죽는 것(인도에서는 매년 약 10만 명이 교통사고로 죽는다. 그러므로 '인도 교통사고'를 검색해보지 말 것), 테러리스트의 공격(170명 이상이 사망한 뭄바이 테러는 불과 1년 전의 일이었다), 말라리아(매년 4만 명이 말라리아로 죽는 것으로 추산된다), 어린이 유괴(인도가 다른 곳보다 더 위험하다고 확신할 만한 이유는 없지만, 그래도 뭐 모르는 일이니까).

또 한 가지 미리 경고해두고 싶은 중년의 증상 하나는, 당신이 당신 인생에서 가장 많은 것—백색 가전, 코털 깎는 가위, 자식들—을 축적한 순간 앞으로는 잃을 것만 남았다는 예리한 느낌에 시달리게 된다는 점이다. 그래서 불안감과 공포는 때로 실체가 있기도 하지만 대개는 상상 속에서 기하급수적으로 커지는 법이다.

"여보, 나는 당신만큼 걱정 많은 사람을 본 적이 없어." 어느 저녁 내가 이름, 주소, 전화번호가 적힌 작은 네임태그를 준비해서 애스거와 에밀의 옷 주머니에 나누어 넣고 있는데 리센이 말했다.

"이건 걱정이 아니라 준비성이라고 하는 거야. 나는 아이들의 피부 밑에 심는 추적 장치도 고려하고 있었어. 비용이 많이 들긴 하지만 꽤 좋은 아이디어 같아."

나는 시시때때로 리센이 짠 여행 일정을 캐내려고 시도했다.

도대체 뭘 계획하고 있는 걸까? 영적 체험이랍시고 대체 어떤 허튼짓을 내게 시키려는 걸까? 이 여행에서 무엇을 얻어내겠다는 꿍꿍이일까? 하지만 리센은 입을 꾹 다문 채, 내가 눈을 뜰 수 있게 해주려 한다는 둥 내가 정말 운이 좋은 사람이라는 둥 내가 '균형을 찾을 수 있도록' 도우려는 것이라는 둥 모호한 소리만 했다. 그보다 더 불길한 얘기는 내가 술을 못 마시게 단속하며 '더 건강하게 만들어주겠다'는 것이었다. 아니, 인도를 여행하면서 나를 더 건강하게 만들겠다는 게 말이 됩니까?

예방 접종을 위해 병원 문턱이 닳도록 드나들며 우리 팔을 바늘꽂이로 만들고, 배낭에 뭐는 넣고 뭐는 넣지 않을지에 대해 숱한 언쟁을 벌이고 비자, 신발, 선크림, 알맞은 옷, 어떤 항생제와 배탈 약을 선택할지 치열하게 갈등한 끝에, 마침내 1월의 어느 날 오전 6시 우리는 스피커를 통해 크리스마스 캐럴이 울려 퍼지는 델리 공항의 입국장으로 걸어가고 있었다.

세관원이 내 여권을 천천히 넘기며 도장을 차례로 찍는 몇 분 사이, 나는 가족 일동에게 예방 차원에서 살균 손소독제를 차례로 짜주고 휴대전화의 전원을 켰다. 인도에 입국한 것을 환영하며 긴급 상황 발생 시 연락해야 할 영국 대사관 전화번호를 알려주는 자동 문자 메시지가 도착했다. 내 휴대전화마저 우리가 곤란을 겪을 것을 당연하게 여기는 것만 같았다.

호텔로 가는 택시 안, 완전히 새로운 대륙의 굉장히 이국적인 나라에 와 있다는 흥분감에 들떠 우리는 부옇게 김이 서린 창문을 닦아냈다. 그런데 그건 김이 서린 게 아니라 바깥의 안개였다.

우리 여행의 첫 2주 동안 아주 친숙해질, 예상외의, 차갑고 축축한 하얀색 장막. 알고 보니 안개는 인도 북부의 1월에는 매우 흔한 현상으로, 기온을 거의 얼어 죽을 정도로 떨어뜨리고 항공기 운항을 방해하지만 여행 책자에는 전혀 언급되지 않은 복병이었다. 내 준비성이 무색해지는 순간이었다.

델리는 세상의 종말 이후의 공사 현장처럼 보였다. 노변은 돌무더기와 골이 진 철판 더미들 그리고 '공사 중' '도로 정비 중'이라는 푯말이 즐비했지만 실제로 공사 중이라는 증거는 거의 없어 보였다. 석면판이 무더기로 쌓여 있는 야적장도 보였다(다행히 엄격한 안전 예방 조치가 되어 있었다. 누군가가 두꺼운 종이에 '석면'이라고 써서 붙여두었으니까). 이 혼란이 곧 눈앞에 닥친 영연방경기대회 때문인지 아니면 그저 델리의 기본 상태인지 알기 힘들었다. (나중에야 알게 됐지만 정답은 '둘 다'였다.) 어딜 가나 사람들이 쓰레기 더미를 태우는 불 앞에 모여 서 있었다. 쓰레기 더미가 타고 남은 뜨뜻한 자리에는 바싹 마른, 오줌 색 떠돌이 똥개들이 몸을 말고 누워 있었다. 플라스틱과 판자 더미들은 노변 관목 숲 안에 숨어 있었다. 그리고 어디서든 남자들이 서서 소변으로 포물선을 그리는 걸 볼 수 있었고, 그보다 더 끔찍한 것은 남자들이 길 쪽으로 등을 보인 채 쭈그리고 앉아 큰일을 보는 광경이었다. 얼마 지나지 않아 누군가가 어둠 속에서 어정거리는 게 나타나면 쓸데없이 자세히 보지 않는 게 좋다는 사실을 터득하게 됐다.

에밀이 흥분해서 소리쳤다. "원숭이! 원숭이! 원숭이!" 히말라야 원숭이 떼가 얇은 비닐봉지 무더기 사이를 헤집고 있는 모습을 발견한 거였다. 알고 보니 인도는 까만 비닐봉지 카펫이 깔려 있다 해도 과언이 아니었다. 원숭이들을 보고 있자니 그래도 환호성이 나왔다.

만약 인포시스인도의 다국적 비즈니스 컨설팅 기업나 최첨단 콜센터 혹은 신흥 '브릭스BRICS' 국가들 사이에서 인도가 경제적 실세라는 내용을 읽지 않았다면, 수도가 빅토리아 시대 런던 슬럼가와 닮은 이 나라에 대해 마음의 준비를 하고 왔을지도 모르겠지만, 현대 인도에 관해 사람들이 알고 있는 일반적인 얘기는 꽤 설득력 있었고 흥미로웠다. 델리는 그 어떤 통제나 통치도 받지 않는 듯 버려진 곳 같은 느낌을 주었고, 이곳 사람들도 문명사회에 대한 감각이 완전히 결여된 것 같았다.

"하느님이 실제로는 죽었다고 생각해?" 나는 6층의 호텔 방에서 우리를 둘러싸고 있는 건물의 잔해들을 응시하며 말했다. "내 말은, 잠깐 동안은 실제로 존재했고 우주를 창조했지만 거기에 들어가는 순전한 노력을 도저히 감당하지 못하고 엄청난 에너지의 파열로 파국을 맞이했다면?"

"엄마! 아빠가 하느님이 죽었대." 인격이 형성되던 시기에 파리에서 몇 달간 가톨릭 초등학교를 다닌 경험으로 이런 일에 좀 보수적인 신학적 관점을 갖고 있는 에밀이 냅다 소리를 질렀다. 내 생각을 애들 앞에서 불쑥불쑥 말하는 이런 태도 때문에 나는 좋은 부모 표창 같은 건 기대할 수 없겠지만 의외로 장점도 있다고 생각한다. 이런 말들은 지구상의 삶이 통제되지 않는 걷잡을 수 없는 실험 같다는 내 생각을 분명히 설명해줄 것이다. 우주의 탄생을 설명하기 위해 과격한 무신론자들이 제기한, 설득력 떨어지는 '자발적 생성' 이론을 빌려올 필요도 없고 말이다.

우리는 거리로 나가보기로 했다. 호텔을 나와 뉴델리의 중심 가이자 팔리카 바자가 열리는 자리인 코노트 플레이스영국이 건설한 뉴델리의 심장부, 원형 광장을 축으로 도로와 현대적 건물이 집중되어 있고 각종 외국 기업, 해외 브랜드 상점, 고급 레스토랑이 밀집되어 있다로 향했다. 그곳에서 여행 필수품 몇 가지를 구입할 생각이었다. 애스거는 목숨보다 소중한 포켓몬 피규어를 잃어버렸고, 리센은 새로운 도시에 도착하면 으레 그렇듯 보온성 좋은 속옷이 필요하다고 했다. 에밀은 막연하게 원숭이를 주제로 한 물건을 찾아 헤매고 있었다.

고요한 호텔 로비를 나서는 순간 우리는 마침내 걸러지지 않고 제한되지 않은 장관, 인도의 냄새를 맡고 인도를 보고 듣게 될 참이었다. 차들이 울려대는 경적과 엔진의 불협화음, 결코 유쾌하다고 할 수 없는 이국의 냄새와 맞닥뜨린 순간 에밀은 내 손을 꽉 잡았다. 나는 외모에만 신경 쓰는 18세기 유럽 상류층의 젊은 여행객처럼 콧구멍 앞에 작은 꽃다발을 흔들어대고 걸핏하면 기절하는 그런 인간이 되고 싶지 않았지만, 그때만 해도 여행 초기라 적응이 안 된 상태였기 때문에 견디기가 쉽진 않았다. 호텔에서 걸어 나온 그 순간 우리가 가고 싶지도 않은 곳들로 우리를 데려다주겠다는 사람들이 몰려들어 말을 걸어왔다.

"쇼핑몰 갈래요? 따라오세요."

"이 호텔에 묵으세요? 내가 여기서 일하잖아요. 길을 알려줄

게요."

"환전? 환전?"

"아가씨들 원하세요, 선생님? 아가씨들?"

나는 정면만 노려보면서 씩씩하게 성큼성큼 걸어 나갔으나 나의 나머지 식솔들은 구두닦이, 기념품 판매상, 타조 마리오네트로 뒤뚱뒤뚱 걷는 모양을 연출하고 있는 남자 등 다양한 잡상인에게 순식간에 둘러싸여버렸다.

우리에게 들러붙었던 수행단을 겨우 떨궈내고 마침내 찾아간 코노트 플레이스는 온갖 신기한 교통수단이 미쳐 돌아가는 동심원 모양의 순환도로였다. 그곳을 낡아빠진 오토릭샤auto-rickshaw, 인도, 동남아시아에서 볼 수 있는 교통수단으로 바퀴 세 개짜리 택시, 네루인도 초대 총리가 에드위나 마운트배튼인도의 마지막 영국 총독 루이스 마운트배튼의 아내로 두 사람이 연인관계였다는 증거들이 공개됐다과 밀회를 즐기러 갈 때 탔을 법한 낡은 노란색·검은색 피아트 택시, 혈기 왕성한 스틸 밴드의 소유였던 깡통 드럼들을 연결해서 만든 듯한 버스들이 달리고 있었다.

무모하게도 우리는 이 혼란의 극치인 길을 무작정 건너보려는 시도를 감행했다. 그러나 이 자동차들의 아수라장 속으로 달려 들어갔다가 몇 차례 실패한 뒤 벌벌 떨며 후퇴할 수밖에 없었다. 그러다가 마침내 다른 행인들이 지하도 아래로 속속 사라지는 걸 보게 됐다. 그 지하도는 순환도로의 중심에 있는 섬 위의 상점가로 연결되어 있었다.

상점가로 들어선 순간 나는 인도라는 나라의 물정에 대한 첫 번째 수업을 치렀다. 지나가던 아저씨가 내 오른쪽 신발 위에 새똥이 묻은 걸 가리켰다. 하늘에는 새가 없었는데 신기한 일이었다. 그리고 기똥찬 우연으로다가 내 바로 옆에는 구두닦이가 있었다. 나는 투덜거리며 그에게 돈을 줬다. 대체 내 신발에 교묘하게 뿌린 것의 정체가 무엇인지는 하느님만 아실 테고, 이게 누가 한 짓이든 간에 내 돈은 아까 큰 도움 주신 지나가던 행인의 손에 들어가 있었다. 적어도 내 바지가 아니라 신발에 새똥을 뿌려준 자비로움에 감사해야 하는 건가. (생각해보면 이 사건은 내가 상대했던 대부분의 통신회사의 사업 스타일과 소름끼칠 정도로 비슷하다. 일단 나한테 똥을 싸놓고 그걸 치우는 값을 나한테 청구하는 식 말이다.)

리센과 에밀은 애스거와 나를 남겨두고 시장의 다른 쪽을 구경하러 가버렸다. 아까 그 남자가 내 신발에 묻은 가짜 새똥의 마지막 남은 부분을 닦느라 내 발 옆에 쭈그리고 앉아 있는 동안 나는 애스거가 어디 있는지 살피려고 사방을 둘러봤다. 애스거는 동생 에밀보다 더 외향적이고, 짜증나는 상황에는 더 참을성이 있는 편이다. 그러나 델리의 잡상인들을 상대할 때 이 두 가지는 아주 치명적인 결합일 수 있다. 한참을 찾다 마침내 애스거를 발견했을 때는 구두닦이, 엽서 파는 사람, 귀지를 청소해주는 사람에게 둘러싸여 있었다. 그리고 그자가 녹슨 철사 같은 것을 휘두르며 애스거의 왼쪽 귀에 집어넣기 직전에 나는 아이를 가로챌 수 있었다.

애스거를 항균 손소독제로 목욕시키다시피 한 뒤에 우리는 호텔로 돌아가 발리우드 가십 프로그램을 보며 오후를 보냈다. 어떤 여배우가 뭄바이의 레드카펫에서 옛 남친 누구누구를 어떻게 무시했는지 숨을 헐떡여가며 자세히 설명하는 연예 뉴스 단신들이었다. 보아하니 살만 칸과 샤루크 칸이라는 두 배우는 캠벨가와 맥도널드가의 오랜 불화스코틀랜드의 이 두 가문의 적대 관계는 영토, 종교, 권력을 두고 12세기부터 수백 년간 이어졌다는 애들 싸움 정도로밖에 안 보일 정도로 원수로 지낸 모양이었다. 나는 이 사람들이 누군지 전혀 몰랐지만 완전 넋을 놓고 시청했다.

그날 저녁 일정의 선택권은 내게 있었기 때문에 나는 델리 최고의 음식 평론가인 『메일 투데이』의 사우리시 바타차리아와의 약속을 잡아놓고 있었다. 영국 『데일리 메일』의 인도 버전인 『메일 투데이』는 급성장하고 있는 중산층을 겨냥해 최근에 발간되기 시작한 신문이다.

사우리시는 머리가 이제 막 벗겨져가는 사십대 후반의 아주 유쾌한 남자로, 상당한 허리둘레는 그가 델리의 맛집에서 오랜 시간을 보내는 직업의 소유자임을 잘 드러내고 있었다. 우리는 그의 추천으로 우리 호텔 근처의 엠바시 레스토랑에서 만났다.

"여기는 인도만큼이나 역사가 오래된 곳입니다." 꽃무늬 커튼과 식탁보로 장식된 널찍한 식당에 들어서자 와자지껄 즐거운 시간을 보내는 인도 가족들이 테이블을 모두 채우고 앉아 있었다. "이 식당을 시작한 가족은 인도-파키스탄의 국토 분단 이후 펀자브에서 건너왔어요. 처음엔 파키스탄 남부의 도시인 카라치에서 엠바시 레스토랑을 했는데 델리로 건너온 이후 식당을 다시 연 거죠."

오밤중에도 문을 여는 이 레스토랑은 오늘날 델리에서 가장 명망 있는 곳이다. 이곳의 대를 잇고 있는 후대들의 주장으로는 1948년, 인도에 아이스크림을 처음 소개한 곳이 이 식당이었다고 한다. 이곳의 인테리어는 세월에 찌든 감이 없지 않았지만 정말 훌륭한 펀자브 음식을 제공했다. 다채롭고, 깊은 맛이 나며 향도 좋았다. 특히 내가 시킨 버터 치킨과 함께 나온 그레이비소스는 톡 쏘는 감칠맛이 일품이었다. 케첩 병 위쪽에 엉겨붙은 딱딱한 부분(좋은 의미에서) 같은 맛. 그런가 하면 고기는 진짜 탄두르^{흙으로 만든 원통형 화덕으로 밑바닥에 장작을 놓고 불을 피워 내부를 가열한다} 화덕에서만 나올 수 있는 육즙이 풍부하고 살짝 태운 듯 노릇노릇한 맛이었다.

인도로 떠나오기 전에 전문가들은 인도에서 먹을 음식은 영국에서 내게 익숙한 음식과는 전혀 다를 것이라고 했다. 그러나 엠바시에서 먹은 요리들은 음식의 질 면에서는 비교 불가할 정도로 월등하고, 맛도 미묘한 차이가 느껴지는 살아 있었지만, 그래도 이게 어떤 요린지는 식별할 수 있었다.

"그야, 당연합니다"라고 사우리시는 말했다. "선생님이 인도 요리라고 알고 있는 요리는 사실은 펀자브와 방글라데시 음식이 섞인 거예요. 국가 분단에 가장 큰 영향을 받은 사람들이 인도를 떠났고, 그중에 운 좋은 사람들이 선생님 나라에 도착한 거죠."

역사학자 리지 콜링엄은 『카레: 요리사와 정복자의 이야기』에 이 엄청나게 성공적인 문화 – 요리의 침투에 대해 썼다. 펀자브주가 분할된 이후 1940년과 1950년에 고국을 떠난 사람들이—그리고 더 폭넓게는 동부 벵골인들까지—어떻게 카레를 영국으로 가지고 왔는지에 대한 설명이다. 19세기 초, 영국에는 이미 인도 레스토랑이 존재했다. 런던의 포트먼 스퀘어에서 제일 처음 통치자들에게 인도 음식을 제공한 이들은 인도에 거주하다 돌아온 사람들이었지만, 영국 제도 전역에 카레를 전파한 이들은 20세기 중반의 이민자들이었다.

우리는 치킨 말라이 티카(크리미한 치킨 요리), 치킨 파코라(병아리콩 가루 반죽을 입혀 튀긴 요리), 암리차르 피시(병아리콩 가루, 아지웨인이라는 향신료 그리고 특별한 마살라와 함께 요리한 민물 가자미), 시크 케밥(양고기를 두드려서 허브와 향신료를 묻힌 후 금속 꼬치에 말아 붙인 케밥)을 열심히 먹었다. "펀자브 요리에는 양대 산맥이 있어요. 페샤와르 파키스탄 서북부의 도시. 이곳에서 카이바르 고개를 지나면 국경을 넘어 아프가니스탄의 수도 카불까지 갈 수 있다 국경의 요리. 이 요리는 덩어리가 씹히고, 그렇게 자극적이지 않으며, 기름이 많은 양고기를 썼어요. 마늘과 소금으로 만든 양념장을 치는 아주 간단한 요리들이에요. 하지만 지금 드시는 이건 크리미한 유제품이 많이 들어간 펀자브 음식이에요. 페르시아의 영향을 조금 받긴 했죠. 아마도 마살라에만 30에서 40종의 다른 양념을 쓸 거예요."

마살라란 굽고 갈아 만든 양념들을 혼합한 인도 요리의 기본 향신료인데, 그 많고 많은 인도 요리 레시피에서 가장 내 기를 죽이는 게 바로 이거다. 빽하면 이거 4분의 1티스푼, 저거 2분의 1티스푼이라며 등장하는데 계량이 참 어렵다. "맞아요." 사우리시가 맞장구를 쳐줬다. "하지만 걱정할 필요 없어요." 그는 짙은 색의 스리피스 정장을 입은 나이 지긋한 남자에게 인사를 하기 위해 등을 돌렸다. "이분이 엠바시의 주인이신 수닐 말호트라 씨예요. 우린 인도 레시피에 대해 얘기하고 있었어요. 마이클은 요리 재료 계량이 마음처럼 잘 되지 않는다고 해요."

"아." 말호트라 씨가 빙그레 웃으며 말했다. "계량 같은 건 신경 쓰지 마세요. 우리도 신경 안 쓴다. 인도에서 정확한 건 없어요. 아무것도 계량 안 해요. 우린 그냥 손가락으로 다 해결합니다." 그는 엄지와 검지, 중지로 허공을 꼬집어 보였다. 대화가 걷잡을 수 없이 음식 쪽으로 흘러간다는 것을 감지한 리센―음식을 좋아하긴 하나 현명하게도 실질적으로 먹는 행위 이상으로는 고려하지 않는다―은 일찍 자야겠다고 양해를 구하고는 애들을 데리고 호텔로 돌아갔다. 애들로 말할 것 같으면 대부분의 요리를 마지못해 한두 입 겨우 씹고 앉아 있다가 구름처럼 부푼 달콤한 난이 나오자 그것만 입에 꾸역꾸역 쑤셔넣었다(이 현상은 여행 내내 패턴으로 자리 잡아버렸다).

나는 말호트라 씨에게 빵 맛의 비결을 물었다. 그날의 난은 내가 먹어본 것 중 최고였다. "이리 와요. 직접 보여줄 테니." 그는 주방으로 향하며 말했다. 중세에서 금방 옮겨놓은 듯한 어마어마하게 덥고 어두컴컴한 주방 안에는 엠바시의 자랑인 쌍둥이 탄두르 화덕이 자리 잡고 있었다.

"탄두르 화덕처럼 고기를 구울 수 있는 것은 없어요." 우리를 따라 들어온 사우리시가 말했다. "열기를 최대한으로 올릴 수 있지만 육질은 언제나 촉촉하고 부드럽게 유지되죠."

이 화덕은 섭씨 300도까지 올라가며 바로 그 점 때문에 탄두르 화덕이 인도 주방에서는 가장 강력한 것이라고 말호트라 씨가 설명했다. 땀으로 머리가 다 젖은, 뼈만 앙상한 세 남자가 축 늘어지는 원반 모양의 반죽을 엄청난 기술로 화덕 안에 획획 던지듯 넣었다 뺐다 하고 있었다. "우리 요리사들은 밤새 저 앞에 서 있어야 해요. 그래서 소금과 설탕을 넣은 라임주스를 저녁 내내 마시라고 교육하죠." 탄두르 화덕 중 최고는 단연 땅속에 묻혀 있는 것이고, 그다음이 땅 위에 있는 찰흙으로 빚은 것(엠바시에서 사용하는 유형), 그다음이 가정용 금속 탄두르로 북부 인도 전역에서 흔히 구할 수 있고, 이제 인도 요리가 범인도아대륙적인 것이 되면서 남부에서도 사용되고 있다.

우리는 다시 테이블로 돌아왔고 사우리시가 놀랄 만큼 맛이 좋은 술라 포도밭의 쇼비뇽 블랑을 한 병 더 주문했다. 인도는 최근에 와서야 포도주 양조를 시작했고, 캘리포니아 양조법에서 영감을 받아 1997년, 뭄바이에서 동북쪽으로 100여 마일 떨어진 곳에 설립된 업체 술라가 현재 이 업계를 이끌고 있다. 우리는 이 두 번째 병을 말호트라 씨가 자랑스럽게 테이블로 가져온 엠바시의 푸딩과 함께 비웠다. "인도의 솜씨가 가미된 샬럿과일과 빵을 켜켜이 쌓아 만든 푸딩입니다." 말호트라 씨는 과일이 잔뜩 들어간 스펀지 케이크를 우리 앞에 놓으며 말했다.

대화는 인도-파키스탄의 분단으로 옮겨갔다. 힌두교도들은 현재의 파키스탄에서 인도로, 인도 대륙의 이슬람교도들은 인도에서 파키스탄으로 이주해야 했던 대규모 이주 사건이었다. 이 일로 1400만 명의 삶이 달라졌다. 100만 명에 이르는 사람이 사망한 것으로 추정되며, 그보다 셀 수 없이 많은 사람이 상상하기도 힘든 고난의 시간을 보내야 했다. 처음에는 강제 이주 자체로 고통을 당했고, 그다음에는 강제로 이주하게 된 낯선 땅에서 새로운 삶을 지어 올려야 했다. 어떤 이들은 이 사건을 인도의 홀로코스트라 부르기도 한다. 그리고 내가 무신론자로서 꼭 지적해야겠다고 의무감을 느끼는 대목은, 이 모든 사태가 전부 상대 측의 종교를 서로 허용하지 못한 두 집단에 의해 불거졌다는 것이다. 이 모든 혼돈과 상상조차 하기 힘든 고난에도 불구하고 인도는 여전히 인도네시아와 파키스탄 다음으로 세계에서 세 번째로 많은 이슬람 인구를 자랑한다. 그것도 강력한 힌두교 원리주의자 집단이 이슬람교도들의 존재 자체를 비참하게 만들기 위해 최선의 노력을 다하는 와중에도 말이다.

그러나 말호트라 씨는 그 비극에 대해 나는 상상도 못 해본 낙관적인 수정론자의 자세를 보였다. "네, 힘든 세월이었죠. 하지만 그렇게 분단되지 않았다면 지금쯤 인도가 얼마나 거대할지 한번 생각해보세요! 나는 힘든 과거는 생각하지 않아요. 심지어 서로 왕래가 금지됐을 때도 그랬어요. 헤어진 아이들, 어머니들이 그 땅에 있었죠. 우리는 모든 걸 다 새롭게 시작해야 했어요. 달리 방법이 없잖아요?"

개인적으로 만약 내 가족이 대대로 살아오던 고향을 강제로 떠나게 됐다면, 힘들게 벌어서 일군 땅을 가장 증오하는 적이 와서 차지했다면, 그리고 환영받지도 못하는 낯선 땅에서 너덜너덜해진 심신으로 모든 걸 새로 시작해야 했다면, 나는 좀 다른 느낌을 받았을 것 같다. 아마 십중팔구 몸을 공처럼 똥그랗게 말고 그저 모든 게 다 사라져주기만을 바랐을 거다. 그러고 보니 말호트라 씨야말로 내가 읽었던 수많은 자기계발서에서 권한 진부한 '긍정적 사고'의 살아 있는 화신이었다. 그의 가족이 겪은 경험에 대해 이야기하는 것을 듣고 그가 그 어떤 분노나 억울함의 기색 하나 없이 델리에서는 그저 목전의 생존만을 생각하며 새로운 삶을 살아나갔다고 설명하는 것을 보며, 내가 진부하다 생각했던 긍정의 이유가 정말 강력하게 마음을 쳤다. 조국 분단의 희생자들은, 적어도 살아남은 자들은 자신이 처한 상황에서 작디작은 가능성의 조각을 찾아내 다음 날은 그 전날보다 아주 조금이라도 좋은 날이 될 것이라고, 그리고 먼 훗날에는 그들의 꿈이 새로운 토양에서 결국은 피어날 것이라고 믿어야만 했다. 그곳이 비록 피로 얼룩진 인도의 땅이든 적대적이기 짝이 없는 영국 한복판이든 간에 말이다.

사우리시와 나는 그의 단골 바에서 그날 저녁을 마무리했다. 그곳은 배낭 여행객들 사이에서 유명한, 더럽고 낡은 거리 파하르간지의 엉성하고 비좁은 이층짜리 바였다. 우리는 엄청 센, 솔직히 말하면 형편없는 인도 럼주를 새벽까지 마셨다. 휘청거리며 작별 인사를 할 때 사우리시는 다음 날엔 자기가 제일 좋아하는 라자스탄 음식점에 데려가겠다고 약속했다.

"그래, 당신은 어떻게 생각하는데?" 이튿날 아침에 일어나서 내가 그 약속을 리셴이 짠 일정에 끼워넣을 수 있을지 묻자 리셴이 거꾸로 내게 물었다.

"설마 교대로 일정 짜기를 계속 강요할 생각은 아니지?" 나는 물었다.

리셴의 그 표정, 50보 밖에서 사냥감을 찾아오고 있는 호랑이도 얼려 죽일 것만 같은 그 싸늘한 표정은 내 질문에 충분한 답이 됐다. 영혼을 위한 투어를 할 마음의 준비나 단단히 해야 할 것 같았다.

바이 바하이

아라빈드 아디가는 소설 『화이트 타이거』에서 델리를 '하나
의 나라가 아닌 두 나라―두 개의 인도―의 수도, 델리에 빛과
어둠이 모두 흘러들었다'고 묘사하고 있다. 그러나 빛과 어둠의
델리만 있는 것이 아니라 새로운 델리와 옛날 델리도 공존하고
있다. 올드 델리Old Delhi의 노후 상태는 가히 충격적이다. 오늘날
우리가 보는 이 도시는, 가장 최근의 집계에 따르면 열네 번째
재건으로 다시 태어나 대규모 정착이 이루어진 곳이라 하고, 딱
보기에도 그렇다. 건물들은 모두 위태롭게 파손된 상태였는데
심지어 최근에 지은 건물마저 아니 최근에 지은 건물일수록 너
무 쉽게 부스러져 청소하기도 힘든, 머랭 같은 걸로 지은 듯 보
였다. 그런가 하면 시몬 볼리바르와 톨스토이(한때 공산주의였던

인도의 과거와 냉전시대 러시아와의 관계를 보여주는 증거) 같은 사람들의 이름을 딴 뉴델리의 널찍한 대로들, 깨끗한 잔디밭과 영국 건축가 러천즈의 건축물들은 무법천지 옆 동네 따위는 완전히 부정한 채 존재하는 것처럼 보였다.

델리에서 살아가는 대부분의 사람—적어도 남들 눈에 띄는 곳에서 살아가는 사람들 얘기. 일상의 급류로부터 스스로를 보호 격리할 만한 부를 가진 델리 사람들도 분명히 존재한다—의 비참함은 다양한 빛깔을 띠고 있는 것 같았다. 이튿날 아침 도시를 관통하는 동안 내 어린 아들 둘이 그 모든 것을 흡수하고 있는 모습을 나는 곁눈질로 지켜봤다. 사실 아이들은 별로 동요하는 것 같지 않았다. 빈곤을 인식하지 못하는 것이라기보다는 자기들이 보고 있는 것이 정확히 무엇인지 이해하려고 애쓰는 것 같았다. 이 아이들은 그들이 보고 있는 것을 해석해줄 만한 인지적 도구, 즉 참고할 만한 경험이 없었다.

인디아 하우스 근처의 신호등 앞에서 노숙인 행색의 어린 소녀가 재주넘기를 하며 거리를 건너오더니 에밀이 앉은 쪽 차 뒷문 유리를 똑똑 두드렸다. 나는 앞쪽 조수석에 앉아 있었지만 왼쪽의 뒷거울로 에밀을 볼 수 있었다. 에밀은 그 여자아이를 보고 미소를 짓더니 손을 흔들었다. 여자아이는 마치 '너 나한테 뭐 좀 주면 안 되겠니? 돈이나 먹을 거?'라고 말하는 듯한 표정을 지어 보이며 두 손을 모아 앞으로 내밀었다. 리셴은 우리 가이드 겸 기사인 라셰드와 이야기 중이었지만 나는 에밀이 우리가 준비한 물과 간식이 들어 있던 비닐봉지로 손을 뻗는 모습을 봤다. 에밀은 그 봉지를 들어 보이며 입 모양으로 말했다. "뭐? 이거 말이야?"

나는 라셰드를 쿡 찌르며 차창을 잠그라고 했다. 신호등 옆에 서서 구걸하는 사람들은 열린 창문을 통해 동전 몇 닢 받는 것으로 그치지 않고 그들 뒤에 공범을 달고 있는 경우가 있다는 얘기를 미리 들었기 때문이다. 에밀은 계속 창문을 내리는 버튼을 눌러댔지만 작동이 되지 않자 당황하며 자신을 노려보고 있는 소녀에게 미안하다는 몸짓을 해 보였다. 신호가 바뀌자 우리 차는 출발했고, 나는 두 아이 모두의 입장에서 마음이 안 좋았다. 내 아들의 선의를 좌절시켰을 뿐만 아니라 먹을 것이 절실한 아이의 기회를 빼앗았던 거다. 그러나 나는 이미 모든 것을 경계하는 불안증 모드로 들어가 인도라는 세계를 차단하고 있었다.

나는 고개를 들어 도시 대부분의 교차로를 감싸고 있는 거대한 광고판들을 올려다봤다. 만약 광고가 한 사회를 정확히 반영하는 거울이라면 인도의 광고는 그 나라를 완전히 정직하게 보여주는 것 같지는 않았다. 어느 광고판 하나에는 뚱뚱한 아이가 학교 책상에 앉아 초코바를 입에 쑤셔넣고 있었다. 인도 광고에 등장하는 아이들은 언제나 뚱뚱한 편이고 대개는 안경을 끼고 있다. 짐작건대 그 두 가지는 부와 교육에 대한 열망을 나타내는 것이 아닌가 싶다. 그 광고에 따르면 초코바는 아이의 공부에 도움이 된다고 했다. 그 옆에는 신뢰 안 가는 사이비 과학을 잔뜩 늘어놓은, 어디에서나 흔히 볼 수 있는 '자외선 차단제'를 가장한 피부 미백제를 광고하고 있었다. 그중에서도 가장 믿기 어려운 광고판은 앞으로 들어설 예정인 아파트 단지를 컴퓨터 그래픽으로 보여주고 있었다. 언제나 밝은 파스텔 색상, 널찍한 발코니, 완벽하게 손질된 잔디에서 소풍을 즐기고 있는 입주민들. 차라리 화성의 식민지 사진이라고 하면 믿음이 갈 것 같았다. 우리는 리센의 영적 투어 일정의 첫 번째 목적지인 바하이 만디르 혹은 '사원'이란 곳으로 가는 중이었다. "이건 어쩌면 당신마저 인정할 종교일지 모른다고 나는 생각해." 우리가 티 하나 없이 깨끗한 사원 앞마당에 도착했을 때 리센이 말했다. 그 말에 반박하고 싶었지만 그러기엔 바하이 신앙에 대한 지식이 너무 빈약했다.

"이슬람의 종파 아니야?" 내가 물었다.

"아니, '모두에게 열려 있는 것을 자랑으로 여기는 인도주의적 종교'야." 리센이 여행 책자에 실린 대로 읽었다. "'전 세계 일곱 개 사원 중 가장 마지막에 지어진 곳으로, 각각의 사원은 아홉 개의 면으로 이루어져 있고, 어떤 신앙을 가진 사람이든 모두 환영하고 이들이 함께 모여 우주의 창조주를 경배할 수 있도록 지어진 곳이다.' 자, 아무리 당신이라고 해도 이걸 트집 잡을 순 없겠지."

"흠, '우주의 창조주'라, 미안하지만 거기서부터 이미 이 종교의 분열 조짐이 느껴지는데? 그래서 다른 사원들은 어디에 있는데?"

"파나마", 리센이 열거하기 시작했다. "미국의 윌메트, 서사모아, 캄팔라."

"세상 제일 좋은 데에만 있구먼. 진지한 종교로 인정받고 싶은 단체가 분명해."

우리는 바싹 깎은 잔디가 펼쳐진 사원 앞마당을 가로질러 대성당 한 채 크기의 하얀 콘크리트 연꽃을 향해 걸음을 옮겼다. 갭 스웨터를 입고 하얀 스니커즈를 신고 '연꽃'의 입구를 지키는 미국인 10대 선교사들이 입장 중인 인도 방문객들을 조용히 시키며 컬트적인 분위기를 조성하고 있었다. 이들은 완벽한 치아와 살짝 강요받은 듯한 낙천적인 태도, 아이큐는 낮아보이는 약간 좀 이상한 부류의 진지한 미국 애들이었다. 그들은 애스거가 막대기로 주문을 걸며 해리포터 주제곡을 흥얼거리자 얼른 조용히 시켰다.

실내로 들어가보니 중심이 없는 예배당에 들어섰다는 사실이 이상했다. 제단도 없고, 설교단도 없이 반원 모양으로 배치된 신도석만 있을 뿐이었다. 리센은 내게 그 어떤 종교를 옹호하는 것 자체를 진작 포기한 사람이지만, 바하이 신앙은 평등, 세계 평화, 인간의 권리 등을 추구하는 데 아마도 가장 이성적인 선택일 거라고 설명했다. 그리고 또 하나의 장점은, 그곳에는 그 구역 서열 1위인 나이 지긋한 아저씨가 치마를 입고 화난 표정을 짓고 있지도 않았다. 그러나 바하이의 황금기는 1960~1970년대였고 오늘날은 전 세계에 추종자가 약 500만에 그치는 것으로 추산되어, 종교계의 프리미어 리그에서는 이미 미끄러진 듯했다.

공원의 다른 한쪽에 위치한 작은 박물관 벽에는 바하이 신앙의 교리가 요약돼 있었다. 보조 언어로 적힌 영어가 아주 약간 이상한 것을 제외하곤 솔직히 트집 잡을 만한 내용은 없었다.

인류의 완전한 하나 됨.

독립적인 진리의 탐구.

남성과 여성의 평등.

모든 종류의 편견 제거.

전 세계적인 평화.

모든 종교가 공통된 기반 공유.

전 세계적으로 통용되는 보조 언어의 채택.

극단적인 부와 극단적인 빈곤의 폐지.

국가간 분쟁을 심판하는 세계 재판소 설립.

각 국가의 정부에 엄격한 복종.

'하지만 이런 목표를 세우기 위해 정말로 종교의 힘까지 빌려야 하는 걸까?' 나는 36시간 만에 처음으로 자리에 앉아 잠자는 상태가 아닌 고요 속에 잠겨 있었다. 그러다가 점심 식사에 대해 생각하기 시작했다. 나는 '이제 슬슬 가볼까?'라는 표정을 지었고, 리센은 어이없다는 표정을 짓더니 한숨을 쉬었다.

사원의 대문을 나오면서 나는 아까 손을 잡고 있다 놓아버린 에밀이 어디 있는지 둘러봤다. 에밀은 어느새 50미터나 달려나가 보도에 양반다리를 하고 앉아 있는 남자 앞에 쪼그리고 있었다. 그 남자 앞에는 바구니가 있었고, 뚜껑이 삐뚜름히 열려 있었다. 그 남자는 니스를 바른 박으로 만든 듯한 엉성한 피리 같은 걸 들고 있었다. 설마 아니겠지. 진짜 그건 거야? 그랬다. 그는 뱀 부리는 사람이었다. 나는 서둘러 에밀을 잡아오려고 했지만 때는 이미 늦었다. 닳은 가죽처럼 비늘이 반짝이는 까만 코브라가 머리를 세우고 나의 어린 아들을 향해 마치 뱀파이어의 망토처럼 목 부분의 후드를 쫙 펼쳤다. 뱀 부리는 사나이가 부추기자 에밀은 뱀을 쓰다듬겠다며 팔을 뻗고 있었다. 나는 그 자리에 그대로 얼어붙고 말았다.

그리고 낮고 날카로운 소리로 아이를 말렸다. "에밀! 안 돼!"

독이 아이의 심장을 향해 뻗어가면서 아이의 팔이 급속도로 시커메지는 모습이 보였다. 빽빽한 델리의 차도를 뚫고 미친 듯이 질주하고, 허름한 동네 병원에서 절박하게 상황을 설명하고, 그리고, 아, 그 이상은 생각하지 않으려고 했다.

"오케이, 오케이, 선생님 괜찮아요." 뱀 부리는 아저씨는 바구니를 한 손으로 집어 들고 뱀을 자기 볼 쪽으로 옮겼고, 뱀은 그의 얼굴을 애무하듯 어루만졌다. 뱀은 약에 취했거나 특별나게 애정이 넘치거나 둘 중 하나인 것 같았다.

"걱정하지 마세요." 라셰드가 말했다. "저 사람들은 뱀의 힘을 빼기 위해 늘 바구니에 넣어두고, 송곳니도 뽑아요. 위험하지 않아요."

점점 더 대담해진 에밀은 한동안 뱀을 쓰다듬었고, 내가 보기에 애스거는 동생을 실험 대상으로 이용하며 그래도 혹시 몰라 자기 마술 지팡이를 휘둘러대고 있었다.

나는 아까 사원 안에서 라셰드를 한쪽으로 데리고 가 점심 문제를 상의했었다. 우리는 올드 델리에서 가장 유명한 음식점 중 하나인 카림에 가기로 했다. 18세기 중반까지 붉은 요새 무굴 제국 황제 샤 자한이 수도를 아그라에서 델리로 옮기고 1639년부터 9년에 걸쳐 완공한 요새에서 무굴 제국 황제의 요리를 하던 요리사의 후손이 운영한다고 알려진 곳이었다.

"자마 마스지드인도에서 가장 큰 모스크이자 황제 샤 자한이 아들에 의해 옥에 갇히기 전에 마지막으로 세운 건물로 천연 암반 위에 서 있다에서도 가까워. 그러니까 당신이 원하면 가도 돼."

"하지만 올드 델리에 가려면 자전거 인력거로밖에 못 가요. 그래도 괜찮아요?" 라셰드가 말했다.

그리하여 곧 부러질 듯 부지깽이 같은 남자들이 모는, 부러지기 일보 직전인 막대기 같은 인력거 두 대에 우리는 올라탔다. 톨룬드 인간기원전 4세기경 철기 시대의 미라과 동시대인으로 보이는 남자들은 고개를 숙이고 일어서서 페달을 돌리며 인력거를 움직이기 시작했다. 어느새 우리는 차량과 행인, 뜬금없이 나타나는 소, 말도 안 되게 높이 짐을 짊어지고 가는 사람들을 요리조리 피해가며 정말 놀랄 만한 속도로 달려나가고 있었다. 카시트, 안전벨트, 에어백 등을 광신적으로 고집하는 나의 평소 입장은 이런 상황에서는 아주 비현실적으로 보였다. 이 경험은 인도의 교통 상황을 대면할 때는 상상력이란 걸 버려야 한다고, 그러지 않으면 신경쇠약에 걸리고 말 거라는 걸 배운 나의 첫 수업이었다. 우리의 인력거 운전사는 도로의 거대한 웅덩이들 사이로 다니느라 고개를 거의 들지 않았음에도 불구하고 무수했던 충돌의 순간을 교묘히 피한 채 무너져 내리기 직전인 두 상점 사이의 어둡고 비좁은 통로 입구 앞에 우리를 내려줬다. 그제야 비로소 나는 꼭 쥐었던 주먹을 풀 수 있었다.

골목을 지나 우리는 카림 음식점에 도착했다. 주방은 다해야 고작 10제곱미터쯤 되는 것 같았고, 그 안에는 숯 케밥 그릴, 작은 숯 화로 위에 얹어둔 카레 냄비, 뒤편 바닥에서 빵을 만들고 있는 남자들이 있었다. 주방은 식당과 좁은 통로로 분리되어 있었는데 그 통로로는 이따금 오토바이도 지나가고 위쪽으론 엉켜 있는 전선 다발들 위로 고양이들이 웅크리고 비둘기들도 어정거렸다. 음식은 온 사방에서 나오는 것 같았다. 위층과 옆에 있는 방에서 지저분한 카림 유니폼을 입은 젊은 남자들이 출입구와 계단을 통해 적갈색 황토 냄비가 담긴 쟁반을 들고 나타났다. 이곳의 모든 표면이란 표면 위엔 100만 번의 식사의 더께가 앉아 있었다. 아마도 1913년 문을 연 이래 단 한 번도 청소를 하지 않은 것 같았다. 하지만 음식은 끝내줬다. 엄청난 향신료에, 엄청나게 그을렸지만 육즙이 살아 있고 풍미가 깊은 세계 최고의 바비큐 요리였다.

우리는 머튼 부라(숯불 화덕에 구운 양고기), 달 마크니(델리의 정통 렌틸콩 요리), 시르말 난(우유를 넣고 반죽한 빵), 라지즈 무르 사그(매콤한 치킨과 시금치)를 마구 먹어댔다. 대부분의 요리는 3, 4파운드 정도로 인도 물가치고는 비싼 편이었다. 애들을 위해 주문한 코르마고기와 채소를 뭉근한 불에 오래 끓여 만드는 음식으로 한국의 갈비찜과 비슷하다는 애들 입에는 매워서 그것도 내가 먹었다. 살짝 태워서 익힌 짭짤한 암리차르 생선 요리도 다 먹었다. 걸쭉하고 달콤한 그레이비소스와 부드러운 닭고기 조각이 어우러진 버터 치킨도 거절할 수 없었다. 아름답고 세련된 음식은 아니었지만 요구르트와 라임의 톡 쏘는 맛과 달콤한 육즙의 절묘한 결합이 감탄스러웠다.

이게 다 점심 한 끼였다. 아무렴. 그리고 우리는 인도에서 가장 큰 모스크인 자마 마시드, 그 근처의 새 병원Jain Bird Hospital (병든 새들이 들어와 죽는 곳이니 '병원'이라고 하기엔 좀 그렇지만), 붉은 요새, 인디라 간디인도의 최초 여성 총리의 화장터 등을 둘러봤다. 그러나 솔직히 말해 나는 다들 알 만한 이유로 나른했고, 오후 대부분의 시간은 저녁엔 뭘 먹을까 고민하고 있었다.

차트, 탈리, 홍등가의 케밥

내가 처음으로 인도 음식을 먹은 건 여섯 살 무렵인 것 같다. 무늬가 있는 두툼한 카펫이 깔려 있고 등받이가 높은 진홍색 벨벳 의자가 놓인, 조명이 어둡고 볼품없는 동굴 같은 음식점이었다. 미세한 떨림의 시타르 음악과 검은 옷을 입은 직원들이 의자를 꺼내고 코팅된 메뉴판을 나눠주며 무심한 듯 그러나 효율적으로 바삐 움직이던 소리가 아직도 귀에 들린다. 누군가 내가 먹을 음식도 주문해주었다. 단맛이 강한 양파 바지Bhaji. 야채튀김 비슷한 인도 음식, 비행접시 형태의 포파덤얇고 바삭바삭한 원반 모양의 빵이 납작한 철판 위에 네 가지 소스(그중 먹어볼 엄두를 낼 수 있었던 건 딱 하나)와 함께 제공됐다. 이어서 똑같은 당도의 코르마와 왕새우 그리고 내가 착각한 것이 아니라면 리치와 파인애플 덩어리들이 도넛 위에 뿌리는 색색의 설탕 가루를 연상시키는 다채로운 색상의 쌀과 함께 나왔다. 나는 거의 말뚝만 한 맥주병의 황금색 프리즘을 통해 어른들을 쳐다보며 이 모든 요리를 다 먹었다.

그때까지 인생의 대부분을 갈색 음식에 갈색 소스만 찍어 먹던 어린아이에게는 정말 새로운, 거의 흑백 TV 프로그램이 컬러판 「오즈의 마법사」로 업그레이드되는 것이나 다름없는 요리계의 혁명이었다. 이 경이로움은 디저트로 이어졌다. 통째로 얼린 오렌지 안을 영구동토층 같은 셔벗이 꽉 채우고 있었다. 나는 마치 북극의 고고학자처럼 부지런히 조금씩 쪼아 먹었다.

내게 그 통째로 얼린 오렌지는 이후로도 줄곧 인도 디저트 세계의 유일한 경험이었다. 물론 낯선 큐브와 구 형태의 과자가 조악하게 진열된 런던, 브릭레인의 인도 과자점에 머뭇머뭇 들어갔던 일을 빼곤 말이다.

"그러면 안 되죠." 내가 이 모든 이야기를 하자 사우리시는 이렇게 말했다. "제가 제일 좋아하는 차트_{향긋한 인도 스낵으로 길거리 가판대나 푸드 카트에서 맛볼 수 있다} 집에 모시고 가야겠네요. 내일 저녁 어떠세요?" 그렇게 해서 나는 사우리시의 작은 마루티 스즈키 차 안에 끼어 타고 뉴델리의 밤을 관통해서 방글라 사히드 로드의 스낵 가게로 바람처럼 달려가고 있었다.

사우리시는 자기가 제일 좋아하는 가게의 유리함에 깔끔하게 줄지어 진열된, 시럽이 뿌려진 사탕과 간식(대부분은 펀자브 지방의 것)에 대해 설명해주었다. 나는 가게 구석 테이블의 높은 스툴에 앉아 기다렸고, 그는 차트chat(때로는 발음대로 chaat라고 표기하기도 한다)를 본인 것 하나 내 것 하나 주문해서 위태로울 정도로 흐물흐물한 종이 접시에 담아 가져왔다.

차트는 내가 여태껏 보아왔던 어떤 먹거리와도 달랐다. 버미첼리아주 가느다란 국수, 흔히 잘게 잘라 먹는다, 요구르트, 고수, 처트니파일이나 채소에 향신료를 넣어 만든 인도 소스, 렌틸콩, 밀가루 포파덤, 발라(부드러운 도넛을 다양하게 변주한 인도 요리), 견과류와 페이스트리 등을 한데 모아 다채로운 형태를 자랑하는 음식이었다. 짭짤한 맛, 단맛, 시큼한 맛의 총 공격과 바삭바삭하면서 동시에 미끈거리는 식감 때문에 미안하지만 솔직히 토할 것 같았다. 하지만 예의상 최대한 많이 먹었다.

나의 뜨뜻미지근한 반응을 눈치챘는지 사우리시는 다시 차를 타고 아즈말 칸 로드에 있는 자신이 제일 좋아하는 구주라티 라자스탄 음식점, 수루치에 가자고 했다. 우리는 차를 길가에 세워둔 채 어둡고 인적 드문 허름한 거리를 거닐었다. 가로등불이 안개 속으로 섬뜩한 빛을 드리우고, 셔터를 내린 상점 앞에 몇몇 남자가 옹송그리고 앉아 있었다. 그 외에 유일한 불빛이라곤 가끔씩 지나가는 전차가 길게 비추는 형광등 불빛뿐이었다. 기대치를 한껏 낮추는 건물의 외관과는 달리 수루치는 훌륭했다. 우리는 정식을 하나씩 먹었는데, 커다란 탈리원형 금속 쟁반에 작은 접시에 담긴 다양한 요리가 빵과 밥, 피클, 양파, 소스, 한켠에 라임 조각까지 얹어 함께 제공됐다. 수루치는 후한 접대로 유명하다고 했다. 내가 작은 그릇을 다 비우기도 전에 종업원이 다가와 다시 채워줬고, 계속 빵과 밥을 더 가져다줬다. 음식이 맵긴 했지만 먹을 만했고, 각종 씨앗류, 톡 쏘는 열매와 말린 잎들을 걸쭉한 갈색 과육에 재워서 제공했다. 조라는 곡물로 만든 바자 로티, 내장을 급습하는 가타 카레, 이 지역의 대표 음식인 속이 꽉 찬 병아리콩 덤플링도 먹었다. 그리고 당연히, 훌륭한 술라 와인도 몇 병 더 마셨다.

그 뒤로도 한 이틀 정도 나는 정신없이 델리 음식에 입문하는 시간을 가졌다. 지금 돌이켜보면 나는 늘 하던 대로 음식에 완전히 정신이 팔렸던 것 같다. 리센과의 합의를 깨는 것에는 잡지에 기고할 기사의 리서치를 해야 한다는 구실을 갖다 붙였다. 당연히 리센은 이런 상황에 불만이 많았다.

그날 밤, 사우리시와 저녁을 먹고 돌아와 이튿날의 계획(고급 식당에서 화려한 점심 식사를 한 뒤 다른 기자와 함께 올드 델리의 거리 음식 투어)을 설명했다가 리센과 나는 잠깐의 대화, 아니 애들이 간이침대에서 잠들어 있었기 때문에 어쩔 수 없이 속삭임에 가까운 언쟁을 벌여야 했다.

"이럴 줄 알았어. 내일은 내가 일정을 짤 차례잖아, 기억 안 나?" 리센은 내가 이미 자기와의 약속을 어기기 시작했다는 사실에 끓어오르는 분노를 누르며 말했다.

"그래, 알아. 하지만 음식 관련 일정은 이게 마지막이야, 약속할게. 기사 쓰려면 꼭 가야 돼."

물론, 만약 나의 이 식탐 때문에 내가 앞으로 당하게 될 후환이 어떤 것인지 알았더라면 나는 다시 생각해본 뒤 비스킷이나 입에 물고 조용히 잠자리에 들었을 것이다. 하지만 내가 델리 음식의 '현장'(물론 그런 건 있지도 않지만 편집자들은 '현장'을 참 좋아한다)에 관한 글을 위해 취재를 하는 것만은 진짜 사실이었으므로 나는 이것을 구실삼아 델리에서 남은 기간 내내 훌륭한 식사에 몰두했다.

파크 호텔의 파이어라는 한 음식점에서는 펀자브 기독교도인 셰프 백쉬시 딘(그래서 흔치 않은 성)딘dean은 '주임 사제'라는 의미과 이야기를 나눌 수 있었다. 덩치가 크고 아주 쾌활한 이 40대 남자는 아자드푸르 시장에 식재료를 사러 가는데 나도 같이 가자고 제안했다. (리센에게는 파이어에서의 점심 식사가 길어졌다고 둘러댔다.) 관광객들은 거의 가지 않는 곳이다. 아시아에서 가장 큰 시장(과일과 야채를 파는 부분만 10평방킬로미터)이라 알려진 이곳을 관광객들이 찾지 않는 이유가 있다. 소풍 갈 때 가져갈 맛난 것들로 예쁜 바구니를 채우며 가벼운 발걸음으로 둘러볼 만한 그림 같은 시장이 아니기 때문이다. 아자드푸르는 매일 5억이란 인구를 먹이기 위해 돌아가는 곳이고, 그런 광경은 절대 예쁘장할 수 없다. 썩어가는 농산물이 바닥에 흥건하게 깔려 있다. 특히 이곳의 정육점을 한번 보고 나면 웬만한 사람은 인도에서는 절대로 다시 고기를 입에 대지 못할 것이다.

시장을 다 돌고 마지막으로 11층 건물보다 더 높은 냉장창고 건물에 들렀다. 일꾼들은 전부 네팔인이었다. "이 사람들은 산소가 부족한 환경에 익숙하고 추위와 가파른 계단도 잘 견딥니다." 몇몇 남자가 지나갈 수 있도록 옆으로 길을 터주는 사이 이곳 소유주인 아니시가 설명해줬다. 그 남자들은 거의 몸을 반으로 접고 거대한 짐을 등에 얹은 채 좁은 나무 계단을 오르고 있었다.

이렇게 고된 일을 하며 사는 사람을 직접 보고 나면 프린터 잉크 카트리지의 가격에 분노하거나 성질 더러운 편집자 때문에 열받는 것에 대해 다시 한번 생각해보게 된다. 온도가 섭씨 4도 이상 올라가지 않는 곳에서 20~30킬로미터의 짐을 등에 지고 비좁고 가파른 계단을 오르내리며 하루 열 시간씩 일하는 사람들이 존재하는 이 세상에서 감히 어떻게 내 책의 아마존 순위나 악평에 대해 불평할 수 있겠는가. 다음에 나의 아늑한 서재에 앉아 들판을 내다보며 인터넷 연결이 잘 안 되어 짜증이 날 때면 이 사람들을 기억하겠노라고 나는 생각했다.

그날 늦은 오후까지도 책을 위해 음식 이야기를 찾아다니던 나는 덜컹거리는 자전거 인력거 뒷자리에 살만 루슈디 소설에서 튀어나온 듯한 인물과 함께 끼어 앉아 올드 델리의 거리를 누비고 있었다. "황달에만 두 번 걸렸어요." 나이 지긋한 인력거꾼이 카코리 케밥을 파는 좁아터진 가게 옆에 멈춰 섰을 때 라울 비르마는 쾌활하게 말했다. "직업병이라고 해야겠죠."

싱글몰트 위스키 애호가인 공산주의 식도락가 비르마는 자기가 가장 아끼는 맛집에 나를 데리고 다니겠다고 약속했다. 그는 인도 최고의 음식 평론가 중 한 명이며 그중에서도 델리의 거리 음식은 그의 전문 분야다. 적어도 일간지 『힌두 델리』에 기고하는 동안은 그렇다. 『힌두 콜카타』에 기고할 때는 이 도시의 고급 요리에 대한 글을 쓰기도 하지만. "음식은 아무래도 콜카타가 더 세련됐죠. 그곳에선 한 사람 한 사람에게 코스로 음식을 접대하고, 델리에서 쓰는 버펄로 대신 제대로 된 소고기를 사용하니까요." 그가 말했다. "하지만 나는 델리의 활기를 사랑합니다." 비르마는 상류층 레스토랑에 대한 글을 쓰면서 자신이 완고한 공산주의자(그는 전직 노동조합 간부였다)였다는 점을 한마디로 일축해버렸다. "저도 먹고살아야 하니까요." 그리고 내가 투어에 대한 답례로 건넨 몰트 스카치 위스키를 덥석 받았다. 많은 사람이 꺼릴 도시의 먹거리 현장을 조사하기 위해서라면 나도 그 정도는 기꺼이 지불할 용의가 있었다. 황달 정도는 인도의 '활기찬' 거리에서 음식을 먹는 대가로 걸릴 수 있는 아주 많은 병 중 하나일 뿐일 테니까.

인도 전역을 누비며 여행한 피어 파올로 파솔리니는 이렇게 적었다. "인도에서 형편없는 음식과 시체의 냄새는 마치 사라지지 않고 떠도는 강력한 기류처럼 사람들에게 열병 같은 것을 앓게 한다. 그리고 그 악취는 조금씩, 조금씩 거의 살아 있는 형태를 갖춘 독립체가 되어간다." 내가 올드 델리의 거리에서 맡은 냄새가 시체의 냄새인지는 알 길이 없지만 만약 진짜 그랬다 해도 전혀 놀라지 않을 것 같다. 갈색 흙먼지는 모든 것의 표면을 뒤덮고 있고, 배수로는 씹어 뱉은 판구장나무의 잎, 남아시아 지역에서 널리 소비된다 때문에 녹물처럼 시뻘건 물이 흘러가지만, 그럼에도 불구하고 이곳은 충분히 흥미진진하다. 차량과 소와 보행자들이 뒤섞인 혼잡함은 정말 속수무책이다. 보도만을 고집했다가는 종일 그 자리에 서 있어야 할 것이다. 대신 나는 비르마에게 달라붙었고, 그는 자기 입으로 늙어서 몸이 말을 안 듣는다고 말하는 사람—"무릎이 문제예요, 무릎이"—치고는 놀라울 정도의 민첩함으로 손수레와 소떼, 정체를 알 수 없는 무서운 폐기물들 사이를 헤치며 움직였다. 숨을 들이마시려고 잠깐 멈춰 섰을 뿐이다. "크, 이 냄새 죽이죠?" 그가 웃었다.

예전에는 샤자하나바드로 불렸던 올드 델리는 겉보기에는 카오스의 절정이지만, 나름의 질서를 갖추고 있었다. 전면을 개방한 상점들을 운영하는 상인들만 모였는지 전기용품 공급자건, 향신료 상인이건, 매춘부건(심지어 이 모든 것 한가운데에 도살장도 있다) 줄지어 늘어선 상점들이 모두 같은 형태였다. "델리의 평원 위로 도시와 궁전들이 올라갔다 무너져 내리곤 했지만, 찬드니 초크 구시가지의 중심을 통과하는 거리는 파괴 불가능하다. 옛것과 새로운 것 모두의 심장이기에"라고 러스킨 본드 영국계 인도 작가는 적었다. 사실 나는 '파괴 불가능'이란 말이 적절한 표현인지 잘 모르겠다. 이곳은 마치 수없이 파괴됐던 곳처럼 보이기 때문이다. 그리고 재건했다기보다는 일으켜 세워 받치고, 때우고, 이어 붙여 어찌됐든 사람들이 다시 들어와 산 것처럼 보인다.

우리는 델리의 지하철에서 내려 차리 바자 Chawri Bazar의 불협화음이 빚어내는 혼돈 속으로 걸어 들어갔다. 비르마가 여기서 디왈리 집과 사원에 등불을 밝히고 힌두교의 신들에게 감사 기도를 올리는 전통 축제와 홀리 매년 2~3월경 인도 전역에서 열리는 봄맞이 축제 사이의 겨울에만 노점에서 판매하는 델리만의 독특한 길거리 음식, 다울랏 키 차트를 꼭 먹어보라고 권했기 때문이다. 풍성하게 부풀린 우유 거품, 설탕, 사프란을 넣고 만드는 것으로 지극히 가볍고 달콤한 유제품 맛이 난다. 우리가 서서 얘기를 나누는 동안 상점 주인은 그의 소중한 하얀 거품의 돔에 앉아 있는 파리 몇 마리를 쫓았다. "이래서 겨울에만 파는 거예요." 비르마가 말했다. "조금만 더 따뜻해져도 온통 파리로 뒤덮여버릴 거예요." 나는 하루 전에 사우리시가 한 말을 떠올렸다. "델리에서 자란 사람이면 누구나 이 세상 어디서든 아무 거나 다 먹을 수 있어요." 나는 미드서식스에서 자랐고 그 지역 대부분의 음식은 랩으로 포장되어 있었다. 그러나 지금은 까탈을 부릴 때가 아니었다.

거리를 걸으며 비르마는 친구, 지인들과 인사를 나누었다. 그중에는 존경받는 발리우드 영화감독, 수디르 미쉬라도 있었는데 큰 키에 우아한 차림, 길고 숱 많은 회색 머리가 눈에 띄었다. 그리고 이슬람교도 구역 심장부의 유일한 힌두교도 상인인 힌두 양념 판매상도 있었다. 우리는 알루 티키(감자 패티에 렌틸콩과 처트니를 넣은 음식), 촐레 바투리(매콤한 병아리콩을 특별하게 튀긴 빵과 먹는 음식), 쿨레(속을 파낸 감자 안에 병아리 콩, 처트니, 다양한 과일을 채워넣은 음식)를 먹어봤다. 그러나 나는 파니푸리라고도 알려진 골 가파 앞에선 멈칫했다. 인도의 거리를 걷다보면 안이 빈 동그란 한입 크기의 파니푸리를 바삭하게 튀겨내어 파는 남자를 볼 수 있다. 그 동그란 반죽 튀김을 숟가락처럼 사용해 향이 굉장히 강한 국물을 떠먹는 음식이다. 하나 먹어보고 싶지 않았던 것은 아니었다. 하지만, 그 뭐냐, 뚜껑이 열린 채 그 국물이 담겨 있는 통을 보곤 도저히……

기름에 2~3센티미터 잠겨 있는 음식을 보고도 흠칫 놀랐다. "델리에서는 기름에 네 손가락을 담글 수 없다면 그건 별로 안 좋을 거라고 말해요. 기름이 좋은 거예요. 봐요, 향신료의 강한 맛을 완화하거든요. 내가 보장하는데 먹어도 안전해요. 여름에는, 예를 들어 처트니 같은 건 내가 못 먹게 말릴 거예요. 그리고 익히지 않은 야채도 먹지 않는 게 좋아요. 하지만 뜨거운 음식이나 튀긴 음식은 안전해요."

홍등가 깊숙이, 골목들이 미로처럼 얼기설기 얽힌, 햇빛 한 줌 들지 않는 곳에 서서 우리는 내가 평생 가장 감탄할 만한 케밥을 맛봤다. 양고기를 파파야로 부드럽게 만들고 비밀 양념과 함께 섞은 다음 꼬치에 감싸서 숯에 구웠다. "이분은 이걸 25년간 만들어왔죠. 정확히 어떤 재료가 들어가는지는 아무도 모르지만 고추, 고수, 생강, 마늘, 양파는 들어갈 거예요. 또 뭐가 들어갈까요? 아무도 몰라요." 비르마가 말했다.

이슬람 구역 안의 자마 마스지드 근처에서 우리는 한 남자들의 무리 앞을 지나갔다. 델리의 기준에서도 행색이 무척 초라한 그들은 테이크아웃 전문점 바깥 보도에 쭈그리고 앉아 있었다. "저들을 파키리라고 해요. 모스크를 방문한 다음에 이 음식점에 돈을 기부하면 그걸로 극빈자들을 먹이죠." 비르마가 설명했다.

위스키와 함께한 즐거운 점심 식사가 끝난 후, 우리는 비르마가 델리 최고의 과자점이라고 한, 한드니 초크 한쪽 끝에 위치한 차이나 라미에서 하루를 마감했다. 차이나 라미도 인도와 파키스탄의 분단으로 탄생하게 된 집이었다. 이곳 주인은 1947년 카라치에서 이곳으로 피란을 왔다. "이곳의 스페셜 메뉴인 카라디 할와를 먹어봐야 해요. 1킬로그램에 600루피니까 좀 비싼 편이긴 한데 기ghee 값을 낸다고 보시면 돼요."

나는 터키식 사탕 같은 젤리를 한 상자 사서 지하철을 타고 호텔로 돌아오는 길에 코를 박고 먹기 시작했다.

돌아오는 길에는 범상치 않은 만남이 있었다. 어느 역에서 주황색 법복을 몸에 감고, 터번을 두르고, 엄청난 턱수염을 기른 남자가 타더니 맞은편에 앉았다. 그의 얼굴에는 이상한 하얀 얼룩 같은 것이 있었다. 일종의 성자 같은 사람이 아닌가 싶었다. 그런데 그런 분들이 교통수단 같은 것도 이용하나? 그런 분들은 어디든 걸어다니지 않나? 그는 사탕을 먹고 있는 나를 골똘히 쳐다보기 시작했고 그 시선을 의식한 나는 그에게 하나 드셔보라고 권했다. 그러자 그의 눈이 커다래지더니 손을 들어 사양하고는 내가 앉은 쪽으로 건너왔다. 그는 어느새 내 옆에 앉아 있었다.

그리고 조용조용 말했다.

"간디가 이런 말씀을 하셨소. '인간은 먹기 위해서 태어난 것이 아니다. 그리고 먹기 위해서 살아서는 안 된다. 자기 위장이나 숭배하며 세월을 보내는 사람들은 짐승과 다를 바 없다.'"

이상적인 스토리라면 그런 만남 이후 나는 대오각성하여 식탐으로 점철된 삶을 버리고, 식욕을 싹 몰아낸 뒤 새로운 삶을 살기 위한 도전들을 대면할 힘을 얻어 가족의 품으로 돌아갔을 것이다. 그러나 그런 각성 따위는 없었다. 그래서 호텔에 돌아간 다음 우린 다함께 또 밥을 먹으러 나갔다.

005

인도 국기를 더럽힌 나의 아들

군데군데 희뿌연 델리의 대기를 통과해 하늘로 올라간 킹피셔에어의 제트기는 펀자브 방향으로 거슬러 올라가기 시작했다. (그저 그런 맥주 브랜드인 킹피셔는 항공사도 운영하고 있다. 어떻게 이렇게 허가를 받을 수 있을까? 이건 마치 바카디화이트 럼을 비롯한 주류 제조 회사이자 브랜드가 핵연료 재처리 부지 운영 계약을 따는 것이나 마찬가지다. 내가 인도에 머무는 동안 이 일에 대해 얼마나 많은 생각을 했는지 아무도 모를 거다.)

여기서 지루하게 또 같은 타령을 반복하고 싶진 않지만 암리차르에 도착하며 받은 첫인상은 이곳이 역대급으로 끔찍한 거지소굴 같다는 것이었다. 만약 외교관 출신 파반 K. 바르마가 쓴 대로 인도인들은 "불평등, 쓰레기, 인간의 고통에 놀라울 정도의 관용을 보여준다"는 말이 사실이라면 암리차르는 관용의 횃불이리라. 돌무더기, 사방에 널린 쓰레기, 에멘탈 치즈처럼 군데군데 파인 도로, 흰곰팡이가 핀 건물들, 쓰레기, 와 진짜, 엄청난 쓰레기. 심지어 나뭇가지에까지 쓰레기가 걸려 있었다. 최근에 로리 페스티벌편자브 지역의 겨울철 민속 축제에서 날린 연들이었다. 하늘은 아직도 아이들이 발코니와 옥상에서 날린 연들로 가득 차 있었다. 『연을 쫓는 아이』 덕분에 이제 나는 연만 보면 항문을 통한 강간, 감옥 내 가옥 행위, 탈레반을 연상하게 됐기 때문에 이 쌀쌀하고, 눅눅하고, 안개 자욱한 도시에서 연이 그나마 즐거움의 외형을 하고 있는 유일한 물건이라는 것은 참으로 안타까운 일이었다.

점심을 먹으러 들어간 식당에서는 터번을 두른 백인 여자가 시크교도 남편과 함께 옆 테이블에 앉아 있었다. 우린 전부 그쪽을 두 번씩 쳐다봤고, 나는 그녀의 이야기가 무얼까 궁금해졌다. 저 여자는 자유의지로 저걸 두른 걸까, 아니면 남편의 강압이 작용한 걸까? 나는 그녀가 남편의 문화 때문에 본인의 정체성을 잃어버리고 남편의 문화에 완전히 잠식됐다는 성급하면서도 그럴싸한 판단을 내려버리고 그녀가 안됐다고 생각했던 것 같다.

알고 보니 터번은 이 시대의 시크교도 사이에서 지배적인 토템이 되어 있었다. "내 터번은 10미터이고 머리카락은 1미터는 될 거예요." 오후에 우리가 탄 택시 기사가 자기소개를 대신하듯 말했다. 아마도 관광객들의 단골 질문에 선수를 치는 것 같았다.

"우리는 머리카락을 자르지 않아요. 왜냐하면 우리의 일부니까요. 그리고 그것이 시크교도의 상징입니다." 그가 덧붙였다.

옅은 안개가 감싸고 있는 황금 사원에서 우리는 물탱크 크기의 파란 터번을 두르고 있는 노인을 만났다. 그는 전직 군인이라고 했는데 시크교도에서 군인은 곧 해병이라고 했다. "할아버지 모자는 얼마나 길어요?" 에밀이 물었다. 400미터라고 그가 대답했다. 에밀과 애스거는 입을 다물지 못한 채 그를 쳐다봤다. 아이들의 무한한 상상력으로도 이렇게 엄청난 모습을 한 사람이 존재한다는 사실을 상상해보지 못했던 우리 애들은 그와 사진을 찍게 해달라고 고집을 부렸다. 애스거는 장식용 단검에 끌렸던 것 같지만 에밀은 터번에 완전히 꽂혔다. 그때부터 (앞으로 벌어질 일의) 씨앗은 뿌려졌던 것이다.

황금 사원은 식도락 여행과 영적 수련이란 일정을 한꺼번에 소화할 수 있는 아주 드문 기회를 제공했다. 이 사원은 디왈리(비록 이유는 다를지라도 이 가을 축제는 힌두교도들에게만큼 시크교도에게도 중요하다)에 모여든 인파 4만 명을 먹일 수 있는 세계에서 가장 큰 주방이라고 주장하는 곳이기 때문이다. 이곳에선 자원봉사자들이 기부된 음식으로 순례자들을 위한 요리를 하는데, 시크교의 신조인 카 세바사심 없는 타인을 위한 봉사 혹은 자발적인 육체노동의 살아 있는 전형이라 할 수 있겠다. 이 사원은 시크교의 가장 신성한 장소다.

시크교는 내게 언제나 가장 덜 나쁜 종교로 보였다. 양성평등, 정직, 절제가 이 종교의 기본적인 가르침이다. 시크교도들은 바른 태도로 유명하고 가장 너그러운 주인들이다. 불교나 힌두교도와 달리 시크교는 신도들에게 세상과 관계를 맺고, 카르마의 원칙에 근거해서 '평범한' 삶을 가능한 한 남부럽지 않게 살아가라고 권장한다. 또 카스트 제도를 거부하라고 가르친다. 그러나 울버햄튼에서 시크교도로 어린 시절을 보낸 작가, 사스남 상게라가 쓴 인상적인 회고록 『상투를 튼 소년The Boy with the Topknot』을 보면 아직도 시크교도들의 정략결혼에 카스트 제도가 결정적 역할을 한다고 한다. 유감스럽게도 그들 또한 신과 환생을 믿는다. 그러나 우상숭배(순교자는 좀 다른 문제다. 그들은 훌륭한 순교자를 사랑한다)는 하지 않고 기적이라든가 초자연적 현상에 대해 이야기하지 않는다. 또 한 가지, 내가 시크교도들을 높게 평가한 이유는 역사적으로 이들은 한 번도 하나의 신을 섬길 목적으로 사람들을 이리저리 내몬 적이 없기 때문이다. 1699년 무굴과의 전쟁 이후 그들은 용맹한 종족으로 인도에만 1600만, 전 세계적으로 2500만 명의 신도를 거느리고 있다. 또 한 가지 기억할 점은 1984년, 무장한 시크교도들이 독립을 요구하며 세상의 관심을 집중시키기 위해 황금 사원을 점령했을 때, 인디라 간디는 무력 진압을 명령했고 그러자 시크교도인 그녀의 경호원이 이에 반감을 품고 그녀를 암살했다는 것이다.

무지무지하게 춥고 안개 자욱한 아침이었다. 맨발로 사원의 하얀 대리석 바닥과 축축한 빨간 카펫 위를 걸으려니 발가락의 감각이 없어지는 것 같았다. 수백 명의 사람이 사원이나 예배당에 들어가기 위해 빽빽하게 서서 기다리고 있었다. 장식용으로 조성한 얕은 호수 한가운데 섬처럼 서 있는 사원이 안개를 뚫고 신비롭게 반짝였다.

"아니, 이쪽입니다 선생님. 그쪽이 아니고 이쪽이요." 사원의 직원 한 명이 우리에게 사람이 아무도 없는 오른쪽 출구 방향의 60미터쯤 되는 길을 가리키며 말했다.

"아, 아니에요. 그러면 안 되죠." 리셴이 말했다. "우리가 외국인이라고 새치기를 하는 건 아닌 것 같아요. 이분들은 순례를 하러 오신 거잖아요. 저희가 기다리는 게 맞아요."

개인적으로 말하자면, 나는 새치기를 하는 것에 아무런 문제가 없다고 생각했다. 이곳을 관할하는 권리가 있는 인도 분께서 친히 우리를 배려해주시겠다는데 거절하는 것이 오히려 무례한 행동 아닌가? 이 상황에서 내가 생각해낼 수 있는 전략은 리셴의 모성 본능에 호소하는 것뿐이었다. "하지만 에밀 발을 좀 봐. 얼어서 퍼렇게 변해가고 있잖아." 결국 리셴은 내 말에 동의했고 우리는 외국인들한테 새치기 당하는 것에 체념한 듯한 군중을 지나 성큼성큼 걸어갔다. 사원 안에는 벽 쪽을 향해 빽빽이 들어찬 사람들 때문에 숨 쉴 공간조차 없었다. 제물로 올려 태우고 있는 기ghee의 느글느글한 단내가 사람들의 땀 냄새와 뒤섞여 내부의 공기는 아주 고약했다. 여기 와 있으면 이 많은 사람이 조용히 숭배하는 모습에 감동받지 않을 수 없다. 이들 중 대부분은 세상에서 가장 중요한 곳으로 일생에 한 번뿐인 순례를 온 사람들이다. 그러나 우리는 사람들 틈에서 짜부가 돼버렸다. 낮 동안 보석 박힌 덮개 아래 비치된 시크교의 성전盛典 그란트

사히브는 훔쳐보듯 힐끗 한 번 보는 데 그쳤다. 그리고 곧장 아주 진귀한 그것, 바로 공짜 점심을 먹으러 갔다.

구루 카 랑가로 알려진 식당은 양옆은 트이고 부족한 조명 때문에 마치 가축 시장 같았다. 장작불 위에는 폴크스바겐 비틀을 뒤집어놓은 듯한 크기의 가마솥이 올라가 있었고, 그 안에는 달 마른 콩류에 향신료를 넣고 끓인 인도 스튜의 총칭이 보글보글 끓어오르고 있었다. 우리 부부가 솥 안에 코를 박고 있을 때 애스거는 차파티를 만들고 있던 상냥한 여자들에게 이끌려 다가갔다. 우리가 애스거를 쫓아가자 그 여자들이 다함께 미소를 짓고 두 손을 모아 '나마스테'라고 말하며 우리를 반겼다. 그중 연세가 지긋한 아주머니가 애스거에게 밀가루 반죽을 떼어 판 위에 놓고 작은 나무 밀방망이로 미는 법을 보여주었다.

그날 사원에는 정부 고위 인사를 촬영하기 위해 TV 방송국 사람들이 와 있었는데, 그들은 두 외국인 소년이 근처에서 빵을 만들고 있다는 소문을 듣자마자 고위 인사를 내팽개치고 우리에게 다가왔다. 우리는 얼떨결에 즉흥적인 방송 쇼의 주인공이 되어 장관님이 우리에게 악수를 건넬 때 카메라를 향해 웃고 있었다.

이 상황은 10분가량 이어지다가 방송국 사람들이 원하는 분량을 뽑았다고 느꼈을 때 우리도 다른 쪽으로 이동할 수 있었다. 그 옆방으로 들어가니 안에는 마치 마우스 트랩이라는 보드게임을 실물 크기로 만들어놓은 듯한 거대한 차파티 기계가 놓여 있었다. 예배당만큼 사람이 꽉 차 있던 그 공간은 사원의 식당 중 하나였고, 우린 그곳에 자리를 잡았다. 즉석식품 용기처럼 생긴 납작한 철제의 털거덕거리는 소리는 실로 엄청났지만 우리가 받은 식사는 대량 배식된 음식이라고는 믿을 수 없을 정도로 맛있었다.

우리는 모르고 있었지만, 그 시간 내내 에밀의 머릿속엔 온통 터번에 대한 환상이 피어오르고 있었던 모양이다. 우리가 암리차르 대학살의 현장인 잘리안왈라 공원을 거닐며, 1919년 다이어 장군이 지휘하던 영국 군대가 2000명 이상의 인도인을 학살한 증거인 벽에 남은 총탄의 흔적들을 살펴보고 있을 때 에밀이 내게 쓱 다가와 소매를 잡아당겼다.

"터번은 아무나 해도 되는 거예요?"

"뭐, 그렇지. 인도 사람들은 많이 해. 꼭 시크교도들만 하는 건 아니야. 근데, 왜?"

"터번이 진짜 멋진 것 같아서요. 나는 초록색이 진짜, 진짜, 진짜로 갖고 싶어요."

얼마 후, 우리는 대부분의 암리차르 상점들처럼 전면이 개방된 가게 앞을 지나가게 됐다. 바닥에서부터 천정까지 삼면에 터번 천이 차곡차곡 쌓여 있는 곳이었다. 리센이 그곳을 발견해서 가리켰고 에밀은 이상할 정도로 흥분해서는 들어가자고 고집을 부렸다. 에밀은 원래 잘 모르는 장소에서는 낯을 가리는 편인데, 가게로 곧장 들어가더니 다짜고짜 터번을 살 수 있냐고 물었다. 내부의 세 면에 자리를 잡고 있던 점원 셋은 누구든 다른 사람이 이 상황을 해결해주길 바라며 서로 쳐다만 볼 뿐, 우리가 전부 들어갈 때까지 조용히 눈치를 살피고 있었다.

결국은 에밀도 터번을 살 자격이 있다는 데 합의가 이루어졌고, 심지어 점원들이 직접 둘러주겠다고 나서기까지 했다. 에밀은 녹색 중에 정확히 어떤 색을 원하는지 결정하느라 한참 시간을 보낸 후, 강렬한 개구리 색을 골랐다. 직원들은 선반에서 그 천을 내려 4미터 정도 길이로 잘랐다. 그리고 에밀을 상점 중앙의 의자 위에 앉혀놓은 채 천을 풀기 시작했고—그 과정에서 가게 밖까지 나가야 했다—그다음에는 물에 살짝 담갔다가 천을 부드럽게 하기 위해 돌돌 뭉쳤다.

그때쯤 되자 가게 밖의 보도 위에 작은 인파가 모여들었다. 조용히 입을 다물고 있는 그들은 불쾌하다기보다는 어리둥절한 듯 보였다. 터번의 색과 그것을 두르는 방법은 종교적이고, 사회적으로도 민감할 수 있는 문제다. 내가 아는 한은 그렇다. 힌두교 신자, 이슬람교도, 시크교도 모두 터번을 두르지만 사회적 계급과 기타 요소에 따라 색과 형태는 다양하다. 라자스탄 사람들은 그들의 예의를 강조하기 위해 짙은 황색을 두르고, 브라만카스트 제도의 최고위 계급 계급은 분홍색, 달리트카스트 제도의 최하 계급 계급은 갈색, 유목민들은 검은색을 두른다. 힌두교도들은 상중임을 표시할 때는 녹색, 파란색, 흰색의 다양한 색을 두르고, 기혼과 미혼 여성들은 분홍색, 빨간색, 노란색을 두른다. 아들을 낳은 여성이라는 표시로 노란색과 빨간색을 함께 두르기도 하는 것 같다.

구경꾼 무리에서 두 남자가 나타나더니 완벽한 조르디잉글랜드 동북부 지역식 말투를 구사하며 암리차르에 대해 어떻게 생각하는

지 물었다. "좀 다르지 않나요?" 두 남자 중 나이가 좀 들어 보이는 사람이 웃으며 말했다. 그들은 뉴캐슬 출신의 약사인데 나이 어린 남자와 나이든 남자의 여동생이 결혼하게 되어 이곳에 왔다고 했다. 나는 결혼식에 몇 명이나 초대했는지 물었다. "아, 아주 조촐하게 할 예정이에요. 딱 400명만 초대했어요." 그 남자는 이런 규모의 결혼이 인도에선 드문 일이 아니라고 말했다. 비록 자기들도 눈에 띄게 요란한 결혼식을 치르긴 하지만 성대한 결혼 축하연은 시크교도만의 예외적 현상이 아니라고 했다. 평범한 인도 결혼식의 하객은 500명 정도 되고, 발리우드 열풍으로 몇 년간 분위기가 좀 더 과열된 뒤에는 하객이 1000명에 이르는 결혼식도 종종 있다고 한다.

이런저런 얘기를 나누다보니, 애스거가 가게 구석에 혼자 서서 울음이 터지기 직전의 얼굴을 하고 있는 게 눈에 띄었다. 무슨 일이지? 그러더니 훌쩍훌쩍 울기 시작했다.

"내 동생을 잃어버리기 싫어요."

"왜 동생을 잃어버린다고 생각해?"

"인도 사람이 돼버리고 있잖아요! 쟤 이제 여기서 살 거잖아요! 쟤만 여기 두고는 안 갈 거예요!"

우리는 터번을 두른다고 꼭 국적이 바뀌는 건 아니라고 설명했다. "우리도 다 같이 하나씩 할까?" 진지한 제안이라기보단 애스거를 안심시키기 위해 리셴이 이렇게 말했다. 나는 아내를 쳐다봤다. 이건 허세라고 하기엔 좀 위험한 발언이었다.

애스거의 얼굴이 확 밝아졌다.

"우와, 그래도 돼요?" 애스거는 잠시 생각하더니 말했다. "할래요. 할래요. 제발, 제발. 해도 돼요? 아빠도 해요!"

"나도? 아니야, 하하, 내가 왜 그걸……"

"그래, 우리 다 같이 하자." 리센이 음흉하게 웃으며 말했다.

그리하여 그 뒤로 한 시간가량 우리는 모두 차례로 의자에 앉았고, 좋은 구경거리가 생겨 신난 동네 사람들이 잔뜩 모여든 가운데 점원은 다양한 색깔의 붕대를 우리 머리 위에 천천히, 기술적으로 감아주었다. 작업이 끝났을 때 우리의 터번 자문위원님께서는 본인의 수고에 대한 팁을 거절했다. "누군가의 첫 번째 터번을 감아주는 일은 아주 영광스러운 일이랍니다." 그는 허리를 굽혀 절하며 말했다.

터번을 두른 첫 느낌이 무엇이냐 물으신다면? 우선 청력의 30퍼센트가 손실된다. 시크교도의 청각 장애에 대한 연구 같은 건 없나? 그리고 무지하게 꽉 쪼인다. 리센은 "즉각적인 페이스리프팅 효과"라며 아주 흡족한 얼굴로 말했다. 하지만 내 눈엔 그녀가 물고기 같아 보이기도 했다. 그날의 깨달음은 애스거의 입에서 나왔다. "우리가 이걸 머리에 하긴 했지만, 우린 원래 우리랑 똑같은 사람이에요." 우리가 그 유명하다는 와가 보더의 국기 하강식을 보러 가기 위해 차로 암리차르를 빠져나오는 길에 애스거는 완전히 마음을 놓은 듯 말했다.

터번을 두르고 지낸 며칠은 우리 모두에게 교훈을 준 시간이었다. 애스거가 지적했듯이 아무리 5미터짜리 천을 머리에 두르고, 귀도 절반은 들리지 않고, 얼굴은 가당치도 않게 젊은이처럼 팽팽해져서 조앤 리버스미국 코미디언, 배우. 수없이 성형수술을 했고 대중에게 숨기지 않았다처럼 보인다고 해도 나는 여전히 원래의 나와 같은 사람이었다. 따라서―이런 얘기가 무지막지하게 진부하게 들릴 거라는 걸 알지만, 사실이니까―나와 다르게 입고 다니는 사람들, 부르카나 터번을 착용했건, 청바지를 엉덩이의 절반이 드러나게 걸치고 돌아다니건, 핑크 코르덴 바지에 야상을 걸쳤건, 무얼 입었건 간에 그들은 그저 같은 사람들일 뿐이리라. 물론 머리로는 나도 이 사실을 아주 잘 이해하고 있고, 만약 누군가가 나한테 이런 이론이 인간관계에 있어 엄청난 도약이라며(예를 들면 『화성에서 온 시크교도 그리고 금성에서 온 나머지 인간들』이란 책 같은 것으로) 설파했다면 나는 몹시 경멸하는 반응을 보였을 것이다. 그러나 진짜 터번을 실제로 둘러보니 이런 이론이 조금 더 실감됐다. 내게는 이 경험이 인간으로서의 성장에 아주 작은 발걸음이었지만 애스거와 에밀에게는 아주 깊은 깨달음이었을 거라 생각한다.

한마디만 더 보태자면 우리가 그날 오후에 지켜본 국경 행사에 참여한 인도인과 파키스탄인들도 이웃 나라 사람들과 신발이나 머리 장식을 바꿔서 하고 1마일만 걸어보면 정말 좋을 것 같다. 우리는 도요타 미니밴을 타고 그랜드 트렁크 로드(셔수리 길)였던 길을 한 시간 반 달린 끝에 와가에 도착했다. 그 길은 캘커타에서 페샤와르로 이어지는 2000킬로미터로 뻗어 있는 옛 무굴 제국의 길이다.

정말 생생한 여정이 아닐 수 없었다. 운전사가 제정신이 아닌 것 같았기 때문이다. 그 남자는 암리차르에 돌아다니는 사람 수보다 더 많아 보이는 수많은 야생 개 중 한 마리를 치고도 그대로 지나가버렸다. 정말 듣기 힘든, 둔탁한 뼈 부러지는 소리와 금속에 살 짓이겨지는 소리가 났고, 시체를 넘어갈 때 차도 살짝 덜컹거렸지만 기사는 눈 한번 깜빡하지 않았다. 백미러에 걸린 플라스틱 우상 조각으로 봐서는 힌두교도였던 것 같다.

국기 하강식 장소로 직행하는 길을 열어줄 때까지 펜스 뒤에서 기다리고 있는 인파는 축제 분위기였다. 그곳에서도 역시나 유일한 외국인이었던 우리에게 관리자가 새치기를 권했고, 우리는 만 명 정도 되는 인파의 선두로 걸어 나가게 됐다. 그렇지만 그들은 금세 우리를 따라잡았고, 우리는 힌디어로 '인도의 승리' '인도 만세' 등의 구호를 외치는 그들 틈에 완전히 둘러싸였다. 그렇게 우리는 다함께 커다란 콘크리트로 된 야외 그랜드스탠드에 도착했다.

기세 좋게 깃발을 흔드는 인파는, 스피커에서 고막을 찢을 정도로 울려 퍼지는 형편없는 팝 음악과, 마이크를 들고 인도가 파키스탄보다 잘났다는 구호를 선창하는 남자 때문에 더 후끈 달아올랐다. 그러더니 국경 너머에서 파키스탄 쪽 군중과 누가 누가 더 길게 고함을 치나 기이한 시합을 시작했다. 귀를 찢을 듯한 그 남자의 새된 소리가 안개를 뚫고 무시무시할 정도로 울려 퍼지며 파키스탄 쪽의 구호 소리와 주거니 받거니 마치 입으로 테니스 경기를 하는 것 같았다. 계단을 기어올라 국경에서 가장 가까운 스탠드의 제일 상단 자리에 앉자 비로소 두 나라를 가르는 높은 펜스 반대편의, 숫자는 적지만 소리는 만만찮게 질러대고 있는 파키스탄 쪽 인파가 보였다.

"저것 봐!" 애스거가 파키스탄 쪽을 가리키며 말했다. "달렉BBC TV 프로그램에 나오는 원통형 로봇이다!"

"아냐, 달렉 아니고 저 사람들은 여자야." 내가 가르쳐줬다. "이슬람 국가에서는 여자들이 저렇게 입고 다녀."

"근데 왜 혼자 앉아 있어?"

경험상 이런 질문이 한번 시작되면 어른을 완전히 혼란에 빠뜨릴 때까지 아이의 질문은 끊이지 않고 계속되는 법이다. 아마 다음 질문은 "이슬람이 뭔데요?"일 것이고, 어느새 우리는 신학적 의미에 대한 심도 있는 대화를 해야 할 것이다. 그래서 그 임무는 리센에게 맡겨둔 채 나는 국기를 흔들고 있는 인도인에게 갔다. 사진을 찍게 국기를 잠시 빌려줄 수 없는지 물어볼 생각이었다.

그 인도 사람은 기꺼이 빌려주었건만, 운집한 인파의 질서를 담당하고 있던 경비대원 한 명이 내 손에서 깃발을 낚아채더니 당장 앉으라고 명령했다. 그는 커다란 붉은 수탉의 꽁지를 머리 위에 달고, 정강이 중간까지밖에 안 내려오는 작은 바지를 입고, 엘튼 존이 「핀볼 위저드Pinball Wizard」를 부를 때 신었음 직한 커다란 부츠를 신고, 발목 부분엔 각반까지 두르고 있었다. 그는 그 부츠로 나를 으스러뜨릴 수 있는지—그리고 그 과정을 무척 즐길 듯한 모습으로—가늠해보는 것 같았는데, 바로 그 순간 에밀이 쉬가 아주 급하다는 소식을 알려왔다. 리센이 자기가 데려가겠다고 말했지만 그 경비원은 여자 화장실에 남자아이들은 출입 금지라고 했다. 그러자 리셴은 그런 말도 안 되는 소리가 어디 있냐며 따졌고, 그들이 열띤 논쟁을 벌이는 사이 에밀은 그 둘 뒤에서 한숨을 폭 쉬더니 바지를 끌어내리고 그 달덩이처럼 새하얀 엉덩이를 세상에 노출시켰다. 급할 때 나오곤 하는 습관이다. 그리고 스탠드 옆쪽으로 소변을 봤다. 이것만으로도 이미 상당히 곤란했건만 소변의 궤적이 누군가 바닥에 쌓아놓은 인도 국기 더미 위로 안착했다. 그 순간 모두가 공포로 얼어붙었다. 그 경비원은 이 죄의 중대함을 판단하느라 눈을 부릅뜨고 종이 국기들을 한참 동안 쳐다봤다. 나는 이미 아들의 수감과 그 결과로 이어질 기나긴 외교 협상 혹은 우리 일가족의 투옥에 대한 마음의 준비를 하며 그 와중에 우리 모두가 터번을 두르고 있다는 사실이 우리에게 유리하게 작용할지 불리하게 작용할지 저울질하고 있었다. 그때 천만다행으로 국경의 국기 하강식이 막 시작됐고 십대 몇몇이 스탠드에 앉아 있는 친구들을 즐겁게 해주고자 퍼레이드가 진행될 그라운드에 내려가 발리우드 스타일의 춤을 추는 걸 진압하기 위해 경비대는 범죄 현장을 떠나야 했다.

한참 흥을 돋우고 양쪽 국가의 병사들이 선동적으로 행진을 하고 나서야 진행된 메인 이벤트는 나 같은 서양 사람들 눈에는 몬티 파이튼Monty Python, 영국의 신선하고 혁신적인 코미디 집단으로 1969년 BBC에서 첫 작품을 선보였다의 「이상한 걸음걸이 부서Ministry of Silly Walks」의 재연이라도 되는 듯 킬킬거리며 볼만한 것이었다. 양측 군인들의 모습은 바보들의 행진 같았다. 어린 묘목을 짓밟고 노는 애들을 막 목격한 공원 경비가 아이들에게 겁을 주려는 것처럼 발을 최대한 높이 뻗으며 걸었다. 마치 심술 난 태엽 인형들 같았다. 10분 정도 이런 광경이 이어진 끝에 마침내 그들은 출입 게이트를 닫았고, 모두가 안도의 한숨을 내쉬었다. 적어도 오늘 또 하루는 파키스탄 군중을 저지할 수 있었다는 데 대한 안도였다.

차로 걸어가는 길에 나는 생각했다. 아무리 우스꽝스러운 행사일지라도, 언제든 마음만 먹으면 그 지역의 취약한 안정을 날려버릴 수 있는 위협적인 핵을 보유한 두 적대국이 만나 몬티 파이튼 코미디 클럽의 펀자브 브랜치 미팅 정도로 타협할 수 있다는 건 참으로 눈부시게 아름다운 일이라고. 암만.

화려한 터번을 두른 점쟁이의 저주

안개 때문에 우리는 원했던 것보다 더 오래 암리차르에 묶여 있었다. 이 도시에서 나가는 모든 비행편이 결항됐지만 『더 타임스 오브 인디아』에서 음주 운항을 하는—알고 보니 인도 영공에서는 흔한 일—파일럿들을 강력하게 단속하기로 했다는 기사를 읽었던지라 안도감이 들기도 했다. 그리고 그 전날 시내 중심부의 크리스털 레스토랑에서 먹은, 충격적으로 맛있는 치킨 라바브다르(버터가 듬뿍 들어간 토마토 그레이비소스로 만든 훌륭한 펀자브 요리)를 또 한 번 먹을 기회가 생겼다는 게 오히려 감사했다.

마침내 비행기에 오른 우리가, 한 시간 뒤 기체가 엄청나게 흔들리는 바람에 불안 초조에 벌벌 떨며 착륙했을 때는 이미 리센이 계획했던 대로 델리에서 아그라까지 기차를 타기엔 너무 늦은 시간이었다. 결국 우리는 여행 보험사에서 제공해준 화려한 고급 호텔에서 하룻밤을 지내게 됐다.

나는 그때까지만 해도 애스거와 에밀이 여행 기간에 우리가 묵어온 살짝 누추한 숙박 시설에 대해 어떻게 느끼는지 알지 못했다. 황금빛으로 우뚝 솟은 웅장한 자태에 대리석 로비가 펼쳐진 라리트 호텔 델리에 들어선 애스거가 여기에서 묵게 되어 얼마나 감사하며 우리 부부를 얼마나 멋진 부모라고 생각하는지에 대해 진심 어린 장황한 연설을 시작하기 전까진 말이다. 그것은 그 후로도 오랫동안 '별 다섯의 사랑' 연설이라고 회자됐지만 아내와 나는 앞으로 우리가 예약해둔 나머지 호텔들에 대해 이 아이가 어떤 반응을 보이게 될지 걱정이 앞섰다. 우리는 '아이들은 알지 못하는 것은 원하지도 않는다'는 원칙으로 두 아들을 키웠다. (예를 들면 얘들은 아직도 유로디즈니랜드의 존재조차 알지 못한다. 우리가 파리에 4년씩이나 살았다는 점을 감안할 때 엄청난 성과라 할 수 있다.) 그런데 이제는 베개 위에 올려놓은 초콜릿, 무료 칫솔과 50개의 채널이 나오는 TV에 눈을 떴으므로 아이들의 호텔에 대한 눈높이는 위험할 정도로 높아진 것이다.

기차를 타려고 했던 계획이 무산됐기에, 이튿날 아침은 앞으로 두어 주가량 이어질 '온종일 차량으로 이동하기'의 첫 탑승 시간이었다. 우리는 먼저 동쪽으로 우타르프라데시인도 북부의 주에서 아그라인도 중북부의 도시, 타지마할의 소재지로 이동한 후, 그다음에는 서쪽으로 라자스탄을 가로질러 우다이푸르인도 라자스탄주 남부의 도시로 갈 예정이었다. 기나긴 차량 이동의 첫 단계는, 우리를 마치 중력처럼 끌어당기며 놓아주지 않는 델리에서 벗어나느라 애쓰는 과정이었다. 신호를 받아 서 있는 동안 에밀의 관심은 원숭이를 가진 거지 소년에게 온통 쏠려 있었다. 에밀의 눈에는 오직 원숭이만 보였기 때문에 그 소년을 부러워했다. 혹시라도 언젠가 자기 원숭이를 갖게 될 경우를 대비해서 이미 이름도 정해놓았다고 했다. 에이프 부스라고 부를 거라나 뭐라나.

"내가 쟤였음 좋겠어요. 보세요. 원숭이가 쟤랑 친구잖아요." 에밀이 말했다.

"글쎄다. 내가 보기엔 원숭이가 그걸 선택한 것 같진 않은데." 나는 원숭이가 줄에 묶여 있는 것을 가리키며 말했다. 그리고 저 소년은 신발도 없다는 사실도 덧붙였다.

애스거와 에밀은 그 소년에게 돈을 좀 주고 싶어했다. "이런 사람들을 볼 때마다 돈을 줄 순 없어. 그럼 우리가 거지가 될 거야." 거지 문제에 직면할 때 이런 접근법은 이미 시도해봤다. 그리고 그들에게 돈을 주는 행위는 그들의 문제를 영구적으로 만들 뿐이라고도 말해봤지만, 두 가지 접근법 모두 아이들에겐 먹히지 않았다. 그래서 이번에는 이렇게 말했다. "세계에서 제일 부자인 사람들 중에는 인도 사람들도 있어. 그러니까 자기 나라의 가난한 사람들을 돌볼 책임은 그들한테 제일 먼저 있는 거야. 우리가 아니고. 저 커다란 트럭을 만드는 회사 사장 같은 사람 말이지." 나는 마침 우리 쪽으로 부릉거리며 달려오고 있는 타타 _{인도의 다국적 자동차 기업} 트럭을 가리키며 말했다. "그리고 저것도, 저 것도. 저 회사 사장은 얼마나 부자일지 한번 생각해봐."

한 사람이 저렇게 많은 대형 트럭을 만드는 모습을 상상하며 그 생각에 한동안 사로잡혀 있던 아이들은 곧 새로운 진기한 광경에 정신이 팔렸다. 자이나교도들이 벌레가 입에 들어가는 것을 막기 위해 가내수공업으로 제작한, 수술 마스크처럼 생긴 하얀 카드를 착용한 채 걷고 있는 모습이었다. 그리고 그에 관련된 질문 광풍이 또 한 번 몰아쳤다. 그러나 구걸하는 사람들을 만날 때마다 일일이 돈을 주는 문제는 계속해서 나를 괴롭혔다. 솔직히 툭 까놓고, 그들에게 돈을 주지 않을 구실이 우리에게 정말 있는 걸까? 우리가 서양의 기준에서는 부유한 편이 아니고, 이 여행 예산도 상당히 빡빡하다는 건 엄연한 사실이다. 그리고 「슬럼독 밀리어네어」라는 영화를 봐서 아는데 구걸하는 아이들 중 상당수는 배후에 조직 폭력배가 있다. 하지만 아무리 많은 이유를 나열한다고 한들 그들이 극도로 비참한 상황에 있다는 명백한 사실은 달라지지 않는다.

일곱 시간 뒤 아그라가 가까워져 있었다. 도시 외곽을 한 시간가량 달리는 동안 우리는 처음으로 제대로 된 인도의 햇빛을 볼 수 있었다. 시칸드라의 악바르 대제의 영묘를 찾아온 우리를 따뜻하게 맞이해주는 빛이었다. 하얀 대리석과 붉은 사암으로 지은 이 건물은 가장 완벽하게 균형이 잡힌 보석함 같았다. 사실 이곳은 한때 진짜 말 그대로 보석함이었다. 코이누르_{인도가 원산지인 세계에서 가장 큰 다이아몬드로 현재 영국 여왕의 왕관에 장식되어 런던탑에 보관되어 있다} 다이아몬드를 보관했었으니 그야말로 보석함의 끝판왕이라 할 수 있겠다. 영묘는 영양, 바오밥 나무, 왜가리, 다람쥐들을 볼 수 있는 관리가 잘된 공원 안에 자리하고 있었다. 애스거와 에밀은 다람쥐들을 보고 바로 「아이스 에이지」에 나온 아이들이라며 반색했다.

"꼬리에 줄이 네 개 있는 거 보이지?" 하얀 쿠르타주로 파키스탄과 인도 서북부의 펀자브 지역에서 착용하는 셔츠를 입고 이슬람교도들이 쓰는 챙 없는 면직 모자인 타키야를 쓴 키 큰 노인이 다람쥐를 구경하고 있는 우리에게 다가와 말했다. 애스거와 에밀이 고개를 끄덕끄덕했다. "크리슈나 신힌두교에서 최고의 신이자 비슈누 신의 여덟 번째 화신으로 숭배된다이 검은 손가락으로 쓰다듬어서 그렇게 됐다고 한단다. 크리슈나 신이 누군지 아니?" 애스거와 에밀은 인도 TV의 만화 시리즈에서 파랗고 까만 피부의 크리슈나 신을 봐서 알고 있었다. "그러면 악바르 대제가 누군지는 아니?" 아이들은 고개를 저었고 이 남자는 그 찬스를 놓치지 않고 인도 무굴 제국의 간략한 역사 강연에 들어갔다.

무굴 제국의 제3대 황제인 악바르(무굴 제국의 1대 황제인 바부르의 손자로 인도의 넓은 영토를 통치했다)는 자애로운 통치자이자 교양 있고 깬 사람으로 힌두교에도 관용적이었다고 그 남자는 설명했다.

"하지만 그의 군대가 수천수만의 사람을 학살하지 않았나요?" 리센이 물었다.

"부추기지 마." 내가 조용히 말했다. "다 돈 받으려는 수작일 거야."

그 남자는 말도 안 된다는 듯이 손을 내저었다. "그건 그들을 계몽시키려고 그랬던 겁니다."

나는 대놓고 획 뒤돌아서면서 나머지 식구도 모두 따라오도록 유도했지만 남자는 굴하지 않고 계속 떠들었다. "무굴 황제들의 시작은 거인처럼 장대했고 마무리는 보석 세공사처럼 섬세했죠." 그는 악바르의 아들이 덧붙여 새겨넣은 오닉스장신구, 보석류, 가구 제작에 쓰이는 돌로 유백색의 반투명한 부분과 다른 빛깔이 줄무늬를 이룬다와 청금석을 가리키며 말했다. "악바르는 사암으로 지었지만 그의 아들들은 그걸로 만족하지 못했어요. 대리석과 보석을 원했죠."

이 남자는 그 사실이 아직도 괴로운 것처럼 보였다. 그리고 델리에서 악바르의 통치가 어떻게 시작됐는지에 대한 설명을 이어나갔다. 템버레인과 칭기스칸의 후손인 악바르는 열세 살 때부터 황제가 되었고 무굴 황제들의 황금기를 열었다. (이 부분에서 무굴과 머글을 계속 헷갈려하는 에밀에게 분명한 차이를 알려주느라 잠시 설명을 멈춰야 했다.) 이 황금기는 150여 년간 이어졌다. 심지어 악바르 대제는 수피교, 힌두교, 이슬람교에서 본인이 좋아하는 요소들만 선별해서 새로운 딘-이-일라이Din-e-Ilahi라는 자신만의 종교를 만들기도 했다. "그는 관용이 넘치는 아주 합리적인 황제였어요. 하지만 그의 자식들은……" 그는 마치 자기가 잘 아는 다루기 힘든 동네 아이들을 떠올리듯 말했다. "술에, 여자에. 신나게 흥청거렸죠. 그러더니 결국 영국인들이 들어오게 만들었어요."

그가 나를 노려봤다. 나는 화제를 전환하기 위해 그가 속한 카스트 계급이 뭐냐고 물어봤다. 그런 질문이 예의에 어긋나는 것인지 아닌지 전혀 알지 못한다는 생각은 말을 뱉어놓은 다음에야 들었다. 다행히 기분이 상한 것 같지는 않았다. 그는 자신이 최고위층인 '교육을 하는 학자' 브라만 계급이었다며 낮은 계급층의 거센 정치적 운동이 시작되기 전까지는 난공불락의 통치 계급이었다고 했다.

나는 바깥세상에서 보기에는 카스트 제도가 대단히 부당한, 말하자면 남아프리카의 극단적 인종 차별정책인 아파르트헤이트 같은 거 아니냐고 조심스럽게 말했다.

"아니, 아니. 선생님이 완전히 잘못 알고 있네요. 최근까지도 카스트 제도는 사회적으로 정말, 정말 좋은 기능을 해왔어요. 카스트 제도는 특별한 유전적 성향에 따라 각자가 특별한 분야에서 전문적인 역할을 할 수 있도록 선별적으로 혈통을 관리하는 제도예요. 각각 다르지만 서로 높고 낮음의 차이는 없어요. 하지만 브라만은 교육을 담당했기 때문에 역사적으로 다른 계급보다 존경을 받았던 거예요. 요즘은 브라만이라고 해서 특권도 하나 없고, 기득권이란 게 없어요. 오히려 낮은 카스트 계급들이 모든 권력을 쥐고 있고 이 제도를 이용해먹고 있다니까요. 뭐랄까, 실패한 실험이라고나 할까. 애초에 카스트 제도는 사회에서 능력 있는 사람들을 솎아내는 유일한 방법이었어요. 예를 들어 당신이 최고위 계급에 속해 있다고 칩시다." 그가 리셴을 가리키며 말했다. "그럼 당신은 엄선된 유전자의 혈통을 이어나가기 위해 그 집단 내의 사람과 결혼을 하는 겁니다. 당신보다 떨어지는 사람 말고요." 이 말을 하면서 그가 손으로 내 쪽을 가리킨 것은 단지 나만의 오해였을까? "그 당시엔 유전자가 아주 중요한 요소로 여겨졌으니까요. 그리고 아시다시피 기독교에도 그런 계급 제도가 있었잖아요. 차별은 어디에서나 일어나는 겁니다."

"하지만 카스트 제도는 엄청난 탄압과 차별을 초래한 끔찍한 제도예요. 많은 사람이 그 때문에 고통당했잖아요. 그건 어떻게 변호하시겠어요?"

"변호라고?" 그는 깜짝 놀라 리센을 향해 돌아섰다. 내 생각엔 이런 식으로 여자가 자기한테 맞섰다는 게 기분 나쁘게 한 것 같았다. "내 목숨이 붙어 있는 한 끝까지 변호할 거요!"

그러더니 우리에게 작별을 고하고는 돈을 요구할 기색은 전혀 없이 뒤도 안 돌아보고 가버렸다. 리센은 여행 내내 내게 이 점을 지적했다.

그날 밤, 지긋지긋한 안개가 아그라에 다시 내려앉았다. 다음 날 아침, 마침내 대리석이 반짝이는 타지마할의 돔을 볼 수 있을 거란 희망을 품고 호텔 방 커튼을 열어젖혔을 때는 타지마할 대신 앞이 안 보이는 안개 절벽이 시야를 가로막고 있었다. 아래층으로 내려가니 호텔 로비 입구까지 안개가 들어와 있었다. 이 정도면 눈으로 보기 전에 타지마할에 먼저 부딪힐 판이었다. 평생 그래왔듯이 나는 언제나처럼 엄청난 실망을 할 준비를 하고 있었다.

"걱정 마, 여보." 지칠 줄 모르는 결연한 의지로 우리 가족의 영원한 낙천주의자 역할을 도맡고 있는 리센이 말했다. "두 시쯤이면 걷힐 거야. 이제 당신 나이쯤 됐으면 자기 능력 밖의 일은 걱정하지 않는 법도 배워야지."

"내 능력 밖의 일이라면 내 인생의 거의 모든 일이라는 얘긴데? 그럼 나는 뭘 걱정하고 살아?" 내가 말했다.

"정말 이해를 못 하네. 걱정을 반드시 해야만 하는 건 아니잖아. 계속 불안한 상태인 사람하고 산다는 게 어떤 건지 생각이나 해봤어? 우리 아이들이 당신처럼 아니면 당신보다 더 심하게 자라지 않도록 균형을 잡으려고 내가 얼마나 애쓰며 사는지 알기나 해? 어제는 애스거가 딴 것도 아니고 내 손을 잡았다가 놓으면서도 손을 소독제로 박박 닦더라! 애들한테 당신이 어떤 영향을 주는지 당신 눈엔 안 보여? 나는 마음대로 걱정 한번 할수가 없어! 왜냐, 늘 우리를 추스르고, 진정시키고, 일을 해결해야 할 사람은 나니까. 나는 도대체 언제쯤 맘대로 걱정이란 걸할 수 있는 건데?"

우리는 오전에 아그라 요새를 방문하기로 했다. 점심 이후에는 안개가 걷혀서 타지마할을 볼 수 있을 거라는—아마도 헛된—희망으로 내린 결정이었다. 요새를 떠나오면서 처음으로 진짜 코끼리를 영접했다. 매듭을 묶은 운동화 끈같이 생긴 꼬리가 휙 움직이는 걸 언뜻 본 것이긴 하지만 어쨌든. 차량들 사이로 느릿느릿 들어가는 코끼리를 보여주려고 나는 에밀을 내 어깨 위에 앉혔고, 에밀이 마침내 코끼리를 봤을 때 아이의 몸을 관통하는 흥분감을 느낄 수 있었다. 코끼리는 에밀의 타지마할이었다.

아그라에서의 하루가 성공적이었다고 하기에 충분했다. 하지만 나는 내 평생 타지마할을 직접 볼 단 한 번의 기회가 마침내 도래했는데 그놈의 안개가 그걸 망치리라는 것 말고는 아무것도 생각할 수 없었다.

물론 두 시가 되자 안개가 걷혔고 새파란 하늘이 드러나며 세상에서 가장 완벽한 건축물의 자태를 보여주었다. 나는 사과의 의미로 내가 사랑하는 여인을 팔로 감싸고 그 모습을 감상했다.

사실 나는 타지마할이 진부해 보일까봐 걱정을 좀 했었다. 그러나 아지랑이 사이로 빛나고 있는 그 모습을 처음 보면(타지마할의 입구 격인 그레이트 게이트Great Gate의 어둠에 눈이 적응돼 있기 때문에. 물론 그레이트 게이트도 그곳을 통과할 때까지는 내가 평생 본 건물 중 가장 완벽한 것이었다) 그동안 이런저런 경로로 봐왔던 타지마할의 이미지들은 싹 다 지워지고 난생처음 그 모습을 보는 느낌이다. 그다음 과제는 아직도 타지마할의 사진이나 그림을 보고 있다는 느낌을 극복해내고, 안정적인 대칭 구도 같은 걸 보는 것을 넘어서서 내가 실제로 그 자리에 있다는 사실을 온몸으로 이해하는 것이다.

샤 자한의 아내 뭄타즈는 열네 번째 아이를 출산하던 중에 죽어서 1631년 이곳에 안장됐고 어쩌고저쩌고. 우리 가이드가 타지마할에 대해 열심히 설명하고 있었지만 나는 초반 10분 정도는 제대로 듣고 있지 않았다. 하지만 그래도 귀에 들어오는 얘기들이 있었다. 타지마할은 목재와 잡석으로 만든 토대 위에 내진 설계로 지어졌고, 네 개의 타워는 바깥쪽으로 기울도록 세워져 혹시 쓰러지더라도 본 건물을 붕괴시키지 않도록 했다. 건물 전면에는 300만 개의 준보석이 박혀 있고, 금 10그램의 가치가 15루피였던 시절에 전면을 장식한 보석의 비용은 1400만 루피에 달했다. 이 건축물은 여러 사람의 노력이 모여 만들어진 것으로 보인다. 당시에 타지마할은 조직적인 인력 집단이 함께 설계한 것 중에 성공적으로 건축된 세계 최초이자 아마도 유일한 건물일 것이다.

우리 넷 중에 오직 에밀만이 타지마할에 대한 비판적인 견해를 보였다. "이렇게 커다란 건물을 지어놓고 한 사람만 묻어놓다니 진짜 바보 같아요." 에밀은 이런 낭비가 어디 있냐는 듯 고개를 절레절레 저었다.

그날 저녁 호텔 로비에는 손금을 읽어주는 사람이 자리를 잡고 영업 중이었다. 나는 내 신체 어느 특정 부위의 주름을 보고 내 미래를 예측할 수 있다고 주장하는 사람에게 돈을 주느니 차라리 이빨 요정 전화번호를 알려주겠다고 하는 사람에게 돈을 주는 게 낫다고 생각하는 사람이다. 그러나 리셴은 샌드라 블록의 커리어, 나의 알코올 소비 행태, 식기 세척기에 그릇 넣는 방법에 이어 점쟁이에 대한 견해에서도 결혼생활 내내 나와 갈등을 겪어온 사람이었다. 따라서 내 염려와 직접적인 명령에도 아랑곳하지 않고(내 말이 이렇게나 신경이 안 쓰일 수 있다는 것도 참 신기하다) 알록달록한 색깔의 화려한 터번을 두르고 금색으로 옷에 포인트를 준 남자의 헛소리 세례를 받기 위해 기꺼이 500루피를 갖다 바쳤다.

"당신도 진짜 내려가서 얘기 한번 들어봐야 돼." 방에 돌아온 리셴이 흥분해서 말했다. "완전 족집게야. 완전 환상적이야."

"그럼 그 남자가 도저히 알 수 없는 사실 중에 맞힌 게 있으면 하나만 얘기해봐. 완전히 정확한 사실 말이야."

"그게…… 내가 여행을 좋아한다고 했어."

"여보세요, 당신은 지금 이역만리 인도에 와 있잖아요!"

"내가 몸무게 때문에 고민하고 있다는 말도 했어."

"몸무게 고민 안 하는 여자도 있어? 그런 거 말고 팩트 없어?"

"오케이, 좋아. 이건 어때? 내가 여든다섯까지 살고 엄청난 부자가 될 거라고 했어!"

"그런 말은 나도 하겠다!"

내가 아무리 빈정대도 리셴은 굴하지 않고 나도 내려가서 그 남자 얘기를 들어보라고 우겼다. 정말 집요했다. 나는 이렇게 사소하지만 격렬한 소모전 중에서 결국은 리셴의 승리로 끝날 것들이 뭔지 예견할 만큼은 그녀와 오래 부부로 살아왔다. 입씨름에 지치기도 했고, 아마도 그날의 마법 같은 경험 때문에 내가 물러진 것도 작용했던 듯한데, 어쨌든 부끄럽게도 결국은 내가 두 손을 들었다.

"대신 이렇게 하는 걸로 해. 내가 내려가서 그 남자한테 제안을 한 가지 할 거야. 그 사람이 나에 대한 진실을 딱 하나만 알아맞힐 수 있다면, 그니까 그 작자가 내 손금을 읽을 능력이 있다는 증거를 단 하나만 댈 수 있다면, 그러면 제대로 손금을 보고 오는 걸로. 만약 그걸 못 하면 바로 일어나서 올 거야. 어때?"

리센은 동의했고, 결국 나는 엘리베이터를 타고 로비로 내려갔으며, 그 점쟁이 양반이 본인에게 완전히 도취된 호주 커플에게 말도 안 되는 설을 푸는 동안 바에 앉아 레드와인을 한잔하며 기다렸다.

마침내 그의 옆자리가 비었을 때 나는 마침 지금 당장 할 일이 저어어언혀 없어서 에이, 그럼 손금이나 한번 볼까, 하고 왔다는 분위기를 풍기며 쓱 다가갔다.

나는 그에게 나의 제안을 건넸고 그는 웬일로 기분 나쁘게 받아들이지 않고 내 도전을 받아들였다. 그리고 나의 왼손을 잡더니 두 눈을 있는 대로 치켜뜨고 들여다봤다.

"어린 시절, 당신은 어머니와 아버지를 무척 존경했군요." 그는 무심하게 말했다. "절대 말대꾸를 한다거나 반항하지 않았죠."

"미안하지만 사실과 정반대 얘기를 하시네요." 내가 말했다.

"잠깐 기다려요!" 내가 떠나려고 일어나자 그의 목소리가 로비 전체에 메아리를 울리며 퍼져나갔고, 엘리베이터 문이 막 닫히는데 이 한마디가 들려왔다. "그리고 당신은 여행을 아주 좋아하……"

나의 그 잘난 이성과 그를 비웃는 내 마음에도 불구하고, 심지어 그가 아주 우스꽝스러운 터번을 두르고 있었다는 사실을 나 자신에게 상기시켰음에도 불구하고, 나는 그날 밤 그 점쟁이가 나한테 저주를 걸면 어쩌나 걱정이 되어 몸을 뒤척이며 밤잠을 이루지 못했다. 마음 약한 이성주의자는 바로 이런 압박감을 안고 살아가야 하는 것이다. 젠장!

고속도로의 마도로스

비노드 쿠마르는 키가 크고 마른, 수줍은 브라만이었다. 클라크 게이블의 콧수염, 1000루피짜리 화폐보다 더 여러 번 세탁된 것이 분명해 보이는 셔츠, 단정하게 옆 가르마를 가르고 기름을 발라 조금도 흐트러지지 않게 고정한 머리가 인상적이었다. 그는 얌전한 성격에 비해 영어를 잘했고, 만난 즉시 우리를 편안하게 해주는 부드러운 품위를 갖추고 있었으며 우리의 안위를 염려하는 그의 미간에는 언제나 골이 패여 있었다. 그래서 우리는 자연히 그를 만난 순간부터 신뢰하게 됐다. 우리의 신뢰는 틀리지 않았다. 비노드는 노련한 뱃사람이 바다의 기분을 감지하듯 모든 만일의 사태가 현실이 되기 직전에 이미 예상하고 있는 것처럼 보였다. 우리로서는 정말 운이 좋은 일이었다. 왜냐하면 대부분의 인도 사람들은 「프렌치 커넥션」의 추격전을 틀어놓고 필기를 해가며 배운 것처럼 운전을 하기 때문이다. 노벨 문학상 수상 작가 비디아다르 네이폴이 인도 3부작 중 한 권인 『지금, 백만의 반란A Million Mutinies Now』에 썼듯이 엔진과 핸들과 브레이크로 못 해낼 일은 없다고 생각하는 것처럼 말이다. 물에 푹 담갔던 티백을 긴 장대에 달아놓은 것처럼 사방팔방 흔들거리며 걷는 낙타 떼가 도로의 굽은 길에서 갑자기 나타나건, 죽고 싶어 환장한 소가 우리 차가 지나가기 1000조 분의 1초 전에 길 건너편의 비닐봉지가 더 맛있겠다고 생각하건, 아마도 암페타민 같은 각성제에 취한 화물 트럭 운전사들이 고속도로 추월 차선에서 우리를 향해 전속력으로 달려오건, 비노드는 민첩하고 유연한 데다 교묘한 동작으로 반응했다. 만약 다른 세상에서 태어났다면 그는 위대한 카레이서가 됐거나 아니면 아무리 못해도 운전이 거칠기로 유명한 벨기에를 관통할 때 내가 안심하고 운전을 맡길 수 있는 유일한 사람이 됐을 것이다.

우리가 비노드를 만난 것이 얼마나 행운인지는 아그라를 빠져나와 몇 시간이 흐른 후, 호랑이를 보기 위해 라자스탄의 란탐보르 국립공원으로 가는 길에 뼈저리게 깨달을 수 있었다. 언덕 꼭대기로 올라갔는데 심각한 교통사고가 나 있었다. 전복된 오토릭샤와 화물 트럭의 바퀴가 그때까지도 돌아가고 있었다. 우리가 조금만 일찍—에밀이 화장실을 한 번 정도만 덜 가고—그곳을 지나갔더라면 바로 우리가 비극의 주인공이 됐을 상황이었다. 비노드가 처참한 현장을 피해 옆으로 차를 모는 사이 나는 의식이 없는 창백한 여자의 얼굴과 마치 줄이 끊어진 꼭두각시 인형처럼 두 다리를 앞으로 쭉 뻗은 채 털썩 앉아 있는 남자의 머리에서 피가 솟구쳐 나오는 걸 봤다. 나는 조수석에 맥없이 기대어 앉았다.

"차를 세우고 도와야 하는 거 아닐까요?" 리센이 비노드에게 물었다.

"아닙니다." 비노드는 고개를 젓고 초조하게 눈을 깜빡이며 이미 사람들이 잔뜩 모여든 모습을 백미러로 지켜봤다. "이런 사고가 터지고 나면 이 지역 사람들이 난폭해질 수 있어요. 선생님들한테 폭력적으로 나올 수도 있습니다."

사고 현장에서 멀어져 라자스탄 시골의 특별할 것 없는, 광활한 경관 속으로 깊숙이 들어오니 이곳 사람들은 그 어느 때보다 친절해 보였다. 많은 사람이 관광객을 태우고 다니는 비노드의 하얀색 도요타 이노바 차를 알아보고 우리를 향해 손을 흔들었다. 관광 책자에 '왕들의 땅'이라고 표현돼 있는 라자스탄은 한때 스무 개의 왕국으로 이루어져 있었다. 각 나라는 마하라자_{과거 인도 왕국을 다스리던 군주}가, 우다이푸르의 경우에는 마하라나가 다스렸고, 짐작건대 영국령 인도 제국에 포함되지 않았기 때문에 20세기로 넘어가지 않은 것처럼 보였다. 때때로 도로가 갑자기 없어지고 흙길이 나타났다. 마을은 짚으로 지붕을 엮은 움막들이 주를 이뤘고, 차량 정비를 위한 작업장이 딸린 남루한 상점과 야외 이발소 같은 것들이 이어졌다. 수 마일을 달리는 동안 벽돌 굽는 가마들과 붉은 벽돌 더미로 가득 찬 광활한 들판, 그다음에는 항공기 격납고 크기의 양계농장 그리고 밀밭을 지나가기도 했다.

나의 연약한 신경으로는 앞 좌석에 앉아 끊임없이 펼쳐지는 드라마를 감당할 수 없어졌기에 리센과 자리를 바꾸었고, 리센은 비노드 옆에 앉은 지 몇 분 만에 그의 인생 이야기를 유도해냈다. 대단하다, 증말. 비노드는 최근에 결혼했고 신부의 얼굴은 결혼식 당일에 처음 봤다고 했다. 동생과 함께 투자해서 마련한 이 차는 총 스무 명에 달하는 세 가족의 유일한 생계 수단이라고 했다.

원래 계획으로 이 여정의 일부는 기차로 이동하고 비노드와 란탐보르에서 다시 만나는 것이었지만 안개 때문에 계획이 무산됐다. 기차 관계자들은 하루 이틀 지연되는 것으로 끝날 상황이 아니라고 예측했다. 그래서 우리는 종일 비노드의 차를 타고 옆으로 휙휙 지나가는 인도의 시골 풍경을 구경하며 달렸다. 그리고 이 여정을 통해 마침내 인도의 전통적인 이미지를 마주할 수 있었다. 푸른 들판에 붉은 사리를 입고 서 있는 여인, 지붕에 승객을 가득 싣고 달리는 버스, 수레를 끄는 물소들, 촌스러운 사원 같은 것 말이다.

그러다가 어느 순간 작은 마을에서 소 때문에 속도를 줄였는데 왼쪽을 보니 작은 강아지 한 마리가 있었다. 태어난 지 겨우 몇 주밖에 안 된 것처럼 보였고, 인도 똥개들의 기준에서 볼 때 제법 봐줄 만했으며 심지어 귀엽기까지 했다. 그 옆에는 칙칙한 폴리에스테르 셔츠와 바지를 입은 남자가 버스를 기다리고 있었다. 그 역시 강아지를 봤고 강아지가 천진하게 그를 향해 다가가자 가지만 한 커다란 돌을 집어들더니 그 강아지를 향해 던졌다. 우리 차가 움직이는 바람에 강아지가 돌에 맞는 모습은 보지 못했지만 강아지의 비명은 들을 수 있었다.

강아지가 돌을 맞은 사건은 그 후로도 얼마 동안, 사실 몇 주간 내 마음을 떠나지 않았다. 나는 마치 엄지손가락으로 부엌칼의 날을 계속 시험해보듯 그 사건에서 벗어나지 못하고 그 남자의 무표정한 얼굴과 강아지의 귀를 찢는 듯한 울부짖음을 떠올리며 그 일을 곱씹었다. "이런 데서는 귀여워봤자 이런 꼴만 당하는 거야." 그 남자는 마치 이렇게 말하는 것 같았고, 더 끔찍한 건 내가 그 남자를 완전히 이해할 수 있다는 사실이었다. 내가 인도의 시골에서 살게 됐다면 그곳의 모든 부당함에 대한 화풀이로 힘없는 강아지에게 돌을 던지지 않고 반나절이나 넘길 수 있을지 의문이었다.

아, 참. 만약 호랑이는 대체 어떻게 된 거냐고 궁금해하는 분이 있을까봐 말씀드리자면, 얼어 죽을 것 같은 아침과 쌀쌀한 저녁 네 시간 동안 사파리 차에, 막돼먹은 네덜란드 관광객 무리(그들의 거대한 엉덩이는 뒷좌석을 거의 다 점령해버렸다)와 함께 끼어 탄 채 장장 사흘을 보냈지만 호랑이의 콧수염 한 가닥 볼 수 없었다. (비록 에밀은 높이 자란 풀 위로 호랑이의 모자가 살짝 올라와 있는 걸 봤다고 하늘에 맹세했지만 말이다.)

우리 호텔 매니저는 호랑이를 볼 확률이 80퍼센트라고 말했지만 란탐보르에서 사흘간 마주친 이들 중에서 호랑이를 본 사람은 한 명도 없었다. 우연히도 그 주의 신문에서는 인도의 공식적인 호랑이 수가 심하게 과장되어 있다는 기사가 실렸다. 란탐보르에는 호랑이가 마흔 마리 넘게 살고 있다고 들었지만 사실은 네 마리밖에 없다고 해도 나는 전혀 놀라지 않을 것이다.

우리는 밀렵 때문에 멸종 직전이라는 느림보 곰(다른 말로 발루)은 봤다. 보아하니 이 곰들은 춤을 너무 잘 춰서 그런 것 같았다. 그 외에도 악어, 올빼미 그리고 솔직히 말해 너무 많이 봐서 나중에는 좀 지겨워진 사슴 같은 애들도 볼 수 있었다. 곰을 본 지 얼마 되지 않아 적어도 이론상으로는 톱니 같은 이빨을 장착한 다양한 맹수로 둘러싸여 있는 사파리 공원 한가운데에서 애스거가 화장실에 가고 싶다고 선언했다.

"세워야겠어요." 리센이 말했다.

"어떻게 세워? 그러니까 지금, 애보고 지프에서 내려서 수풀 속으로 들어가기라도 하라는 거야? 주변에 호랑이가 있단 말이야! 불과 1미터 떨어진 데서 곰도 봤잖아!"

그러나 열네 살 정도밖에 안 돼 보이는 사파리 직원이 나서서 전혀 위험하지 않다고 보장했다. 공원의 이 부근에는 위험한 동물이 없고, 있다손 쳐도 지프차의 냄새 때문에 접근하지 않을 거라고 했다. 그래서 애스거는 그의 말을 따랐다. 나는 이 일로 딜레마에 빠졌다. 아이를 따라가서 애가 공격당할 경우 내 목숨을 던질 준비를 해야 하는 걸까? 이론상으로는 그래야 마땅했다. 하지만 긴 안목으로 볼 때 그게 정말 우리 가족 전체를 위한 길일까? 그래서 나는 절충안을 택하기로 했다. 지프에 탄 채로 일어서서 망을 보기로 한 것이다.

마지막 투어 때 우리 가이드는 자기가 새들의 경고 신호를 들어서 아는데 근처에 반드시 호랑이 혹은 호랑이 떼가 있다고 주장했다. 그리고 본인이 호랑이 발자국이라고 주장한 것을 보고 굉장히 흥분하기까지 했다. 지금 와서 나의 냉소적인 사고의 틀에 비춰볼 때, 우리 가이드의 동료가 새벽에 자전거를 타고 나와 석고 모형으로 발자국을 찍어놓는 모습을 아주 쉽게 그려볼 수 있다. 우리는 마치 더 아이비유명 인사가 많이 드나드는 런던의 유명 레스토랑 앞에 진을 치고 있는 파파라치들처럼 다른 30여 대의 차와 늪지대의 풀 위로 둥그렇게 원을 그리고 한 시간을 숨죽인 채 기다렸지만, 역시나 시어 칸『정글북』의 뱅골 호랑이을 알현할 순 없었다.

공원 자체는 그래도 화려한 볼거리의 향연이었다. 아름다운 풀과 잎을 길게 늘어뜨린 어마어마한 크기의 반얀 나무들, 그리고 감성을 자극하는, 폐허가 된 자이푸르 마하라자의 은신처와 사원들이 풍경 위에 점을 찍듯 앉아 있었다. 우리가 묵은 호텔은 식민 시대의 분위기를 강하게 풍기는 곳이었다. 당구대가 놓여 있었고, 동물 권리 보호 운동가로 유명한 필립 공과 그의 아내 여왕 엘리자베스 2세가 1961년 1월 이곳에서 (여왕 마마의 손에) 총을 맞아 죽음을 맞이한 마지막 호랑이 옆에 자랑스럽게 서 있는 사진이 그런 분위기를 더했다. 하지만 란탐보르에서 묵으며 얻은 최고의 수확은 뭄바이에서 온 굽타 씨 가족을 만난 일이었다. 그들은 자이푸르에서 열린 결혼식에 참석했다가 집으로 돌아가는 길에 잠시 그 호텔에 묵고 있다고 했다. 그 집 아들인 카밀과 발비르는 애스거, 에밀과 동갑이었고 또래 친구들에 목말라 있던 우리 아이들은 그 애들을 보자마자 바로 덮쳐버렸다. 아이들은 잘 어울렸고 밤늦도록 함께 놀았다. 카밀과 발비르는 영어를 포함해서 네 가지 언어를 구사할 수 있었지만 이 남자아이들은 영어 대신 10세 이하 어린이들의 세계 공통어(파워레인저 싸움)로 소통했다. 애들은 애들이었다. 낮에 봤을 때는 나무에 커다란 검은색 과일이 달려 있는 걸로 착각이 들 정도로 큰, 강아지만 한 박쥐들이 머리 위로 급강하하며 울어대고, 덤불 속에는 대체 무엇이 잠복해 있는지 아무도 알 수 없는 곳에서 좋다고 넷이 뛰어다니며 놀았다.

그들의 부모, 바드리와 니타는 리센과 나를 그들의 스위트룸(우리 방보다 훨씬 크고 발코니도 있었다)으로 초대했고, 우리는 함께 술라 와인을 한 병 나눠 마셨다. 바드리 덕에 나는 처음으로 인도 위스키를 맛봤는데 묘한 화장실 세제 맛이 났다.

바드리와 니타는 인도의 신흥 부유층으로, 규제가 풀린 인도 시장경제에서 부자가 된 새로운 중산층이었다. 바드리는 청소 제품을 제조하는 가족 사업체를 운영하고 있었는데 제조 공정 대부분을 중국에 위탁하고 있었다. "하지만 중국 사람들을 믿으면 안 됩니다." 여자들이 안에서 이야기를 나누는 동안 발코니에 서서 소위 '남자들 얘기'를 할 때 그가 말해주었다. 니타는 두 아들 얘기와 발리우드 가십에 대해 얘기하고 있었는데, 솔직히 말해서 나는 그쪽에 훨씬 더 흥미가 당겼다. 그 부부는 우리가 나중에 뭄바이로도 넘어갈 예정이라고 말하자 꼭 저녁을 함께 먹자고 했고, 우리는 그쪽에 도착하면 연락을 하겠다고 약속했다.

　나중에 안 일이지만 리셴은 진심이었다.

분홍빛 도시, 붉은빛 치아

질투 많은 사람은 타인을 피곤하게 만들지만 정작 가장 고통스러운 건 본인이다. _ 윌리엄 펜, 『고독의 어떤 열매Some Fruits of Solitude』

프랑스 인류학자 클로드 레비스트로스는 인도를 이렇게 묘사했다. "오래 사용해서 올이 다 드러나고 수없이 다시 꿰맨 아주 오래된 태피스트리." 이보다 더 자이푸르를 완벽하게 표현할 순 없다. 내 눈에는 마치 16세기의 도시 하나를 통째로 발굴한 뒤, 상업이 아직도 활발하다는 느낌을 주기 위해 군데군데 시멘트를 조금씩 바르고, 싸구려 아크릴 간판 조각들을 여기저기 걸고, 비닐봉지와 돌들을 쫙 깔아놓은 것 같았다.

현 마하라자가 아직도 살고 있는 바람의 궁전과 초현실주의

화가 달리풍의 잔타르만타르 천문관측소 같은 주요 관광지를 제외하고는 무너져 내리고 있는 돌담과 먼지, 흙과 쓰레기뿐이었다. 잘 알려진 일이지만 1876년 이후 자이푸르는 분홍색으로 칠해졌다. (라자스탄주의 다른 도시 조드푸르는 파란색, 자이살메르는 황금색인 것처럼 자이푸르는 분홍빛 도시다.) 원래는 영국 황태자의 방문을 환영하는 의미로 시행됐던 것이나 이제는 바래고 말았다.

바로 도시 밖에 위치한 16세기 암베르궁에 갈 때는 다른 착한 관광객들처럼 우리도 돈을 내고 두 마리의 코끼리 등에 올라타야 할 것 같은 의무감을 느꼈다. 그리고 코끼리의 노란색 오줌과 바위 같은 똥덩어리가 빗발치는 가운데 길게 늘어서서 움직이는 행렬의 일부가 되는 것이다. 애스거는 그날이 자기 생애 최고의 날이라고 선언했다. "나의 가장 큰 소원이 이루어졌어." 아이는 코끼리 위를 기어오르며 말했다. 나는 그날 감기로 정신이 혼미한 데다 인도 감기약에 완전히 취해 있었다. 사실은, 코끼리 등에 탄 채 언덕 위로 행진해 올라갈 때는 차라리 그런 상태가 되라고 추천하고 싶다. 기침약 때문에 머릿속에 안개가 낀 듯 몽롱한 상태가 되니 정신이 말짱했더라면 참기 어려운 공격으로 느꼈을 법한 행위들에도 고요하고 무감각한 거리감을 유지할 수 있었다. 성벽 바로 밑, 지그재그로 이어지는 길 위에는 행상 수십 명이 진을 치고 있었다. 인도 주요 관광지들을 기준으로 놓고 볼 때도 암베르궁의 잡상인들은 끈질긴 편이었다. 우리가 도요타를 타고 떠날 때 우리를 놓친 사진사 아저씨 한 명은 오토바이를 타고 몇 마일을 쫓아와 막 뽑은 사진을 우리에게 팔려고 했다. 그 상황에서 사진을 안 살 수는 없었다.

그날은 내가 여행 일정을 짜는 날이었기 때문에 200여 년간 찬드라와드 가문이 살았던 역사적인 주택 산코르타 하벨리에서의 요리 시연을 예약해두었다. 그 집에 사는 세 가구의 세 여인이 우리를 반갑게 맞아주었는데, 리투와 파드미니는 시누와 올케 사이였고, 나미타는 그들의 딸 중 한 명이었다. 세 사람 모두 함께 있으면 아주 유쾌한 이들이었고 음식에 대한 열정도 대단했다. 그들은 내게 염소 카레 만드는 법을 보여줬는데 나는 그 한 시간 동안 지금껏 내가 읽어온 수많은 인도 요리책에서 배운 것보다 훨씬 더 많은 것을 배울 수 있었다. 예를 들면 기름으로 향신료의 향을 부드럽게 한다는 것, 색감을 살리기 위해선 이 고추를 사용하고 매운맛을 내기 위해선 저 고추를 사용해야 한다는 것 등이다.

자이푸르의 명문가인 찬드라와드 가문은 마하라자와 수 세기에 걸쳐 아주 긴밀한 관계를 유지했다. 예전에는 그의 세금 징수관으로 일했고, 지금은 1971년 인디라 간디가 왕족의 직위를 폐지한 뒤 국가와의 다양한 법적 다툼으로 소음이 끊이지 않자 각종 송사의 중재자로 고용됐다.

세 여사님의 말씀으로는, 인도에는 아직도 해결되지 않은 법정 소송 사건이 3000만 건이 넘는다고 한다. 사건이 종결되는데에는 수십 년이 걸리기도 하는데 밀려 있는 소송을 모두 해결하려면 300년이 걸릴 것으로 예측됐고 그 결과, 인도 GDP의 10퍼센트에 달하는 돈이 법적 논쟁에 묶여 있다고 했다. 이런 사법적 변비 사태와 자이푸르 왕가가 인도에서 가장 부자라는 점을 조합해볼 때 찬드라와드가의 수입이 어마어마하겠다는 생각이 들었다. 현재의 마하라자는 80세의 (은퇴한) 장군, 사와이 바와니 싱 2세로 최근에 인도 정부를 델리 고등법원으로 불러냈다. 1975년에 압수당한 금 800킬로그램을 다시 찾아오기 위해서였다. 그는 다른 금속과 섞여 있는 정제되지 않은 금을 소유하는 것은 불법이고 따라서 발각되는 것은 모두 정부에서 회수한다는 법에 걸렸다. 이 마하라자는 자신이 금을 소유하고 있다는 사실을 몰랐었다고 주장했고, 군인의 본분을 인용하며 스스로를 변호했다. "국가의 대의를 위해 몸 바쳐 헌신하는 사람이라면 다 알면서 고의로 국가의 법을 위반하지 않는다." 쩝, 여기에 무슨 증거가 더 필요하겠는가.

음식에 미친 사람들이 모이면 으레 그렇듯, 우리는 곧 극단적인 음식 섭렵기를 공유하기 시작했다. 리투는 아삼부탄과 국경을 접하고 있는 인도 동북부의 주에서 먹어본 음식으로 모두를 평정해버렸는데, 그 음식이란 것이 일단 개에게 쌀을 먹인 뒤 그 개를 죽이고, 그다음에 개의 배를 열어 쌀을 먹는 것이라 했다. 「레디, 스테디, 쿡Ready, Steady, Cook」BBC TV에서 방송한 요리 프로그램으로 참가자들은 무엇인지 알 수 없는 재료를 받아 제한된 시간 안에 맛있는 요리를 만들어내야 한다에서 한 번 써먹을 만하겠다. 루티의 시누이는 잔디가 깔린 조용한 중정을 둘러싼 페르시아 스타일의 집 안에서 스물여섯 명씩이나 되는 찬드라와드 가문의 세 가구 구성원들이 어떻게 부엌 하나를 공유하며 교대로 식사 준비를 하는지 설명해주었다. 나는 이 열정적인 식도락가들이 부엌에서 어떻게 갈등을 피할 수 있는지 궁금했다. "그야, 뭐, 우리는 다 같이 잘 지내야 한다고 훈련을 받았으니까요." 파드미니가 말했다. "물론 언제나 의견이 같을 수는 없어요. 하지만 못마땅한 게 눈에 띄어도 우리는 입을 다문답니다."

호텔로 돌아가는 길에는 기사님에게 마침 디기 팰리스라는 호텔에서 열리고 있는 자이푸르 문학 축제에 좀 내려달라고 부탁했다. 우리가 묵던 호텔에서 우연히 집어든 축제 프로그램에 내가 정말 좋아하는 작가인 제프 다이어가 참석한다는 사실을 알게 됐기 때문이다. 비록 며칠 전에 열린 그의 강연은 놓쳤지만 내겐 그와 우연히 마주칠 거라는 이상한 직감, 즉 막연한 희망 같은 것이 있었다. (이제는 그것이 사실상 스토커의 화법이란 걸 알고 있다.)

내가 도착했을 때는 알렉산더 매콜 스미스가 야외 무대에서 범죄 소설에 대해 논하고 있었다. 나는 영화감독 스티븐 프리어즈 뒤에 앉아, 파나마모자를 쓴 매콜 스미스가 관중의 맨 앞 정중앙에 앉은 윌리엄 달림플인생의 절반을 인도 여행에 바친 스코틀랜드 출신의 여행 작가과 다정하게 대화를 나누는 걸 잠시 듣고 있었다. 이 축제 개최에 도움을 준 윌리엄 달림플은 어느 모로 보나 문학계의 마하라자였다.

유명 작가들, 나보다 훨씬 재능 있고 이런저런 수상도 많이 한 성공한 작가들에게 둘러싸여 있다보니 기분이 꿀꿀해졌다. 나는 거의 한 번도 문학 축제 같은 곳에 초대받아본 적이 없다. 그리고 어쩌다 한 번 어떤 문학상 수상 후보에 올랐을 때에도 펭귄처럼 차려입고 시상식장에 가봤자 다른 사람 이름이 호명되는 걸 듣게 될 것(한번은 그게 「탑기어」 진행자인 제러미 클락슨이었으니 내 기분이 어땠을지 상상해보시라)이 확실하다는 느낌에 시달려야 했다. 그런 상황이 벌어지면 나는 열렬하게 박수를 치며 '저분이 상을 타서 정말 기쁩니다'라고 말하는 듯한 미소를 짓기 위해 죽을힘을 다해야 했고, 그다음에는 아주 빨리 아주 많이 취해야 했다.

자리에서 일어나 바를 향해 가는데, 선글라스를 끼고 가방을 멘 키 크고 마른 남자가 군중의 한쪽 끝으로 가고 있는 것이 눈에 들어왔다. 다이어였다. 나는 서성거리다가 그가 어디로 가는지 보고는 그를 뒤따라갔다. 잔디를 반쯤 가로질러 갔을 때 나는 잠시 멈춰 서서 너, 지금 대체 뭐하는 거야라고 스스로에게 물었다. 이렇게 해서 네가 얻을 수 있는 게 뭔데? 그가 나에게 그쪽은 뉘시냐고 물은 뒤 내 작품에 대한 찬양 고백을 하고, 같이 한잔 하자고 초대해 새벽까지 술을 함께 마시고 문학계의 주요 인사들과 마약이 잔뜩 있는 신기한 파티에도 데려가길 바라는 거야, 뭐야?

맞다. 맞다, 사실 그걸 바랐다.

"실례합니다만 혹시 제프 다이어 씨인가요?" 나는 걸어가고 있는 그를 향해 몸을 길게 빼며 물었다. 그는 그렇다고 대답했다. 나는 그때부터 내가 당신의 글을 얼마나 사랑하는지 모른다, 만나서 얼마나 반가운지 모르겠다, 강연을 놓쳐서 무척 아쉽다, 난 그저 인사를 하고 싶었던 것뿐이다, 당신의 책이 내게 준 모든 기쁨에 정말 고마운 마음이라고 미친 듯이 떠들어댔다. 그는 특별히 고마워하는 기색도 없이 그렇다고 무례한 기색도 없이 내 선글라스를 벗지 않은 채 덤덤히 내 말을 들을 뿐이었다.

우리는 그가 쓰고 있는 글에 대해 잠깐 이야기를 나눴다. 소련의 영화감독 타르코프스키 영화의 장면들을 분석한 책과 다른 하나는 테니스에 대한 책이라고 그는 말했다.

"테니스라면," 나는 이 대화를 살려서 이어나가기 위해 안간힘을 쓰며 말했다. "데이비드 포스터 월리스가 이미 많이 쓰지 않았나요?"

뱉고 보니 이런 말은 완전 결례였다.

"으, 그 사람은 정말 딱 질색이에요. 알레르기를 유발하는 작가죠. 그 사람 글에는 완전히 알레르기 반응이 일어나요."

"아, 음, 그렇군요, 미안합니다. 나는 로즈 트레마인이 그렇던데." 내가 말하자 다이어가 낄낄 웃었다. "제 첫 책에 대해 비평가들이 한 말 중 최고의 찬사가 재치 있는 부분은 제프 다이어와 닮았다는 거였어요." 나는 화제를 전환하려고 노력하며 말을 이어나갔다.

"오, 하! 그렇군요. 거지 같은 부분이 내 글과 닮았다고 하지 않아서 다행입니다." 그가 웃었다. 그 순간 윤기가 잘잘 흐르는 검은 머리카락의 젊고 아름다운 여인이 우리 곁을 지나갔다. 그녀는 다이어의 지인이었고 다이어는 양해를 구하고 그녀와 함께 바를 향해 갔다. 혼자 멍청이처럼 서 있는 나는 거기 그대로 남겨둔 채.

나는 좀 씁쓸한 마음으로 문학 페스티벌을 떠났고, 주방용품 점들이 줄지어 자리한 자이푸르 중심부의 거리를 쏘다녔다. 그러자 기분이 좋아졌다. 워낙 좋은 주방용품점을 좋아하는 데다 생소한 주방 도구들에는 늘 호기심이 생기기 때문이었다. 나는 작은 맷돌들이 잔뜩 달린 미니 사이즈 분쇄기에 마음을 빼앗겼다. 많은 인도 요리의 기본이 되는 마살라와 생강-마늘 페이스트를 만드는 데 사용하는 도구였다. 우리 집 주방 조리대와 짐 가방에 자리만 남아 있었어도 하나 샀을 텐데.

중심가를 벗어나는 순간 곧장 12세기로 들어간 것 같았다. 이곳에서 사람들은 금속 망치를 들거나, 숯불 위로 몸을 굽히고 고된 노역(중세시대에는 단순하게 '일한다'고 표현할 수 있는 일을 하는 사람은 없었다)을 하고 있었다. 나는 한 남자가 간식을 만드는 모습을 한동안 구경했다. 그는 반죽을 구멍이 송송 뚫린 국자 사이로 통과시켜 뜨거운 기름에 부었고, 그렇게 반죽이 끓는 기름에 떨어지는 순간 작은 구球의 형태로 응고됐다. 인도 스타일의 분자요리학식재료 고유의 맛은 유지하되 음식의 질감 및 요리 과정 등을 과학적으로 분석해 물리적·화학적 방법으로 새롭게 변형시키거나 완전히 다른 형태의 음식으로 창조하는 것이라 할 수 있겠다.

이 어둡고 악취가 진동하는 골목의 상인들은 면도에서부터 구두 수선, 미래의 운세나 점 봐주기, 치과 치료까지 다양한 서비스를 제공했다. 나는 이발소 앞에 서서 궁금한 마음에 이발 값이 얼마냐고 물었다. "가만히 앉아 계시면 20루피, 하지만 내가 가만히 서 있고 선생님이 움직여주면 10루피입니다." 농담인 것 같지는 않았다. 나는 한동안 향신료를 구경했다. "당뇨병에 아주 좋아요." 좌판 주인이 말하며 손에 쥐고 있던 페뉴그리크인 도가 원산지인 콩과의 식물로 카레 가루 피클 등에 사용함를 주르르 쏟으며 말했다.

나는 '판'을 파는 상인이 씹을 수 있는 두툼한 마리화나 담배를 만드는 모습을 지켜봤다. 그는 풀과 허브, 잼 그리고 내 생각에는 일종의 담배를 구장나무 잎에 말아 10루피에 팔았다. 그의 작은 작업대에는 스무 개가 넘는 항아리와 통이 빽빽이 놓여 있었다. 그 안에는 스페이드 모양 잎들이 대여섯 종류나 담겨 있었다. 그는 펼치고, 뿌리고, 흩어지게 하고, 말았다. 몇 년 어쩌면 수십 년의 연습으로 연마된 신속함이 분명했다. 내가 자기를 쳐다보고 있다는 걸 알아차리자 그는 듬성듬성한 붉은 치아를 드러내며 미소를 짓더니 가까이 오라고 손짓했다.

"소화에 아주 좋아요." 그는 자기 배를 두드리며 말했다. 그러더니 자기 목도 톡톡 쳤다. "목에도 좋고." 그리고 내가 저항할 새도 없이 말아놓은 통통한 잎사귀 주머니를 내 입에 쑤셔넣더니 한쪽 볼 안에 한동안 물고 있으라고 지시했다. 내 입안에서 달콤함, 장미의 맛, 회향씨, 멘톨로 이어지는 온갖 맛의 대향연이 일어나기 시작했다. 혀, 이, 입술에 착색되어 입 전체가 선명한 빨간색이 되는 건 좀 비호감이었지만 이 맛의 매력은 확실히 알 수 있었다.

'하! 제프 다이어는 바에서 지식인들과 노닥거리느라 이렇게 진짜 인도를 만나는 경험은 못 할 거다'라고 나는 생각했다.

그때 그 남자가 나보고 200루피를 내놓으라고 했다.

떡고물이 너무 과했지

프리랜서 저널리스트에게―적어도 시시하고 하찮은 글을 일인 칭 시점으로, 위키피디아의 도움 거의 없이 자기 머리에 떠오르는 대로 쓰는 탈진한 신경쇠약자의 경우―이 직업의 유일하고도 진정한 특전은 잘 봐달라고 주는 미끼, 공짜 혜택, 그렇다 당신들이 뇌물이라고 부를 수도 있는 그것이다. 하지만 제발 우리 얼굴에 대놓고 그러지는 말아줬으면 좋겠다. 우리도 감정이 있는 사람이니까. 우리를 너무 가혹하게 비난하진 마시길 바란다. 공짜 혜택, 일명 떡고물이란 무엇인가? 기운을 쭉쭉 빼는 이런저런 우여곡절로 점철된 프리랜서의 인생에서 그나마 우리가 매달려 앞으로 나아가는 커리어의 난파선 같은 것이라고나 할까.

여행 작가들에게 있어 공짜 혜택의 성배는 뭐니 뭐니 해도 비즈니스 클래스 업그레이드이지만, 그걸 못 누리는 사람들은 전자 기기, 의류, 화장품, CD, DVD, 저녁 식사 혹은 카나페를 매주 얼마나 자기 가방에 쑤셔넣을 수 있는지 정도로도 쉽게 그들의 커리어를 때려치우지 않고 이끌고 나갈 동력을 얻는다. 이 업계 저널리스트들이 누렸다고 전해오는 이런 혜택들에 대한 전설과 비화는 뭐, 차고 넘친다. 예를 들어 어떤 여행 작가는 런던의 5성급 호텔에 공짜로 묵는 동안 자기 집 커튼까지 떼어갖고 가서 룸서비스에 세탁을 맡기기도 했고, 유명한 자동차 저널리스트는 삼류로 통하는 아시아 모 자동차 기업의 돈을 수년간 받으며 기회 있을 때마다 쓰레기 같은 자동차를 침이 마르게 홍보해주었으며, 전국구 일간지의 인테리어 섹션 편집자 중에는 모든 것을 갖춘 부엌을 통째로 얻어낸 사람도 있다. 그리고 남성 잡지의 전자 기기 담당 편집자라는 행복한 소수의 인간들은 정말 말 그대로 아이패드와 전기면도기의 바다에 익사할 정도다.

사실, 이는 상생의 관계다. 기업은 제품을 선전할 수 있고 홍보업체는 고객에게 자신들이 확보한 지면을 증명해 보일 수 있고, 저널리스트들은 자기 일을 하며 그 노동의 대가를 받는다. 그리고 만약 출판이나 발행 업체의 광고 부서에서 제조사에 호의적인 기사가 실렸음을 알리면, 제조사는 광고 지면을 구매할 가능성도 높아진다. 대부분의 경우 저널리스트들은 제품에 대해 자신이 원하는 대로 쓸 자유가 있고, 그래서 적어도 진실성이라는 허울이 유지되는 거겠지만, 저널리스트들은 자신들이 부정적인 내용을 쓰면 앞으로는 같은 곳에서 더 이상 떡고물도 떨어지지 않을 거라는 사실도 잘 알고 있다. 때때로, 특히 온라인 콘텐츠에서 보도 자료를 긁어다 그대로 붙이는 경우도 있다. 이런 모든 정보는 상업 잡지 독자들에게 완전히 새로운 깨달음을 줄 것이다. 잡지가 무엇에 충성하는지 알고 싶다면 광고를 읽기 바란다. 기사 말고.

이 분야에서 여러 해 동안 대단치 않은 성취로 겨우 연명해온 나의 도덕관념이란 유리 성은, 이제 산산조각 난 파편 조각일 뿐이다. 따라서 나는 이런저런 공짜 혜택들을 쥐꼬리만 한 보수와, 전무한 고용 보장, 사회적 지위의 부재, 프리랜서 저널리스트의 운명인 전반적인 푸대접에 대한 보상으로 여겨왔다. 그간 각종 업그레이드, 차량 렌트, 휴가와 호텔을 제공받아보기도 했지만 그렇게 크게 양심의 가책을 느끼지 않았던 이유가 그런 떡고물이 내 글에 영향을 주지 않았기 때문이다. 이제 와 되돌아보면 정말 땅을 치고 후회할 지극히 멍청한 짓이었지만, 나의 작가라는 허영심이 언제나 물질에 대한 욕심을 앞섰다. 그 결과 런던의 홍보 업계 사람들과 돌이킬 수 없는 관계로 전락한 적이 한두 번이 아니었고, 본의 아니게 그들에게 저널리스트들과 맞먹는 수준의 직업적 스트레스를 안겨주었다. 그래서 가뜩이나 끊임없이 직원들을 갈아치우는 그쪽 업계의 사람들 중에서 내 전화를 받는 사람은 거의 없다.

그런데 기적적으로 여행사 홍보 담당자 한 명이 내 전화를 받았고, 그 사람은 조드푸르의 우마이드 바완 호텔과 일하고 있었다. 나는 전국구 일간지 기사에 호텔을 언급할 테니 인도의 최고급 호텔 중 하나라고 들었던 그곳에서의 3박이 가능한지 물었고, 그쪽에서 오케이 사인을 보내왔다. 하지만 그들의 환대가 어떤 것이고 어느 정도일지는 비노드가 조드푸르의 마하라자가 소유한 방 347개짜리 아르데코풍 궁전의 드넓은 원형 진입로로 들어가 우리를 중앙 입구 계단 앞에 내려줬을 때에야 비로소 실감할 수 있었다.

이미 일고여덟 시간 차를 타고 달려온 상태였던 우리는 게슴츠레한 눈으로, 신발도 제대로 못 신고 녹은 사탕을 옷에 붙인 채, 머리는 엉망이 되어 차에서 내렸다. 우리가 빨간 카펫으로 굴러떨어지듯 내렸을 때 제복을 입은 직원들이 우리를 맞이하기 위해 도열해 있었고, 그중 하나는 음료가 담긴 은쟁반을 받쳐 들고 있었다. 우리가 계단을 오르기 시작하자 위쪽 발코니에서 호텔 직원 둘이 빨간 장미 꽃잎을 머리 위로 흩뿌렸다.

그날 우리는 종일 차창 밖으로 가장 극심한 빈곤에 시달리는 인도의 모습을 보며 하루를 보냈다. 누더기를 걸친 사람들이 쓰레기와 소똥 사이에서 겨우겨우 생계를 꾸려나가고 있었는데, 이제 우리는 거대한 사암으로 만든 돔 아래에서 박제 표범과 호랑이들에 둘러싸여 체크인을 하고, 거실이 축구 경기장만 한, 앤티크로 가득 찬 스위트룸으로 안내받고 있었다. 화장실은 우리 집 거실 크기였고, 방마다 우리 집 욕조 사이즈의 TV 스크린이 걸려 있었다. 이 급격한 신분 상승에 애스거와 에밀은 놀라울 정도로 동요하지 않았고 계속해서 바뀌는 환경에도 어찌나 꿋꿋하게 평정심을 유지하는지 나는 또 한 번 감탄할 뿐이었다. 리센은 이제 우리가 목성으로 가는 로켓을 탈 예정이라고 해도 아이들은 묵묵히 배낭에 짐을 꾸리기 시작할 것 같다고 했다.

빙빙 돌아가는 콧수염을 기른 남자가 우리를 방으로 안내해주더니 본인이 우리의 개인 집사, 피유시라고 소개했다. "언제든지 저를 불러주시면 됩니다. 전화만 주십시오." 그가 명함을 건네며 말했다.

"혹시 요가나 테니스를 하실 수 있도록 도와드릴까요?" 힘차게 방 안을 돌아다니며 불을 켜던 그가 말했다. 리센과 나는 서로의 얼굴만 볼 뿐이었다.

"여보, 우리 요가를 좀 해보면 어때?" 리센이 내 쪽으로 돌아서며 말했다. "당신이 요가를 하면 좋겠다고 내가 한참 전부터 말했잖아. 틀림없이 당신한테 아주 좋을 거야."

"혹시 제가 테니스를 함께 칠 게임 파트너가 있을까요?" 나는 질문의 방향을 바꾸며 말했다.

"네, 고객님. 준비해드릴 수 있습니다." 그가 말했다.

그리하여 이튿날 아침 나는, 은쟁반에 완벽하게 온도를 맞춘 시원한 오렌지 주스와 티슈 박스(내가 콧물을 자꾸 흘리는 걸 눈치 챘던 모양)를 받쳐 들고 서 있는 개인 집사를 대동하고, 빌린 신발을 신은 채 1996년 스쿼시 인도 전국 우승자를 상대로 테니스를 치고 있었다. 왕년의 스쿼시 챔피언께서 필사적으로 져주려고 노력을 했건만 그가 이기고 말았다. 나는 빌린 신발을 탓했다.

리센과 아이들은 조드푸르에서의 첫날을 호텔에서 보내겠다고 했다. 아이들이 수영장에서 노는 동안 리센은 서서히 미쳐가고 있었다. 개인 집사 피유시가 리센이 어딜 가든 그림자처럼 따라다녔기 때문이다. ("화장실까지 가시는 길에 제가 에스코트해드릴까요?") 나는 꼭 보고 싶었던 인도-이슬람 건축물 걸작을 하나 더 남겨두고 있었다. 메랑가르 성은 중력에 도전하는 위풍당당한 건축물로 내게는 인도 무굴 시대의 건축물 중 타지마할과 견줄 만큼 위대한 건물이었다. 그렇지만 그곳에서 외국인 관광객은 정말 눈 씻고도 찾아볼 수 없었다. 인도 전체의 1년 관광객 수는 런던의 마담 투소 밀랍인형 박물관 방문자 수보다 적다. (450만 명 정도로 이는 파키스탄과 방글라데시의 방문객을 합한 숫자다.) 마침 같은 날 성에서 발리우드 영화를 촬영 중이었고 인도 영화에 대한 집착을 점점 키워가고 있던 나는 배우들 중에서 한 명을 알아볼 수 있었다. 에샤 데올과 함께 주연을 맡은 정치인 겸 배우인 비노드 칸나였다.

성에 다녀온 뒤에는 갑자기 음식 책에 관한 리서치를 며칠간 하지 않았다는 죄책감이 밀려왔다. 결국 택시를 잡아타고 조드푸르 시장에 가자고 했다. 그 시장에서 인도에서 제일가는 라씨를 파는 집이 있다는 얘기를 들었기 때문이다. 찾는 데 시간이 좀 걸리긴 했지만 가는 도중에 여태껏 내가 먹어본 가장 맛있는 사모사감자, 완두, 다진 고기에 간을 해서 페이스트리 반죽으로 만든 피 속에 넣고 튀긴 음식를 파는 좌판을 발견했다. 20펜스 정도밖에 안 하는데, 바삭바삭한 데다 입에 불이 나게 맵고 좋은 향이 감돌았다. 마침내 시장 귀퉁이에 있는 라씨 가게를 겨우 찾아냈는데 그곳에서 파는 마카니아 사프란 라씨는 정말 천상의 맛이었다. 걸쭉하고 달콤하고 향긋하고 부드러웠다. 연달아 두 잔을 비운 뒤 카운터 뒤에 서 있는 남자에게 어떤 재료가 들어갔는지 물었다.

"안 돼요, 안 돼. 미안합니다. 비밀이에요!" 그가 말했다. 사프란, 카르다몸열대 아시아가 원산지인 허브로 신경강장, 안정, 이뇨, 거담 등에 효과가 있다, 설탕은 확실히 들어갔을 테고 어쩌면 바닐라도 들어갔을지 모른다. 하지만 사실 이 절묘한 음료의 비결은 그들이 사용하는 요구르트에 있을 것이라는 게 거의 확실하다. 요구르트 재료인 우유를 생산하는 소의 먹이는 분명 모두가 몸서리치게 될, 슬프지만 분명히, 조드푸르 외의 지역에선 입에 담을 수도 없는 그 무엇일 거다.

우마이드 바완 호텔로 돌아오니 가족은 유니콘 형태로 장식한 스테이크로 포식을 하고 향유고래 향료로 만든 바디스크럽 같은 것을 즐기고 있었다. 호텔의 '베게 메뉴판'(내가 지어내는 게 아니라 진짜로 다섯 종류 중에 선택할 수 있다)을 정독하고 있는 리센을 방에 남겨두고 나는 호텔 셰프와 함께 주방 투어를 하기 위해 내려갔다. 이번에도 책에 쓸거리를 찾을 수 있을까 하는 희망에서였다. 셰프는 마하라자의 요리법을 전수받은 사람이라 했고 이것을 기반으로 한 요리를 손님들(최근에는 찰스 왕세자도 다녀갔다고)에게 제공한다고 했다. 셰프는 정통 라자스탄 요리, 그중에서도 주로 타르 사막인도 서북부에서 파키스탄 남부에 걸쳐 있는 광대한 사막의 요리법을 홍보하려 노력한다고 했다. 이 지역에서는 물 대신 우유와 유장우유에서 단백질과 지방 성분을 빼고 남은 맑은 액체을 사용하는

데 이는 무척 드문 경우다. 라자스탄 요리에서는 채소를 거의 쓰지 않는 대신 여러 야생 열매와 함께 곡물, 콩류, 상그리라고 불리는 길고 가느다란 콩, 다양한 피클을 사용한다. 기후와 보잘것없는 풍경의 영향이다. 이곳은 인도에서 가장 덥고 건조한 지역이다. 운이 좋으면 1년에 석 달 정도 비가 내리지만 최근 몇 년 동안은 비가 거의 오지 않았다. 정통 라자스탄 요리에 들어가는 재료는 거의 다 야생에서 자란다. 그래서 대부분은 사람 손으로 일일이 찾아낸 재료로 굉장히 영양가가 높다. 그러나 우마이드 바완의 다국적 고객님들은 시저 샐러드와 햄버거를 달라고 요구한다. 그래서 그런 것도 제공한다고 셰프는 어깨를 으쓱해 보이며 말했다.

그의 사무실에 앉아 대화를 마무리하는데 셰프가 유기농 고기, 유럽 치즈, 좋은 품질의 커버추어 초콜릿 등 서양이 원산지인 재료의 수급이 쉽지 않다는 얘기를 했다. 그래서 내가 제일 좋아하는 생산자들을 알려주고 그것들을 온라인에서 찾는 것까지 도와줬더니 무척 고마워하는 눈치였다. 그 고마움이 어느 정도였는지는 곧 밝혀질 예정이다.

얼마 후 나는 방으로 돌아왔고 우리 집사가 저녁은 몇 시에 드시고 싶은지 물어왔다. 나는 조드푸르에 가서 먹을 생각이라고 말해줬다.

"아, 선생님, 셰프께서 선생님을 위해 특별한 식사를 준비하셨습니다. 다른 곳에서 드시면 굉장히 실망하실 텐데요."

"저한테는 아무 말씀 없으셨는데요?"라고 나는 말했다. 게다가 물론 셰프의 요리를 먹고 싶은 마음은 굴뚝같았으나 우리에겐 그 호텔에서 저녁 먹을 돈이 없었다. 네 사람이 먹으면 100파운드는 훌쩍 넘을 것이었다. 나흘 치 식비 예산과 맞먹는 돈이었다. 시내에 나가 먹으면 심지어 꽤 괜찮은 레스토랑에 가도 그보다 훨씬 싸게 먹을 수 있다는 걸 나는 알고 있었다. 애초에 우마이드 바완 호텔의 숙박비는 우리가 감당할 수 있는 액수가 아니었다. 이곳 숙박비는 1박에 수백 파운드에서 시작해 로열 스위트룸은 2만 파운드까지 올라간다. 이곳에 묵는 다른 숙박객들은 마치 모두 런던의 뉴본드가에서 쇼핑을 한 사람들처럼 보였고, 짐은 어김없이 루이뷔통 가방에 넣고 다녔다. 우리 가족만 시내 중심가의 배낭여행족 모드였고 통일된 루이뷔통 짐 가방과는 상극의 가방들을 밀고 다녔다. (피요시는 욕실에 쭉 널어놓은 다양한 색상의 양말짝들과 해지기 직전의 팬티들을 보고 경악할 뻔했지만 눈썹 한쪽만 치켜올리는 정도로 간신히 감정을 억눌렀고 빨래가 마르자마자 싹 다 치워버렸다.)

하지만 셰프가 무언가를 준비했다면 그것은 무료일 가능성이 아주 높았다. 나를 위해 특별한 것을 마련해놓고 설마 우리보고 돈을 내라고 하겠어? 그렇지 않은가? 문제는, 그렇다고 대놓고 공짜냐고 물어볼 수가 없다는 것이었다. 그건 너무 뻔뻔한 짓이었다. 저널리스트들은 대개 그들의 노골적인 탐욕을 이런 식으로 표현하곤 한다. "기사를 위해 이 여행을 지원하는 데 혹 관심이 있으신지요?" 혹은 "이 기사에 참여하실 의향이" 혹은 "귀사 제품의 사용 후기가 가능하도록 도움을" 혹은 뻔뻔한 뉘앙스의

'공짜'라는 말 대신 적어도 '무료'라는 말을 사용한다. 그렇다고 100파운드는 족히 넘어갈('특별히 준비했다'는 말을 감안할 때) 계산서를 지불할 모험을 할 수도 없었다. 어떻게든 직접적으로 물어보는 것 말고 다른 방법을 찾아내야 했다. 나는 다시 집사에게 전화를 했다.

"제가 생각을 좀 해봤는데요, 셰프께서 준비하셨다는 그 '특별한 식사'에 대해 좀 더 설명해주실 수 있나요?"

"아, 신경 쓰지 않으셔도 됩니다, 선생님. 셰프께 이미 다른 계획이 있다고 전해두었습니다. 괜찮습니다."

"아, 그렇군요, 그래요. 알겠어요. 그런데 그분이 준비하셨다는 게 어떤 종류인지 좀 궁금해서요."

"아닙니다. 괜찮습니다, 선생님. 밖에 나가서 드신다고 분명하게 전달했습니다."

"아, 그렇군요. 알겠습니다. 감사합니다."

나는 전화를 끊었다.

그리고 리쎈에게 집사와의 대화를 전했다. "어휴, 내가 기가 막혀서." 리쎈은 전화를 집어들었다. "여보세요, 피요시인가요? 오늘 저녁 식사 말인데요. 공짜인가요? 그렇군요. 좋네요, 고마워요. 몇 시까지 준비하면 될까요? 좋아요. 맞춰 갈게요. 끊겠습니다."

일곱 시가 되자 피요시가 우리 방문을 두드렸다. 우리는 가진 옷 중에 그나마 최고로 괜찮은 것들을 동원했다. 티셔츠 대신 셔츠를, 반바지 대신에 긴 바지를, 그러나 신발이 문제였다. 옵션이 슬리퍼와 투박한 등산화 둘뿐이었다. 결국 겨우 맞춰 입은 의

상의 총체적 느낌은 다소 망가질 수밖에 없었다. 피요시는 우리를 궁전의 중앙 돔으로 안내했고, 그곳에서 격식에 맞게 다양한 색상의 터번을 주며 머리에 두르는 것을 돕고 음료를 제공했다. 그다음에는 보통 저녁 식사가 이뤄지는 뒤쪽 테라스를 향해 피요시를 따라 한 줄로 이동했다. 그런데 그는 다른 손님들이 앉아 있는 테이블 앞에서 멈추지 않고 계속해서 아래층으로 내려갔다. 횃불들이 줄지어 타오르고 있는 계단을 따라 내려가니 정원 중앙에 대리석으로 지은 별관이 있었다.

피요시는 계단을 반쯤 내려가다 멈춰 섰다. 저 멀리 조명을 밝힌 메랑가르 성이 보였다. 이 경치를 즐기라는 건가보다, 나는 생각했다. 그런데 바로 그 순간 1킬로미터 정도 떨어진 산기슭에서 쏘아올린 폭죽의 불기둥이 밤하늘에서 터지기 시작했다. 특별히 우리를 위해 마련한 불꽃놀이였다. 불꽃놀이가 마무리되자 우리는 별관으로 안내됐고, 그곳에선 이 지역 망가니아르 연주자가 시타르같이 생긴 악기를 활로 켜며 연주하고 있었다. 그는 우리가 여덟 개의 코스로 이루어진 호화로운 식사를 다 마칠 때까지 연주를 중단하지 않았다. 식사의 백미는 토끼 등심이었는데 육질이 어찌나 연하고 양념은 어찌나 강렬하던지 나는 지금까지도 거기서 헤어나오지 못하고 있다.

그날 저녁은 우리 가족이 앞으로도 해보기 어려운 정말 특별한 경험이었다. 그러나 리센과 아이들이 기분 좋게 이 후한 선물을 받아들이고 그 시간을 얼마나 즐기고 고마워했는지 충분히 표현한 반면, 나는 그 모든 것이 너무나 부담스럽고 불편했다. 집사, 연주자, 불꽃놀이, 음식, 테라스에서 저녁 식사를 하던 다른 손님들, 아마도 그들은 우리가 무슨 경쟁의 승자쯤 된다고 생각했겠지.

"마이클, 기분 좀 내." 리센이 나의 앙다문 입술과 불안하게 움직이는 눈동자를 보고 말했다. "그냥 즐겨."

하지만 그러지 못했다. 나는 그저 그 순간을 있는 그대로 즐길 수가 없었다. 왜 내가 그 순간에 그 지나치게 후한 선물을 부끄럽게 생각하기로 작정한 건지는 나도 잘 모르겠다. 예전에는 이런 것이 내게 전혀 문제가 되지 않았다는 건 하늘이 알고 있다. 어쩌면 아이들이 그 자리에 있었다는 사실 때문에 평소보다 그런 것들이 비도덕적으로 느껴졌는지 어쨌는지 모르겠다. 어쨌든 나는 죄책감에 휩싸인 채 내가 사기꾼 같다는 느낌에 사로잡혀, 누구든 비현실적일 정도로 마법 같은 경험으로 받아들였을 순간을 만끽하지 못했고 내내 기분이 좋지 않았다. 내 인생에 종종 있는 일이긴 하지만, 나는 한발 떨어져 거리를 두고 그 일련의 사건을 지켜보고 있었던 것 같다. 그날 저녁 내가 했어야 했던 건, 내가 읽었던 그 모든 끔찍한 자기계발서에서 누누이 강조했듯 '그 순간을 충실히 사는 것'이었다.

변기와의 페이스타임

다른 휴가 같았으면 사람들은 해변이나 쇼핑, 화창한 날씨 혹은 에펠 탑 근처에서 찾아낸 정말 훌륭한 작은 식당 등을 떠올리리라. 그러나 이번 여행을 준비할 동안 우리가 인도 여행 베테랑들로부터 들은 이야기라고는 그들을 고통스럽게 했던 재앙에 가까운 배설의 참혹한 경험담들뿐이었다. 보아하니 세상 사람들은 모두 인도에 가서 끔찍한 화장실 문제를 겪었거나 그런 일을 겪은 이를 잘 아는 사람들인 모양이었다. 그리고 대체 무슨 이유에선지 대부분은 — 묻지도 않았건만 때로는 제발 그만하라고 간청하는데도 — 입원해서 겪은 다양한 일, 본국으로 긴급 송환된 사건 같은 것을 굉장히 신이 나서 해댔다. 그리고 그런 얘기들에는 강제적인 화장실 방문에 관한 디테일이 이어지기 마련이었다. 마치 엄청난 트라우마를 남긴 끔찍한 전투에서 살아 돌아온 자의 긍지를 느끼는 전쟁 베테랑처럼 구토와 설사로 나이아가라 폭포 같은 내용물을 콸콸 쏟아낸 이야기를 아주 생생하게 그림을 그려내듯 묘사해주었다.

그래서 우리가 인도에 가면 그런 사태는 '조건'이 아니라 '필수' 코스가 되리라는 게 분명히 자각되고도 남았다. 우리는 우리 몸에서 분출된 내용물로 발목까지 잠긴 채 '변기를 부여잡고 변기와 페이스타임을 하거나' '도자기로 만든 하얀색 조랑말을 타고 달리게 되거나' 기타 등등을 하게 될 것이라고.

"세상은 두 가지 문화로 나뉘어 있다. 본인의 배설물을 손으로 만지는 사람들과 그렇지 않은 사람들"이라고 호주의 여행 작가 로빈 데이비드슨은 인도 여행기에 적었다. 출발 직전에 그 글을 읽은 후, 인체를 주변 환경으로부터 어느 정도 보호 가능한 우주복 네 벌을 챙기고 어쩌고 할 게 아니라 아예 여행 자체를 관둬야 하는 거 아닌가 생각됐다. 정말로 아이들을 인도에 데려가도 되는 걸까? 부모로서 어떻게 이처럼 무책임한 결정을 내릴 수 있지? 취약한 유전자를 물려주고, 수없이 많은 밤, 피노누아를 마시고 술 냄새가 진동하는 뜨거운 입김을 내뿜으며 동화를 읽어준 것만으로도 이미 부모로서의 죄책감은 충분하지 않은가? 내 부모 때문에 내가 겪은 가장 혹독한 시련은 비가 살짝 내리고 있는데 웨일스의 텐비로 캠핑을 갔던 것이다.

결국 나는 어마어마한 양의 설사약, 항생제, 아목시실린경구 페니실린 그리고 호텔 화장실 수도꼭지에 씌울 용도로 짝짝이 양말

두 짝을 챙겨가는 것으로 타협하기로 했다. 그리고 설사 이번 여행에서 배설물과 관련된 어떤 재앙을 겪는다 하더라도 훗날 우리 여행담은 배설물로 오염되지 않은 100퍼센트 청정 구역으로 만들겠다고 맹세했다. 토사물과 배설물이 튀기는 어떤 전쟁 영웅담도 재탕하지 않겠다고.

사실 제1주부터 (인도 베테랑들의 예언대로) 우리는 모두 비교적 가볍게 인도산 박테리아의 맛을 봤다. 솔직히 말하면 인도에서 지내는 동안 소화와 관련된 불편함의 대부분은 과식으로 인한 것이었다. 그러나 우리 생애 한 번도―어쩌면 앞으로도 영원히―묵어보지 못한 가장 비싸고 고급스러운 호텔을 떠나자마자 그 즉시 우리 모두는 엄청난 박테리아의 공격을 받았다. 손을 쓸 수 없을 정도로 독하고 강력한 박테리아 군단이 우리의 신체 체계로 난입했고, 마치 암살범이 어둠을 틈타 도망치고 있는 도망자 패거리들을 골라 죽이듯 하나씩 차례로 쓰러뜨렸다.

애스거가 제일 먼저 쓰러졌다. 조드푸르를 떠나 다음 목적지를 향해 사막 한가운데를 달리고 있는데 위경련을 호소했다. 우리가 다소 위생 상태가 떨어지는 다음 호텔에 체크인 했을 때에는 온 식구가 모두 눈 밑이 시커먼 고트족처럼 보였고 결국은 그날 밤과 이튿날 낮까지 변기의 온기가 식을세라 돌아가며 앉아 있어야 했다.

"죽고 싶어요." 발밑에선 바퀴벌레들이 총총 기어다니고 우리 방문 밖에선 뭐가 돌아다니고 있을지 상상도 하고 싶지 않은 한밤중에 또 한 차례 화장실을 방문하러 가며 애스거가 속삭였다.

"더는 못 하겠어요. 다른 나라에 와서 아픈 건 너무 안 좋은 것 같아요."

애스거가 진심으로 하고 싶었던 말은 "제발, 제발 이제 집에 가면 안 돼요?"였다. 그러나 그 녀석은 변기 위에 몸을 폴더로 접고 앉아 진땀을 흘리고 덜덜 떨면서도 애써 씩씩하려 노력하고 있었다. 당연히 그게 더 가슴 아팠다. 그날 밤 아이의 열이 섭씨 40도를 훌쩍 넘어서는 걸 지켜보며 나는 더 무서운 일을 당하는 게 아닌가 공포에 떨었다. 병원에서 몇 시간이나 떨어진 타르 사막 한가운데에 있다는 사실 때문에 특히 더 그랬다.

자식이란 크게 벌어진 상처 같은 존재다. 운명은 언제라도 그 안으로 손가락을 넣고 찔러댈 수 있다. 그리고 나처럼 가뜩이나 이런저런 일로 죄책감에 영원히 절뚝거려야 하는 사람에게, 나의 잘못된 결정으로 내 아들이 이런 식으로 고통을 당해야 한다는 사실은 정말 견딜 수 없는 일이었다.

나는 가톨릭교도로 자랐고 수십 년 전에 모든 것을 거부해버렸지만, 착한 가톨릭교 소년들을 나쁜 짓으로부터 차단시키던 죄책감 필터는 여전히 남아 있다. 그렇다고 죄책감이 가톨릭 신자들의 독점적 전유물이라고 주장하려는 건 아니다. 근면함이 개신교도의 전유물이 아닌 것처럼. (종교재판이란 게 괜히 생긴 게 아니다.) 그렇지만 가톨릭 신자들에게 주입돼 있는 사상은, 상식 있는 사람들에게 기쁨을 가져다줄 수 있는 거의 모든 것에 자책감이 들게 한다.

내가 다녔던 버지스 힐의 세인트 월프리드라는 가톨릭 학교는 유감스럽게도 영화에 나오는 멋지고 귀족적인 가톨릭 교육 환경이 아니었다. 그보다는 「파더 테드Father Ted」영국 코미디 시리즈. 아픈 아이 몫으로 마련한 돈으로 라스베이거스에서 도박했다가 척박한 섬으로 보내진 신부가 주인공이다 쪽에 더 가까웠다. 어쨌든 다섯 살 때 그 학교에서 나의 첫 고해성사를 하기 위해 길을 건너 성당으로 가던 일이 지금도 생각난다. 신부님과 함께 컴컴한 방에 앉아 고백할 거리를 뭐라도 생각해내려고 필사적으로 머리를 쥐어짜내고 있었다. (교실에서 코딱지를 판 것? 침대에 누워 코딱지를 판 것? 그런데 코딱지 파는 것이 진짜 죄가 되나?) 물론, 이제는 '어린 소년과 가톨릭 신부를 단둘이 두었을 때' 벌어질 수 있는 최악의 시나리오가 무엇인지 잘 알게 됐기 때문에, 그때 하느님에 대한 신성한 두려움만 갖게 된 채 반바지를 입고 차가운 나무 의자에 앉아 성모송을 열댓 번 외우는 정도는 아주 양호한 결과였음을 인정한다. 하지만 그때부터 나의 죄책감 프로그래밍은 작동되기 시작해버렸다. 그 이후로 무슨 행동을 하든지 술 냄새를 풍기는 신부님을 만족시키는 고해의 상황을 고려해보게 됐으니까.

신부님이 어떤 표정을 짓는지 보기 위해 진정 입에 담을 수 없는 얘기를 자백하고 싶은 유치한 충동이 드는 것은 물론이고, 가끔은 그저 옛날 생각이 나서 해볼까 하는 생각이 들기도 했지만, 나는 지난 30년간 고해성사를 하지 않았다. 이제는 너무 타락해서 더 이상 죄책감조차 느끼지 않는다고 농담을 하곤 했지만, 사실 내 죄책감 감지기는 어느 때보다 더 민감하게 작동하고 있다. 아마도 요즘 죄책감을 느낄 일이 더 많아졌기 때문이겠지.

알코올은 그 순간에 일시적으로 죄책감을 잠재우는 데 제일 효과적이지만 솔직히 인정하자면 장기적으로 볼 때는 문제를 악화시킬 뿐이다.

애스거와 에밀이 진땀을 흘리며 괴로워하는 모습을 지켜보면서 내가 이미 인도 여행 때문에 느끼고 있던 죄책감은 더 극심해졌다. 도대체 무슨 생각으로 애들을 여기까지 끌고 와서 이런 빈곤과 질병과 위험에 노출시켰단 말인가? 중년의 위기가 무슨 벼슬이라고 왜 애들까지 그것 때문에 고통을 받아야 한단 말인가? 사실 이렇게 병이 나기 전부터 아이들이 내가 예상했던 만큼 회복력이 좋고 강하지 않다는 신호가 보이기 시작했었다. 차로 이동하는 지루한 시간이 괴로워지기 시작할 때쯤엔 울먹울먹 눈물을 보이기도 했고, 잘 시간이 되면 둘이 느닷없이 티격태격하며 긴장감이 흐르기도 했고, 숙제할 시간이 다가오면 신경질을 폭발시키기도 했다.

여행을 다니며 애들 공부를 시켜보니 집에서 아이들을 직접 가르치는 부모들을 완전히 존경하게 됐다. 그런 분들은 내가 전혀 알지 못하는 다른 차원의 협박과 뇌물이란 무기를 쟁여놓고 있다고 추측할밖에. 함께 보내는 시간이 길어지고, 호텔 방에서 지내며 더 많은 것을 함께 결정하거나 아니면 전적으로 아이들에게 맡기기 시작하면서 아이들은 우리를 부모로 보기보다는 동등한 입장으로 보기 시작했다. 어떤 면으로는 긍정적인 현상이었지만 학교 공부 혹은 그쪽과 관련된 문제에 있어서 부모의 권한을 행사해야 하는 타이밍에는 도무지 말발이 먹히질 않았다.

배탈은 아이들이 학교 공부를 더 오래 중단할 좋은 구실이 되어줬다. 우리는 이틀이 지나서야 렌터카에 다시 기어오를 용기를 그러모을 수 있었다. 그동안 비노드는 우리가 묵은 곳보다 위생 상태가 더 떨어지는 근처 셋방 같은 곳에서 묵으며 우리에게 약과 생수를 배달했고, 우리가 잠든 기색이면 방문 앞에 살며시 놓아두고 갔다. 그의 이마의 골은 근심으로 점점 깊어갔다.

우다이푸르로 가는 마지막 여정이 시작됐을 때 비노드는 거의 우리만큼이나 안심하는 것 같았다. 리센, 에밀과 나는 어느 정도 회복했지만 애스거는 여전히 힘든 상태였고 조수석에 완전히 늘어져 있었다. 비노드는 마치 물이 찰랑찰랑한 어항에 든 금붕어를 모시는 것처럼 조심스럽게 운전했다.

타르의 몹시 건조한 풍경은 무법의 세상처럼 보였다. 인도 정부가 존재한다는 작은 흔적도 찾기 어려웠다. 도로 표지판도 거의 없고, 공공건물도 없고, 그저 마대 천으로 씌운 움막이나 소규모 농지가 간간이 보일 뿐 먼지투성이 덤불만 끝없이 이어졌다. 나무는 거의 없었고 그래서 가축 울타리도 묘비처럼 생긴 사각형의 붉은 사암으로 만들어져 있었다.

초현실적인 하루의 드라이브였다. 그러다가 어느 순간 나는 호주 영화감독 바즈 루어만이 커다란 오토바이와 함께 길가에 서 있는 모습을 봤다고 확신하게 됐다. 그때만 해도 나는 자가 처방한 약물 칵테일과 병마와 싸우기 위해 마시고 있던 맥주 때문에 환영을 봤다고 생각했지만 나중에 지역 일간지를 보니 바르 루어만이 뭄바이에서 열릴 전시를 위해 라자스탄을 여행하며 사진을 찍고 있다는 기사가 실려 있었다.

자태를 뽐내고 서 있던 호주 영화감독님 말고도 낙타와 들개, 야생 고추, 커민미나릿과에 속하는 식물, 겨자 그리고 저 멀리서 반짝이는 거대한 모래 언덕 등 구경거리들은 제법 있었다. 이따금씩 우리는 구장나무 잎이나 세제를 비닐봉지에 담아 팔고 있는, 무지 안쓰러워 보이는 작은 막사들이 줄지어 서 있는 곳을 지나치기도 했는데, 이렇게 외딴곳에서도 학교에 다니는 아이들은 언제나 제대로 된 교복을 입고, 머리도 단정하게 빗고 있었으며 우리를 보면 웃으며 손을 흔들기도 하고 우리를 따라 뛰기도 해서 비노드가 그 아이들을 피하느라 곡예 운전을 해야 했다.

나는 한 번도 그들과 제대로 교류하지 않고 늘 그냥 지나치는 것에도 또! 죄책감을 느꼈다. 그래서 어느 마을에서 비노드에게 세워달라고 부탁했다. 하지만 막상 차를 세우자 왕족이 민중 사이를 걸어다니며 으스대는 태도를 풍기는 건 아닐지 걱정이 되어 다시 고민에 빠졌다. 아니나 다를까 우리가 어디에서 왔는지, 어디로 가는지, 라이언 긱스는 아는지 물어보는 아이들에게 완전히 에워싸인 뒤에 내 걱정이 근거 있는 것이었음이 증명됐다. 어른들은 처음에는 어느 정도 거리를 유지하고 있었는데 한 이발사가 가게에서 나오더니 면도가 필요하진 않으신지 물었다. 사실 진짜로 필요하긴 했지만 그의 낡은 장비를 본 다음에는 그렇다고 말한 걸 곧바로 후회했다. 그리고 그가 내 얼굴에 비누 거품을 발라주고 녹슨 면도날로 내 얼굴을 긁어내는 동안 뻣뻣하게 굳은 채 의자에 앉아 있었다.

델리를 방문한 이후로 내 잠재의식 속에서, 나는 '조용한 자포자기의 삶'이라 생각하게 된 모습들을 마음속에 모아두고 있었다. 차를 타고 지나가는 동안 극빈자, 병든 사람, 다친 사람, 말도 안 되게 무거운 짐을 진 사람들을 유심히 보며 나도 모르게 그렇게 됐던 것 같다. 그리고 상상해봤다. 그들은 어디에서 왔고, 어디로 가길 소망하는지, 어떤 결말을 맞이하게 될지. 이런 생각 자체가 용서받지 못할 잘난 척일 수 있겠지만, 아까 말했듯이 잠재의식에서 진행된 일이었다. 잠깐씩 마주친 삶의 단면들을 나중에도 머릿속에서 떨어낼 수 없었을 뿐이다. 그로부터 한참 뒤에 『파리 리뷰』를 창간한 피터 매디슨이 이와 비슷한 생각으로 쓴 글을 읽게 됐다. "인도는 인간의 비참함이 너무 만연돼 있기 때문에 사람들은 그저 작은 곁가지들만을 볼 뿐이다. 뒤틀어진 다리, 실명된 눈, 시든 풀을 먹고 있는 병든 떠돌이 개, 쪼그라든 배를 부여잡고 길에서 비켜나기 위해 사리를 살짝 잡아올리는 나이든 여인." 나는 바로 이런 무작위적인 비참함의 곁가지들이 내 안에 쌓여가는 경험을 하고 있었다.

예를 들면, 누더기를 걸치고 도로변에 쭈그리고 있는 아이들, 아마도 돈을 위해 고용된 이 아이들은 특별한 목적도 없이 작은 돌조각들을 서로 맞부딪치며 나중엔 끝없이 모래를 휘젓고 있었다. 아이를 등에 업은 한 엄마는 광대한 벌판에 홀로 서서 맨손으로 곡식을 줍고 있었다. 또 한 여자는 주유소 앞마당에서, 트럭이 새로 들어올 때마다 번번이 다시 피어오르는, 끝없이 소용

돌이치는 붉은 흙먼지를 쓸어내고 있었다. 그리고 자전거 바퀴 일부분으로 무릎을 동여맨 불구자는 길을 따라 다리를 끌며 걸어갔다.

통행료를 내야 하는 어떤 도로에서는 자동 차단기 대신 사람이 서서, 자동차들이 지나갈 수 있도록 하루 종일 매연을 뒤집어쓰고 울타리의 한 부분을 앞으로 밀었다 뒤로 끌었다 했다. 우리는 때때로 몇 명 안 되는 여자들이 길옆에 모여 서서 연석을 정비하는 모습을 보며 지나치기도 했다. 그중에서도 가장 머릿속에서 떨칠 수 없었던 모습은 갑자기 어디선가 나타난 젊고 아름다운 여인을 거의 치어죽일 뻔한 일이었다. 가장 가까운 마을로부터 적어도 10킬로미터는 떨어진 그곳에서 그 여인은 완전히 무표정한 얼굴로 길 한가운데를 걸어 내려가고 있었다. 비노드는 정신병을 가리킬 때 전 세계적으로 통용되는 몸짓으로, 손가락을 머리 옆에 대고 빙빙 돌렸다. 그녀에게 무슨 일이 있었던 걸까? 어디로 가는 걸까? 그녀는 여기서 어떻게 살아남을까?

이런 처참한 삶이 꼭 인도 사람들에게만 국한된 것은 아니다. 자이푸르에서는 어느 날 저녁 얇은 면 치마를 입고 싸구려 보석을 주렁주렁 단 서양 여자 둘이 가엾은 어린 소녀 둘을 데리고 어디론가 가고 있었다. 두 아이 다 맨발에 완전히 풀이 죽은 모습이었다. 이런 상황에 대해선 에스더 프로이트지그문트 프로이트의 증손녀, 소설가. 그녀의 소설 『히디어스 킨키』는 어린 시절 엄마를 따라 모로코로 건너가 고생하며 지낸 본인의 반자전적인 작품이다가 많은 얘기를 해줄 수 있겠지. 나는 눈이 마주치지 않도록 그들의 눈을(그리고 잠재적인 불편한 자기반성 역시) 피하며 혼자 생각했다.

그리고 돌에 맞는 모습을 내 두 눈으로 목격했던 강아지처럼 동물들도 있었다. 뼈만 앙상한 염소들은 가죽이 늑골을 겨우 덮고만 있는 모습으로 먼지 속에서 어딘가를 응시하고 있었다. 그리고 무수한 물소는 차들이 쌩쌩 달리는 고속도로 한가운데에 침울한 얼굴로 서서(비노드는 이들이 배기가스가 벌레들이 꼬이지 않게 한다는 것을 알아낸 것이라고 말해줬다) 비닐봉지를 씹어 먹은 다음 몸의 다른 한쪽 끝으로 내보내고 있었다.

그래서 비록 이발소에서 불안에 떨긴 했지만—그런데 그것이 내 평생 최고의 면도가 될 줄이야—나는 잠시 멈춰 서서 그 작은 마을에 내려, 비록 아주 잠깐이었지만 사람들과 접촉했다는 사실이 좋았다. 그러지 않았다면 속력을 내고 달리는 도요타 안에서 그들의 삶을 평가하기만 했겠지.

인도 북부 작은 마을의 밑바닥 삶에 대한 지극히 찬란하도록 슬픈 이야기, 『델리는 멀지 않다Delhi Is Not Far』에서 러스킨 본드는 피팔나가의 마을을 이렇게 묘사한다. "절망은 없다. 그저 삶과 죽음 모두에 체념과 무관심이 있을 뿐이다." 그리고 그 뒤에 이렇게 썼다. "낮이 오고 밤이 온다. 그리고 또 다른 낮이 오고 또 다른 밤이 온다. 피팔나가의 모든 낮과 밤은 똑같다." 하지만 이곳에도 엄청난 따뜻함이 있었다. 적어도 우리에게는 그랬다. 또 하나의 이 특별한 피팔나가에는.

마피아 원숭이와 이타적 인간

몇 시간 후 우리는 우다이푸르로 가는 비행기를 타기 전에 비노드와 절절한 작별 인사를 나누었다. 에밀은 비노드에게 올라타서 목에 팔을 감아 그를 꼭 끌어안았다. 나중에는 결국 아이를 비틀어서 떼어내야 했다. 비노드는 그 어느 때보다 더 수줍어했지만 무척 감동했음을 나는 알 수 있었다. 우리는 모두 언제라도 우리가 사는 곳 근처에 오면 꼭 우리 집에 오라고 이런 상황에서 으레 하는 말들을 했지만, 다시 만나기 어렵다는 걸 모두 알고 있었다. 그가 우리를 존중하고 영예롭게 대했던 것처럼 인도도 그를 그렇게 대접하길 바란다.

공항에서는 이제 우리 가족의 게임으로 자리 잡은 '무엇이, 무엇이 인도 공항 검색대를 통과할 수 있을까?' 놀이를 했다. 이번에는 커다란 물병 두 개, 작은 검과 장난감 총이 통과됐지만 무슨 이유에선지 에밀이 배낭에 넣고 있던 목각 호랑이를 아무 설명도 없이 압수당했다. "에밀, 울어! 당장 울기 시작하라고!" 나는 나지막이 종용했지만 에밀은 필요에 따라 우는 아이가 아닌지라 목각 호랑이는 그렇게 영원히 우리 곁을 떠나고 말았다.

리센과 아이들은 아직도 좀 조심해야 할 것 같다고 해서 그날 저녁 나만 혼자 우다이푸르 중심부의 호숫가 레스토랑 앰브라스에 갔다. 촛불을 밝힌 테이블에는 커플들이 앉아 음식을 몇 시간씩이나 기다렸지만 별로 개의치 않는 것 같았다. 그들은 서로의 눈동자를 들여다보거나 피콜라 호수 한가운데에 뜬 보름달빛 아래 비현실적으로 황홀한 자태를 뽐내는 레이크 팰리스 호텔을 보고 있었다. 혼자 먹는 것에 익숙한 나로서도—사실 음식만 좋다면 나는 혼자 먹는 것을 아주 좋아한다—이 식당 손님들 사이에 곁다리로 끼어 있는 기분이 들었다. 다행히 마침내 나온 음식이 정말 화려했다. 덩가 만이라는 이 음식은 라자스탄풍의 훈제 연어 요리로, 톡 쏘는 민트와 고수에 버무린 감자 요리인 얼루 차트니 왈라와 함께 제공됐다. 그러고도 뱃속에 라바브다르를 한 그릇 더 먹을 수 있는 공간을 겨우 마련했는데 이번 것은 입안을 다 태울 듯이 매웠다. 조심성 없이 첫 한입을 넣고 몇 초 후 이마에서 땀이 비 오듯 흘렀다. 얼마 지나지 않아 셔츠가 젖기 시작했지만 나는 혀가 불타고 옷이 흠뻑 젖고 있음에도 굴하지 않고 계속 먹었다. 가끔씩 웨이터들이 내 테이블로 다가왔다가 내 상태를 보고 흠칫 놀라 천천히 물러났다. 소문은 직원들 사이에 급속히 퍼졌고 웨이터들의 방문은 시간 간격을 두고 규칙적으로 이어졌다. 자, 자, 이리 모여보세요. 9번 테이블에 앉아 땀을 뻘뻘 흘리고 있는 저 괴상한 인간 좀 구경하세요!

나는 소나기 퍼붓듯 떨어지는 땀을 이마에서 닦아내며 겨우 직원 한 명을 가까이 오라고 설득해서 위스키를 큰 병으로 하나 주문했다. 그들은 내게 인도산 '싱글 몰트'를 가져다주었고 나는 망설이며 홀짝였다. 역시나, 위스키에선 화장실 세정제 맛이 났지만 그냥 꿀꺽 넘겼다. 그랬더니 입안의 핵폭탄급 열기에도 불구하고 다시 긴장이 완화되면서 라바브다르의 미묘한 맛을 즐길 수 있었다. 뿐만 아니라 이제는 위스키의 맛을 지워버릴 무언가가 필요했다.

이튿날 아침에도 식구들은 장염 때문에 몸이 썩 좋지 않았다. 하지만 리센은 오래전부터 라낙푸르라자스탄주 팔리 지구에 위치한 작은 마을의 유명한 자이나교 사원 방문을 잡아놓았고, 나 혼자라도 가야 한다고 주장했다. 나는 여행 중에 자이나교에 대해 읽어봤고 그들의 괴상한 의식을 이용해서 신앙과 믿음에 대한 우리 부부의 끝나지 않는 치열한 논쟁에서 반종교주의 쪽에 점수를 따냈다. 치사한 거 나도 안다.

자이나교는 공격하기 쉬운 타깃이었다. 신도들은 독실하고 비폭력적이며 모든 생명을 신성하게 생각하는데 이런 신념을 아시마라고 부른다. 어느 정도인가 하면 아주 미세한 박테리아 같은 것에까지 이 신념이 확장된다. 원칙적으로는 자이나교 신도들은 뿌리채소를 먹으면 안 된다. 왜냐하면 뿌리채소 수확 중에 땅속에 사는 다른 미물들에게 피해를 주기 때문이다. 자이나교도들은 장마철에는 물웅덩이에 사는 박테리아들을 밟을 수도 있기 때문에 바깥을 돌아다니면 안 된다. 공으로 하는 운동 역시 금기다. 공을 방망이로 치는 그 행위 자체가 폭력적으로 간주되기 때문이다.

자이나교도들은 모든 유형의 애착이 고통을 불러온다고 믿으며 전 세계적으로 400만 명에 육박하는—아직까지는 대다수가 인도에 살고 있다—신도들 중 지극히 헌신적인 금욕주의자들은 재산을 모두 기부하고 가족을 두고 길을 떠난다. 이들은 자기 앞으로 날아드는 벌레들을 공작새 깃털로 만든 솔로 쫓으며 맨발로 인도 전역을 방랑한다. (벌레들을 다치게 할까봐 당연히 운전도 할 수 없고 비행기도 탈 수 없다. 그렇게 했다가 쌓일 업보를 상상해보시라.) 음식을 구걸하면 안 되고 제공될 때까지 기다려야 하며, 목욕은 허용되지 않고 머리카락은 6개월마다 모낭에서 한 올 한 올씩 뽑아내야 한다. 자이나교의 성자 중 한 유형인 스타나크바시스는 살레카나라고 알려진 의식에서 금식을 통해 죽음에 이른다. 진짜다. 그리고 스타나크바시스가 대변을 보면 자신들의 변을 넓게 펼쳐서 48분 안에 건조되도록 한다. 자신의 변이 박테리아의 집이 되지 않도록 하기 위함이다. 아무래도 이 사람들은 다른 사람들 집에 자주 초대받지는 못할 것 같다.

이 모든 것을 읽다보니 인지과학자이자 진화심리학자인 스티븐 핑커의 매혹적인 이론이 생각났다. 그는 극단적인 종교의식들—기괴한 옷차림, 우스꽝스러운 모자, 자해, 의례, 행진, 믿음을 과시하기 위한 모든 바보 같은 행위—은 진화하는 목적을 가지고 있다고 주장했다. 그리고 이 목적은 인류만의 이상하고도 독특한 특징인 이타적 행위의 필요성과 직결된다고 했다. 그의 주장에 따르면 그런 종교 의식은 당신이 긴밀한 유대 집단의 구성원임을 보여주고, 그 집단에 속한 타인들에게 당신이 같은 가치와 신앙을 가진 부류라고 안심시켜서 좋은 대접을 받을 가치가 있는 사람임을 보여주는 것이라는 거다. 사람들은 자신과 다른 부류보다는 비슷한 부류에게 이타적으로 행동하는 경향이 있다는 것은 명백히 입증된 사실이다. "누가 진정으로 충실한 구성원인지 시험하는 방법 중 하나는 누가 대가가 큰 희생을 기꺼이 감수하는지 보는 것이다"라고 핑커는 썼다. 바로 이 문장이 자이나교도들의 행위를 잘 설명하고 있다고 나는 생각한다.

이론상으로 따지면 자이나교도들은 비누도 사용하면 안 되고, 양약도 먹으면 안 되며(동물 실험 때문에), 돈을 취급해도 안 된다. 그러나 현실은 많은 자이나교도가 사업으로 돈을 아주 잘 벌고 있다는 것이다. 특히 몇몇은 다이아몬드 무역으로 부자가 되었다는 사실에서 나는 그들의 위선을 의기양양하게 지적해내며 매우 우쭐해했다. "그러면 무나 당근은 뽑아내면 안 되고, 다이아몬드는 캐내도 된다는 거야? 아니면 남을 시켜서 캐내는 건 괜찮다는 거야 뭐야?"라고 나는 리센에게 큰소리를 땅땅 쳤다. 또 한 가지 추가하자면 자이나교도들은 인도의 다른 어느 집단보다 높은 낙태(그중에서도 특히 여아) 비율에도 책임이 있다. 어느 연구에 따르면 자이나교도들의 남아 1000명당 여아는 848명에 그친다고 한다.

하지만 나는 여전히 자이나교에 흥미를 느끼고 있었고 라낙푸르는 꼭 봐야 할 명소라고 들었기에 혼자서 다녀오기로 했다. 호텔 방에서 바싹 말라버린 토스트를 아주 조심스럽게 조금씩 떼어 먹고 있는 아내와 아이들을 남겨두고 나는 그날 내 운전을 맡아줄 아민과 함께 아라발리산맥을 통과해서 우다이푸르 북쪽을 향해 떠났다. 우리는 곧 건조하게 바싹 말라 붉고 험준한 산맥 사이로 들어섰다. 선인장이 점처럼 드문드문 찍혀 있었다. 작은 마을을 몇 군데 지나던 중 내려서 좀 둘러보게 한 곳에서 세워달라고 아민에게 부탁했다. 내가 이쪽 지역 사람들이 어떻게 살아가는지 관심을 보이자 아민은 간단하게 설명을 해줬다.

"라자스탄 여자들은 아주, 아주 힘들게 일해요. 들일도 하고 펌프로 물도 긷고 학교에서 애들도 가르치고 소를 위해 거름도 모으죠. 어떤 때는 물이 올라올 때까지 10분씩이나 펌프질을 해야 하기도 해요. 남자들은 잠만 자요." 이 사람들은 서양에는 장을 보고 식사 준비를 하고 아이들을 돌보고 집안 잡일을 다 거드는 게 당연하다고 생각하는 남자들도 있다는 걸 알기나 할까? 만약 안다면 그런 일은 신화 같은 얘기라고 일축해버릴까, 아니면 정상이 아닌 서양 사회의 역기능으로 인한 증상쯤으로 생각할까?

라낙푸르에서 약간 남쪽을 향해 산맥의 중반쯤으로 올라가는데 원숭이들이 「이탈리안 잡」에 나오는 마피아 단원들처럼 험준한 산의 양쪽 굽이에 저지선을 치고 서 있었다. "버스를 기다리는 거예요." 아민이 말했다. 그러고 보니 원숭이들은 이 길을 지나가는 버스 시간표를 숙지하고 있는 것 같았다. 승객들이 하누만 원숭이 신의 자손들에게 조공을 바칠 수 있도록 버스가 이 부근에서 속도를 줄이기 때문에 이 원숭이들은 그걸 기대하고 일정한 시간에 모여드는 것이란다.

돌에 주름을 잡아놓은 듯한 사원은 나지막하고 상당히 아름다웠다. 입구의 여자 경비 앞을 지나려니 가죽 벨트와 신발을 벗으라고 했다. 그래서 순순히 명령에 따르고 있는데 그 여자가 갑자기 내 얼굴에 대고 큰소리로 갈릭 처트니 냄새가 진동하는 트림을 했다. 이거야말로 폭력으로 분류될 일 아닌가, 나는 생각했다.

15세기 초에 세워진 이 사원은 1443개의 기둥으로 명성이 자자한데 이 각각의 기둥은 정교하게 깎아서 건물 본체에 촘촘하게 박아넣은 것으로 마치 그 형상이 돌로 만든 숲을 닮았다. 전설에 따르면 이것을 지은 석공들은 작업 시간이 아니라 매일 일과가 끝난 후 깎아낸 돌 부스러기의 양에 따라 품삯을 받았다고 한다. 이 사원을 세운 취지가 사람들이 자이나교를 더 진지하게 받아들이게 하기 위함이었다면, 적어도 내 경우는 효과가 있었다. 이 사원은 내가 방문한 종교 건축물 중 상당히 탁월한 작품에 속했다. 사원 밖에서 구입한 책에는 자이나교도들이 사실상 신의 존재를 믿지 않으며 우주는 어느 날 갑자기 존재하게 됐다는 개념을 기꺼이 받아들인다고 적혀 있었다. 나는 그들에게 마음이 좀 풀리기 시작했다. 물론 그들을 개인적으로 알고 싶은 마음이 들기에는 몇 가지 관습이 너무 강력해서 그건 좀 어려울 것 같다.

아민이 나를 우다이푸르로 데려다주는 동안 리센이 왜 그리 강경하게 나를 라낙푸르로 가게 한 건지 생각해보기 시작했다. 마찬가지로 황금사원과 델리의 바하이 사원에도 왜 그렇게 가라고 등을 떠밀었던 걸까. 단지 관광을 한다거나 관광 명소들을 돌아보며 체크해나가는 것 이상의 무엇이 있었다. 리센은 내가 그들의 종교 의식에서 존경할 거리보다 조롱거리를 더 찾아내리란 것도 모를 리 없었다. 하지만 리센은 그런 종교의 신도들이 누리는 삶의 혜택들에 내가 관심을 가질 수 있도록 끊임없이 노력했다. 그들의 공동체 의식, 신의 존재를 믿으면서 얻는 내면의 평화, 그들의 삶에 질서와 균형을 잡아주는, 그리고 나 역시 근본적으로는 경탄할 만한 것이라 인정할 수밖에 없는 그들의 가치관.

리센은 나를 좀 구워 삶아보려 했던 걸까? 하지만 어떤 종교에 빠지게 할 의도는 아니었을 거다. 그런 무모한 시도를 하기에 아내는 나를 너무 잘 알았다.

다라비의 낮, 반드라의 밤

우리의 비행기가 황갈색 유독성 공해 물질을 뚫고 하강하기 시작하자 흰곰팡이가 핀 뭄바이의 고층 건물들이 그들을 아늑하게 감싸고 있는 스모그 사이로 모습을 드러내기 시작했다. 빈민가도 보였다. 막사처럼 얼기설기 지은 집들이 공항 둘레의 펜스 부근까지 어수선하게 이어져 있었다. 그 모습이 마치 추상 콜라주 같았다. 애스거는 오직 자신의 시력만으로 그 모든 걸 이해하려는 듯 둥근 창밖을 뚫어지게 보고 있었다. 나는 그 모습을 지켜보다가 말했다.

"저런 헛간 같은 데서 사는 사람들도 있어. 온 가족이 다. 평생 그런 곳에서 살기도 해. 뭄바이 인구가 1900만 명이 넘는데 그중에 절반은 저렇게 살아."

애스거는 의심스러운 눈길로 나를 쳐다보더니 다시 비행기의 창문 안쪽에 코를 갖다 댔다.

나는 수케투 메타의 권위 있는 저서 『맥시멈 시티Maximun City』, 그레고리 데이비드 로버츠의 『샨타람』을 비롯해서 인도의 다른 어떤 지역보다 뭄바이에 대한 책을 많이 읽었다. 솔직히 500루피(약 8000원)를 받고 사람을 죽인다는 청부 살인업자나 육식성 쥐떼에 대한 이야기들은 나를 경악하게 했다. 이런 책들을 읽고 떠오르는 이미지는 부패하고, 멍청하고, 타락하고, 곪아가는 상처의 도시였다. 무기력하고 신경이 예민한 식도락 여행가와 세상 물정 모르는 그의 식솔들에게 이보다 더 적대적인 환경은 떠올리기 힘들었다. 나도 편안한 곳만 다녀본 사람은 아니다. 고비 사막, 요하네스버그의 흑인 거주 지역, 토요일 밤의 크롤리_{잉글랜드 웨스트서식스의 도시} 등등. 하지만 이 중에서 그 어느 곳도 뭄바이 같지는 않았기에 나는 이 여정이 엄청 걱정됐다. 우리가 탄 비행기가 우다이푸르에서 이륙하기 직전까지 나는 뭄바이에 가겠다는 리센의 결정에 이의를 제기하며 뭄바이는 그냥 건너뛰고 남부로 곧장 가면 어떻겠냐고 했다.

"마이클, 대체 정확히 뭐 때문에 그렇게 겁을 먹고 있는 건데?" 리센이 물었다.

"더러운 호텔, 질병, 강도, 살인, 정신적 트라우마, 폭력배, 유괴, 테러리스트……"

"당신 증상이 점점 더 심해지고 있는 거 알지? 내가 당신을 처음 만났을 때는 위험해 보이는 데만 골라 다녔거든! 그때는 그런 게 스릴 있다고 생각하는 것 같더니 대체 그사이에 무슨 일이 있었던 거야?"

"사건들."

"됐고, 우린 가는 거야. 인도에 와서 뭄바이를 안 간다는 건 말이 안 돼. 그리고 잘 알겠지만 뭄바이가 여행자들에겐 델리보다 훨씬 더 안전하다고 알려져 있거든. 특히 여자들한텐 말이야. 당신은 인생의 너무 많은 부분을 걱정으로 날리고 있어. 그냥 이제 좀 안 그러기로 맘 먹어주면 안 되겠어?"

물론 리센 말이 옳았다. 나의 걱정 문제 말고(나는 그런 성향을 '준비성'이라 말하는 걸 선호한다) 뭄바이에 대한 부분 말이다. 그곳에서 잠시 머무는 동안에도 폴 볼스미국의 소설가이자 작곡가가 말했듯이 이 '크고 아름답지 않은 도시'는 그곳만의 생동감, 지치지 않는 변화의 속도, 그곳에 사는 이들의 야망과 배짱을 통해 자신의 모습을 드러내기 시작했다. 뭄바이는 델리를 숨 막히는 고루한 곳으로, 라자스탄은 중세의 후미진 벽지로 보이게 만들었다.

뭄바이가 내가 겁먹었던 정도는 아니었다고 안심하는 기회를 틈타 리센은 빈민가에도 가보자고 나를 설득했다. 실제로 뭄바이의 빈민가를 돌아보는 투어 상품도 있지만 그중에 우리 스케줄에 맞는 것을 찾을 수 없었다. 결국 열띤 협상 끝에 나는 몇 가지 조건 하에 동의했다. 15분 만에 다녀올 것. 더 길게는 안 됨. 우리 옷 중에 가장 남루한 옷을 입을 것. 핸드백, 카메라, 장난감, 손목시계는 전부 두고 갈 것. 그리하여 우리는 낡아빠진 피아트 택시에 몸을 포개어 넣고, 아마도 앞으로는 영원히 「슬럼 독 밀리어네어」의 슬럼으로 기억될 다라비로 가달라고 했다.

처음에는 택시 기사가 말을 전혀 이해하지 못했다. 그도 영어를 했으므로 이건 언어의 문제가 아니었다. 그는 우리가 대체 왜 그곳에 가려고 하는지 도저히 알 수 없었던 것이다. 그래서 그곳에 가고 싶어서 가는 거라고 분명히 말해주자 바로 무 자르듯 거절했다. 다음 택시 기사는 수백 루피를 더 얹어줘야 가겠다고 했고, 한 시간쯤 뒤 우리를 분주한 골목 옆, 돌무더기가 흩어져 있는 노변에 내려놓고 쌩하니 가버렸다.

리셴과 나는 서로를 쳐다본 후 크게 심호흡을 하고 애들 손을 꼭 잡은 채 빈민가로 들어섰다. 그런데 막상 가보니 걱정했던 것만큼 나쁘진 않았다. 사실 뭄바이의 여느 지역과 거의 다른 점이 없었다. 건물이 대부분 콘크리트였고, 비록 지붕들은 이제 우리 눈에도 익숙해진 방수포, 플라스틱, 골이 진 철판의 콜라주 형태였지만 어떤 건물은 2층, 심지어 3층짜리도 있었다. 그곳은 제조업으로 분주하게 돌아가고 있기도 했다. 산더미처럼 쌓여 있는 플라스틱 통들, 터질 듯한 하얀 자루들, 오래된 자전거 바퀴 더미 등등 모든 것이 좁은 거리에 줄지어 선 작은 공장들과 작업장에 공급되는 물자들이었다. 입구가 있는 전면에는 멋들어지게 손으로 그린 간판이 있었고 안쪽으로는 어둡고 연기가 자욱한 동굴 같은 곳에서 때 묻은 조끼를 입은 남자들이 빅토리아 시대의 기계들을 돌리고 있었다. 이 사람들은 핸드백부터 조리 도구에 이르기까지 안 만드는 것이 없었고, 그중에는 재활용품으로 만드는 것도 많았다. 골목에는 2층으로 올라가기 위해 놓아둔 사다리들이 줄지어 있었고, 사방에 걸린 빨래는 석쇠와 화로에서 올라오는 매캐한 연기를 다 흡수하고 있었다. 기계, 라디오, 자전거 벨, 모터 달린 자전거, 사람들로부터 쏟아지는 소음은 또 어찌나 시끄럽던지.

뭄바이 정부는 다라비 주민 중 60만 명(그곳에 사는 100만 명 모두라는 얘기도 있다)을 교외의 고층 건물로 이주시키려 하고 있다. 인도주의적인 이유에서가 아니라 뭄바이 중심부의 가치 있는 부동산을 풀어놓기 위해서다. 만약 진정으로 사람들의 삶을 개선시키고 싶은 의도였다면 도시의 변두리에 다라비보다 훨씬 더 극심한 빈민가에 살고 있는 사람들부터 이주시켜야 했다. 그곳 주민들이 이주하면 훨씬 더 많은 혜택을 누릴 수 있다. 다라비 주민들은 대부분 한두 가지 직업을 가지고 있고, 아니면 적어도 어떤 형태로든 다라비의 경제에 참여하고 있다. 이곳 사정을 잘 알고 있는 사람들에 따르면 빈민가 주민들 사이에는 교류와 유대가 강하다고 한다. 이 사람들이 살던 곳을 떠나고 싶어하지 않는 이유를 이해할 만하다.

얼마 후 우리는 빈민가 중에서 한눈에도 훨씬 더 빈곤해 보이는 곳으로 접어들었다. 이곳 아이들은 정말 말 그대로 벌거벗고 있었고 사방에 널려 있는 젖은 쓰레기에서 풍기는 악취 때문에 속이 뒤집어지려 했다. 오두막 같은 집들은 플라스틱 더께, 목재, 천 커버 등으로 켜켜이 싸여 있었고, 마치 지질학적으로 지난 수십 년 사이 진창에서 서서히 솟아난 것 같은 모습을 하고 있었다. 그때부터 우리는 질벅질벅한 쓰레기들 사이를 까치발로 피해 가며, 무엇인지 도저히 분석 불가한 시커멓고 걸쭉한 액체가 담긴, 표면은 무지갯빛 기름으로 미끈거리는 노출된 하수관을 조심해서 건너뛰며 앞으로 나아갔다. 어떤 골목길은 막이 쳐져 있어서 자연광은 물론 전깃불도 없었고 어찌나 좁은지 한 줄로 걸어가야 했는데 그런 상황에서도 오토바이는 멈추지 않고 휙휙 지나다녀서 우리는 그때마다 벽에 바짝 달라붙어야 했다.

내가 어린아이였을 때는 아버지라는 존재에 대한 암묵적 규칙이 있었던 것으로 기억한다. 아버지는 어떤 상황에서도 자기 자식에게 자신의 무지, 두려움, 티끌만큼의 무능함도 보여서는 안 된다는 것이었다. 자식들이 아버지의 약점을 아주 잠깐, 아주 조금이라도 보는 날에는 모든 게 한순간에 날아갈 것이라고. 지브롤터 암벽이 허물어지고 제국이 폭삭 무너질 것이라고. 내 경우, 우리 아버지도 모르는 게 있을 수도 있겠다고, 어떤 부분(예를 들면 스와힐리어가 능통하다는 것)은 그저 허세였을 수도 있겠다는 생각이 처음 든 것은 내가 십대가 되고도 한참 지난 뒤였다. 그와는 대조적으로 내 아들들은 그보다 훨씬 일찍 나를 간파해버렸다. 애스거는 아마도 내가 처음으로 기저귀를 갈아줬을 때 알아버렸을 거다. 그날, 분만 병동의 창문이 없는 방에서 애는 얼굴이 시뻘게지도록 비명을 지르며 울어댔고, 나의 혈압은 최고치를 갱신했다. 에밀의 경우는 부친에 대한 실망이 그보다는 늦게 왔다고 나는 생각한다. 이케아 2단 침대를 완전히 거꾸로 조립해놓고 한바탕 욕을 퍼붓고 난 그날 오후였을 거다.

그 뒤로는 애들 앞에서는 아예 허세를 부릴 생각 자체를 하지 않고 내 실수와 약점들을 겸허히 인정하기 위해 최선을 다하리라 맹세했기에, 그날 다라비의 깊고 어두컴컴한 골목 구석에서 내가 패닉 상태에 빠지기 시작했을 때 두 녀석 다 그다지 놀라지는 않았을 거라 생각한다. 나는 그때까지 방향을 잡는 기준으로 활용하고 있던 반드라의 고층 건물들을 시야에서 잃어버렸고, 우리가 어느 방향으로 가고 있는지 중심 대로로 어떻게 돌아가야 하는지 전혀 알 수가 없었다. 내가 에밀의 손목을 어찌나 꽉 붙들었던지 에밀은 내 손아귀에서 자기 손을 빼버렸다. 애스거는 스트레스를 받으면 나오는 버릇대로 웅얼웅얼 혼잣말처럼 노래를 부르기 시작했다. 심지어 리센마저 걱정스런 얼굴이었다. 이제 사람들은 아무도 우리를 보고 웃어주지 않았고 얘기하기 위해 다가오지도 않았고 그들의 움막 안에서 눈알도 없이 뻥 뚫린 듯한 눈구멍으로 우리를 빤히 지켜보고 있었다.

비좁고 숨 막히는 골목에 망연히 서 있는데, 웬 젊은 여자가 낮은 문을 열고 나오더니 영어로 도움이 필요하냐고 물었다. "네, 제발, 제발요. 여기서 어떻게 나가야 하는지만 가르쳐주세요." 내가 숨을 헐떡이며 말했다. 그 여자는 자기를 따라오라고 했고 몇 차례 방향을 틀며 걸은 후 우리는 다시 대로로 복귀할 수 있었다. 그리고 그곳에서 택시를 잡았다. 나는 그녀에게 수백 루피 아마도 오백쯤 건네줬고 그녀는 자기가 제공한 서비스의 합당한 대가로 그 돈을 받아갔다.

우리 호텔 방에서는 뭄바이 중심가의 북쪽 해변 전망을 완벽하게 볼 수 있었다. 나는 방으로 돌아온 후 한동안 아라비아해의 물결이 암석 해안을 후려치는 모습을 지켜보며 시간을 보냈다. 동쪽으로는 빈민가와 황갈색 바다가 이어졌고 그 둘 사이에는 세계에서 가장 비싸다는 가늘고 긴 땅덩이가 끼어 있었다. 벨보이는 유리블록으로 품위 없게 지어올린 샤룩 칸의 집, 마나트('은총'이라는 의미)가 바로 거기 있다고 장담했다. 나는 세계에서 가장 유명한 영화배우를 한번 보겠다고 남은 오후 내내 에밀의 장난감 쌍안경으로 그 집 거실을 눈이 빠지게 들여다보고 있었다. 그러나 나중에 알고 보니 무척 유감스럽게도 그는 그 시간, 무슨 상을 수상하느라 런던에 가 있었다고 한다.

리센과 아이들이 방에서 TV를 보고 잘 준비를 하는 동안 나는 혼자 호텔 바에 앉아 있었다. 그 호텔에 자주 온다는 발리우드 스타들을 구경할 수 있길 바랐지만 내가 알아볼 만한 사람은 한 명도 없었다. 대신 유명했어야만 하는 것처럼 보이는 사람들은 제법 눈에 띄었다. MTV 댄서처럼 옷을 입고 반짝이는 머리카락을 이쪽으로 젖혔다가 저쪽으로 젖혔다 하며 관심을 끌려고 하면서도 용케 동시에 '제발, 나 혼자 있고 싶거든. 귀찮게 하지 말라고'라는 메시지를 던지고 있는 여자들, 까칠하게 자란 수염에 짙은 색안경을 끼고 오만상을 찌푸리고 있는 남자들. 어쨌든 발리우드 스타를 만나는 대신 나는 노리치잉글랜드 동부, 노픽주의 주도에서 온 비즈니스맨과 대화를 나누게 됐는데 그는 뭄바이 소재 직물 공장에 제품 생산 계약을 성사시키러 왔다고 했다. 그리고 인도와 인도 국민에 대한 자신의 통찰을 내게 전파해주려 했다. '이 나라가 겪은 최고의 비극은 영국이 떠난 것'이라는 둥 공장의 안전 기준이 얼마나 형편없는지 아느냐는 둥("그 사람들이 콜라 병에다가 염산을 담아놓고 그냥 아무 데나 놔둔 것도 본 적이 있어요. 어떤 사람이 실수로 그걸 마시고 죽은 다음에도 말이에요!") 그리고 자기가 상대한 사람들은 근본적으로 너무나 게으르고 뻔뻔한 거짓말쟁이라는 둥.

"이 사람들을 좀 봐요." 그는 취해서 불분명해진 발음으로 말했다. "대체 뭐가 문젤까? 내가 말해주지. 민주주의가 문제야. 중국을 봐요. 얼마나 잘살아. 왜 그럴 것 같아요?"

"노예 제도요?"

"민주주의가 문제야. 중국 애들은 뭐가 중요한지 알거든. 걔들은 일처리를 할 줄 안다고. 내 앞에서 민주주의의 '민'자도 꺼내지 말라고. 이 나라가 필요로 하는 건 완전 옛날식 독재자라고."

그 인간이 술값을 내는 것만 아니었어도 진작 자릴 박차고 나왔을 텐데.

인도 최고의 셰프

나는 많은 이가 인도 최고로 손꼽는다는 타지 호텔 그룹의 헤먼트 오베로이 셰프와 잡지 기사—이론상으로는 인도 음식에 대한 내 책을 위해서도—를 위한 인터뷰 약속을 잡아두고 있었다. 오베로이 씨는 전 세계 곳곳의 타지 호텔들을 돌아다니며 일하는데 운 좋게도 우리가 뭄바이에 머무는 날짜와 오베로이 씨의 뭄바이 일정이 겹쳤다. 나는 그를 도시 남쪽, 게이트웨이 오브 인디아의 맞은편에 위치한 타지마할 팰리스 호텔에서 만날 예정이었다.

지도를 찾아보니 택시를 타고 조금만 가면 될 것 같았다. 한 20분쯤? 하지만 실제로는 한 시간 반이나 걸렸다. 바다를 가로질러, 도시의 정체가 가장 극심한 곳을 반쯤 우회해 갈 수 있는 인상적인 다리가 있음에도 불구하고 뭄바이의 교통 지옥은 그 어느 곳에서도 보지 못한 수준이었다. 이곳에서 자동차와 트럭의 이동에 대해서는 새로운 용어가 필요하다. 왜냐하면 이곳 자동차와 트럭의 움직임은 보편적인 의미의 이동이나 운송이라 볼 수 없기 때문이다.

그 대신 호텔로 가는 길에 일상을 살아가는 뭄바이 사람들을 관찰할 기회는 정말 많았다. 월리에서는 15분간 30미터를 이동하며 앉아 있었지만 찻길에서 1미터도 안 떨어진 보도에 서서 온몸을 씻고 있는 남자를 구경할 수 있었다. (도저히 안 볼 수가 없었다.) 먼저, 그는 팬티만 남기고 옷을 전부 벗더니 벗은 옷을 전부 타지 호텔 세탁물 봉투에 담고 빗물을 담아뒀던 통에서 몸을 씻었다. 그리고 허리에 천을 두른 뒤 팬티까지 벗어들고 보도 위에서 비누로 문질러 빨더니 꼭 짜서 다시 착용하고 나머지 옷도 마저 입었다. 그러는 내내 그의 오두막 안에서 애기가 빽빽 울어댔지만 그는 자신의 페이스를 잃지 않고 할 일을 마쳤다. 여러 가지를 감안할 때 참으로 품위를 잃지 않는 모습이었다.

타지마할 호텔은 파시 교도인 잠세티 타타(트럭, 전기 통신, 광천수 그리고 현대 인도의 거의 모든 상품과 서비스를 제공하는 기업의 창업주)에 의해 건설됐다. 전설에 따르면 당시 그가 도시의 최고급 호텔에서 영국인에게 입장을 거절당한 뒤 오기로 호텔을 지었다고 한다. 인도의 다른 최고급 호텔들과 마찬가지로 타지 호텔의 입구에서도 엑스레이로 사람들과 그들의 짐을 검색하는 공항 수준의 보안이 이루어지고 있다. 이는 2008년 11월에 있었던 테러의 결과다. 뭄바이 역과 근처의 유대인 중심가, 이 도시의 다른 몇몇 지점에서 총 164명이 학살당했고, 이 호텔이 포위당한 나흘간 이곳에서만 31명이 사망했다고 한다. 인도 경찰들이 호텔 밖에서 제2차 세계대전 시대의 소총을 만지작거리고만 있는 동안 테러리스트들은 건물 안을 유유히 누비며 투숙객과 직원들을 쏴죽였다고 한다. 파키스탄 대장의 휴대전화를 통한 지시를 받고 철수하던 테러리스트들은 호텔에 불을 질렀다. 호텔의 전면은 지금도 공사를 위한 철골로 가려져 있지만 내부 인테리어는 대부분 재단장이 마무리되었다.

우리는 애스거와 에밀에게 이 모든 사실에 대해 설명했지만 아이들은 그 테러 공격의 이유를 잘 이해하지 못했다. 뭐, 별로 놀랄 일은 아니었다. 리센과 아이들은 점심을 먹기 위해 카페로 갔고 그다음엔 게이트웨이 오브 인디아를 구경한 후 호텔로 돌아온다고 했다. 그사이 나는 호텔의 가장 깊은 곳에 위치한 주방으로 안내를 받았고 헤먼트 오베로이의 사무실에서 그를 기다렸다.

앉아 있는 동안 나는 창문이 없는 작은 방을 둘러봤다. '절대로, 절대로 셰프의 판단을 의심하지 않는다'는 글귀가 책상 뒤의 벽에 붙어 있었고, 그 옆으로 여러 개의 '올해의 인도 셰프' 표창장과 오베로이가 조지 부시, 만모한 싱인도의 제13대 총리로 10년간 재임, 빌과 힐러리 클린턴 옆에서 웃고 있는 사진들이 나란히 걸려 있었다.

그 사무실에 앉아 있는데 전날 섬유 산업계의 사장님과 호텔 바에서 퍼마신 술 때문에 진땀이 흘렀고 손가락도 떨렸다. 몸이 영 좋지 않았다. 사실 그날 아침에 눈을 떴을 때부터 심한 숙취 증상들을 느끼고 있었다. 식은 땀, 치명적인 우울감, 참기 힘든 자기혐오, 어두운 방의 시원한 침대에서 나오고 싶지 않은 욕망. 그러나 내겐 인터뷰가 잡혀 있었다. 그것도 음식에 대한. 그리고 이어서 점심 식사도 예정돼 있었다.

셰프가 들어왔다. 셰프복 상의의 단추들에 압박을 가하고 있는 복부와 깔끔하게 다듬은 콧수염이 그가 셰프라는 확신을 주었다. 이 지역 요리에 대한 나의 첫 질문에 그는 이렇게 답했다. "마하라스트란 요리는 아주 단순합니다. 벨푸리튀긴 쌀, 채소, 톡 쏘는 소스로 만든 짭짜름한 간식, 바다 파오빵 사이에 튀긴 감자를 끼워넣는 채식주의자들을 위한 패스트푸드, 칼리 케밥, 파브 바지걸쭉한 채소 카레와 부드러운 빵을 함께 주는 패스트푸드 같은 것은 전부 길거리 음식이죠. 하지만 나는 이것들을 살짝 개선해서 나의 레스토랑 메뉴에 올립니다. 마살라 크라프트는 5성급 호텔에서 이런 음식을 선보이는 유일한 곳입니다."

그는 영국의 인도 음식점에 대해선 시큰둥했다. "그런 음식은 인도에 와본 적도 없는 사람들이 만드는 음식이에요. 그게 문제예요." 그는 한숨을 푹 쉬었다. "신선한 토마토 대신에 토마토 퓨레나 토마토 통조림을 쓰니까 음식의 산미가 살지 않아요. 산미가 생명인데 말이죠. 그 사람들은 붉은 양파를 아예 쓰지 않거나 제대로 된 걸 구하지 못하죠. 마살라도 포장해서 파는 걸 쓰죠. 마살라는 신선하게 만들어 써야 합니다. 영국은 인력이 너무 비싸니 자꾸 이렇게 쉬운 방법을 쓰는 겁니다."

이제 점심을 먹을 시간이었지만 나는 그 순간 먹는 것만 아니면 뭐든 할 수 있을 것 같은 상태였다. 나는 오베로이를 따라 그의 사무실 밖으로 나갔다. 우리가 복도로 나서자 주방 직원 한 명이 질문을 하려고 오베로이에게 다가왔다. 나는 조용히 서서 이마의 땀을 소매로 닦아내며 정신을 바짝 차리려고 애썼다.

"잘 아시겠지만 여기가 바로 사건이 일어난 장소입니다." 오베로이가 젊은 친구의 질문에 답을 해준 뒤 내 쪽을 향해 돌아서며 말했다. "네?" 나는 아무 생각 없이 물었다. "총으로 무장한 범인이 이곳으로 들어왔고 내 직원을 일곱 명이나 쏴 죽였어요." 내 눈에 시선을 고정한 채 말하는 오베로이는 아직도 미소를 짓고 있었다. 나는 2008년 11월에 있었던 그 사건에 대해선 물을 생각이 전혀 없었다. 그도 그 일을 잊고 살아가고 싶을 거라 생각했기 때문이다. 그러나 그는 그 사건에 대해 말하고 싶어 안달인 것처럼 보였다.

"내 눈앞에서 총에 맞아 죽었어요. 무장한 그놈은 아주 태평하게 걸어서 지나가더군요. 맘만 먹으면 나 하나 더 죽이는 건 일도 아니었을 텐데 그러지 않았어요. 그냥 계속 가더라고요. 내가 뭄바이에 머물 때는 여기서 아주 가까운 아파트에서 지내는데 바로 옆 건물이 유대인 거주지예요. 거기도 공격을 당했죠. 그러니까 나는 정말 두 사건 발생 지점 사이에 딱 낀 거예요."

나는 그런 일을 겪고 어떻게 다시 일터로 돌아올 수 있었냐고 물었다. "바로 이튿날 아침에 출근했어요. 모든 게 끝난 뒤였죠. 그 사건 이후 여기 들어온 첫 번째 사람이 바로 나예요. 나에겐 그게 제일 중요해요. 최대한 빨리 식당을 복구해서 다시 운영하는 것 말이죠. 그러지 않으면 우리가 지는 거예요. 안 그렇습니까?"

레스토랑으로 들어간 뒤에 오베로이와 나는 구석 테이블에 마주 보고 앉았다. 그는 먹지 않고, 내가 코스별로 나오는 음식을 억지로 꾸역꾸역 먹고 있는 모습을 지켜보고 있었다. 내 몸은 도저히 먹을 수 있는 상태가 아니었다. 그러다가 한번은 볼썽사납게도 화장실로 달려가 먹은 걸 다 토해야 했다. 만약 내가 돌아왔을 때 오베로이가 내 셔츠에 묻은 얼룩을 보고도 굳이 그걸 언급하지 않았다면 그도 참 괜찮은 사람이라고 생각한다.

그 시간은 정말 끔찍한 경험이었다. 황급히 덧붙이자면 음식이나 함께한 사람 때문이 아니라 받아들이기 힘든 나 자신에 대한 실망감 때문이었다. 그 전날 내가 목구멍으로 부어 넘긴 술을 돈으로 따지면 다라비 사람들이 한 달은 살 수 있을 만큼 혹은 그 이상의 가치가 있는 액수였다. 그 대가로 나는 내가 누릴 수 있는 엄청난 특혜인 셰프와의 식사를 제대로 할 수 있는 상태가 아니었고, 이 도시에 사는 한 가족을 몇 주간 부양할 수 있는 혹은 그 이상의 가치에 달하는 그 정교한 요리들을 제대로 음미할 수 없었다. 나는 내가 그렇게 열망하는 더 품위 있고 용감하고 온전한 상태의 사람과 정반대의 인간이 돼 있었다.

이 정도면 바닥을 찍었다고 생각할 것이다. 하지만 그보다 더한 밑바닥이 나를 기다리고 있을 줄이야.

초치기의 달인

나는 친화력이 좋은 사람이 아니다. 뭐 별로 놀랄 일은 아닐 거라 생각한다. 자기혐오 증세가 깊은 나는 나 자신보다 모임이란 걸 더 싫어하는 사람이다. 내가 알기론 내 나이 때의 남자들 중에는 이런 이가 제법 많다. 내 생각에는 점점 더 튀어나오는 배와 계속 벗겨지는 머리, 사정없이 약해지는 정력과 비례해서 약해지는 자존감과 관련이 있는 것 같다. 이 모든 증상은 광고나 드라마, 시트콤 등의 방송 매체에서 습관적으로 중년 남성을 무기력한 공처가 바보들로 묘사하는 것 때문에 더 강조되고 굳어진다. 이런 것들의 영향으로 남자들이 삼십대 중반을 넘어서기 시작하면 쓸모없는 인간이 되는 데서 그치는 게 아니라 놀림감으로까지 전락하는 거다. 그러다보니 집에서 와인 한 병 끼고 뉴스나이트나 보는 편이 만사 편하다.

나의 모임 기피 전략은 대개 아침부터 꾀병(들으라는 듯이 과장된 기침 발작, 자리보전하고 누워 있기, 화장실에 죽치고 앉아 있기, 책만 보고 있기)으로 시작된다. 그리고 그게 실패하면 그다음에는 오후에 맞춰야 할 마감이 있다고 우긴다. 과거에는 두 가지 다 아주 잘 먹혔지만 과다한 남용으로 효과가 떨어졌다. 그래서 요즘은 내가 가기 싫은 곳에 끌려가야 한다는 걸 인지하고, 내가 가진 무기가 먹히지 않을 거라는 감이 왔을 때, 내가 할 수 있는 최선은 출발 직전에 격정에 차서 애원하고 발을 쿵쾅거리는 것이다. 그럼에도 이도 저도 다 먹히지 않으면 그냥 모임에 끌려나가 끝날 때까지 술로 버틴다.

나의 다른 여러 문제점과 마찬가지로 리센은 나의 이런 점에 대처하는 방법을 터득했다. 일반적으로 저녁 약속 전까지는 종일 나를 간단히 무시하는 걸로 일관하다가 출발 시간이 다가오면 감정을 자극하는 그녀만의 광범위한 협박과 위협 목록에서 한 가지씩 뽑아 활용했다.

그런데 유령 호랑이가 산다는 란탐보르 국립공원에서 애스거와 에밀이 사귄 인도 아이들의 부모, 바드리와 니타의 초대에 대한 신경전은 그날 아침 일찍부터 시작됐다. 바드리와 니타는 우리가 뭄바이에 오면 꼭 연락하라고 신신당부했고 리센은 도착하자마자 그들에게 문자를 보냈다. 그러자 그 문자를 보냄과 거의 동시에 저녁에 초대하겠다는 답 문자가 도착했고 나도 비슷한 속도로 액션에 들어갔다. "그 사람들이랑 잘 알지도 못하잖아. 대체 무슨 얘기를 하라고? 그리고 음식이 형편없으면 어떡할래?"

애석하게도 이번에는 어떻게든 빠져나가려고 애써봐야 소용 없을 거였고 나도 잘 알고 있었다. 애스거와 에밀은 지난 며칠간 카인과 아벨과 가장 신나게 놀았던 장면들을 재연해 보이며 새 로운 놀이 친구들을 간절히 열망하고 있었다. 벌써 5주째 차 안 이나 호텔 방에 번갈아 갇혀 있고, 사람들이 붐비고 교통이 혼 잡한 도시를 돌아다닐 때에는 멀리 못 가게 손을 꽉 움켜잡고 다녔더니 이제는 애들이 말기 밀실공포증을 앓으며 아침에 눈 을 뜨자마자 서로 못 잡아먹어 안달이었다. 둘이 놀았다 하면 마 치 호랑이 새끼나 술 취한 럭비 선수처럼 진짜 위험하게 놀았다. 리센과 나는 애들이 손톱으로 서로를 할퀴기라도 할까봐 한시 도 마음을 놓지 못했고 저러다 곧 피를 보는 건 아닌지 마음 졸 이며 지켜보곤 했다. 애들은 마치 「라디오 데이스」에서 우디 앨 런의 부모처럼 아주 별것 아닌 일로도 큰 싸움을 만들 수 있는 능력을 개발해낸 것 같았다. ("잠깐, 잠깐, 지금 나보고 대서양이 태 평양보다 더 큰 바다라고 말한 거야?")

이 문제는 리센과 내가 이번 여행에서 예상하지 못했던 부분 이었지만 사실 충분히 이해할 수 있었다. 애스거와 에밀은 너무 오랫동안 서로에게만 의지해서 지내야 했다. 호텔 로비에서 이따 금 다른 아이들을 만나기도 했지만, 라자스탄에는 아이들이 뛰 어놀 만한 놀이터가 정말 부족했고 그래서 애들은 뉴 페이스를 간절히 필요로 했다. 이번 한번쯤은 사회성 제로인 내가 희생해 야 마땅했다.

바드리는 친절하게도 다섯 시까지 호텔 앞으로 기사와 차를 보내주겠다고 했다. 하지만 그들이 사는 곳이 뭄바이가 아니라 나비 뭄바이라는 점을 미리 일러두었다. "호텔에서 한 시간 어쩌면 그보다 더 걸린다는 건 아시죠?"라고 그는 말했다.

그가 보내준 차와 기사는 엄청난 부와 풍요를 연상시켰기 때문에 솔직히 그때부터 강한 흥미가 일었음을 시인해야겠다. 우리가 가는 집은 대체 어떤 집인 거야? 대리석으로 꾸며진 중정과 물방울이 떨어지는 분수, 수영장, 테니스 코트가 있는 그런 집일까? 제복을 갖춰 입은 직원들이 도열해 있고 금박 장식의 디저트가 나오는 그런 집?

나는 나비 뭄바이를 인터넷에서 검색해봤다. 나비 뭄바이는 들썩거리는 뭄바이 인구를 적절히 유지하기 위한 퇴로로 1970년대에 건설된 세계 최대 규모의 계획도시였다. 내륙의 동쪽, 테인 크리크테인 크리크는 작은 만으로 뭄바이와 인도 본토를 지형적으로 분리시키고 있다의 다른 편에 위치하고 있다. 뭄바이의 교통을 고려한다고 해도 최대 한 시간 이상은 걸리지 않을 것이었다.

바드리가 보낸, 친절과는 거리가 먼 운전기사는 한 시간이나 늦게 도착해서 교통 상황을 탓했다. 그럴 수밖에 없는 것이 교통 상황이 그 전날보다 더 심했다. 나는 크리켓(내가 거의 아는 게 없는 스포츠)을 주제로 그와의 대화를 유도해보려고 했지만 그는 차량이 정신없이 뒤엉킨 정면만 주시하며 내가 이안 보뎀영국의 전직 크리켓 선수 선수 욕을 해도 끙 소리를 내고 그만이었다.

우리는 트럭과 버스로 꽉꽉 막힌 광대한 8차로의 고속도로를 따라 도시를 기다시피 하며 통과했다. 중앙 분리대에는 약 800미터 간격으로 힌두교 극단주의 지도자인 발 새카레의 포스터가 걸린 기둥이 서 있었다. 수케투 메타인도 뭄바이 출신의 미국 이민자로 뉴욕에서 활동하는 작가에 따르면 발 새카레는 "팻 뷰캐넌과 사담 후세인을 섞어놓은 사람"으로 커다랗고 각진 선글라스와 옆에 서 있는 아둔해 보이는 아들 때문인지 내 눈에는 어떻게 봐도 마피아 두목으로밖에 보이지 않았다. 우리는 규모 면에서는 러시아를 연상시키고 금방이라도 허물어질 듯 노쇠한 데다 흉물스럽게 얼룩진 고층 건물들을 지나 노변의 끝없는 돌무더기와 쓰레기들을 지나 부서지기 일보 직전인 사원들과 또 한 번 다라비라는 나지막한 지옥을 통과하며 달렸다.

그렇게 한 시간 반이 흐른 뒤 우리는 테인 크리크에 도착했다. 이곳이 개울크리크creek는 개울, 시내라는 뜻이라면 호주는 작은 섬이라 할 정도로 너비가 최소 몇 킬로미터 이상 되는 강물이 바다로 들어가는 만이었다. 그곳을 건너 우리는 나비 뭄바이로 들어섰다. 거대한, 파스텔 색상의 거주 지역이 끝없이 이어졌는데 이런 비슷한 곳이 10여 군데 더 공사 중이었다. 만약 영화로 이 광경을 봤다면 컴퓨터 그래픽이라고 생각했을 것이다. 단조로운 규모역시 그랬다. 비록 각각의 집이 마치 소설가 J. G. 발라드가 묘사한 디스토피아처럼 햇볕을 향한 발코니를 갖춘 제법 호화로운 모습이었지만, 본질적으로 이곳은 인간에게는 닭장같이 촘촘한 주거 시설일 뿐이었다. 인도 중산층의 심장부로 들어온 것을 환영합니다.

우울하고 불안한 시간을 지나(나만 그랬을 수도 있겠으나) 어두워진 뒤에야 마침내 아주 심혈을 기울여 지은 '4구역'이란 멋진 이름의 단지 안쪽, 메리디언 아파트에 도착했다. 59동의 아파트가 들어선 단지로 각 동은 20층 혹은 25층 높이였고 그중 한 집에 바드리, 니타, 두 아들이 살고 있었다.

니타와 두 아들이 우리를 반겨주었고 아이들은 아파트 단지 중심부의 공원에서 놀기 위해 밤의 어둠 속으로 사라졌다. 우리는 호기심이 발동한 동네 아이들 무리에 우리 집 애들이 둘러싸이는 모습을 지켜봤다. 그러더니 우리 애들도 그 무리와 한패가 되어 커다란 박쥐들이 밤하늘을 누비는 가운데 저러다 하나 죽어나갈 수도 있겠다 싶을 정도로 거칠게 두어 시간을 놀았다.

당연한 일이지만 또 걱정이 됐다. 우리 애들이 누군지도 모르는 아이들과 어딘지도 모르는 곳으로 가도록 그렇게 뭄바이의 밤으로 사라지게 놔둬도 되는 걸까? 나는 여기 표지판도 읽지 못하고 여기가 안전한 동네인지 아니면 애들이 실종됐다가 다시는 돌아오지 못하고 남은 평생 방글라데시의 구두 공장에서 노역에 시달리게 될 수도 있는 곳인지 알 수 없었다. (피도 눈물도 없는 공장주가 에밀을 탄압하는 모습이 그려졌고 아이가 불쌍해서 온몸이 찌릿했다.) 니타는 나를 안심시키려 애썼다. "걱정하지 마세요. 우리 애들이 무슨 일이 일어나게는 안 할 거예요. 여기 공원 쪽은 아주 잘 알고 있어요."

바드리가 청소 제품 공장에서 퇴근하길 기다리는 동안 니타는 2층 테라스에 준비해두었던 술과 간식으로 내 신경을 딴 데로 돌리려고 했다. 알고 보니 니타는 요리에 열정이 있는 사람이었고 우리는 인도의 지역 음식에 대해 이야기하며 시간을 보냈다. 나는 인도 요리에서 소스를 걸쭉하게 만드는 기술에 관심이 있었다. 프랑스 요리 학교에서는 밀가루, 버터, 크림을 쓰거나 불에 졸이라고 배웠었다. 니타는 인도에서는 볶아서 섞은 양파에서부터 곱게 간 아몬드, 요구르트 혹은 마늘과 생강을 기본으로 한 다양한 페이스트에 이르기까지 여러 방법을 쓴다고 했다.

니타와 함께 얘기하는데 전혀 어색하지도 않고 오히려 마음이 안정되는 것 같았다. 그래서 나는 주방을 봐도 되겠냐고 물었다.

"아, 부엌을 보고 싶으세요?" 니타는 갑자기 허둥거리며 물었다. "그게, 그게 좀……"

"아, 폐가 된다면 괜찮습니다. 신경 쓰지 마세요."

"아뇨, 아뇨, 그런 게 아니고요, 이쪽으로 오세요."

인도 가정 방문의 에티켓을 잘 모른 나의 실수였다. 나중에 안 일이지만 부엌은 하인들의 공간이었다. 우리는 한창 일하는 중이던 젊은 두 여자를 방해한 셈이었다. 두 사람은 손님이, 그것도 웬 남자 손님이 냄비 안에 코를 박고 킁킁거리는 것을 보고 당황하며 혼란스러워했다. 뿐만 아니라—이는 내가 사적 공간인 누군가의 가정집에 손님 자격으로 초대를 받았던 것이라 더 미묘한 문제였는데—부엌은 마치 완전히 다른 집에 들어간 것처럼 지저분했다. 나는 억지웃음을 지으며 황급히 부엌에서 나왔다.

"우리 여기로 이사 오면 안 돼요?" 에밀이 두 시간 넘게 어둠

속에서 미친 듯이 뛰어다니다가 먼지를 뒤집어쓰고 땀에 절어 지친 모습으로 나타나 한다는 소리였다. "처음에는 애들이 다들 나를 만지고 싶어했어요." 애스거가 말했다. "내가 외계인인 줄 알았대요. 그런데 좀 있으니까 그냥 다 같이 잘 놀았어요."

바드리도 같은 시간에 나타났다. 우리를 따뜻하게 맞이하며 늦어서 미안하다고 사과하고 오자마자 마실 것을 준비했다. 우리는 곧 식사를 위해 공원이 내려다보이는 넓은 테라스에 앉았다. 펀자브 출신인 니타는 음식을 끝도 없이 내왔다. 탄두리 치킨, 소스, 빵, 새우튀김 등 모두 엄청 맛있고 매웠다. 그런데 니타는 음식을 입에도 대지 않으려 했고 바드리는 아주 조금씩 먹는 둥 마는 둥 할 뿐이었다.

점점 더 어색해졌다.

리센과 나는 이 상황에서 먹어야 하는 건지 말아야 하는 건지 고민하며 서로를 쳐다봤다. 그리고 우리도 먹기를 멈추었지만 니타는 우리에게 어서 드시라고 권했다. 나중에 다른 인도 가정에 초대를 받고 알게 된 사실이지만 인도에서 손님들은 일시적으로 신과 같은 존재로 여겨지기 때문에 집주인들은 손님을 극진히 대접하고 그들의 식욕이 어느 정도 충족된 후에야 먹기 시작한다는 것이었다. 하지만 당시에 우리는 경험이 전혀 없었기에 어찌할 바를 몰랐고, 자연히 마음껏 먹지 못하고 자꾸 주저하게 됐다. 그들이 애스거와 에밀에게 대접한 음료를 내가 거절했을 때 어색함은 극에 치달았다.

"죄송합니다. 그런데, 저기, 음, 얼음 때문에." 내가 하는 말을 니타는 "당신이 내 아이들에게 병을 옮길 것 같아서요"라고 잘 못 알아들을 수도 있겠다는 생각을 하며 나는 말했다.

하지만 두 사람은 사과하며 충분히 이해한다고 말했다. "저희 이모가 호주에서 오셔도 똑같이 그러셔요." 니타가 말했다. "우 리는 인도 사람이라 위장이 아주 튼튼한데 그걸 가끔씩 잊어먹 네요."

바드리는 내게 위스키를 한 잔 더 권했고 니타와 리센은 레드 와인을 마셨다. 니타는 이번이 태어나서 두 번째로 술을 마시는 거라고 수줍게 고백했다. 술을 처음 마신 건 우리가 란탐보르 호 텔에서 만난 밤이었다고 했다.

식사를 마친 후 그들은 우리에게 방 두 개짜리 아파트를 구경 시켜주었다. 드문드문 배치된 가구들에 그림 한 점 걸려 있지 않 은 벽, 책은 한 권도 볼 수 없었지만 가구들과 마찬가지로 중국 산인 커다란 평면 TV와 거대한 마사지 의자가 놓여 있었다. 바 드리 부부는 우리에게 차례로 의자에 앉아보라고 권했고 의자 가 어찌나 요동을 치던지 조금 전까지만 해도 약간 긴장해 있던 몸이 놀라울 정도로 덜덜 흔들렸다.

이상한 밤이었다. 우리는 아들들이 또래라는 사실을 빼곤 공 통점이 거의 없었고, 라자스탄에서 만났던 비노드에게 그랬던 것 처럼 영국의 우리 집으로 놀러 오라고 적극 권했지만, 그런 일은 절대 일어날 수 없으며 우리는 앞으로 아마 다시 만날 일이 거 의 없을 것임을 모두 알고 있었다. 사실 그래서 오히려 마음이 편 했고 그러지 않았다면 하지 않았을 사적인 질문도 할 수 있었다.

리셴은 바드리와 니타가 정략결혼을 했는지 정말 궁금해했다.

"네." 니타가 대답했다. "연애결혼을 하진 않았지만 저희 부모님은 무척 진보적인 분들이어서 결혼하기 전에 두 번이나 만나게 해주셨어요."

우리가 놀란 모습을 보더니 니타는 이렇게 덧붙였다. "아시겠지만 신부가 남편을 결혼식 당일에 만나는 경우가 많거든요."

"그러니까 결혼하기 전에 섹스도 안 해봤다는 건가요?" 나는 믿을 수 없다는 듯 술잔을 입술 앞에 댄 채 물었다. 순식간에 미소가 싹 사라졌다. 니타와 바드리는 시선을 아래쪽으로 떨어뜨렸고 니타는 기침을 했다. 바드리는 어색하게 웃었다.

우리는 서둘러 그 집을 나왔다.

"정말 흥미로운 저녁이었어, 안 그래?" 그날 밤 호텔로 돌아오는 길에 내가 말했다. "가길 정말 잘한 것 같아."

리셴은 아무 말도 하지 않았다. 그저 차창 밖으로 스쳐 지나가는 뭄바이의 고요한 빈민가를 말없이 노려볼 뿐이었다.

케랄라에 도착하다

말라리아 아니 솔직히 말라리아 퇴치를 위한 예방약 때문에 나는 인도 여행을 거의 취소할 뻔했다. 1990년대 후반, 아프리카 잔지바르 국제 영화제에 가면서 말라리아 예방약으로 흔히 처방되던 라리암을 복용한 적이 있는데, 복용 직후 우울증과 편집증의 나락으로 떨어지는 느낌이었고, 당시에는 절대로 거기서 헤어나오지 못할 거라 확신했었다.

잔지바르의 수도, 스톤 타운이 좁은 골목길들이 어지럽게 교차하는 중세풍 미로라는 점도 한몫했다. 밤에는 툭하면 전기가 나갔고 나는 안전한 호텔로 가는 길을 말 그대로 벽을 더듬어가며 찾아가야 했다. 그 와중에 골목을 돌 때마다 잔지바르가 낳은 가장 유명한 아들, 프레디 머큐리의 사진과 초상화가 섬뜩한 치열을 드러내며 나타났다. 그 모습은 제아무리 용감무쌍한 여행자라도 식겁하게 만들기에 충분했으므로 정신병 환자에 버금가는 극심한 고통에 시달리던, 용감과는 거리가 먼 여행자에게 어떤 영향을 줬을지는 상상에 맡기겠다.

어느 오후에는 그 지역 자연사 박물관에 한 시간 넘게 앉아 거기 전시돼 있던 도도새의 해골을 뚫어져라 노려보며 나의 뼈들이 저것 대신 유리함에 들어가 있는 상상을 하고 있기도 했다. 영화제에 대해서는, 뭐 거의 기억나는 게 없다.

따라서 라리암은 아웃.

그 약을 내 아이들에게 먹인다는 것은 생각만으로도 끔찍했다. 하지만 우리 식구 중에 누군가가 말라리아에 걸릴 수도 있단 사실 역시 끔찍했다. 내 아버지는 제2차 세계대전 말엽에 인도에 있다가 말라리아에 걸렸다. 아버지는 일곱 형제 중 막내였는데 형제 모두가 군에서 복무했다. (정말 놀랍지 않나, 라이언 일병!) 그중에서도 아버지는 전쟁이 발발했을 때 열여덟의 나이로 입대해서 영국 공군의 항공기 사진사로 제대했다. 1942년 초 아버지는 일본군에게 쫓겨 싱가포르에서 탈출했는데 일본군이 도착하기 불과 몇 시간 전에 항구 주변에 속세의 물건들을 몽땅 버리고 수마트라로 가는 배편에 짐짝처럼 몸을 밀어넣었고, 트럭 위에 올라타 인도네시아를 횡단했다고 했다. 할머니는 아버지가 전투 중 실종됐다는 편지를 받았고 몇 주 동안은 아버지가 죽은 걸로 알았다. 하지만 아버지는 당시 버마 국경에 접한 인도에 도착해 있었다. 그리고 그 당시를 떠올릴 때면 무척 즐거워하셨다.

특히 부드럽고 달콤한 망고 과즙이 어찌나 풍부한지 욕실에서 먹어야 할 정도라고 하셨다. 이제는 내가 간직하고 있는 그때의 사진들을 보면, 아버지와 전우들은 「그 정도는 더운 것도 아니랍니다, 어머니It Ain't Half Hot, Mum」제2차 세계대전 때 인도에 주둔하던 영국 포병 연주단의 이야기를 다룬 BBC 시트콤. 1974~1981년 방송 스타일의 공연을 하며 대부분의 시간을 보낸 것 같다. 하지만 아버지는 모기한테 물려서 죽을 뻔했던 일도 회고하곤 했다. 말라리아에 걸려 혼수상태에 빠졌다가 겨우 의식을 되찾은 뒤 처음 마셨던 차 한 잔의 기억을 떠올릴 때의 아버지 표정을 지금도 잊을 수 없다. 그것이 아버지 인생 최고의 차였노라고 말씀하곤 하셨다.

내가 지금까지 만났던 수많은 상담치료사는 아버지의 전쟁 경험을 나의 다채로운 불안증과 노이로제 증상의 근원이라고 지목했다. 내가 아는 아버지는 국가대표급 걱정쟁이였다. 1970년대 내내 부모님을 괴롭히던 돈 문제 때문에 걱정, 바비큐를 하다 불이 날까봐 걱정, 일요일 아침에 브라이튼의 처칠스퀘어 쇼핑센터에 갔다가 주차할 데를 못 찾을까봐 걱정(솔직히 나도 이런 모험은 감히 엄두를 못 낸다), 어쨌든 우리 아버지는 결코 '속 편한' 사람이라고는 할 수 없는 분이었다. 휴일이나 명절에도 마찬가지. 심지어 명절에마저 집에서 일어날 수 있는 안 좋은 일들은 여전히 다 일어날 수 있다고 걱정했다. 그나마 '막상 일이 터지면 걱정했던 것만큼 나쁘진 않더라'라는 생각은 깔려 있었으니 다행이었달까.

좀 변호하자면 아버지는 사우스다운스잉글랜드 남부를 동서로 연결한 낮은 구릉에 우두커니 서서 런던이 폭격을 맞아 주황빛으로 타오르는 모습을 지켜봐야 했고, 1층에서 창문 밖을 내다보다가 길거리에 기관총을 난사하며 이스트가로 저공 비행하는 메서슈미트독일 공군이 제2차 세계대전에서 널리 썼던 전투기 조종사와 눈이 마주친 적도 있었다. 아버지의 친구, 이웃, 사랑하는 둘째 형 퍼시가 모두 전쟁 통에 목숨을 잃었다. 아버지는 스무 살도 채 되기 전에 가족의 품을 떠나 군복을 입고 머나먼 대륙으로 이송됐고 그곳에서 사람 죽이는 훈련을 받았다. 그리고 당시 대부분의 영국인이 그랬듯 아버지도 분명 나치에 점령당할 걱정을 여러 해 동안 하며 지냈을 게 분명하다. 따라서 아버지는 어느 정도 '걱정을 달고 살' 수밖에 없는 내력이 있었고 그런 경향을 고스란히 내게 물려주셨다.

이런 집안 내력 탓에 나는 이번 여행에서 어떤 변수가 생길지, 어떻게 하면 예기치 못한 불상사를 피할 수 있을지 무지하게 오래 고민했고, 그리하여 항균성 손소독제 12병과 약을 한 보따리 싸들고 가게 됐던 거다. 출발 전에 이번 여행의 건강 관련 문제들에 조언을 해주던 분이 인도의 말라리아 지도를 보여줬다. 그 지도에는 우다이푸르 바로 아래에서 시작해 남쪽으로 뻗어나가며 뭄바이 서부까지 근접하고, 동남쪽으로는 하이데라바드까지 이어지는 인도 중심부를 관통하는 넓은 띠가 그려져 있었고, 인도 중서부 아라비아해에 면한 고아를 포함하는 뚝 떨어진 주머니 모양이 하나 표시돼 있었다.

"이거 봐, 이거 봐." 나는 출발하기 몇 달 전부터 리센에게 그

지도를 들이대며 "이래갖고는 절대로 인도에 갈 수 없어. 말라리아에 한번 걸리면 그 균이 평생 몸에 남는다는 건 알아?"

리셴은 지도를 주의 깊게 들여다보더니 북쪽과 남쪽의 넓은 지역을 가리키며 말했다. "간단해. 중앙부만 피하면 되잖아. 안 그래?"

"어, 그래. 그럼 고아는 어떡해?"

"뭐, 당신이 나한테 말해준 바에 따르면 고아의 요리는 인도 전체에서 가장 서구화됐다면서. 정통 인도 요리를 조사하는 사람한테 그 지역이 우선순위는 아닐 거 아냐. 게다가 별로 넓은 지역도 아니고 독일 사람이 너무 많이 산대."

그리하여 우리는 살인 모기들이 서식하는 고아 지역과 인도의 중앙 지역만 빼기로 했다. 그러나 막상 인도에 가보니 우리가 말라리아의 위험에 대해 언급할 때마다 인도인들은 우리의 허약함을 비웃거나(마치 말라리아가 하찮은 불편함에 불과한 것처럼), 사실은 인도의 어느 지역에서나 심지어 델리에서도 말라리아에 걸릴 위험이 있지만 현실적으로 관광객이 걸릴 확률은 거의 전무하니 그냥 무시해도 좋다고 했다. (참고로 광견병 예방주사는 맞을 생각도 하지 않았다. 만약 거품을 물고 으르렁거리는 짐승과 맞닥뜨리는 상황이 생기면 내가 적어도 아내보다는 빨리 뛸 수 있을 거라는 계산이 섰기 때문이다.)

그래서 우리는 뭄바이에서 비행기를 타고 남부 카르나타카의 망갈로르까지 곧장 날아갔다. 고아 지역 위를 지나갈 때는 모기들을 조롱하기까지 했다. 뭄바이와의 이별이 완전히 후련하기만한 것은 아니었다. 우리가 거쳐왔던 모든 도시 중에서 뭄바이는진심으로 언젠가 한 번 더 가고 싶은 곳이었다. 되도록 헬리콥터를 타고 갔으면 하는 마음이 있긴 하지만.

망갈로르의 초록이 우거진 초목과 검붉은 토양은 지금껏 봐온 인도와는 급격한 대조를 이루었다. 확실히 늘 푸른 데다 굉장히 비옥한 풍경이었고 북부보다 눈에 띄게 부유해 보였다. 화려하게 장식된 파스텔 색채의 빌라들이 주요 도로를 따라 줄지어서 있었고 마을에는 진짜 유리창이 달린 상점들도 있으며 제법관리가 잘 되고 있는 것처럼 보였다. 건조한 기후로 바싹 말라버린 땅, 가난에 허덕이는 안개에 싸인 북부, 인내심을 시험하는혼돈의 도시 델리나 뭄바이와는 완전히 다른 나라처럼 보였다.

망갈로르 남부에서 한 시간가량 떨어진 케랄라 북부의 숙소를 찾는 건 내 몫이었다. 이번 여행 준비 과정에서 드물게 내가기여한 부분이었다. 이곳은 대부분 이슬람 지역이었고 아마도 그런 이유로 관광객이 별로 늘지 않은 듯했다. 인도 서남쪽을 찾는여행자들은 비키니나 술에 좀 더 관용적인 고아 지역이 포함된패키지 여행을 선택했고 좀 더 대담한 사람들은 코친(코치) 혹은유흥가인 코발람 해변이 펼쳐진 케랄라 남부로 향했다.

쉬운 일은 아니었지만 나는 카사라고드라 불리는 마을 근처에 있는 호텔을 하나 찾아냈다. 그런데 이상하게도 호텔 홈페이지에는 흐릿한 사진 한 장만 올라와 있었고 설명도 거의 없었다.그러나 그 근방의 게스트하우스 두 곳은 이미 만실이었으므로 무조건 그 호텔이거나 노숙 둘 중 하나였다. 나는 예약 방법에 대해 문의하는 메일을 보냈다. 답장은 오지 않았다. 그래서 홈페이지 하단의 전화번호로 전화를 걸었다. 알고 보니 그 번호는 인도 호텔 그룹의 예약센터 번호였다. 나는 전화를 받은 여자에게 예약이 가능한지 물었다. 한동안 정적이 흐른 뒤 그 여자가 호텔이 아직도 공사 중이라는 말을 전하며 확인 후 다시 전화를 드리겠다고 했다. 말할 필요도 없지만 전화는 오지 않았고 이미 열을 받을 대로 받은 나는 거기서 적당히 넘어가지 않을 작정이었다. 나를 받아줄 생각이 있든 없든 간에 이 얼토당토않은 호텔에 예약을 하고야 말겠어! 나는 이 호텔 그룹의 홍보부서를 찾아내 '준비가 되지 않았으면 광고를 말았어야지 왜 광고를 해서 사람들의 소중한 시간을 빼앗느냐'며 내 불만 사항을 열폭하는 분노의 이메일을 보냈고, 그쪽에서는 사실 호텔은 거의 준비를 마쳤고(이는 출발 2, 3주 전의 일이었다) 비록 아직 예약은 받지 않고 있으나 우리는 예외로 해주겠으며 나의 가족을 오픈 기념 할인가로 모시겠다는 내용이 담긴 아주 정중한 사과의 답장을 보내왔다.

상황이 이쯤 되니 이제는 발을 뺄 수 없었다. 사실 그 호텔에 진짜로 묵을 마음은 포기한 지 오래였다. 굳이 이제 막 문을 연 호텔 혹은 본격 영업을 시작하기 전 가오픈한 호텔에 묵을 사람은 아무도 없다. 그건 정말이지 휴가를 망치는 지름길이다. 서비스는 형편없을 것이고 전기도 제대로 들어오지 않을 것이다. 끊임없이 드릴 박는 소리가 들릴 것이고 시멘트 먼지가 날릴 것이며 호텔 방의 금고는 당신의 귀중품을 모두 삼킨 뒤 열리지 않을 것이다. 주방 직원들은 위생 교육을 아직 받지 못했을 것이므로 결국은 무시무시한 장 탈이 나서 욕실 바깥 구경은 하지도 못하게 될 것이다. 하지만 스스로의 허세와 엄포에 발목이 잡힌 나는 예약을 할 수밖에 없었다.

그런데 막상 가보니 내 모든 걱정은 기우였음이 드러났다. 아마 리센이 내 맘을 다 알았더라면 이 기회를 놓치지 않고 치과 진료, 소풍 날의 날씨, 대중 앞에서의 연설 등 곧 내게 닥칠 모든 일도 이런 식으로 별일 없을 거라는 사실을 굳이 지적하고 넘어갔으리라. 호텔은 거의 완벽하게 준비가 됐을 뿐만 아니라 잘 알려지지 않은 호텔치곤 훌륭한 수준이었다. 호텔 바로 앞에는 인적 드문 광대한 모래 해변이 있어서 애스거와 에밀이 빛의 속도로 움직이는, 속이 다 비치는 작디작은 게를 잡으려고 뛰어다니는 동안 나와 리센은 매일 저녁 엄청 빠른 일몰을 함께 지켜보곤 했다. 정원에는 커다랗게 부풀어 오른 녹색 콩 꼬투리가 달린 판야나무, 코코야자 나무는 물론이고 난초가 있었으며, 저 높은 창공에는 가슴이 하얀 독수리들이 온난한 기류 위로 서핑하듯 날아다녔다. 그보다 더 큰 장점은 우리가 정말 말 그대로 유일한 손님이어서 작은 오두막과 수영장 전체를 독차지할 수 있다는 것이었다. 그중에서도 나는 호텔 주방과 셰프들의 서비스를 무제한으로 누릴 수 있다는 게 가장 흡족했다.

단점은? 굳이 말해야 한다면 「더 프리즈너」1967년 영국 TV 시리즈물. 납치되어 미스터리한 해변 마을에 갇혀 살게 된 영국의 어느 정보원 이야기를 살짝 연상시키는 면이 없잖아 있었다는 것. 우리는 본질적으로 모든 곳에서부터 수 마일 떨어진 곳에 억류된 셈이었다. 고개를 돌리는 곳마다 호텔 직원들이 우리의 명령을 기다리며 서 있었고, 분수는 우리가 가까이 다가가는 순간 기분 나쁘게 물을 뿜었다. 뿐만 아니라 처음에는 끼니때마다 '건강한' 양만 제공됐다. 이 리조트가 건강 리조트를 추구했기 때문이다. 그러나 우리는 곧 그런 배려는 거부했다. 가장 우려되는 부분은 사실 다른 데 있었다. 이 호텔은 아직 주류 판매 허가를 받지 못한 상태였다.

그러니 술을 팔 수 없었다.

그곳은 금주 리조트였다.

"힘내." 도착한 뒤 우리가 이 사실을 알게 됐을 때 리센이 말했다. "요가 수업은 있어!"

케랄라의 마술사

이튿날 아침 7시에 정말로 요가 수업이 있었다. 나는 아직도 살짝 축축한 수영복 트렁크와 티셔츠를 입고, (뛰어난 선견지명으로 짜증나게 자기 요가복만 싹 챙겨온) 리센을 따라 요가 스튜디오로 내려갔다. 물이 짤랑짤랑 떨어지는 인공 폭포와 신전의 목재 조각들, 양초와 향불 등으로 영적인 분위기를 살짝 풍기는 건물이었다.

나는 한 번도 요가를 해본(수련해본? 견뎌본?) 경험이 없었다. 나의 부주의함으로 이런 예기치 못한 사태에 직면하게 될 거라고는 상상조차 해본 적이 없다. 그러나 첫날 호텔 매니저가 저녁 식사 중인 우리에게 다가와 무료 수업을 제안하자 리센은 내가 빠져나갈 기회를 잡을 새도 없이 덥석 신청해버렸다.

요가 강사 이름은 프라바카르였다. 그는 키가 크고 마른 20대 후반의 남자로 초지일관 평온한 표정이었다. 나는 첫눈에 그가 싫었다. 그래서 요가는 전혀 해본 적이 없었고 아마도 분명 드럽게 못 할 것이라고 군소리를 했다. 그러자 그는 차분하게 말했다. "선생님도 분명 좋아하시게 될 겁니다. 쉬운 걸로 시작하도록 하죠. 그냥 긴장을 풀고 이완하세요."

오~ 그러니까 그렇게 아닌 척 유도하는 작전으로 나오시겠다? 프라바카르가 앞으로 며칠 안에 나를 어느 경지까지 이완시킬지 전혀 알지 못한 채 나는 생각했다. 그는 미동도 않고 서서 마치 기도하듯 눈을 감고 가슴 앞에 손을 모으고 우리도 따라 하도록 이끌었다.

명령에 따라 긴장을 푼다는 것 자체가 나라는 인간에게는 불가능한 일인지라 나는 교회의 나무 의자처럼 딱딱하게 굳은 채 그의 볼모로 잡힌 이 상황을 파악하기 위해 최선을 다했다. 내 머리는 '이완'하라고 계속 말하고 있었지만 몸은 말을 듣지 않았다. 눈을 감자 2마일 반경 안의 모든 소리가 견딜 수 없을 정도로 크게 증폭됐다. 청력은 사방 모든 소리를 빨아들이는 초능력을 탑재한 것 같았다. 노동자가 시멘트를 담은 들통을 모래 위로 끌고 가는 소리, 까마귀가 과장되게 까악까악 우는 소리, 멀리서 울리는 기차의 기적 소리, 화장실 물 내리는 소리. 곧이어 파리가 다리털을 간질였고 나는 무도병 환자처럼 발작적으로 경련을 일으키며 쫓아버렸다.

"코로만 호흡하세요." 프라바카르가 말했다. "그리고 제가 하는 대로 따라하세요." 그는 허리를 굽혀 자신의 발가락을 터치했다.

콧속에 이물질이 꽉 차 있던 나는 그의 첫 번째 지시부터 이행할 수 없었다. 그래서 조용히 화장실로 물러나 한참 콧속을 쑤시고 풀고 했다. 돌아왔을 때는 발가락에 손이 안 닿는 정도가 아니라 정강이 절반까지도 내려오지 않는다는 사실을 깨달았다.

이건 요가 수업이 진행되는 내내 걸림돌로 작용했다. 그럴 수밖에 없는 것이 프라바카르가 가르치는 하타 요가라는 분파(계통? 변종?)는 아주아주 천천히 다양한 방법으로 자기 발가락을 터치하는 것 외에 다른 동작은 거의 없는 모양이었다. 해안에 물결이 밀려들어오듯 혹은 아마추어들이 제작한 「트로일로스와 크레시다」어두운 심리극과 단순한 코미디 사이를 격렬하게 왔다 갔다 하는 셰익스피어의 복잡하고 애매모호한 어조의 희곡처럼 진행이 무진장 느렸다. 정말 이보다 더 지루할 수는 없었다. 만약 내 손에 시계가 있었다면 1분 1초를 재고 있었을 것이다. 하지만 시계가 없었기 때문에 그때 이미 지극히 왜곡된 나만의 내면의 시간 감각에 의지하는 수밖에 없었다. 사흘째 되던 날이던가 프라바카르는 수업 중반쯤에 모두 파란색 매트에 등을 대고 누워 다시 한번 이완하라고 말했다.

이번에는 나도 발전한 모습을 보였다. 금방 잠들어버렸으니까.

"뭐가 문젠데? 이완하래서 완전히 이완했잖아?" 하얀 골프 카트를 타고 우리 숙소로 돌아오는 길에 내가 리센에게 말했다. 리센은 대꾸도 하지 않았다.

방에 돌아오니 애스거와 에밀이 어떻게 알아냈는지 전화로 엄청난 양의 룸서비스를 주문해서 먹고 있었다. 둘 중 한 녀석이 호텔 전화 사용법을 알고 있다는 건 몰랐던 사실이지만 어마어마한 금액이 청구될 거라는 건 아주 잘 알고 있었다. "배가 고팠단 말이에요!" 녀석들은 입에 팬케이크와 도넛을 가득 문 채로 우리 눈치를 보며 말했다. 그 상황에서 나는 애들이 다 먹어치우기 전에 최대한 많이 내 입속에 쑤셔넣는 쪽에 더 몰입해 있었다. 호텔에서 자기 방으로 불러다 먹는 음식이 얼마나 눈 튀어나오게 비싼지, 바나나 머핀이 영양학적 가치가 얼마나 의심스러운 음식인지 훈계하는 일은 리센에게 맡겼다.

남은 하루는 호텔의 도서관에서 책을 읽으며 보냈다. 거의 다 자기계발서이거나 영적인 제목이 붙은 책들이었다. 이런 책에서 내가 무언가 유용한 깨달음을 얻을 가능성은 거의 없었지만 이런 책들을 읽는 가장 큰 재미는 단골로 등장하는 클리셰와 뻔한 말들이 나올 때마다 체크를 해나가는 것이다. 그리고 『페라리를 팔아버린 수도승The Monk Who Sold His Ferrari』은 그 모든 것의 종합판이었다.

이 책은 어느 날 직장을 그만두고 삶의 의미를 찾아 인도로 사라진 기업 변호사에 대한 우화였다. 짐작건대 의도적으로 좀 모자라 보일 정도로 천진난만한 문체로 쓰여 있었다. 그래서 대화가 마치 스페인 범선처럼 삐걱거렸다.

"네 얘기를 듣는 것만으로 정말 기분이 좋아. 줄리언, 자넨 정말 변했네. 자네의 냉소주의도 사라졌어. 예전의 부정적인 성향도 사라졌어. 예전의 공격성도 사라졌어. 자넨 진짜로 평화를 찾은 것 같아. 자넨 오늘 밤 내게 감동을 줬어."

"이봐, 그것들 말고도 한참 남았어!" 줄리언이 허공에 주먹을 휘두르며 외쳤다. "더 얘기해보자고."

그 책은 척 스페차노를 공자님처럼 보이게 해줬다. 나는 이렇게 끔찍한 책이 있다는 데 흥분을 느끼며 책을 끝까지 다 읽었다. 핵심적인 교훈은 다음과 같았다.

긍정적 사고를 하라.

물건을 사는 것=나쁜 것. 무소유로 부담이 없는 내면의 여정=좋은 것.

가끔씩 앉아서 장미를 바라보라. 좋은 일이다. 일출을 지켜보라. 소나기가 내릴 때 빗속에서 춤을 추라.

외적인 성공은 내면의 성공으로부터 시작된다.

당신 삶의 유일한 한계는 당신 스스로 만들어놓은 한계다.

내가 이런 내용을 불편해하는 이유는 이런 추상적인 영역은 너무 모호하고 혼란스럽기 때문이다. '행복'이나 '은총' 같은 고매한 개념은 내게 잘 와닿질 않는다. 예를 한번 들어보자. 매일 아침 나는 뮤즐리 안을 뒤적거리며 말린 바나나를 찾아서 골라낸다. 나는 말린 바나나를 용납할 수 없다. 이 지구상의 먹이사슬에 말린 바나나의 자리는 존재하지 않으며 그런 면에서는 '껍질을 벗기는' 것 외에 그 어떤 식으로든 바나나를 준비한 것 모두 마찬가지다. (디저트에 바나나를 예쁜 모양으로 차려낸 것 역시 보고 싶지 않으며, 독일의 어느 호텔에서 치킨 카레에 파인애플과 바나나를 찐 쌀에 곁들여 내놓은 것을 본 적이 있는데 그건 내 생애 최악의 식사로 꼽힌다.) 만약 내가 원숭이의 토사물 같은 바나나 말린 조각을 골라내지 못하고 실수로 아주 조금이라도 먹었다? 그러면 그날 오전에는 어둠의 그림자가 짙게 드리우게 된다. 진지하게 얘기하는데 정말로 내 하루의 상당 부분을 망치게 된다. 이렇게 사소하고 하찮은 것들에 영향을 받는 극도로 예민한 사람에게 꽃이나 쳐다보고 있으라는 조언은 별 도움이 되지 못한다.

나는 계속해서 읽어나갔다. '오늘이 당신의 마지막 날이라면 무엇을 하겠는가?'라고 예전에 페라리 차주였던 현자가 묻는다. 나는 이 질문을 깊이 생각해보기 위해 잠시 책을 내려놓았다. (1)진을 반 병 마신다. (2)예전에 나를 물 먹인 『인디펜던트』 편집자에게 내 똥을 배송한다. (3)『뉴스테이츠먼』에 내 첫 책 리뷰를 썼던 그 멍청한 나쁜 년에게도 작은 봉투를 하나 보낸다. (4) 조금 구할 수만 있다면 왜 다들 그렇게 헤로인을 못 해 난리인지 나도 한번 해본다.

그리고 계속해서 읽어나갔다. "만약 매일 매일을 당신의 마지막 날처럼 산다면 당신의 삶은 마법 같은 날들이 될 것이다"라고 적혀 있었다. 흠, 그래. 마법 같은 날이 되거나 아니면 감옥에 가거나.

다음에는 『꿈과 잠의 티베트 요가The Tibetan Yogas of Dream and

Sleep』란 책을 집어들었다. 이 책의 저자는 '드림 요가Dream Yoga'
라는 방법을 활용해서 잠자는 동안 명상을 하는 기술에 대해
매우 열심히 설명하고 있었다. '만약 우리가 잠자는 동안 그 자
리에 존재하지 못한다면, 만약 매일 밤 우리가 스스로를 잃어버
린다면 죽음이 우리에게 다가왔을 때 무슨 수로 알 수 있단 말
인가'라는 게 그의 논리였다.

자, 내가 하고 싶은 말은 1번, 만약 잠들었을 때 자신을 놓아
버리지 않는다면 대체 언제 그럴 수 있나? 그리고 2번, 도대체
왜 때문에 죽음이 찾아왔을 때 내가 그걸 알아야 하는 건데?
만약 내가 눈치 채기 전에 나의 죽음이 다가오는 걸 보신다면
제발 부탁인데, 위스키 반 병에 수면제를 한 줌 넣어서 건네주길
바란다.

그러나 다음 문단을 읽은 다음에야 동양의 신비주의는 영원히
내 이해력 밖일 수밖에 없다는 사실을 마침내 확실히 깨달았다.

"티베트에서는 새 가죽을 부드럽게 하기 위해 햇볕에 내놓고 버터
를 바른다. 수련을 하는 자는 마치 새 가죽과 같다. 편협한 관점
과 경직된 관념들로 질기고 딱딱하다. 배움은 버터와 같아서 수련
과정에 스며들고 햇빛은 직접적인 경험과 같다. 이 두 가지가 수련
자에게 적용되면 부드럽고 유연한 사람이 된다. 그러나 버터는 가
죽 가방에 저장되기도 한다. 버터가 가방 안에 너무 오랫동안 남
아 있으면 가방의 가죽은 나무처럼 딱딱해지고 아무리 새 버터를

발라도 부드러워지지 않는다. 여러 해 동안 가르침을 공부하기만 하는 것이 그래서 문제다. 수련의 경험을 배제하고 지적인 사색만 추구한다면 단단하게 굳어버리고 마는 가죽과 다를 바 없다."

그렇다면 버터가 가죽에 좋다는 거야 안 좋다는 거야? 그리고 버터 바른 걸 햇볕에 오래 내놓으면 진짜 고약한 냄새가 나지 않나? 아니 대체 그 아까운 버터를 갖고 뭐하는 짓인지.

초저녁, 수영장 직원 디네시가 에밀에게 수영을 가르치고(나도 시도는 했으나 에밀이 내 말을 도통 들으려고 하질 않았다) 리센과 애스거가 '마음챙김 센터'에서 뭔가 경건한 활동을 하는 동안 나는 엔터테인먼트 매니저 조이와 함께 스누커당구의 일종를 쳤다. 게임 초반부터 조이가 나에게 져주기 위해 최선을 다하고 있다는 게 빤히 보였다. 공을 겨누는 그의 동작은 아주 간결하고 매끄러웠으며, 큐를 다루는 동작은 스티브 데이비스여러 차례 우승한 잉글랜드 스누커 선수가 울고 갈 정도로 완벽했고, 동작 내내 그의 고개는 미동도 하지 않았지만 공은 번번이 구멍을 한참 멀리 벗어나버렸다. 그때마다 그는 자신을 원망했지만 연기가 너무 어설펐다. 이런 상황을 만날 때면 과거 식민주의에 대한 죄책감이 아프게 나를 찔러댔다. 영국은 인도의 모든 천연자원을 유린했고 이 나라 국민의 자존감을 체계적으로 갈아 가루로 만들어버렸다. 그리고 나는 그 죄를 반복하고 있었다. 그래서 나는 이 게임에서 지기로 작정하고 나도 일부러 공을 놓치기 시작했다. 게임은 한 시간 넘도록 끝나지 않았다. 그럴 수밖에 없는 것이 공이 구멍으로 들어갈 유일한 방법은 우연히 구멍 바로 앞으로 굴러가 멈춰서 누가 봐도 그걸 안 넣을 수 없는 상황이 되는 것이기 때문이었다. 결국은 저녁 식사 시간이 임박하면서 내가 무너져버렸고, 갑자기 피가 확 솟구치는 걸 느끼며 갈색 공부터 차례대로 전부 구멍에 싹 넣어버렸다. 테이블을 정리하고 있는데 다른 호텔 스태프가 다가와 이 호텔 체인의 소유주가 저녁 식사 시간에 맞춰 엄청나게 비만인 여동생(이분은 리조트의 건강과 체중 조절 치료를 테스트해보기 위해 온 거라고 했다)을 데리고 온다고 얘기해주었다. 더 불길한 것은 그날 저녁에 전통 무용 공연이 예정돼 있는데 우리도 거기에 초대됐다는 것이었다.

"리조트 호텔에서 그 나라 전통 무용 공연을 보고 앉아 있는 것보다 더 생생한 지옥이 있을 것 같아?" 나는 방에 돌아와서 리센에게 죽는소리를 했다. "거길 가느니 차라리 우리 다 같이 문신을 하고 잉글랜드라고 쓰여 있는 나일론 티셔츠를 입고 작은 우산이 꽂힌 칵테일을 마시면서 딴 사람들이 휴가지에서 다 하는 그런 짓들을 하고 말겠다." 리센은 의외로 흥미로울 수도 있는 거 아니냐며 진짜 제대로 된 정통 공연인지 나는 제대로 알지도 못하며, 내가 좋아하든 싫어하든 자기네는 갈 거라고 말했다.

불길한 민트 빛의 파란 얼굴, 길고 넓게 붉은 줄을 그은 입술, 공작 깃털로 만든 치마 차림의 카타칼리 무용수들은 마치 과격한 급진주의 모리스 춤영국 전통 춤의 일종 무용수들 같았다. 처음에는 그들의 화려한 의상에 혹하긴 했다. 그러나 라마야나 산스크리트어로 된 고대 인도의 세계 최장편의 대서사시의 이야기를 되풀이하는 것은 재미가 없었고 복장을 보고 느낀 흥분은 점차 시들해졌다. 공연은 한 시간이 넘도록 지루하게 이어졌다. 무용수들은 안무에 대한 부담감이 전혀 없이 팽팽한 북소리에 맞추어 돌고 휙휙 움직이며 뉴질랜드 럭비 대표 팀 올블랙스처럼 우스꽝스러운 표정을 지을 뿐이었다.

지루한 것은 워낙에 잘 참지 못하고 사회적 예의 따위 전혀 개의치 않는 여섯 살 어린이답게 에밀은 소음을 뚫고 큰소리로 외쳤다. "이거 진짜 재미없어!" 불행히도 하필 정확히 딱 그때 북소리가 멈추었고 모두가 고개를 돌렸다.

다행히 그게 정말로 공연의 끝이었다. 애스거와 에밀은 무용수들을 만나고 싶은 마음에 열렬한 팬처럼 무대로 달려갔다. 내가 그 나이였다면 무용수들의 치맛자락에 휩쓸려 사라진 후 다시는 헤어나오지 못할까봐 무서워서 근처에도 가고 싶지 않았을 테지만 이미 우리 아이들은 인도라는 나라에 온 후 간이 커질 대로 커진 뒤였다. 사진을 찍어주고 있는데 애스거와 에밀이 목소리를 낮춰 둘이 뭔가 열띤 얘기를 나누더니 나와 리센을 힐끗 쳐다봤다. 그러더니 호텔 직원인 조이와 짧게 몇 마디 주고받았다.

조이는 마이크를 든 채 무대 앞으로 걸어 나왔다. 호텔 직원을 제외하고는 관객이 여섯 명밖에 되지 않았기 때문에 솔직히 마이크는 필요도 없었다. 나, 리센, 호텔 오너, 매혹적인 사리를 두르고 무쇠처럼 딱딱하게 머리를 고정한 50대 후반의 자그마한 인도 여인, 아마도 누군가의 비서로 추정되는 신경이 예민해 보이는 슈트 차림의 여성, 호텔 오너 전용기의 미국인 조종사, 컵 케이크 위의 크림처럼 흘러내리듯 상반신으로 의자 위를 뒤덮고 있는 오너의 여동생, 이렇게 여섯이었다.

"신사 숙녀 여러분, 여러분께 아주 특별한 마술쇼를 선보이고자 합니다!" 조이가 말했다. 카타칼리 가수들은 무대 위에서 내려가다 말고 멈춰 서서 돌아봤고, 애스거와 에밀은 팔을 과장되게 흔들어대고 절을 하며 무대 앞으로 걸어 나왔다. 그러더니 크리스마스 선물로 받은 마술 키트에서 챙겨 들고 온 두 가지 마술을 시연하기 시작했다. 애스거의 마술은 한 가지 비법으로만 열리는 투명 플라스틱 상자를 여는 것이었다. 시연을 하려다보니 두 손이 필요했고 마이크를 들기가 버거워 에밀이 나서서 들어주었다.

"혹시 돈이 있는 분 계신가요?" 애스거가 관중에게 물었다.

이미 그 마술에 당한 적 있는 우리 부부는 조용히 있었지만 호텔 오너가 자진해서 100루피 지폐를 건넸다. 애스거는 그녀에게 지폐를 상자의 구멍 안으로 직접 넣어보라고 한 뒤 상자를 그녀에게 건네고 상자를 열어 지폐를 다시 가져가보라고 했다.

"아, 잠깐만요!" 애스거가 외쳤다. "이렇게 여는 건 안 돼요." 애스거는 혹시라도 오너가 자기 마술을 망칠세라 상자를 여는 유일한 방법을 몸소 보여주었다. "하지만 그렇게 말고 다른 방법은 다 괜찮아요."

오너는 애스거의 말에 장단을 맞춰주며 상자를 여는 데 실패했고, 그녀와 그녀의 일행은 너그럽게도 애스거를 위해 박수를 쳐주었다.

"그날 우리는 「리틀 미스 선샤인」의 리얼리티 쇼 버전 같았어." 리센은 그날을 그렇게 회고하곤 했다.

애스거의 길거리 약장수 마술과 달리 에밀의 마술은 무대 공연에 더 가까웠으나 아쉽게도 제대로 실현되진 않았다. 에밀은 주황색 손수건을 흔들고 돌아다니며 뭔가를 하는 것 같았다. 그래도 에밀의 마술 역시 사람들이 잘 호응해주었고 모든 식순이 끝난 후 우리가 자리를 뜨려고 할 때 오너의 여동생이 우리 애들을 손짓으로 부른 뒤, 핸드백에 손을 넣어 초코바를 몇 개 쥐여주었다. 그리하여 그날 저녁은 대단한 성공으로 평가되었다. 적어도 애스거와 에밀에게는 말이다.

쪼글쪼글한 비장과 머리 없는 닭

이튿날 아침 일찍 일어난 우리는 골프 카트에 실린 채 300미터쯤 달려 요가 스튜디오로 갔다. "평화가 온 세상에 퍼져나가길 기도합시다." 프라바카르는 거슬릴 정도로 행복에 겨운 얼굴로 말했다. 그러다가 어느 대목에서는 '우리의 비장을 이완하라'고 말했다. 나는 내 비장이 대체 어디에 박혀 있는지 감도 잡을 수 없었지만 쪼글쪼글 주름이 잡힌 기분 나쁜 갈색 장기를 그려보려고 노력했다. 정말 이완과는 상당히 거리가 먼 행위란 생각밖에 들지 않았다.

프라바카르는 호흡에 집중하라고 했지만, 그럴수록 더욱더 숨을 제대로 쉴 수가 없었다. (그러고 있자니 예전에 무슨 TV 프로그램에서 나를 인터뷰한 뒤 내레이션이 깔리는 동안 쓸 영상을 따기 위해 나더러 '거리를 자연스럽게 걸어 내려와 카메라를 지나쳐서 가라'고 했던 일이 생각났다. 나는 자연스럽게 걸어야 한다는 사실에 완전히 꽂힌 나머지 당신이 상상할 수 있는 한 가장 부자연스러운 모습으로 걷고 말았다. 레이 해리하우젠(시각효과 크리에이터, 스톱모션 모델 애니메이션의 대가 영화의 삐걱거리는 스톱모션 애니메이션 피규어 그 자체였다.) 얼마 안 가 나는 기이하고 거친 소리를 내기 시작했고 눈앞에는 작은 반점들이 떠다녔다. 결국 나는 바닥에 주저앉았다.

다음 지시 사항—모든 생각과 잡념을 머릿속에서 싹 비우는 것—역시 엄청난 도전이기는 마찬가지였다. 그 이유가 내가 끊임없이 존재의 신비를 탐구하고 있기 때문이면 좋겠지만 슬프게도 진실은 다음과 같았다.

'그래 마이클, 좋아. 아무것도 생각하지 말자고. 생각이란 걸 아예 하지 마, 지금 당장! 요가 생각도 하지 마. 근데, 그 무라카미 하루키 책 제목이 뭐였더라? 『달리기를 말할 때 내가 생각하는 것들』이었나? 아니면 『달리기를 생각할 때 내가 하고 싶은 이야기』였나? 가만, 내가 마지막으로 어딘가를 달렸던 게 언제였더라? 아, 점심에는 뭘 먹지? 라씨만 먹고 말까봐. 프렌치프라이 한 접시 정도는 같이 먹어줘야지. 근데 치즈 한 조각만 먹으면 소원이 없겠다. 킹피셔 맥주도 좋겠지. 음주 운항을 한다는 조종사들은 다 그 맥주를 마시고 취한 걸까. 어쩌면 조종사들은 공짜로 맥주를 받을지도 모르지. 으아, 뭐야! 귓속에 뭐가 들어갔어!'

사흘이 지나고 나니 선탠과 수영, 먹고 읽고 하는 것에 다 진력이 났다. 물총새와 날쌔게 움직이는 몽구스를 발견할 때의 흥분도 시들해지기 시작했다. 사소한 일들이 이상하게 내 신경을 건드리기 시작했다. 심지어 장식용 분수 소리를 가지고도 큰소리로 불평을 해댔다.

"이 리조트에 우리가 유일한 손님이니까 내가 요청하면 꺼주지 않을까?"

"마이클, 대부분의 사람은 물 떨어지는 소리를 아주 좋아한다고. 그건 마음을 편안하게 해주는 소리야. 아니 여기처럼 완벽한 곳이 어디 있다고 불평이야 불평이." 리센이 말했다. "나는 정말이지 언제 어디서나 기어이 불평거리를 찾아내는 당신이 이해가 안 가."

이 낙원의 단조로움에서 벗어나고자 나는 벵골인 셰프를 따라 카사르고드의 시장에 가기로 했다. 호텔에서는 직원 한 명이 우리와 동행하는 게 좋겠다고 했다. 하리시라는 그 직원은 망갈로르의 호텔 학교 졸업 후 이곳이 첫 직장이라고 했다.

카사르고드는 일반적인 번화가보다 좀 더 북적이는 작은 마을로, 뒤편에 생선과 농산물 시장이 자리하고 있었다. 말린 생선은 이 지역의 중요한 먹거리였고 시장은 생선 말리는 냄새로 진동했다.

그곳의 유일한 서양인이었던 나를 보고 사람들은 어리둥절해했고 간혹 적대감을 보이는 이들도 있었다. "생선을 사러 온 거야, 뭐야?" 어떤 젊은 남자는 어깨로 나를 밀치고 지나가며 이렇게 소리를 질렀다. 셰프는 팔라 카티라는 걸 소개하며 내 신경을 딴 데로 돌리려고 했다. 그것은 작고 낮은 나무 의자로 한쪽 끝에 둥근 톱 모양의 칼날이 달려 있었다. "여기 앉아요, 이렇게." 그가 직접 시범을 보이며 말했다. "그다음에 코코넛 속살을 칼에 문질러서 채를 치는 거예요." 오! 나도 갖고 싶다, 저거.

시장에서 번화가 쪽으로 걸어 올라가는데 하리시가 좁은 골목을 가리켰다. "저게 우리 집이에요. 가보실래요?" 그를 따라 후추나무와 꽃들이 드리워진 길을 걸어 올라가니 우아한 단층집이 나타났다. 집 안은 시원하고 어두운 목재로 마감돼 있었고 우리는 곧 향신료를 볶는 향기로운 냄새에 둘러싸였다. 하리시의 어머니와 할머니는 닭요리를 만드는 중이었다. 한술 들겠냐고요? 물론이죠. 요리는 기가 막혔다. 입에 불이 날 것처럼 매웠지만 달콤하고 감미로운 코코넛 우유로 자극적인 맛이 완화됐다.

식사하는 동안 나는 처음으로 하리시와 제대로 대화를 나눌 기회를 얻었다. 대화는 사교적인 인사말로 시작됐다. 아마도 호텔 학교에서 그렇게 하도록 배우지 않았나 싶다. 이런 식이다. "독일산 와인이 요즘 유행하기 시작했어요, 그렇지 않나요?" 하지만 얼마 후 우리는 사적인 이야기들을 나누기 시작했다. 하리시는 조금이라도 사적인 영역을 침범하는 듯한 질문을 할 때는 꼭 "하지만 기본적으로, 선생님"이라고 말하는 무지 귀여운 말버릇이 있었다. 그리고 서양의 삶에 대해서 알고 싶은 것도 무척 많았다. "하지만 기본적으로, 선생님, 선생님 집은 아주 비싼가요?"라고 그는 물었고 나는 이렇게 대답했다. 인도의 기준으로 볼 때는 아마도. 서양의 기준에서는 그렇지 않다. "하지만 기본적으로, 선생님, 저는 힌두교도인데요, 선생님은 무슨 종교를 믿으시나요?" 나는 종교가 없다고 대답했다. 하리시는 이 대답을 어떻게든 소화해보려고 했지만 그가 무척 혼란스러워한다는 걸 알 수 있었다.

그의 가족은 이 아름다운 집을 팔아야 한다고 했다. 어떤 사람이 이 땅에 아파트를 지으려고 구매 의사를 밝혔고 하리시의 가족에겐 돈이 필요했다. 해외 취업을 위해 케랄라를 빠져나가는 무리에 동참해서 고향에 돈을 송금하는 것이 그의 꿈이라고 했다. 리조트에서 버는 돈으로는 입에 겨우 풀칠만 하는 것 같았다. 고속도로 바로 옆으로 넓은 정원으로 둘러싸인 조악한 스페인 양식의 빌라들이 눈에 들어왔다. 빈집들도 종종 눈에 띄었고 셔터가 내려진 집들도 있었다. 하리시 말로는 집주인들이 아부다비나 사우디아라비아의 건설 현장과 서비스업에 취업해서 비어 있는 집들이라고 했다. 그러니까 이 집들은 아룬다티 로이가 『작은 것들의 신』에 썼듯이 "머나먼 땅에서 힘들게 일하는 간호사, 석공, 전기 기술자, 은행원들이 지은" 집들이었다. 나는 하리시에게 이곳 사람들은 왜 해변이 아닌 길가에 집을 짓는 걸 선호하는지 물었다. "여기서는 아무도 해변이나 바다를 쳐주지 않아요. 도로변에 사는 걸 훨씬 선망하죠."

차를 타고 리조트로 돌아오는 길에 허름한 가게 밖에 남자들 여럿이 소란스럽게 몰려 있는 것이 보였다. "저건 뭐죠?" 내가 하리시에게 물었다. "영국식 주류 판매점이에요." 술! 드디어! 나는 기사에게 잠시만 멈춰달라고 한 뒤 전면이 개방된 카운터 앞의 무리에 끼어 들어갔다. 매대 뒤편으로는 마치 교회 축제의 복권

들처럼 진열된 인도산 맥주와 위스키, 진이 줄지어 놓여 있었다. 내가 쟁그랑거리는 비닐봉지를 두 손 무겁게 들고 나타났을 때 하리시는 못마땅한 표정을 애써 감추려하고 있었다.

그날 밤 나는 잠든 가족을 남겨두고 조용히 호텔 방을 빠져나왔다. 엄청난 비만인 호텔 오너의 여동생과 만나기로 했기 때문이다. 호텔 프런트에서 만난 우리는 도요타 차량으로 안내를 받았고, 그 차를 타고 침묵 속에서 케랄라의 밤을 달렸다. 기대는 마시라. 로맨틱한 밀회 같은 것은 가당치도 않다. 우리는 150년 만에 열린다는 어떤 행사를 보러 가는 길이었다. 옷을 반만 걸치고 몸을 주황색으로 칠한 남자가 치마를 입고 곧 머리가 댕강 날아갈 닭을 들고 미친 듯이 춤을 추는 의식이라고 했다.

11시쯤 도착했을 때는 이미 축제 분위기였다. 의식이 거행될 마니코테의 거리를 꽉 메운 사람들과 모터 달린 자전거들은 너도나도 색색의 불빛과 깃발로 장식된 좁은 거리 쪽으로 몰려가고 있었다. 팝콘과 솜사탕을 파는 매대들이 보였고, 조금 떨어진 곳에서 북소리가 울려 퍼지고 있었다.

사원은 마당에 겨우 담벽만 친 수준으로 한편에 자리한 허름한 콘크리트 오두막에는 자극적인 기운이 감돌고 있었다. 손에 잡힐 듯한 흥분 비슷한 어떤 감정. 우리는 신발을 벗고 사원 내부로 들어갔다. 안에는 사람들이 바글바글했는데 거의 다 남자였고 그중 대부분이 상반신을 내놓고 주황색 혹은 흰색 사롱만 두르고 있었다. 몇몇 남자는 드럼통만 한 북을 엉덩이에 걸고 기관총을 발사하는 듯한 리듬으로 두드리고 있었다.

빼곡한 사람들 사이로 잠깐 시야가 트였을 때 이 운집한 무리의 중심이 언뜻 보였다. 맨몸뚱이 위로 은색 테두리를 두른 겹겹의 빨간 치마를 입고 있는 한 남자였다. 허리에는 싸구려 전등갓을 연상시키는 술이 달린 둥근 쟁반 같은 것을 두르고, 이두박근에는 빨간 고리를, 머리 위로 0.5미터 지점에는 나비 모양 머리장식을, 한쪽 손목에는 하얀색 장모 고양이 두 마리처럼 보이는 무언가를 감고 발에는 방울을 달고 있었다. 한 손으론 장식용 방패와 날이 구부러진 커다란 검을 들고 다른 팔로는 살아 있는 닭을 품고 있었다. 얼굴은 주황색과 금색이었고 눈 주변엔 콜 먹이 두껍게 칠해져 있었다. 반쯤은 브라질 삼바 가수 같기도 하고 반쯤은 카니발 무용수 같기도 한 그는, 인사불성의 술주정뱅이처럼 몸을 앞으로 숙이고 발을 질질 끌며 빠르게 내부를 빙빙 돌았다. 그리고 경매사처럼 말을 속사포같이 쏟아내다가 금방 질식할 듯 괴상한 노래를 불러댔다. 그러다가 가끔씩 놀라서 얼음이 된 아이들에게 입을 맞추기 위해 몸을 굽히기도 했고 누군가가 그의 손에 돈을 쥐여주면 그 사람 앞에 서서 욕을 퍼부어댔다. 적어도 나한테는 그렇게 들렸다는 얘기다.

테이얌Theyyam이라 불리는 그는 의식이 진행되는 동안에는 살아 있는 신으로 여겨지는 사람이었다. "그는 미래의 길흉을 묻는 질문에 답을 해주고 축복을 내려줍니다." 내 옆에 서 있던 노인이 내게 속삭였다. "이 남자는 자기 돈을 빌려가고 안 갚는 사업가들에 대해 물었어요. 테이얌은 그 남자를 위해 그들에게 저주를 퍼붓고 있다고 말하는 거예요." 흰색 렁기허리에 감아 발목까지 내려오게 입는 천를 입은 의뢰인은 가슴에 두 손을 소심하게 모아 쥐고 서서 고개를 끄덕이고 있었다. (고개를 끄덕거리는 인도인들의 행위는 다양하게 해석될 수 있다. 동의, 반대, 당황, 확신, 혼란 혹은 폭발 직전의 분노. 내가 직접 경험하며 관찰한 바에 따르면 이 모든 것이 해당된다.)

어느새 내 앞까지 다가온 테이얌은 이제 내 앞을 막 떠나려는 참이었다. 지금이 아니면 기회는 다시 없으리. 나는 그의 앞을 막아서고 의식이 진행되는 내내 내게 설명을 해주던 노인을 톡 톡 치며 말했다.

"저분한테 제 부탁 하나만 대신 해주시겠어요?" 노인은 걱정스러운 얼굴로 고개를 끄덕였다. "저기 어떤 편집장 하나가 있는데 말이죠……." 노인이 통역을 했고 그는 되는대로 저주를 마구 퍼부은 후 다른 순례자에게 옮겨갔다. 그러나 장담하는데 그 직전에 그 남자의 테이얌 가면 아래 깊은 곳에서, 아주 잠시 잠깐이나마 주저함의 기색이 언뜻 지나가는 걸 나는 분명 봤다.

그렇게 한 시간 정도 흐르자 제아무리 살아 있는 신인 그분도 자세가 무너지고 느려지기 시작했고, 잠시 좌정하기 위해(혹은 '에너지 드링크'의 도움을 받기 위해) 사원 건물 안으로 모셔졌다. 나 역시 피곤해져서 사원을 나왔다.

밖에 나온 뒤에는 동네 주민 중에 영어는 엉망이지만 엄청나게 열심히 설명을 해주는 이가 있었는데, 그에 따르면 테이얌은 사실 그저 동네 사람—상인인데 어떤 분야인지는 알 수 없었다—으로 이 지역 노인회에서 일주일간의 기념식 동안 신 역할을 하도록 선출한 사람이라고 했다.

그의 역할은 주술로 병을 고치는 의사, 이야기꾼, 그 동네 땅을 모두 꿰뚫한 것으로 때로는 높은 카스트 계급을 상대로 뱀파이어와 악마들의 고대 우화를 각색해서 들려준다고 했다. 내가 인도에서 본 모든 종교 의식 중에 이것이 가장 특이한 것이라는 데에는 재론의 여지가 없었다. 아마도 모든 종교 의식이 그렇겠지만 오늘만큼은 본인의 종교나 믿음은 잠시 접어둔 채 사원의 노인들과 군중이 테이얌이란 존재와 그의 헌신적인 노력을 숭배하는 열기는 대단히 감동적이었다. 내가 이해하기로 이 의식은 카스트나 계급 사이의 충돌에 대한 총체적 안전밸브로서 중요한 사회적 기능을 하는 것 같았다. 작은 남자 하나를 세워 사회적, 경제적 억압자들에 맞서 싸우게 하는 것이다.

동물의 사육제 같은 어처구니없는 의식, 망상과 과장된 드라마, 주황색 무대 분장과 결국 머리가 날아간 닭을 비웃어버리고 말 수도 있었겠지만, 사실 나는 인생에 한 번이나 볼까 말까 한 이런 의식, 강력한 케랄라의 마법을 목격하는 경험을 했다는 데에 무척 감사한 마음이 들었다.

에르나쿨룸행 야간열차

날이 더워지고 있었다. 숨 막힐 듯한 열기가 우리를 무겁게 내리눌렀고 특히 밤에는 후텁지근한 습기가 젖은 천처럼 얼굴에 착 들러붙었다. 심지어 베개의 시원한 면에 얼굴을 대는 순간 잠시잠깐 느끼던 찰나의 안도감마저 잔인하게 빼앗아가버렸다. 애스거와 에밀은 계속 샤워를 했고 음식을 먹는 건 거의 포기해버렸다. 그러니 누가 봐도 우리의 첫 장거리 기차 여행을 시작할 상황은 아니었지만 우리는 카자라고드 역에서 내 평생 본 기차 중에 가장 긴 기차에 기어올랐다. 그렇게 케랄라 남쪽 해안의 코친까지 열두 시간의 여정이 시작됐다.

우리는 일등석 침대칸만 예약해두었다. 좌석 등급 간 가격차가 거의 없어서 절약의 의미도 별로 없었던 데다 '일등석'을 타면서 누릴 수 있는 달콤한 서비스는 보잉 747기에 올라 왼쪽으로 도는 순간부터 혹은 히스로 공항의 경쾌한 던롭 무빙워크 위를 걷기 시작할 때부터 이미 시작된다는 게 나의 생각이었다. 그러나 애석하게도 케랄라 철도 측은 일등석에 대한 개념 자체가 나와 달랐다. 우리가 예약한 칸은 엄청 낡은 데다 에어컨과 내부 문조차 없었다. 인도 철도 회사들은 150만 명이 넘는 인력을 고용한, 지구상의 최다 인력 고용업체로 알려져 있음에도 그중에 청소라는 임무를 담당한 사람은 한 명도 없는 것 같았다. 게다가 곧 그 칸이 우리 전용 칸도 아니라는 사실이 드러났다. 짐들을 나눠 넣고 누가 창가에 앉을 것인가에 대한 다툼을 정리하자마자 잘 차려입은 작달막한, 거의 공의 형체를 한 커플이 입구에 나타났다. 그러더니 자기네 표를 한 번 들여다보고, 우리를 한 번 보고, 다시 자기 표를 들여다봤다.

"죄송하지만, 여긴 저희 자린데요." 남자가 자기 표를 보여주며 말했다. 인도 기차표를 해독하려면 로제타석 같은 해독의 열쇠가 필요할 정도였지만 우리보다 해독 능력이 그나마 조금 나은 경비원이 개입하며 그 남자 말이 맞는 것으로 결론 났다. 우리 식구 중 두 사람은 객실 안의 침상, 나머지 둘은 객실 밖 복도의 2층 침대를 할당받은 것이었다.

"별 문제는 아니네요." 내가 말했다. "간단합니다. 혹시 복도의 침대를 쓰시면 안 되겠어요? 보시다시피 저희 넷이 가족이라서요."

"아니, 아니, 미안합니다. 그건 안 되겠어요." 남자가 답했다. "보시다시피 그렇게 하는 게 좀 곤란해요." 그는 자기와 아내의 허리둘레를 가리키며 말했다. "우린 이층 침대로 기어 올라갈 수가 없어요. 그래서 일부러 아래 칸 침대 두 개를 예약했던 겁니다. 미안합니다. 하지만 취침 시간 전까지는 여기 함께 앉아 있어도 괜찮아요."

그리하여 그 부부와 그들의 짐까지 우리 옆으로 비집고 들어왔고, 그들은 자리에 엉덩이를 붙이자마자 끈적끈적한 파란 비닐 의자 위에 저녁 식사를 펼쳐놓았다. 석류 씨가 루비처럼 반짝이는 커드 라이스밥과 요구르트의 일종인 커드로 만드는 남부 인도의 음식가 든 플라스틱 용기, 카레로 요리한 오크라, 차파티, 달로 구성된 그들의 저녁 식사는 객실 안을 생강, 마늘, 레몬과 코코넛 냄새로 가득 채웠다.

식사를 시작하기 전에 남자는 우리에게도 음식을 권했다. 나는 차파티에 밥을 싸서 조금 먹었고 리센은 오크라를 시도했지만 아이들은 정중히 거절했다.

기차는 한동안 느릿느릿 거의 우유 수레의 속도로 굴러갔다. 끝없이 펼쳐진 단조로운 코코넛 농장 사이사이에 가끔씩 화려한 색깔의 모스크와 분홍색, 주황색 빌라들, 붉은 흙의 작은 땅들이 나타났다 사라졌다. 식사라는 아주 중요한 업무가 잘 마무리되자 남자가 심문을 시작했다.

"그러니까," 말문을 연 그는 바로 돌직구를 던졌다. "돈은 잘 버시나요?"

"어, 저는, 그러니까, 그냥저냥 괜찮은 것 같아요"라고 나는 대답했다.

"그러니까 지금 인도에 여행 온 건가요?" 그가 다시 물었다. 우리는 우리 여행의 목적을 설명하고 지금껏 어디를 다녔으며 어디를 더 갈 것인지 말했고 그는 주의 깊게 듣다가 가끔씩 격려의 멘트를 날렸다. "아, 그래요. 아주 좋네. 아주 좋아요."

그는 얼마간 자녀들 얘기를 했다. 한 명은 아부다비에서 공부 중이고 다른 한 명은 두바이에서 엔지니어로 일하고 있다고 했다. 그는 대놓고 서양의 결혼에 대한 루머들을 확인하고 싶어 했다. "듣자 하니 결혼 생활이 오래가질 않는다면서요. 10년이면…… 연기처럼 훅!" 그는 두 손을 공기 중에 번쩍 들어 보였다. 그러더니 자기 지인 중에 이혼하고—이 대목이 이 이야기의 핵심이었다—다른 남자와 결혼한 터키 여자 얘기를 시작했다. "그냥 딴 남자랑 사랑에 빠졌어요. 스티븐 프라이라는 남자예요"라고 그는 말했다. (설마 그 스티븐 프라이영국의 영화배우, 코미디언는 아니겠지.) "그러더니 결혼을 하는 거예요!" 나는 공감한다는 듯 쯧쯧 혀를 찼고, 리셴은 그렇다고 맞장구치며 이제 이혼을 쉬운 옵션으로 생각하는 사람이 정말 많아졌다고 덧붙였다. 안타까운 표정으로 마치 나보고 잘 들으라는 듯한 투였다.

이런 대화가 이어지는 동안 안절부절못하던 그의 아내는 어째 점점 더 들썩거리더니 결국은 큰소리로 이렇게 말했다. "그런데 이렇게 여행하는 동안 부모님은 누가 모시나요?"

"음, 우리 부모님은 부모님 댁에 따로 사세요. 별다른 도움 필요 없이 알아서 잘 사세요." 리셴이 말했다. 인도 여자는 얼굴을 찌푸렸지만 남편은 아내한테 진정하라는 듯 두 손을 들어 보였다. 마치 '이건 내가 처리할게'라고 말하는 것 같았다.

"그러니까, 부모님만 남겨두고 왔다는 말인가요?" 우리는 서양 문화권에서는 부모가 자식들과 따로 사는 게 정상이라고 말해주었다. 인도인 부부의 얼굴이 경악으로 일그러지기에 나는 대화 주제를 바꾸기 위해 그들에게 어디에 다녀오는 길이냐고 물었다.

"케랄라 주지사 아들 결혼식에 다녀오는 길이에요." 남자는 자리에 앉은 채 살짝 거드름을 피우며 말했다.

"친구 사이인가보죠?"

"네, 뭐, 제가 공산당 중앙위원회 회원인데 그분도 같은 당 소속이시니까."

"큰 결혼식이었나봐요?" 리센이 물었다.

"한 5000명쯤 모였나." 남자가 말했다. "그냥 일반적인 속세의 결혼식이었죠 뭐. 우리는 그냥 10분 정도 얼굴 비추러 간 거예요."

얼굴 10분 비추겠다고 우리의 목적지인 코친보다 남쪽으로 더 내려가야 하는 리반드룸케랄라주의 주도에서부터 열여섯 시간 기차를 타고 왔다니. 우리 자리가 이렇게 흩어진 이유는 아무래도 주말에 열린 결혼식에 참석한 하객들이 이 기차를 전세 내다시피 했기 때문인 듯했다. 그리고 그중 대다수가 케랄라 공산당의 고위 간부들(마 베이비M.A. Baby라는 재미난 이름의 케랄라 교육부 장관을 포함해서)을 비롯한 기타 귀빈들이었던 것이다. 나중에 지역 신문을 보니 케랄라 주지사의 아들 피나라이 비자얀과 어느 패션 디자이너의 결혼식이 규모는 엄청났지만 "경제 긴축 조치에 따라 하객들에게는 레몬주스와 파야잠쌀로 만든 푸딩의 일종만 대접했다"고 적혀 있었다.

그렇게 한동안 이런저런 이야기를 나누는데 그의 아내가 다시 한번 안절부절못하기 시작했다. 그녀의 남편은 짜증이 나서 마치 '또 뭔데?'라고 말하듯 아내를 쳐다봤다.

"방금 영화배우를 봤어요." 그녀가 말했다. "수레쉬 고피예요." 나도 복도 쪽을 내다봤다. 열차 복도에서 멀어지고 있는 사람은 나도 DVD 케이스와 포스터에서 본 적 있는 진짜 유명한 케랄라의 액션영화 배우였다. 그는 1990년대 인도 영화배우의 요건을 완벽하게 갖추고 있었다. 작달막하고 뚱뚱하고 콧수염을 기른 모습은 배우라기보다는 식기 세척기를 수리하러 올 법한 사람 같았다. 요즘의 근육질 스타들과는 상당히 거리가 있었다.

복도에서 그를 지나쳐온 사람은 김이 모락모락 나는 매콤한 밥을 파는 비리야니생쌀에 향신료에 잰 고기, 생선 또는 계란, 채소를 넣어 찌거나 고기 등의 재료를 미리 볶아 반쯤 익힌 쌀과 함께 찐 인도의 쌀 요리 장수였다. 우리는 새로 사귄 친구들 그리고 기차 차체에서 생산되기라도 하듯 계속 기어나오는 바퀴벌레 몇 마리와 함께 먹을 생각으로 밥을 좀 샀다.

애스거와 에밀은 머리 위의 커다란 선반에서 잔다는 생각에 흥분해서 평소와 달리 빨리 잠자리에 들지 못해 안달이었다. 제임스 본드 영화를 보고 자란 세대로서 나 역시 아무리 이렇게 낡아빠졌다고 해도 침대칸에 대한 로망이 있었다. 정신을 번쩍 들게 하는 기차 화장실(바닥에 구멍을 하나 뚫어놓은 것으로, 그 밑으로 기찻길 지나가는 게 다 보인다)의 충격적인 방문 이후 우리는 아이들에게 잘 준비를 시켰다. 리센과 에밀이 함께 침상 하나를, 에스거가 나머지 하나를 차지했고 나는 복도 2층 침대로 물러나와 우리의 짐 가방을 꽉 끌어안고 잤다. 마치 그 안에 크로이소스의 금은보화가 들어 있고 이 기차는 페르시아인들에게 점령당하기라도 한 것처럼. 나는 잡지 『론리플래닛』에서 읽은 대로 밤에 인도 기차 복도를 돌아다니며 가방을 슬쩍한다는 도둑들에게 당할까봐 겁에 질려 있었다. 내가 지키는 한 그런 일은 용납할 수 없었다.

몇 시간 후 승무원이 곧 코친 역이라며 나를 가만히 깨웠다. 나머지 식구를 다 깨우는 데는 그보다 좀 더 많은 노력이 들었지만 결국은 새벽 두 시를 조금 넘긴 시간에 우리는 모두 코친 역 플랫폼에 떨궈졌다. 그리고 곧 가방을 서로 들려고 안달이 난 짐꾼들에게 둘러싸였다.

여행사 직원이 예약해준 호텔인지 게스트하우스인지의 주소는 리센이 가지고 있었는데 알고 보니 기차역에서 또다시 한 시간 반을 가야 하는 곳이었다. 컴컴한 어둠 속에서 코친의 새로운 도시인 에르나쿨람인도 남부 케랄라주 중서부의 도시, 말라바르 해안에 면함의 교외에 위치한 현대식 콘크리트 주택에 도착했을 때 우리는 모두 기진맥진한 상태였다. 그래서 나는 살짝 부끄러운 행동을 했던 것 같기도 하다.

변명을 좀 하자면 나는 아이들을 최대한 빨리 재워야겠다는 생각에 사로잡혀 있었고, 우리 방에 아이들 침대가 없다는 사실을 알게 되자 미소를 짓고 있던 노인에게 살짝 화를 냈던 것 같다. 그분은 우리에게 문을 열어주느라 오밤중에 자다 깼을 텐데 말이다.

그는 과하다 싶을 정도로 사과를 하고 아이들을 위한 간이침대를 찾기 위해 서둘러 내려갔으며, 나는 더듬더듬 에어컨을 찾았다. 없었다. 방 안은 도마뱀이 기어다니고 모기가 윙윙 날아다니는 사우나 같았다. 이쯤 되자 짜증이 극도에 치달은 나는, 첫 번째 간이침대를 낑낑대며 겨우 들고 돌아온 노인에게 약간 땍땍거렸던 것 같다.

그러자 그는 미안하다는 듯 웃으며 천장의 선풍기를 어떻게 트는지 보여주었다. 그러자 선풍기 날개가 느릿느릿 돌아가기 시작했고 미풍의 가녀린 속삭임 같은 바람을 불러일으켰다. 나는 큰소리로 혀를 차며 중얼중얼 이런 얘기를 했던 것 같다. "이런 걸 호텔이라고, 어떻게 이따위로 해놓고 어물쩍 넘어갈 수 있다고 생각하는지 이해가 안 가네. 아침에 당장 여행사에 전화할 거야." 그리고 내가 계속 뭐라 뭐라 하는 가운데 노인이 두 번째 침대를 끌고 올라와 또 한 번 공손히 사과하고 좋은 밤 되길 바란다고 했다.

이튿날 아침, 제일 먼저 일어난 리센은 허둥지둥 방으로 돌아왔다.

"마이클, 여기가 개인 가정집이라는 거 알아? 몰랐지?" 리센이 속삭였다.

알고 보니 이 집은 시리아 기독교 가정인 파칼로마톤가의 집이고 한밤중에 우리를 방으로 몸소 안내해준 이 집 가장께서 (우리가 제시한 가격으로는 어떤 숙박 시설도 찾을 수 없었던) 여행사 직원의 부탁으로 우리를 이곳에 묵도록 해준 것이었다. 그것도 순수하게 선한 의도에서.

나는 지난밤을 돌이켜봤다. 도착하자마자 성질이 났음을 아주 오만하게 온몸으로 표현했고, 여왕 마마처럼 한바탕 성질을 부려댔지. 나는 죄송하다고 머리를 땅에 조아려야 마땅했건만 파칼로마톤 부인께서 상다리가 휘어지게 차려놓은 아침상 앞에 모여 앉았을 땐 그 누구도 내 행동거지에 대해 언급하지 않았다. 뿐만 아니라 이 집 주인 양반의 품행은 우리가 머무는 일정 내내 상냥하고 너그러웠다. 심지어 나중에 알고 보니 파칼로마톤 부인 혹은 시리아 기독교도들이 전통적으로 엄마를 부르는 호칭으로는 '마리아 마마'께서는 심각한 증세로 병원에 입원해 있다가 최근에야 퇴원했다는 것이었다. 내 죄책감은 더 무거워졌다.

파칼로마톤 가족은 서기 52년 말라바 해안에 상륙한 사도 성 도마(토마스)에 의해 기독교로 개종한 인도인들의 후손이 이룬 작은 공동체의 일원이었다. 당시 인도의 이 지역은 시리아의 통치 하에 있었기에 시리아 기독교라는 이름을 갖게 된 것이다. 파칼로마톤 씨에 따르면 교회의 예배는 50년 전과 마찬가지로 지금도 코친에서 시리아어로 진행되고 일부는 여전히 라틴어로 진행된다고 했다.

카르다몸 인도가 원산지인 생강과 식물로 열매의 가루를 향신료로 사용한다 바나나, 코코넛을 재배하는 농장을 소유한 파칼로마톤 가족은 부유한 편이었다. 코친은 인도 향신료 무역의 중심지로 유명하고 이 지역 사람들—대다수가 유대인이다. 비록 이제 유대인 공동체는 사실상 존재하지 않지만—은 중세 시대에 생강, 카르다몸, 쿠민, 강황, 정향, 너트메그 그리고 무엇보다 후추(살만 루슈디는 코친의 향신료 무역상들의 이야기를 부분적으로 다루고 있는 『무어의 마지막 한숨The Moor's Last Sigh』에서 이에 대해 "아대륙subcontinet이라 기보다는 향신료 후보 선수sub-condiment, condiment는 향신료"라고 썼다. 솔직히 좀 웃기긴 했다) 무역으로 엄청난 부를 축적했다. 이 집 주인들은 이제 편안하게 은퇴해서 그들의 시간을 교회와 다양한 봉사활동, 지역 컨트리클럽에 나누어 쓰고 있었다.

파칼로마톤 가족은 독실한 기독교도였다. 1970년대에 지은 그들의 집 안에는 과거와 현재가 뒤섞인 듯한 방들이 있었고 그 방들은 짙은 목재 패널을 댄 바닥에서부터 천정까지 성상과 성화들로 장식돼 있었다. 책장에는 『하느님은 중매쟁이God is a Matchmaker』 『마더 테레사의 말씀 듣기Listen to Mother Teresa』 『사랑의 예수님From Jesus With Love』과 같은 책들이 꽂혀 있었다. 가족 구성원 모두가 자선단체에서 일하거나 지역 학교에서 자원봉사를 하며 어려운 사람들을 돕는 데 상당한 시간을 쓰고 있는 듯했다. 아침을 먹을 때 오늘은 강 건너 올드 코친을 관광하며 하루를 보낼 거라고 얘기하자 그 집 아버지인 조지프가 스즈키 자가용으로 우리를 페리 타는 곳까지 데려다주겠다고 했다. 진입로를 빠져나와 교통이 붐비는 곳으로 들어섰을 때 허름한 옷을 입은 남자가 우리 차를 향해 다가왔다. 조지프는 창문을 내리더니 아무 말도 하지 않은 채 그 남자에게 지폐 몇 장을 쥐여 주었다. 조지프는 멀어지는 남자를 가리키며 "저 친구가 암에 걸렸어요. 그래서 우리가 저 가정을 돕고 있죠"라고 대수롭지 않은 듯 어깨를 으쓱했다.

페리 터미널은 사람들로 꽉 차 있었다. 매우 변덕스러운 가학 증세가 있는 걸로 보이는 매표 부스 안의 남자는 작은 창문 앞으로 몰려든 사람들을 거들떠보지도 않고 있었다. 그러니 사람들은 점점 더 바짝 밀착되다가 결국은 줄을 서는 제스처조차 완전히 포기해버리고 다 같이 한 덩어리가 되어 매표 창을 밀어붙였다.

페리 출발 시간이 3분밖에 남지 않은 상황이 되어서야 매표원은 왼쪽 귀의 귀지를 후벼내는 중차대한 업무를 중단하고 마지못해 표를 팔기 시작했다. 그러자 사람들은 갑자기 미친 듯이 앞으로 밀려들었고 그 통에 에밀이 우리로부터 떨어져 앞으로 밀려갔다. 사람들 무리 속에서 언뜻 보인 에밀은 어떻게 된 건지는 모르겠으나 사람들의 머리 위로 이기팝처럼 크라우드 서핑주로 록 콘서트에서 다른 사람들 머리 위를 수영하듯 이동하는 행위을 하고 있었다. 솔직히 우리보다 훨씬 더 빨리 전진해나갔고, 에밀이 유리 뒤에 앉은 재수 없는 매표원 앞에 거의 근접했을 때 나는 마지막 남은 교양 비슷한 것마저 다 내던져버리고 사람들 틈바구니에 몸을 던지며 소리쳤다. "얘가 내 아들이에요!" 그리고 에밀의 발목을 잡고 그 힘을 추진력 삼아 몸을 일으키며 매표 창 앞에 얼굴을 들이밀었다.

"표 네 장 주세요!" 나는 내 옆의 노인의 옆통수를 팔꿈치로 블로킹하며 외쳤다. 줄 서 있던 다른 사람들은 내가 그렇게 성공하는 걸 보고 더 세게 밀어댔고, 나는 폐가 짓눌리는 걸 느낄 수 있을 정도였다. 매표원은 일이 너무나도 힘들다는 듯 내게 줄 거스름돈을 세서 건네고, 집게손가락을 핥은 후 작은 3루피짜리 표를 빼서 내밀었다. 그사이 에밀은 마치 와인 병의 코르크처럼 안전하게 내 어깨 위로 밀려 올라와 안착했다.

포트 코친에서 우리는 그 유명한 중국식 어망 앞에서 사진을 찍었다. 중국식 어망은 커다란 탑상형 뼈대를 갖춘 어망으로 물속에 담갔다 꺼냈다 하는 것인데 지금은 관광객들이 사진 찍는 용도로만 사용되는 듯했다. 이 지역 주민들은 쿠빌라이 칸의 궁중 사람들이 저 어망을 처음 이 땅에 가져왔다고 주장한다. 그 근방은 관광객들로 붐볐는데 대부분이 길게 늘어진 흰색 면직옷을 입은 중장년의 프랑스인 커플들로, 남자들은 프랑스 남자들이 좋아하는 여성스러운 작은 핸드백을 들고 있었고, 여자들은 아무거나 대충 걸친 듯한 차림이지만 머리만큼은 마담 시라크정치인, 자크 시라크 전 대통령의 부인처럼 제대로 힘을 주고 있었다.

우리는 담 너머로 네덜란드인 묘지를 들여다봤다. 왜 묘지가 그곳에 있는지 알긴 알겠는데 그래도 인도의 해안에서 그런 걸 발견한다는 것은 정말 보기 드문 일인 것 같았다. 1505년부터 포르투갈인들이 이곳을 함락했고 1660년대에는 네덜란드인이, 1795년에는 영국인들이 이곳을 차지했다. 우리는 1503년에 포르투갈인들이 지은, 인도에서 가장 오래된 교회 성 프란시스 성당으로 걸어갔다. (바스코 다가마가 한

때 이곳에 묻혀 있었다.) 그 안에서 우리는 아무리 세월이 흘러도 변치 않는 인간사의 모습을 보게 됐다. 성당 뒤쪽의 커다란 책상 뒤에 앉아 있던 신부가 정장 차림의 수상한 두 남자로부터 건네받은 돈뭉치를 세고 있었다.

열기가 밀려 들어오고 있었기 때문에 우리는 파칼로마톤 씨 댁으로 돌아가는 버스를 잡아탔다. 그 근처에서 성 프란시스 성당보다 수수하고 현지화된 느낌의 또 다른 교회 앞을 지나갔는데 그 순간 그리움과 향수병이 뒤섞인 불편한 감정을 느꼈다. 설명할 수 없는 충동이 일었고 돌아가야겠다는 욕구가 내 안을 떠나지 않았다. 한 번 더 확실하게 강조하지만 내가 기억하는 한 나는 어린 시절부터 가톨릭 신앙 같은 것은 나와 무관한 터무니없는 것이라 생각해왔다. 집에서 마리아마가 만들어주신 양고기 카레를 먹고 난 후 나는 벌떡 일어나 선언했다. 오늘이 마침 일요일 저녁이므로 나는 성당에 가겠노라고. 마리아마와 조지프는 엄청 흡족해했다. 리셴은 입을 쩍 벌렸지만 그녀가 언어 능력을 미처 회복하기 전에 나는 이미 현관문을 나섰고 아직 불이 들어오지 않은 성당으로 가는 길을 따라 저녁의 후텁지근한 공기 속을 걸어갔다. 음…… 나를 사로잡은 이 감정의 정체는 대체 무엇이었을까? 영적인 향수병이었을까? 정신적으로 무너진 거였을까?

성당이 보이기도 전에 본템피이탈리아 악기 제조사 오르간의 음악 소리가 후텁지근한 미풍에 실려왔다. 도착해보니 실내는 꽉 차 있었고 50명 정도는 바깥에 앉아 대형 방송 장비로 소리를 내보내고 있는 두 대의 모니터를 통해 미사를 보고 있었다. 나는 야외 신도석 마지막 줄에 목욕재계하고 온 가족 옆에 끼어 앉았다. 성당 안에는 이상하게도 신도석이 없었다. 신도들은 반짝이 조각으로 장식된 벽과 강풍으로 돌아가는 천장 선풍기 아래 바닥에 앉아 있었다.

나는 스스로 놀랄 정도로 미사를 많이 기억하고 있었다. 기도와 화답의 대부분을 웅얼웅얼 따라할 수 있었고, 복음 봉독 전에 하는 고유의 손동작과 무릎을 꿇고 서고 앉는 타이밍은 근육이 기억하고 있었다. 나는 신부님이 로봇 같은 이상한 목소리로 신도들이 행실을 고치지 않으면 맞닥뜨리게 될 입에 담지 못할 불행에 대해 부르짖는 걸 듣고 있었다. 그날 먼저 봤던 그의 동료가 돈을 세고 있었다면, 이 신부님께선 부 앞에선 언제든 카멜레온처럼 색을 바꿀 수 있는 매우 현실적인 스타일이었다. "부유함은 언제나 좋은 겁니다. 부는 언제나 옳아요"라고 그는 말했다. "성경에 '부에 대항해서 싸우지 말라'는 말씀은 없습니다. '오히려 부자들에게서 무력으로 빼앗지 말라'고 합니다." 이 모든 말씀은 봉헌 때 신도들이 돈을 충분히 내놓지 않았다는 장황한 책망의 서두였음이 드러났다.

한번은 루터교도로 자란 덴마크 사람인 리센에게 봉헌─미사 중반쯤 신부님에게 돈을 드리는 의식─의 개념에 대해 설명하려고 시도한 적이 있다. 스칸디나비아 국가들은 교회를 위한 돈을 국민의 소득세에서 자동으로 공제해버리기 때문에 예배를 보는 동안은 이렇게 노골적인 상거래가 필요 없다. 지금까지도 리센은 우리 교구의 주임 사제가 일종의 범죄자일 거라고 생각하고 있다. 나는 그 신부님이 그 돈을 담배와 조니 워커에 쓰신다는 말은 하지 않는 편이 좋겠다고 생각했다.

미사는 많은 기억을 소환했다. 성당에 앉아 보낸 끝도 없는 지루한 시간들, 완전 사악한(나는 이 단어를 심사숙고하여 사용했음을 밝히는 바다) 가학 성애자인 스타니스라우스 수녀님(나는 겨우 여섯 살 때 이 수녀님에게 배웠는데 그 당시 그분의 교육법이란, 어린아이들을 나무 자로 때리는 게 전부라고 보면 됐다), 피임에 대한 가톨릭 입장에 분노했던 십대의 나, 바티칸의 터무니없는 부, 동성애와 여성 사제에 대한 그들의 태도. 그 덕에 내가 잠깐이나마 가톨릭교회에 애착이 남아 있다고 믿었던 망상은 마침내 그리고 영원히 치유됐다.

그날 저녁, 나는 종교와 나를 묶어주던 유년기의 마지막 영적 끈이 끊어졌다고, 그리고 그 어느 때보다 더 표류하고 있다고 느끼며 파칼로마톤 씨 댁으로 터덜터덜 돌아왔다. 내가 돌아왔을 때는 파칼로마톤 씨만 깨어 있었다.

"좋은 시간 보내셨나요?" 내가 거실로 들어서자 그는 책을 읽다 말고 물었다.

마이클, 그냥 대충 둘러대. 저분 기분을 상하게 하지 마.

"그게, 솔직히 말씀드리자면, 저는 25년 전에 가톨릭교를 저버렸고 오늘 미사는 제가 왜 그랬는지를 상기시켜주었습니다."

"아, 그래요."

"그냥 제 생각에는, 이제는 저희가 종교로부터 벗어날 때가 된 것 같습니다. 그렇게 생각 안 하십니까? 인류적 차원에서 말이죠. 저희는 계몽주의 시대를 다 거치지 않았습니까. 이제 우리는 모두 이성의 힘으로 살아야죠. 왜 종교적 미신에 얽매입니까?"

"마이클, 하지만 이성의 관점에서 보니까 미사가 미신이라 생각되는 겁니다. 원한다면 미신이라고 해도 괜찮아요. 하지만 나는 마이클이나 나나 여전히 같은 질문의 답을 구하고 있다고 생각해요. '나는 왜 여기에 있는가? 나의 목적은 무엇인가? 나는 어떻게 살아야 하는가?' 안 그런가요? 나의 종교는 이런 것들을 이해하려고 노력할 때 정서적으로 도움이 됩니다."

"하지만 우리가 이성적인 존재가 되면 되잖아요. 왜 우리의 존재나 신념에 대한 질문들을 그런 의례적인 헛소리로 포장해야 하나요?"

"왜냐하면 그렇다 해도 인간에게는 감정을 위한 공간이 남아 있기 때문입니다. 그리고 감히 말씀드리자면 당신이 무너지고 있는 자리가 바로 거기입니다."

18-80 클럽

택시는 우리를 나무들이 줄지어 서 있는 운하 옆에 내려주었다. 그곳에서 우리를 건너편으로 태워다줄 너벅선의 주인 데바시아가 기다리고 있었다. 애스거와 에밀은 정오의 햇살을 피하기 위해 분홍색 파라솔 아래 앉아 마치 서펜타인런던 하이드파크 안의 호수에서 뱃놀이를 하는 애들처럼 주변 환경은 전혀 아랑곳하지 않고 손을 물속에 담가 물살을 가르고 있었다. 양옆이 각진 너벅선은 두툼하게 뒤엉켜 있는 물옥잠을 헤치며 전진했다. 해류마저 우리를 항로에서 밀어내려고 필사적인 가운데 배는 힘겹게 삐뚤빼뚤 아치를 그리며 나아갔다.

다음 며칠을 보낼 목적지는 건너편의 파텐카얄섬이었다. 필립 커티 농장 홈스테이는 단단한 티크 기둥과 무늬가 조각된 좁은 목재 문을 갖춘 작은 집 다섯 채로 구성돼 있었고, 모래로 덮인 뜰에 메인 리셉션 건물을 중심으로 배치돼 있었다. 이 현대적인 빌라는 집주인인 필립 씨네가 자택으로도 쓰고 있었다. 그들 역시 시리안 기독교 가정으로 35에이커에 달하는 땅을 경작하며 살았는데 1950년대에 논으로 개간한 것이었다.

배에서 내리자 그 집 가장 아누가 우리를 맞이했고 거실로 안내했다. 그곳에서 우리는 물컹거리는 커다란 비닐 소파에 앉아 라임 주스를 마시며 체크인 서류를 작성했다.

아누의 남편 비노드는 5년 전에 심장마비로 세상을 떠났고 그때부터 아누는 시어머니인 아니아마 필립(간척지를 만든 분이 이분의 부친이다)과 함께 농장과 게스트하우스를 운영해왔다. 아누와 마찬가지로 남편을 여읜 아니아마를 가족과 손님들은 모두 '마미'라고 불렀다. 두 사람은 아누와 비노드의 두 아이, 열두 살 아들 필립과 일곱 살 딸 아냐, 툭하면 토하는 닥스훈트 피넛을 데리고 함께 살았다.

이 섬은 높이를 올린 오솔길로 둘러싸여 있었지만 농장 지대는 해수면보다 낮아서 물에 잠기는 일이 잦다고 했다. 펌프가 항시 가동되고 있지만 그렇다 해도 매번 최악의 장마를 이겨내기는 쉽지 않다. 그래서 작년에는 비자나무 몇 그루를 잃었다. 아누는 우리를 데리고 다니며 카르다몸 나무, 카카오나무, 타피오카, 바닐라, 토마토, 바나나, 망고스틴, 히비스커스, 시나몬, 빵나무 열매, 패션프루트, 무화과와 망고들을 가리키며 설명해주었다. 그러나 그들의 주 작물은 코코넛이다. 당연히 열매는 수확하고 토디라고 알려진 수액을 채취하는데, 토디는 급속히 발효되어 독한 술이 된다고 한다. 이 지역에서는 특히 방탕한 사람들이 선호하는 술이라고 한다. 아누는 우리에게 이 과정을 보여주기 위해 농장 일꾼을 한 명 불렀다. 그는 예리한 칼과 작은 컵을 벨트에 묶고 가장 가까운 야자나무를 재빨리 타고 올라갔다. 그리고 나무 꼭대기의 가지에서 균형을 잡아가며 앞으로 몸을 숙여 꽃의 작은 홈을 잘라 수액을 받았다. 컵을 채운 일꾼은 야자나무에서 벗겨낸 조각으로 꽃에 지혈대를 두르고 몸으로 나무를 타고 내려왔다. 아누는 마셔보라며 내게 컵을 건넸다. 한 모금 마셔보니 토디는 정신이 번쩍 들게 달고 거품이 많이 났지만 마실 만했다.

우리가 묵을 독채로 가보니 애스거와 에밀이 아누의 아들 필립을 사귀어 자기네의 닌텐도와 그 친구의 낚싯대를 한시적으로 교환했고, 마미는 그녀의 정규 요리 수업을 막 시작하려는 참이었다. 나도 참가해도 되겠냐고 물은 뒤 런던 근교에서 온 연세 지긋한 커플 옆에 앉았다. 그분들도 우리처럼 그날 아침에 이곳에 도착했다고 했다. 마미는 불 위로 호로파, 겨자씨, 마늘, 고추, 카레 잎과 양파 향을 향긋하게 피워올리며 서너 가지 요리를 신속하게 만들어냈는데, 한 가지는 압력솥―인도의 부엌에서는 아주 흔한 요리 도구다―을 활용해서 만들었다. 마미는 즙을 하나도 흘리지 않고 코코넛을 따는 방법도 보여주었다. 삶은 계란 껍데기를 깔 때 버터나이프로 위쪽을 두드리듯, 고기를 토막 낼 때 쓰는 식칼의 뭉툭한 부분으로 코코넛의 윗부분을 골고루

툭툭 두드린 다음, 칼의 날카로운 면으로 맨 윗부분을 딴다. 마미는 손바닥의 움푹한 부분으로 음식 맛을 봤는데 나는 그 모습에서 눈을 떼기 어려웠다. 솥에서 숟가락으로, 숟가락에서 손으로, 손에서 입으로, 손가락 끝 하나 건드리지 않고, 우아하고 재빠른 한 번의 동작이었다. 거장의 솜씨!

이렇게 만든 음식은 그날 밤 다른 투숙객 모두와 함께 즐길 계획이라고 했다. 필립 커티의 숙박객들이 식탁 중앙의 회전판을 돌려가며 다 함께 식사할 거라는 얘기를 들었을 때 나는 속으로 끙 앓는 소리를 냈다.

"만약 내가 생판 남, 그것도 무더기로 같이 여행을 갈 거였으면 18~30세 클럽 패키지를 갔겠지." 저녁 먹을 준비를 하며 나는 리셴에게 씩씩댔다. "그럼 일단은 타임머신이 필요하겠지. 안 그래?" 리셴은 화난 사람처럼 받아쳤다.

그런데 식사 공간으로 다가가며 보니 우리의 투숙객 동지들에 비하면 우리는 클럽 18~30 신분에 훨씬 가깝다는 사실이 너무나도 분명해졌다. 60세보다 하루라도 젊어 보이는 사람은 단 한 명도 없었고 몇 명은 60마저 아득한 옛일로 보였다.

이건 좋기도 하고 나쁘기도 한 일이었다. 한편으론 연세 지긋한 분들과 시간을 보낼수록 나 역시 곧 연금을 받는 신세가 머잖았다는 사실이 자명해져 마음이 불편해졌다. 퇴락의 단계를 클로즈업해서 관찰하다보니 눈에 백내장이 생기고 지팡이를 짚고 걸어야 하는, 주름이 자글자글하고 구부정한 어르신들도 옛날 옛적에는 스스로 양말을 신을 수 있었고, 계단을 한 번에 두

개씩 뛰어오를 수 있었고, 화장실을 여덟 번씩 들락거리지 않고 밤새 숙면을 취했을 거라는 사실이 나를 불안하게 만들었다. 마치 치과 대기실에서 마지막 순서를 기다리며 나보다 먼저 들어간 사람들이 치료를 받을 때 질러대는 비명 소리를 고스란히 듣고 있는 기분이었다.

그러나 다른 한편으로는 그들의 삐걱거리는 관절과 나빠지는 시력 이야기에 생각보다 더 많이 공감하고 있는 내 모습을 발견하게 됐다. 최근에는 그들과 함께 있으면 그들이 추천하는 치료법이나 약을 머릿속에 저장하기 시작했을 뿐만 아니라, 이게 가장 걱정스러운 부분인데, 나도 모르게 그들의 라이프 스타일을 부러워하게 됐다.

은퇴는 정말 아름답게 들렸다. 당신의 시간은 오롯이 당신의 시간이 된다. 아이들은 이미 상담 치료를 한 차례 받은 후 다시 당신을 좋아하게 될 정도로 충분히 성숙했을 것이다. (그리고 어느 연구에 따르면 부모는 실제로 자녀들이 집을 떠나고 난 뒤에 더 행복해진다고 한다.) 의사들은 당신을 더 진지하게 대한다. 대낮에 책을 읽거나 TV를 보면서 죄책감을 느끼지 않아도 된다. 정원에서 가볍게 가지치기를 좀 해도 좋겠고, 그러고 나면 오후에는 낮잠을 자거나 해지기 직전에 술 한 잔을 해도 좋다. 거기다가 나이를 먹으면 먹을수록 음주나 흡연과 같은 중독성 습관들은, 죽음을 목전에 둔 사람들의 숨통을 틔워주는 마지막 쾌락으로 인정되어 주변에서도 시비를 걸지 않게 된다.

서른아홉 살이 이런 생각을 하는 것은 분명 적절하지 않다.

내가 장인, 장모님과 그분의 친구들과 만나는 것을 내 친구들 만나는 것보다 선호하기 시작했다는 사실은 리셴이 제일 먼저 알아챘다. 리셴은 내가 '노인네 페티시' 성향을 보인다며 나무랐고 우리는 내가 정상 레벨로 돌아올 때까지 나를 주름이 자글자글한 집단에서 서서히 분리하기 위해 함께 노력했다. 그러나 인도의 이 식사 자리에서 나는 과다복용의 위험을 앞두고 있었다. 리셴은 걱정이 이만저만이 아니었다.

"마이클, 좌약 얘기 같은 건 안 할 거지? 하지 마."

나는 하지 않겠다고 약속했다.

"항문 주머니 얘기도."

나는 인상을 썼다.

"나 지금 농담 아니거든. 일흔이 넘었다고 다 그런 거 차는 거 아니야. 밥 먹을 때 그런 얘기 싫어하는 사람들도 있다는 걸 기억하라고. 그리고 비아그라 복용하냐고 물어보는 순간에는 난 바로 나와버릴 테니까 그런 줄 알아."

저녁 식사 자리에서 우리는 자기소개 시간을 가졌다. 미국 동부 해안에서 온 게이 커플 61세 댄과 64세 케네스, 60대 후반에 접어든 케임브리지대 교수 두 분, 도싯에서 온 70대 후반의 커플, 다른 분들에 비하면 풋내기에 불과한 62세, 60세의 서식스주 출신 소화기내과 교수와 그의 아내, 둘 다 여든이 훌쩍 넘어 보이는 뉴욕의 유대인 커플(남자는 사내 변호사를 은퇴하고 고등학교 교사로 일하고 있고 여자는 자원봉사자라고 했다), 붉은 혈색과 『데일리텔레그래프』영국의 주요 일간지. 보수적 언론으로 평가된다 감성이 충만한

70대 초반의 은퇴한 대령, 그와 함께 여행 중인 그의 '여사친'.

사실상 「미드소머 머더스Midsomer Murders」미드소머 지역의 살인 사건 을 해결하는 영국의 정통 수사 드라마, 1997년 첫 방송 이후 2019년 시즌 20이 시작됐다 의 출연진이라 말할 수 있는 수준이었으나 사람 일이란 정말 모 르는 법. 최근 몇 년간 나는 이보다 더 활기찬 대화를 나눈 적이 없었던 것 같다. 이렇게 매력적이고 독특한 데다 용감무쌍하며 호기심을 자극하는 사람들이라면 각각의 사람과 개별적으로도 몇 시간이고 얘기를 나눌 수 있을 것 같았다. 그리고 그 누구도 단 한 번이라도 중세의 역사나 장례식 계획에 대해 얘기할 필요 를 느끼지 않았다.

심지어 그날 아침에 도착했다는 도싯셔잉글랜드 남부의 주 커플은 마치 자기 동네 술집에서 순간 이동한 사람들처럼 보였다. 21세 기 인도의 현실에 전혀 대비가 안 되어 있던 그들은 그 전날 뭄 바이 역에서 가방을 도둑맞았고, 신용카드와 여권까지 다 잃어버 린 바람에 그 사태를 수습하느라 열두 시간을 허비했다고 했다.

"우리는 1962년에 뭄바이에서 만났어요." 남편은 그 도시의 변화에 마치 개인적으로 모욕을 당한 기분이라고 내게 말했다. "이젠 더 이상 내가 알던 그 도시가 아니에요." 그래도 두 사람은 도난 사건에 크게 동요하지 않고 남은 여행을 고대하고 있는 듯 보였다. "솔직히 말해서 내가 뭄바이에 사는 극빈층이라면 나라 도 누군가의 가방을 훔쳤을지도 몰라요. 그들을 원망할 순 없네 요." 아내가 말했다.

이민, 체벌, 흡연 금지, '유모' 국가nanny state, 정부의 정책이 개인의 선택을 방해하고 국민을 과보호한다는 영국의 보수적인 용어에 대한 무조건적이고 반사적인 의견들이 거슬리긴 했지만 분홍빛 얼굴의 텔레그래프 대령께선 알고 보니 무척 시끌벅적한 분이었다. 북아일랜드와 포클랜드 제도에서 복무 중일 때 겪은 머리가 쭈뼛해지는 이야기들로 모두를 즐겁게 해주었다. "나는 홍콩에서도 복무했어요." 그는 먼 곳을 응시하며 말했다. "중국 놈들로부터 보호하느라고. 물론 지금은 돌아가고 싶지 않아요. 중국이 거길 어떻게 만들어버렸는지 아니까." 그의 여사친이 영감님을 무척 좋아한다는 건 분명해 보였지만, 그가 엄청 심각하게 장황한 독백을 이어나갈 때는 신경을 꺼버리는 기술을 습득한 것 같았다. 그리고 나에게도 그렇게 하라고 넌지시 일러주었다. "저는 저이를 정말로 사랑해요." 그녀는 싱긋 웃으며 내게 말했다. "하지만 어떤 땐 저분이 자기가 하는 얘기의 절반이라도 진짜 믿고 있는지 의심스럽다니까요."

소화기내과 전문의와는 내가 가장 즐기는 대화 주제로 이야기를 나눴다. 바로 소화불량과 그 예방법이었다. 감염의 위험에 대해서 그는 심드렁한 반응을 보였다. 나는 당연히 그도 나처럼 수도꼭지에 양말을 씌워놓고, 이를 닦을 때는 생수를 써야 한다고 주장할 거라 생각하고, 그에게 이런 질문을 던진 후에 리센도 똑똑히 잘 들어두라고 그녀의 옆구리를 쿡쿡 찔렀다. 그는 나를 뭐 이런 사람이 다 있나, 하는 눈으로 봤다.

"어휴, 뭐 그렇게까지." 그리고 껄껄 웃더니 말했다. "너무 멀리 가시는 것 같네요. 사실 나는 인도에 도착한 그날 바로 탈이 났어요! 근데 금방 나았어요."

　뉴요커들과는 영화와 요가에 대해 대화했다. 남자는 영화에
열정이 있었고(그는 「바스터즈: 거친 녀석들」을 정말 좋게 봤다고 했
다) 여자의 관심은 온통 요가였다. 그들도 뭄바이를 다녀왔고
2008년에 테러를 당한 유대인 센터를 방문했다고 했다. "그거
아세요?" 그녀는 그곳을 방문한 충격이 고스란히 남아 있는 얼
굴로 말했다. "테러리스트들이 테러 나흘 전에 거기에 가서 저
녁을 먹었대요. 유대교에 대해 더 많이 배우고 싶어 왔다고 말하
고, 거기에 있던 아이들과 함께 저녁도 먹었대요. 그런데 알고 보
니 그곳을 자세히 염탐하러 왔던 거죠. 그리고 돌아와 전부 다
죽여버렸으니까요."

　나와 가장 오래 이야기를 나눈 사람은 케임브리지대 교수였
다. 그녀는 17세기 이전의 여행 문학을 번역하는 대형 프로젝트
에 참여 중이었고, 그녀의 미국인 남편은 바스코 다가마 이전의
아라비아해의 역사에 대한 글을 쓰고 있다고 했다. 그는 해양 고
고학자들이 은괴가 가득 실린 배를 발견했다는 흥미진진한 이야
기를 해주었다. 은덩이 하나하나가 각각 포장돼 있었고 소유주
의 이름도 새겨져 있었다고 했다. 배에는 도자기도 실려 있었는
데 이 모두가 중국에서 온 것이라고 했다. "그중 대다수가 인터
넷에서 팔렸어요." 그가 말했다. "중국에는 이런 물건을 취급하
는 아주 큰 시장이 있어요. 그 시기에 관한 전설 중 상당수가 실
화였음이 증명되고 있어요. 중국과 중동의 무역이나 인도 주변
의 항로에 대한 것들 말이죠." 나는 무엇이 어린 시절의 그에게

고고학에 대한 관심을 불러일으켰는지 물었다. "나는 예멘에서 자랐어요. 모래에서 로마 동전을 발견한 기억도 있죠. 그냥 거기 딱 있더라고요. 2000년 전에는 해안과 난파선이 있던 자리죠. 바스코 다가마 이전에는 아덴예멘 남부의 항구 도시이 아라비아해의 베네치아였고 그때까지 세상에 알려져 있던 다른 나라들과 활발한 무역을 했지요."

그날 저녁 자리가 끝나갈 무렵, 나는 거기 모인 사람들에게 노화와 죽음에 대해 어떻게 생각하는지 물었다. 그들이 임박한 죽음을 대면하고 있는가에 대한 나의 궁금증을 입 밖에 낸 것이다. 이 질문 때문에 테이블 밑에서 엄청 아프게 발길질을 당해야 하긴 했지만.

잠깐 침묵이 흘렀다. "글쎄요, 나는 심장 우회 수술도 받았고 고관절 치환 수술도 받았고 아침저녁으로 열 가지 약을 먹어야 하고 온몸에 안 아픈 구석이 없어요." 미국인 한 분이 말했다. "하지만 나 자신이 안됐다는 생각이 들 때면 나는 이제 이 세상을 떠나고 없는 친구들을 떠올려요. 그리고 생각하죠. 그래도 그 친구들이 있는 곳보단 내가 있는 곳이 낫지 않겠냐고!"

리센의 깜짝 발언

그날 밤 침대에 누웠는데 멀리 힌두교 사원에서 들려오는 챈팅과 강 건너편 교회의 찬송가 소리가 마침내 저녁 공기 속으로 흩어져버리자 우리는 아주 많은 생명체가 입주한 숲속에 들어와 있다는 사실을 분명히 지각할 수 있었다. 나는 숲 친화적 인물이 아니다. 란탐보르에서 호랑이 사냥을 나섰을 때 가이드는 새들의 근심어린 비명 소리로 포식자의 위치를 확인할 수 있다고 가르쳐줬다. 그런데 구관조와 다른 새떼의 근심어린 비명 소리가 거의 밤새 이어졌고, 조류가 아닌 동물의 비명 소리 역시 그치지 않았는데 그건 사람을 더 불안하게 만들었다. 그런가 하면 아주 작은 나무좀 수천 마리가 서까래 나무를 배 터지도록 갉아먹은 다음 다시 토해내며 그 물질이 우리 위로 토독토독 떨어지는 소리도 났다. 그리고 동이 트는 이른 시간에는 이따금씩 저 멀리서 멍멍이 피넛이 아침 먹은 것을 게우는 소리가 들려왔다.

이튿날 아침, 애스거가 잔뜩 흥분해서 바다뱀을 봤다는 사실을 보고했을 때 나는 가장 가까운 홀리데이 인으로 가는 택시를 호출할 뻔했다. (생각해보니 가장 가까운 홀리데이 인은 아마도 뭄바이에 있지 싶다.) 리센은 나를 점잖게 만류했다. 아마도 대충 이렇게 말했던 것 같다. "오, 빌어먹을, 한 번만이라도 그 망할놈의 호들갑 좀 안 떨면 안 돼?"

그래서 절충안으로 우리는 하룻밤만 선상 가옥을 빌리기로 했다. 지난 며칠간 방 바깥쪽 테라스에서 우리는 이 잭푸르트열대 과일나무의 일종 목재로 만들고 코코넛 수염뿌리로 지붕을 얹은 배가 통통거리며 지나가는 걸 여러 번 봤다. 처음 봤을 때는 완전 흥분해서 사진을 찍어댔다. 그리고 몇 척 더 지나갈 때는 손을 흔들어주었다. 스무 번째 배가 지나간 다음에는 아, 여기선 저게 포드의 피에스타만큼 흔해빠진 거라는 깨달음을 얻었다.

다음 날 아침, 우리만의 2층짜리 케투발람(선상 가옥)이 숙소 바깥의 코코넛 나무에 묶인 채 대기 중이었다. 낡고 오래된 배였지만 침실 둘에 각각 화장실이 하나씩 딸려 있었고, 작은 부엌, 위층에는 예쁜 갑판이 있었다. 우리는 그곳에서 느긋하게 앉아 튀긴 바나나를 먹고, 맥주를 마시고 옆으로 지나가는 경치를 봤다.

그러나 마법에서 깨어나는 데는 그리 오래 걸리지 않았다. 엔진의 소음과 오염 물질, 수없이 지나가는 다른 관광객들의 배, 심지어 과도하게 단 바나나도 일조했다.

"당신 문제가 뭔지는 당신도 잘 알지?" 리셴이 내가 옆으로 지나가는 배를 가리키는 걸 보느라 벌써 열 번씩이나 책을 내려놓으며 말했다.

"과도한 재능과 위트, 지성과 성적 매력?"

"배를 질투하는 거."

맞는 말이었다. 마지막 한 시간 동안 나는 우리 옆으로 배가 지나갈 때마다 불평을 하고 있었다. '너무 크다, 더 럭셔리하다, 더 빠르다, 더 아늑하다, 우리 배보다 조건이 더 좋다' 등등.

"그냥 여기 이 배에서 우리와 있는 시간을 즐겨주면 안 될까?"

나는 노력해보겠다고 약속했다. 우리는 천천히 넓은 수로를 따라 내려가며 평평한 형광연두색 전원 지대를 지났다. 그곳에는 생뚱맞게도 파스텔 치장 벽토로 지은 교회가 덩그러니 서서 경관을 해치고 있었다.

이따금씩 코러클 배코코리버들로 만든 작고 동그란 배를 탄 남자들이 다가와 물건을 사라고 했다. 그중 하나가 아주 때깔 좋은 파란 바닷가재를 팔았다. 요리사는 혹시 저걸 사서 자기가 준비 중인 저녁 식사와 함께 먹겠냐고 물었다. 지금 돌이켜보면 이건 미리 짜고 친 만남이 아닌가 하는 의심이 든다. 내가 몇 마리를 골랐고 내 평생 최악으로 꼽을 만한 흥정 끝에 2200루피를 지불했다. (대략 30파운드로, 이 정도면 인도 음식 물가를 감안할 때 엄청난 액수다.) 한껏 솜씨를 발휘한 우리 요리사는 가재를 지나치게 익히고, 간을 너무 세게 해서 나는 더 짜증이 나고 말았다.

해질녘이 되자 선장은 배를 작고 허름한 동네 옆에 정박시켰다. 선장과 선원들은 속옷만 남기고 옷을 홀딱 벗은 뒤 부엌에서 매트 같은 걸 굴려갖고 나와 잠을 청했다. 나는 마시던 맥주를 마저 마시기 위해 위층 갑판으로 올라갔다가 남겨두었던 튀긴 바나나 위에 내려앉은 거대한 까마귀 떼에 쫓겨 다시 내려왔다.

그리고 그날 밤, 무언가가 내 다리 위를 기어오르는 느낌에 잠이 깼다. 침대 옆 램프를 켜보니 줄잡아 백 개쯤 되는 작은 그림자들이 총총거리며 이불을 향해 기어가고 있었고, 나는 그때부터 공포에 떨며 뻣뻣하게 누워 있거나 갑자기 발작하듯 누운 상태에서 팔다리 벌려 높이뛰기를 하며 남은 밤을 보냈다.

아침은 반갑게도 시원한 바람을 갑판 위로 데리고 와줬다. 새를 관찰할 수 있는 지점에 이르렀을 때 나는 배에 있던 쌍안경을 집어들었다. 그리고 제법 여러 마리를 봤다. 어떤 새는 하얗고 어떤 새는 까맸다. 많은 새가 불가능해 보일 정도로 긴 목을 달고 있었고, 어떤 새들은 내가 때려맞혀보건대 물에 근접해 있으니까 물새가 아닐까 싶었다. 비록 내가 경험 많은 조류학자는 아니지만.

그러는 사이 리센도 갑판 위로 올라왔다.

"마이클, 우리 계획은 서가츠산맥을 통과하고 타밀나두를 지나 마두라이로 간 다음, 동부 해안으로 가는 거였지?"

나는 고개를 끄덕였다. 그럴 계획이었다.

"내일에나 말하려고 했는데 당신이 도망갈 수 없으니까 지금 말하는 게 더 낫겠어." 리센은 내 앞에 서서 내 눈을 똑바로 들여다봤다. "우린 동부 해안으론 안 가. 퐁디셰리나 마드라스에 안

간다고."

"안 가긴 왜 안 가, 가기로 했는데."

"안 가."

"갈 거야. 계획을 그렇게 짰잖아."

"아니야."

표정을 보니 리센이 그저 여행 일정을 착각하고 이러는 게 아니라는 걸 알 수 있었다.

"당신, 도르테랑 요가 선생님 생각나지?"

나는 잔뜩 경계하며 고개를 끄덕였다. 도르테는 우리의 덴마크인 친구였는데 최근 몇 년 사이 처음에는 요가 수련을 위해, 나중에는 요가 지도자 훈련을 위해 인도를 방문했었다. 나는 도르테가 좋았다. 그녀는 내가 아는 사람 중 가장 중심이 잘 잡히고 여유 넘치며 침착한 사람이었다. 도르테가 나타나기만 해도 그 공간 자체가 차분해졌다.

"마이소르에 계시다는 도르테 선생님 생각나?"

또 한 번 경계에 찬 끄덕임.

"우리가 그분과 함께 한 달간 수련을 할 수 있도록 준비해뒀어. 당신은 집중 요가 코스에 참여하게 될 거야. 새로운 스타일의 요가래. 지난주에 해봤던 것보다 좀 더 하드코어야. 영적인 부분은 덜하고 육체에 더 집중하는 요가. 나는 당신이 너무 걱정돼. 건강도 그렇고, 당신 술 마시는 것도."

나는 크게 웃어버렸다. "지금 농담하는 거지? 그렇지? 말도 안 되는 소리 하지 마. 나 완전 건강해. 살을 1, 2킬로그램 빼면 좀 더 좋긴 하겠지만, 그것 말고는 난 아무렇지도 않다고. 만약 내가 요가를 한답시고 그 얼간이 짓을 또 할 거라고 생각한다면……"

"우리 이 얘기 몇 년째 하고 있잖아. 당신 술 마시는 거 문제 있어. 당신을 아는 사람들은 이 문제만큼은 모두 내 편을 들어 줄 거야. 당신 너무 많이 마셔. 그리고 정도도 점점 심해지고 있고. 아니, 심지어 어제 아무가 준 코코넛 토디까지 원샷하더라? 그뿐이야? 여기 올라오느라고 계단 여섯 개 오르고도 헉헉거리 잖아. 당신도 도무지 집중할 수 없다고 말했잖아. 당신이 늙어가는 느낌에 진저리 치는 거 나도 알아. 그리고 살도 너무 쪘어. 요가가 도움이 될 거야. 뭄바이를 떠나면서부터 내가 이 스케줄을 잡았어. 당신이 외출하거나 자는 동안."

"그럼 내 음식 책은 어떡해? 프랑스-인도 요리로 한 챕터를 쓸 계획이라 퐁디셰리에 가야 된다고. 그리고 마드라스의 향신료도 봐야 하고."

"그러면, 마이소르에서 수련이 끝난 다음에 당신 혼자 가도 되잖아. 마이클, 이거 지금 의논하자는 거 아냐. 나 최후통첩 같은 거 별로 안 좋아해. 하지만……"

리센은 내 손에 들려 있는 맥주병을 쳐다봤다.

우리는 일주일이 멀다 하고 내 음주 문제로 다퉜다. 대개는 내가 두 번째 병을 따거나 연달아 며칠간 술을 마신 뒤에 싸움이 났다. 인도로 떠나기 직전에는 중년의 알코올 중독을 다룬 매체가 유독 많았다. 그중 아마도 『데일리 메일』이었던 것 같은데 리센이 알코올 중독 자가진단을 위한 열 개의 질문을 보고 인쇄해서 어느 날 아침 내 키보드 위에 올려두었다.

1. 음주 때문에 일할 시간을 손해 보는가?

2. 음주가 가정의 행복에 영향을 미치는가?

3. 음주가 당신의 평판에 영향을 주는가?

4. 음주 후에 분노를 느낀 적이 있는가?

5. 매일 일정한 시간에 술 생각이 간절해지는가?

6. 다음 날 아침에 술 생각이 나는가?

7. 혼자 술을 마시는가?

8. 음주 후에 기억을 완전히 잃어버린 경험이 있는가?

9. 음주가 당신의 일이나 사업을 위태롭게 하는가?

10. 음주 후유증으로 병원이나 기관에 들어간 적이 있는가?

'그렇다'라는 대답이 세 개 이상이면 알코올 중독자라 했다. 구체적인 숫자를 굳이 대지 않아도(아, 알았어요, 여섯 개, 아님 일곱 갭니다) 나는 해당됐다.

무엇보다 나는 음주 문제를 진단하는 나만의 개인적인 질문에도 '그렇다'라고 대답할 수밖에 없었다.

1. 와인을 살 때 알코올 도수를 확인하는가?

2. 개인의 집에서 사람들과 함께 술을 마실 때 누가 무엇을 마셨고 그 집에 술이 얼마나 남아 있는지 파악하고 있는가?

3. 아내 할머니의 웨딩드레스를 입고 보니엠의 노래에 맞춰 춤을

춘 적이 있는가?

내가 진짜 알코올 중독자라고 인정하기 힘든 이유 중 하나는, 내가 중독자라는 비난을 받을 때마다 말하곤 하듯이 '난 아침에 보드카에 시리얼을 말아 먹지' 않기 때문이다. 나는 전형적인 알코올 중독자 모임에 걸맞은 사람이 아니다. 나한테는 술에 취해 미쳐 날뛴 에피소드나 교통사고, 팔다리 골절 혹은 싸움(웬걸, 나는 난투극의 아주 작은 기미만 보여도 이미 멀찍이 도망가 있다)에 얽힌 영광스러운 영웅담 같은 게 전혀 없다. 심지어 술 먹고 비틀거린 적도 별로 없다. 레이 밀란드가 출연한 「잃어버린 주말」레이밀란드가 알코올 중독자로 열연한 1945년 작품. 작가인 주인공은 술 한 모금을 위해 자신에게 남은 유일한 타자기를 팔러 전당포로 간다이나 「라스베이거스를 떠나며」에서 본 것과 비슷한 폭음의 경험이 두어 번 있긴 했지만 그런 일은 누구나 한 번씩 간직하고 있는 비밀 아닐까?

나는 전형적인―구경거리를 연출하는 쪽과는 거리가 먼―내 친구 몇몇과 다름없는 중산층의 '아슬아슬한 술꾼'일 뿐이었다. 알코올 섭취량에 대한 얘기가 나오면 굳이 레드와인이 건강에 좋은 점에 대해 지적하고 일주일에 적어도 하루 정도는 술을 마시지 말자고 다짐하기도 하고, 본인의 알코올 섭취량을 와인 시음과 평가의 탁월한 능력으로 숨기며 마치 우리가 와인 전문가인 양 잔뜩 과장해 와인을 '시음'하는 것이지 마시는 게 아니라고 떠들며 죄책감을 덜어내곤 했다. 그리고 나는 선을 넘어서 완전히 거리의 부랑자 수준으로 퇴락해버리기엔 중심을 어느 정도 잡고 있었고, 그렇게까지 망가지는 게 너무 겁이 나기도 했다. 나는 낮술에 취하도록 스스로를 내버려둔 적이 없었다. 적어도 일하는 날에는. 하지만 하루를 보내는 동안 술 생각이 왔다 갔다 하긴 했다. 아침에는 그날 저녁에 술을 마신다는 사실을 생각하면 그것이 즐거운 기대감의 원천이 됐다. 저녁 6시가 되어 저녁 식사 준비를 시작할 때는 첫 잔을 따르는 순간—코르크 마개가 뻥하고 뽑히는 소리만큼 희망찬 소리가 과연 또 있을까?—을 고대했다. 아마도 알코올 중독자들이 자신들이 선택한 술이 허락하는 잠깐의 그 평온한 첫 순간을 고대하는 것과 비슷하지 않을까. 그 뒤에는 아이들이 잠든 뒤에 마실 두 번째 잔을 기다렸다.

딱 거기서 멈출 수 있었다면 내겐 아무 문제도 없다고 논리적으로 주장할 수 있었겠지만, 그럴 수 없었다. 나는 새로 딴 와인 한 병을 완전히 비우지 않고는 못 배겼다. 거의 병적인 수준이었다. 바로 그 점 때문에 리센과 나는 끝없이 마찰을 일으켰다. 리센은 딱 한두 잔만 마시고도 뉴스나이트 방송 내내 소파에 남은 술을 질질 흘리며 잠드는 일 없이 저녁 시간을 즐겁게 보낼 수 있는 반면, 나는 기회가 있는 한 필름이 끊길 때까지 마셔야만 직성이 풀렸다. 리센은 위태위태한 남편과 함께 살고 있다는 것을 의식한 나머지 위스키나 브랜디 같은 증류주는 오래전부터 집에서 금지했다. 그러지 않았더라면 저녁상을 아예 차릴 수 없는 날이 허다했을 거다. 하지만 리센은 나의 음주를 감시하는 게 자기가 할 일이 아니라는 것도 의식하고 있었으므로 나는 어느 정도 통제 하에, 그러나 선을 위태롭게 넘나들며 계속 마셨다. 그리고 진실을 말하자면 우리가 시골로 이사 온 뒤로 나는 점점 더 많이 마시고 있었다. 과할 정도로.

음주와 얽힌 드라마틱한 사건이 없다고 말하긴 했지만, 그렇다고 알코올과 관련된 부끄러운 기억이 없다는 의미는 아니다. 내가 마신 양에 대해 거짓말을 한다거나 바에 들르지 않고는 공항을 통과하지 못한다거나, 술독이 가라앉길 기다리며 욕조 안에 몇 시간씩 들어가 앉아 있다거나, 이렇게 밤늦은 시간에는 아무도 없을 거라고 스스로에게 말하며 취한 채 시골길에서 운전을 했다거나. 그러나 나는 또다시 늘 하던 방식으로 스스로를 변호하곤 했다. "나는 중독자가 아니야. 그냥 술꾼일 뿐이지. 우리 아버지도 할아버지도 그랬던 것처럼. 그리고 그분들은 멀쩡하셨다고." 내 아버지는 내가 아는 한 매일 밤술을 마셨다. 진토닉으로 시작해서 맥주 두어 잔으로 옮겨간 후 위스키와 토닉으로 잔이 찰랑찰랑 넘칠 때까지 따라 마무리했다. 그리고 그 분의 부친 역시 술꾼이셨다. 우리 집안의 전설에 따르면 그분은 뇌졸중이 오는 와중에도 술집에 간 적이 있다고 했다. 자, 이 정도는 돼야 곡주와 포도주에 헌신한 삶이라 할 수 있겠지.

하지만 리센은 이미 다 들었던 얘기들이고, 나는 더 이상 새로운 구실도 바닥났고 변명거리도 남아 있지 않았다. 그날 우리가 탄 배가 인도의 노르포크호를 따라 유유히 떠가는 동안 나는 엘리자베스 퀴블러 로스의 슬픔의 초기 네 단계인 부정, 분노, 타협, 우울을 모두 경험했다. 그리고 육지로 돌아왔을 때 나는 다섯 번째이자 마지막 단계, 인정에 도달했다.

내게 변화가 필요하다는 사실에 나는 동의했다. 그리고 리센이 계획한 한 달짜리 집중 요가를 하기로 했다. 그 한 달 내내 술에는 손도 대지 않기로 했다. 만약 손을 댔다가는 리센이 아이들을 데리고 집에 가버릴 것임을 분명히 했다. 그리고 그때 나는 따라올 필요가 없다는 무언의 협박도 들어 있었다. 무엇보다 나는 이 모든 과정 동안 진지하게 노력하기로 약속했다.

가슴 셋 달린, 붕어눈의 마두라이 여신

나는 내가 체스 고수처럼 인생을 살아가고 있다고 생각하고 싶다. 늘 몇 발자국 앞서 생각하고 미래에 일어날 일(장담하건대 절대 긍정적인 영향을 주지 않는 일들)이 내 삶에 미칠 부정적인 영향들을 최소화하는 데 집착하면서 말이다. 다른 사람들이 맞춰주기엔 참 쉽지 않은 성격이다. 사실 내 곁에서 살아가는 것이 답답하고 짜증나고 숨 막히고 좌절감을 준다는 얘기는 누차 들어왔다. 지금 생각해보면 위대한 체스 고수들은 결국 속세를 떠나 수염을 제멋대로 기른 채 보수당의 게시판에 피해망상에 사로잡힌 글이나 올리면서, 현관에는 소총을 장착해놓고 가끔은 화장실에 갔다가 밑 닦는 것도 까먹으며 말년을 보내겠지. 아닌가?

계획하는 걸 좋아하는 사람에게, 모든 것이 내 통제 하에 있다고 생각하는 사람에게 리센의 폭탄선언은 완전 당황스러운 것이었다. 리센의 이런 계획의 기폭제가 된 것은 뭄바이에서 셰프 오베로이와의 사건이었던 것으로 드러났다. 나는 리센이 그 사건을 모르고 넘어간 줄 알았는데 셔츠에 토한 자국이 진실을 드러냈던 모양이다. 그때부터 리센은 그간 우리가 묵었던 호텔 방에 앉아 인터넷으로 우리의 여행 스케줄을 재조정하기 시작했고, 마이소르의 요가 선생—혹은 '요가차리야'—과 일정을 조율하고 그의 '샬라'(요가 학교를 지칭하는 말이란 건 나중에 배웠다) 근처의 숙소를 물색했다. 새로운 계획은 백워터케랄라주에서 아라비아해와 평행하게 흐르는 염분이 섞인 석호들이 그물망처럼 엮인 곳에서 내륙을 향해 동쪽으로 이동한 뒤 마두라이 공항으로 가는 길에 며칠 밤을 보내고 마두라이 공항에서 마이소르로 날아가는 것이었다.

그날 배 위에서 당연히 나는 리센과 말씨름을 하고 그러다가 삐지고 징징대다가 애원하다가 별짓을 다해봤지만 리센의 결심이 확고하다는 건 처음부터 알고 있었다. 퐁디셰리의 프랑스-인도 요리의 향을 지긋이 음미하는 건 물 건너갔다는 얘기였다. 이게 참으로 애석한 일인 것이 그곳은 아마도 인도에서 제대로 된 화이트 샤토네프를 구할 수 있는 유일한 곳이었기 때문이다. 그 대신 우리는 마이소르를 향해 북진해서 최소 5주간 (내게는) 낯설고 아마도 약간 제정신은 아닌, 파촐리 오일파촐리 잎에서 추출한 오일로 스트레스, 긴장감, 우울을 완화하는 효능이 있다 향이 진동하는 하드코어 요가의 세계에 몸과 마음을 깊이 담글 예정이었다.

따라서 지금껏 우리가 여행한 곳 중 인도에서 가장 아름다

운 경관을 자랑하는 웨스턴 가트西西가츠산맥으로 인도 반도의 서쪽 해안
과 평행하게 1600킬로미터를 뻗어 있다의 눈부시게 푸르른 경관을 지나갈
때도 나는 마음이 불편한 상태였다. 마치 녹색 버섯 같은 차나
무들과 차나무에 그늘을 제공해주기 위해 심은 은빛 자작나무
들이 빽빽이 들어선 가파른 산비탈을 차로 달려 우리는 달콤하
고 시원한 공기 속으로 900미터를 올라갔다. 경사가 아무리 가
팔라도 찻잎을 따는 여인들은 등에 바구니를 메고 몸을 완전히
반으로 접다시피 한 채 잘도 올라갔다. 우리는 구겨진 팔다리를
좀 뻗기 위해 특히 경관이 눈부시게 아름다운 곳에 잠시 멈춰
섰다. 골짜기의 다른 한쪽에서 찻잎을 따던 사람들은 우리를 발
견하고 천천히 허리를 펴더니 마치 꿈속처럼 아무 말 없이 손을
흔들었다.

우리 가족은 카르다몸과 후추 농장으로 둘러싸인 황량한 호
텔에서 그 지역 야생동물 한 무리와 함께 밤을 보냈다. 주인이
자리를 비워 꾀죄죄한 청바지와 티셔츠를 입은 살짝 무섭게 생
긴 청년 둘이 지키고 있는 이 호텔은 (영화 「샤이닝」에 나오는) 오
버룩 호텔 같은 분위기를 풍겼다.

후추가 왕이라면 카르다몸은 인도 향신료의 '여왕'이고, 웨스
턴 가트의 녹색 카르다몸은 세계 최고로 손꼽힌다. 그리고 수확
량의 90퍼센트를 수출하므로 현금을 벌어들이는 중요한 작물이
다. 우리는 호텔 밖 숲길을 따라 한 시간 정도 걷다가 작은 가공
처리장에 도착했다. 그곳에선 노인 두엇이 빨래 건조기처럼 생
긴 커다란 오븐에 말린 후추 열매와 카르다몸 꼬투리를 건조시

키고 있었다. 내가 델리에서 읽은 H. K. 바크루 박사의 유익하고 유쾌한 성性 이야기 『인도 향신료와 조미료의 자연 치유에 대하여Indian Spices and Condiments as Natural Healers』에서 이 친절한 의사는 카르다몸이 '스태미나와 정력을 키운다'고 주장한다. 그 방면에서 도움이 필요하다면 가루로 빻은 카르다몸을 우유에 넣고, 꿀도 좀 넣고 끓여서 매일 밤 마시라고 추천한다. (뿐만 아니라 고추를 코코넛 오일과 섞어서 두피에 바르면 대머리도 치유할 수 있다고 주장한다. 안타깝지만 그렇지 않더라.)

시원한 공기는 정말 반가웠지만 브라질너트만 한 개미들과 통통한 설치류, 방 밖에서 쓱 지나다니는 눈으로 제대로 확인하지 못한 생물체들은 별로 반갑지 않았다. 호텔 젊은이 중 한 명이 우리에게 경고한 킹코브라까지 포함해서 말이다. 화장실이 야외에 있다는 사실도 결코 도움이 되지 않았다. 공격적이고 독을 품은 생명체들이 살고 있는 정글 한가운데에 건물을 올리면서 화장실을 이렇게 배치했다는 건 중대한 설계 결함이라 생각하지 않을 수 없었다. 그리고 그 화장실을 보는 순간 이거 큰일이구나 싶었다. 밤새 터질 듯한 방광으로 몇 시간을 뒤척인 끝에 결국은 화장실에 가야 한다는 필요성이 화장실에서 무언가를 만날지도 모른다는 두려움을 꺾어버렸고 나는 까치발로 침실을 가로질러 나가 화장실 불을 켰다. 그 순간 거기, 내 눈앞에는 마치 하면 안 될 짓을 하다가 들키기라도 한 것처럼, 동물학자 아텐버러 다큐의 모든 시리즈에 출연하고도 남을 만한 야생 생명체들이 얼어붙은 것처럼 꼼짝 않고 있었다. 초경량 항공기 크기의 나

방, 끔찍한 말벌 유형의 무엇, 다양한 설치류, 송충이, 박쥐, 모기. 놀랍게도 식빵 크기의 시뻘건 달팽이까지 포함됐으나—하느님, 감사합니다—킹코브라는 빠진 이 작은 다양한 생명체들의 군단은 빛을 피하기 위해 미쳐 날뛰기 시작했고, 나는 날개와 더듬이가 눈보라처럼 휘몰아치는 가운데 허우적거리고 있었다.

리셴이 나를 구출하러 달려왔다. 나중에 얘기하기로는 화장실에서 들려온 '여자아이 비명 소리'에 놀라 달려왔더니 내가 곤충을 만났을 때 추는 미치광이 춤을 추고 있더란다. 양쪽 발을 번갈아 들려올리며 두 팔을 허공에 내던지듯 털고 머리는 좌로 갔다 우로 갔다 하며. 딱 하나 여한이 있다면 그 모든 걸 동영상에 담지 못한 것이라고 리셴은 말했다.

이튿날 우리는 더욱더 숨이 막힐 듯한 절경을 통과했다. 목화나무들이 줄지어 서 있는데 거기 매달린 둥근 솜 때문에 고딕 크리스마스트리처럼 이상하게 보였다. 늙은 피아니스트의 손가락 같은 열매가 열리는 타마린드 나무보다 더 이상했다. 사탕수수 밭과 코코넛 농장, 포도덩굴도 이어졌다. 염소와 물소 떼를 구경하느라 때때로 차의 속도가 느려지기도 했고, 애스거와 에밀은 만화의 세계에만 존재할 거라 생각했던 날아다니는 다람쥐를 발견하고는 흥분해서 소리를 질렀다. 사원들은 점점 더 자주 더 다채로운 색을 띠며 나타났고 날씨는 더 덥고 건조해졌다. 산맥의 이쪽 면이 햇살이 더 강렬했던 모양이다. 관광객은 지극히 드물었다. 그나마 우리가 유일하게 본 관광객들은 관광버스에서 내려 다리 위에 모여 서서 저 아래 강가에서 몸을 씻는 여자들의 모습을 촬영했다. 그런 구경이라도 했으니 다행이라고 해야 할지.

마지막으로 마이소르를 향해 북쪽으로 올라가기 전에 우리는 2500년의 역사를 자랑하는 먼지 자욱한 나지막한 건물들의 도시, 마두라이에서 며칠 밤 묵기로 했다. 리센은 이 도시의 스리 미낙시 사원을 보고 싶어했다. 인도에서 드라비디아 건축물의 가장 위대한 전형으로 꼽히는 이 사원은 남쪽의 타지마할로 불린다.

애스거와 에밀도 우리 차 기사님으로부터 스리 미낙시 사원에 사람들을 코로 축복해주는 코끼리가 산다는 말을 들은 뒤부터는 그 사원 방문에 목을 맸다. 그랬는데 마두라이 중심가의 양파 껍질이 뒤덮인 거리를 산책하다가 그 코끼리를 딱 만났다. 우리는 코끼리 관리인에게 코끼리가 근무 외 시간에도 축복을 해줄 수 있냐고 물었고, 그 아저씨는 중지와 엄지를 맞대고 문지르며 전 세계적으로 통용되는 제스처를 취했다. 내가 50루피짜리 지폐를 들어 보이자 털이 숭숭 난 커다란 코끼리 코가 내 손에서 돈을 뽑아가더니 내 머리 위에 코를 툭 얹었다. 마치 둘둘 말아놓은 양탄자처럼 부드럽고 무거웠다. 코끼리 코는 털이 덥수룩했고 방금 오줌 색깔의 물웅덩이에서 물을 마신 탓에 축축했지만, 내가 이 사실을 지적해주었음에도 불구하고 애스거와 에밀은 코끼리에게 지폐를 주고 서로 먼저 젖은 코로 얻어맞겠다고 아주 생난리였다.

사원은 넋이 나갈 정도로 아름다웠다. 우리는 거대한 신전의 대문—혹은 고푸람인도 남방 건축 특유의 높은 누각 문—을 통해 들어갔다. 대문은 석고로 만든 신과 여신들 그리고 이 사원이 모시는 가슴 셋 달린 붕어눈의 여신을 포함한 신비로운 존재들로 장식돼 있었다. 우리가 방문한 시간은 저녁 무렵이었고, 사원 바깥에 신발을 벗어놓고 사원 안을 가로질러 가는데 안뜰에 깔린 돌들은 한낮의 햇볕 덕에 아직까지 따뜻했다. 사원 내부는 어둡고 연기가 자욱했으며 순례자로 꽉 차 있었다. 내부 사방 벽은 기ghee로 얼룩진 작은 조각상들이 들어앉은 벽감들이 자리하고 있었다. 실내 공기는 재스민 오일과 백단유 때문에 비누처럼 미끄러운 느낌이었다.

마두라이에 사는 동안 카디(집에서 손으로 짠 무명)만을 입기로 결심한 간디는 이런 글을 남겼다. "신을 찾기 위해서 성지 순례를 하거나 기를 채운 램프에 불을 붙이고 신의 형상 앞에서 향을 피울 필요는 없다. 신은 우리 마음속에 거하기 때문이다." 그런데 마두라이의 순례자들에겐 아무도 이 얘기를 해주지 않은 모양이다. 이들은 아직도 인도양만큼의 기를 보유한 것처럼 태우고 있었기 때문이다. 이들이 버터를 불에 태우는 원리는 여전히 잘 모르겠다.

우리는 다른 순례자들을 코로 내리치느라 바쁜 코끼리에게 한 번 더 인사를 건네고는(하지만 우리를 알아보는 기미는 전혀 없어 모두 약간 실망했다) 작가들이 본인의 새 작품을 띄운다는 사원의 신성한 연못가에 잠시 앉았다. 만약 책이 좋으면 물 위로 뜰 것이고 그렇지 않으면 가라앉는다고 했다. 그 재수 없는 『뉴스테이츠먼』으로부터 비평을 당하느니 차라리 책이 연못에 가라앉는 편이 덜 고통스러울 것 같다는 생각이 드는 건 어쩔 수 없었다.

종이 울리자 우리는 야간 제례를 구경하기 위해 다른 사람들과 함께 시바 사원으로 모여들었다. 대단히 경건한 격식을 갖춰 시바 왕의 조각상을 미낙시의 침실로 옮기는 의식이었다. 전설에 따르면 미낙시는 시바 왕이 마두라이에서 결혼한 부인 중 한 명이었다고 한다. 공기는 연기로 자욱했고 평거심벌 짤랑대는 소리와 트럼펫 소리, 꿈에 나올까 무서운 인도 전통 목관악기의 끼익거리는 소리, 미친 듯이 두드려대는 북소리로 떠나갈 듯했다. 에밀은 내 다리에 매달려 은도금된 시바의 가마가 사원을 통과해서 밤의 안식처로 향하는 모습을 지켜봤다. 사람들은 신을 잠깐이라도 보기 위해 그리고 주변의 다양한 조각상을 만지기 위해 사방에서 서로 밀어붙이며 무의식적으로 스스로의 죄를 용서한다는 작은 몸짓을 취했다.

모든 의식이 끝난 뒤 우리는 군중 속을 빠져나와 천개의 기둥 홀(론리플래닛 가이드북에는 실제로는 985개라고 쓸데없이 꼼꼼하게 지적하고 있다)을 떠났다. 그리고 어둡고 텅 빈 복도를 벗어나 다시 21세기로 돌아왔다.

사서 고생

인간의 육체는 보통 하루 24시간 동안 땀의 형태로 2리터의 수분을 배출한다고 한다. 나는 나도 알지 못하는 사이 그걸 한 방에 다 흘려버렸다.

프라나 바시야 요가 첫 수업을 시작한 지 10분 만에 내 몸이 배출한 땀은 웅덩이를 이루었고, 나는 그렇게 흥건해진 초록색 매트에 누워 있었다. 샬라의 1층 출입문과 창문은 바깥 기온이 30도를 넘어섰음에도(그것도 겨우 아침 7시를 막 지난 시간에) 모두 닫혀 있었고, 내 뒤쪽 화장실 탈의실에서 피어오르는 연기는 나를 너무 불안하게 했다. 나는 뜨거운 8월의 오후, 덜렁대는 아이가 어느 해안가 산책길에 떨어뜨린 아이스크림처럼 녹아내리고 있었다. 내 주위에는 겁날 정도로 몸이 좋고 휘핏날렵한 모습의 빠른 주력을 가진 경주견처럼 날씬한 여덟 명의 요가 전사가 무시무시한 근육 지형도와 마술사의 풍선 같은 팔다리를 장착하고 나의 새 요가 구루, 비나이가 이끄는 대로 우아하게 일정한 속도로 움직이고 있었다. 내 얼굴에서 폭포수처럼 쏟아지는 땀은 내가 느끼는 고통의 진짜 눈물처럼 느껴져 마치 온 얼굴로 흐느끼고 있는 것 같았다.

다리 아래쪽과 발은 극심하게 저려왔고, 가슴 쪽도 겁이 날 정도로 아팠다. 그리고 나의 남근은 샤페이머리와 몸 전체에 주름이 있고 작은 귀, 하마와 닮은 주둥이 모양이 특징인 중형견처럼 쪼그라들었다. 비나이가 엎드려 쉬라고 해서 그렇게 했지만 그 전에는 육체적으로 너무 힘들어서 두 번이나 멈추고 마치 결승점에 도달한 철인 3종 경기 선수처럼 거친 숨을 몰아쉬며 서 있어야 했다. (그러니까 순서대로 아이스크림, 샤페이, 철인 3종 경기 선수가 됐다.) 리센이 사려 깊게도 나를 등록시킨 이 극단적인 '신병 훈련소' 수준의 프라나바시야 요가의 고유한 특징 중 하나는 동작(아사나)도 동작이지만, 수련자들이 2시간 내내 깊은 호흡의 리듬을 이어나가야 한다는 것이다. 아사나를 유지하면서 호흡을 해야 한다는 거였는데 그 아사나 몇몇은 영화 「트위스터」 종반의 목숨 건 사투 장면의 자세를 닮은 것들이거나, 종교 재판에 회부된 희생자가 기괴한 고문 기구에 묶여 있다가 흐느끼면서 풀려날 만한 자세들, 아니면 디스코를 추다가 정지화면을 걸어놓은 것처럼 진짜 우스꽝스러운 것들이었다. 나는 한 자세의 (앗, 죄송) 아사나에서 다른 것으로 바꿀 때마다 이 느리고 깊은 호흡의 리듬을 유지해야 했다. 그리고 반드시 코를 통해서만 호흡해야 했다. 전통 요가의 가르침에 따르면 입은 다물고 있어야만 했다. 그 결과 내 몸뚱이의 근육 중에 아프지 않은 구석이 없었고 나는 침대, 휴식 혹은 죽음을 아주 간절히 갈구했다. 나의 고통은 말로는 도저히 표현할 수 없는 것이었다.

이 모든 게 첫 10분 동안의 일이었다.

프라나 바시야 요가를 처음 고안한 사람이자 샬라의 소유주인 비나이는 방 안을 서성거리며 돌고 있었다. 요다를 떠올리게 하는 친절하면서도 쉰 듯한 목소리로 그는 이쪽에서는 몸을 조금 더 늘려보라며 살살 달랬고, 저쪽에서는 좀 더 천천히 더 규칙적으로 호흡하라고 격려했다. 그동안 나는 모래사장에 올라온 물고기처럼 헐떡거리며, 무조건적으로 겪게 될 고통이 두려워 벌벌 떨었고, 한여름에 자동차 트렁크 속에 남겨진 비닐 포장 속 체더치즈처럼 땀을 흘리며 얼굴을 매트 쪽으로 향한 채 엎드려 내 평생의 가장 처절한 굴욕을 견뎌내고 있었다. 천정에서는 선풍기가 관성에 따라 돌아가며 무례하게 나를 비웃어댔다.

기운을 회복하느라 얼굴을 바닥 쪽으로 두고 10분 정도 엎드려 있자니 비나이가 내 어깨를 가만히 두드리며 이제 다시 시작하라고 했다. 나는 배운 대로 깊은 복식 호흡을 통해 나의 폐 속의 모든 산소 분자를 밀어내는 리듬으로 복귀하려고 애써봤다. 그러다가 어느 순간, 마치 이동 중인 애벌레처럼 두 손바닥을 바닥에 붙이고 엉덩이를 허공에 들어올린 채 발끝으로 서서 다리를 쭉 편 자세를 간신히 유지하며 다섯 숨을 쉬어야 했다. 비나이는 조용히 내 뒤에 와서 서더니 내가 의식하기도 전에 자신의 발가락을 내 발뒤꿈치 아래에 집어넣고 내가 다리를 늘려 뒤꿈치가 매트에 닿을 수 있도록 도와주려고 했다. 하지만 다른 남자의 맨발이 나의 맨발 밑에 포개지는 자세는 확실히 선을 넘는 것으로 이렇게 극도로 친밀한 몸짓은 내겐 거의 불의의 습격이나 다름없었다.

그러나 나는 땀이 눈으로 쏟아져 들어오는 가운데 거친 숨을 몰아쉬며, 나무로 깎은 빨래집게처럼 날렵한 몸을 자랑하는 낯선 사람들로 가득 찬, 이 악취가 진동하는 찜통이 아니라면 어디라도 좋으니 이곳을 벗어나고픈 생각뿐이었다. 낯선 사람들은 모두 곁눈질로 훑어보며 나를 육체적으로 그리고 정신적으로 망가진 남자일 거라 판단하고 있었다. 반박의 여지가 없는 사실이었다.

나는 어쩌다가 여기까지 오게 됐을까? 그날 아침 숙소에서 나오기 전부터 기분 나쁜 조짐은 다분히 느끼고 있었다. 전날 밤 나는 수영복―그보다 더 적절한 의상이 준비 안 된 관계로 나의 요가복으로 활용될 예정이었다―을 화장실 양동이(이 소품을 통해 우리가 빌린 3층짜리 아파트가 그다지 호화로운 곳이 아니라는 것을 유추할 수 있으리라)에 넣고 지난 몇 주간의 때를 뺀 후 창턱에 널어놓았다. 새벽 6시, 요가 첫 수업에 가기 전에 수영복을 걷으러 갔더니 밤바람에 실려 날아갔는지 수영복은 온데간데없었다. 창문 밖으로 몸을 내밀고 둘러보니 수영복은 아래층 베란다 지붕 위에 놓여 있었다. 그렇게 새로운 삶의 첫날은 마치 생의 마지막 날처럼 암울하게 시작됐다.

나는 창밖으로 몸을 최대한 쭉 내밀고 빗자루로 수영복을 건져올리려고 했으나 빗자루 끝에 수영복이 도무지 걸리질 않았다. 그 순간 대체 왜 내가 그 말도 안 되는 모든 일을 다 집어치우고 그냥 침대로 돌아가버리지 않았는지 정말 이해할 수 없지만(실은, 아주 잘 이해하고 있다. 리센이 바로 거기 있었고, 내가 침대로 다시 기어드는 순간, 일단 내게 미친 듯이 소리를 질러낸 다음, 아무거나 손에 잡히는 대로 묵직한 도구를 찾아들고 나를 졸도시킨 후, 나의 고환을 손톱 가위로 오려내어 내 이마에 꿰매놓을 것이기 때문이었다), 나는 여전히 잠이 덜 깬 상태에서 저 깊은 심연에 도사린 고환과 관련된 원시적인 공포(무조건 수영복을 손에 넣어야 해)에 의해 움직이며 창문 밖으로 기어나가 조심조심 창문턱을 넘어 근처의 중간 지붕에 배를 붙이고 포복한 끝에 겨우겨우 손가락 끝으로 수영복 끈 하나를 집어올릴 수 있었다.

'이것 봐, 이건 신께서도 원치 않는 일이야. 결국은 눈물을 철철 흘리며 다 끝나버릴 거야'라는 정말 강력한 메시지를 주는 사건이었지만 나는 그 계시를 무시하기로 했다.

우리는 이틀 전, 방갈로르 공항에서 북쪽으로 다섯 시간 동안 운전이 아주 불안한 차를 타고 최근에 '마이수루'로 개칭된 마이소르에 도착했다. 반쯤 불을 밝힌 도심으로 차가 진입했을 때는 밤 열 시였는데도 사람들로 붐비고 있었다. 우리는 도시의 광경에 넋을 잃었다. 어떤 곳은 거리 하나 전체에 금은방이 이어져 있었는데 마치 알라딘의 동굴이 연달아 있는 것처럼 전면이 개방된 가게들은 금빛으로 빛나고 있었다. 마이소르는 인도의 다른 모든 도시처럼 부산했고 곧 무너져내릴 듯 보였지만, 그래도 우리가 묵었던 다른 곳들보다 인간적인 스케일로 건설된 것처럼 보였고 대부분의 다른 도시보다 깔끔했다. (2010년에 인도에서 두 번째로 깨끗한 도시로 선정됐다고 한다. 어쩐지~) 우리는 본능적으로 이곳이 안락하고 친숙한 곳임을 직감하고 거의 집에 온 것 같은 안도감에 단체로 한숨을 내쉬었다. 그럴 수밖에 없는 것이 마이소르는 앞으로 한 달간 우리 집이 될 곳이었기 때문이다. 이제 여행은 끝났다. 벌써 계속 옮겨다닌 지 두 달째였다. 이제는 인도라는 거대한 화폭 위를 누비고 돌아다니는 대신 짐을 풀고 인도의 작은 귀퉁이를 좀 더 충실하게 알아갈 시간이었다.

리센은 도시 중심 바로 바깥쪽, 샬라까지 걸어갈 수 있는 거리에 숙소를 예약해두었다. 5층짜리 콘크리트 건물은 오토릭샤, 트럭, 과일과 채소를 가득 실은 손수레를 끌고 가는 사람들, 벼룩에게 물린 조랑말이 끄는 알록달록한 목재 인력거, 가족 단위의 사람들과 모터 달린 자전거들이 왁자하게 계속 지나가는 널찍하고 분주한 프리스타일(때에 따라 2차로도 되었다가 3차로도 되었다가 4차로도 되는) 대로변에 자리하고 있었다.

내부에는 일관성 없는 장식품들이 드문드문 놓여 있었다. 에어컨은 없었지만 천장에 선풍기가 달려 있었다. 그러나 집주인 아줌마는 전기가 때때로 잘 끊긴다고 경고했다. 우리는 곧 짐을 풀고 바퀴벌레 똥을 다 쓸어낸 후 이제 더 이상 잡아타야 할 버스도 기차도 없고, 하루 종일 차를 타고 어디로 가지 않아도 된다는 사실에 적응하려 애쓰고 있었다.

이튿날 아침에는 마이소르에서의 기본적인 생활을 파악하며 보냈다. 먹거리는 어디에서 사야 하고 커다란 물통에 담긴 식수는 어떻게 구해야 하는지, 모기의 접근은 어떻게 막아야 하는지 모색하고, 바퀴벌레와의 전쟁에 임하는 각오를 다져야 했다. 여기서 마지막 문제는 생각보다 간단치 않았던 것이 애스거가 어떤 형태의 폭력에도 격하게 반대하는 입장이 됐기 때문이었다. (당연히 자기 동생에게 행사하는 폭력은 제외하고 말이다.) 이 사태의 씨앗은 우리가 델리에서 간디의 묘를 방문해 비폭력 시위와 채식주의 등에 대해 설명해줬을 때 뿌려졌고 처음으로 환생이란 개념과 자이나교도들의 극단적인 행위에 대해 듣고 쑥쑥 자라났다. "죽이면 안 돼요. 우리 친척일 수도 있어요." 내가 모기를 찰싹 내리칠 때마다 애스거는 이렇게 외쳤다. 따라서 바퀴벌레는 피(혹은 바퀴벌레의 피에 상당하는 무언가)를 뿌리지 않고 제거되어야만 했다.

'빅바자―쇼핑의 상징'이라고 쓰여 있는 우리 동네 슈퍼마켓은 우리에게 해답보다는 질문을 더 많이 안겨줬다. 건물 외관은 꽤나 그럴듯해 보였는데 진열대에서는 과일과 채소가 말 그대로 썩고 있었다. 고기는 전혀 없었고(이건 이해할 수 있을 것 같고), 생선도 없고, 유제품도 거의 없었다. 모든 게 미스터리였다. 대신 반짝거리는 나일론 추리닝, 대담한 패턴의 폴리에스테르 셔츠, 명문 교육기관을 넌지시 암시하는 구호가 적힌 스웨터('옥스퍼드 대표팀' '하버드 스쿨' 등등) 그리고 어찌나 칼주름을 잡아놨는지

나무도 찍을 수 있을 것 같은 나일론 바지 같은 것을 팔았다. 사람들은 어디에서 진짜 장을 보는 걸까?

리센은 요가 선생님 비나이와 그날 오후에 약속을 잡아두었다. 우리를 소개하고 아마도 내 마음을 편하게 해주고 싶었던 모양이다. 숙소를 나와 전통적인 단층집들이 늘어선 조용한 벽돌색 거리와, 임시변통으로 만든 크리켓 코트, 작고 허름한 동네를 지나 10분쯤 걸으면 선생님의 샬라에 도착할 수 있었다. 샬라는 조용한 골목길에 위치해 있었고 붉은빛이 도는 분홍색 페인트로 칠해져 있었다. 그 앞에는 그곳에서 영원히 죽치는 듯한 오토릭샤 여러 대와 졸고 있는 기사들이 보였다.

비나이 쿠마르는 2층 사무실에서 우리를 반갑게 맞아들였다. 그 안에는 책상과 의자, 손님들을 위한 등나무 의자가 두 개 놓여 있었다. 우리 뒤의 책꽂이에는 트로피 몇 개와 비나이가 별희한한 포즈를 취하고 있는 사진들이 전시돼 있었다. 가슴을 바닥에 붙이고 두 다리를 아치로 만들어 머리 위로 넘긴 후 두 발 사이에 얼굴을 내밀고 웃고 있는 사진도 있었다. 비나이의 나이는 스물여섯, 키가 작고 날씬했으며 청바지에 티셔츠를 입고 금팔찌를 여러 개 차고 있었다. 그는 잡티 하나 없는 구릿빛 피부에 치아는 마치 치약 광고에나 나올 만큼 하얗게 반짝였다. 눈빛은 빛났고 소년 같은 바가지 머리는 윤기가 잘잘 흘렀다. 정말 충격적으로 광채가 나는 사람이었다. '아우라'라는 말은 선뜻 쓰기 망설여지지만 그가 내뿜는 활력은 정말 처음 경험해보는 것이었다. 마치 레디 브렉 시리얼 광고에서 선전하는 건강함과 화창함 같았다.

그 첫 만남에서 우리는 모두 그와 사랑에 빠졌던 것 같다. 애스거와 에밀은 몸을 뒤틀고 몸부림을 치는 대신 이 더없이 행복해 보이는 존재 앞에 마음의 평온을 찾고 난생처음으로 가만히 앉아 그를 쳐다보고 있었다. 자리에 앉은 뒤 나는 리센을 봤다. 리센도 이미 도취돼 있었다. 지금 돌아보면 나는 그의 사무실에 들어가 자리에 앉기도 전에 내가 그의 안전한 두 손에 안겼음을 알았던 것 같다. 이 남자가 내 인생을 바꾸어줄 능력을 갖고 있음을 알았다. 문제는 오히려 이거였다. 내가 그것을 허락할 것인가?

나는 그에게 말했다. 나는 늙었고 살쪘고 건강도 별로고 내 몸의 대부분이 쇠퇴했거나 굳어버렸거나 혹은 아예 작동을 멈췄으며 내가 요가라는 것 자체를 할 수나 있을지 과연 의문이라고.

"손이 발가락에 닿지도 않아요."

"걱정 말아요, 마이클." 그가 미소를 지었다. "첫 일주일, 열흘은 힘들 거예요. 모든 아사나를 따라할 수 없을 거고요. 하지만 차차 쉬워집니다."

비나이는 매일 아침 여섯 시 반에 두 시간짜리 프라나 바시야 수업이 시작된다고 설명해주었다. 그리고 잠시 휴식한 뒤 다시 두 시간짜리 프라나야마 수업이 이어진다고 했다. 나는 리센을 힐끗 봤다. 그런 말은 전혀 들은 적이 없었다. 프라야마…… 프라이남……

"파자마라마요?" 에밀이 애스거를 향해 코를 찡긋하며 물었다.

"파자마는 입는 거고." 애스거가 속삭였다.

비나이는 프라나야마에 대해 설명해주었다. 일종의 명상 호흡 수련인 듯한데 듣자 하니 그렇게 힘들 것 같진 않았다. 나는 특별히 먹어야 하거나 피해야 하는 음식은 없는지 물었다. "아닙니다, 아닙니다. 원하는 걸 다 드셔도 될 만큼 운동을 많이 하시게 될 거예요. 요가는 다이어트가 아닙니다." 비나이가 말했다. 그러더니 내게 프라나 바시야 티셔츠와 A3 크기의 코팅된 인쇄물을 주었다. 그 안에는 그가 80가지의 아사나를 시전하고 있는 사진들이 실려 있었는데, 각각의 자세 모두 상상하기조차 힘들 정도로 사지가 뒤틀려 있었다. 유혈이 낭자하지만 않았지 마치 교통사고 현장의 사진들을 보는 것 같았다.

"헐, 와, 이걸 다 할 수 있어요?" 이렇게나 멍청한 질문이 있다니. 사진 속에 찍혀 있는 사람이 바로 그 사람인데 당연히 할 수 있지, 이걸 질문이라고.

"네." 비나이가 말했다. "사실 수업 중에는 80가지 이상의 동작을 합니다. 선생님도 하실 거고요."

나는 코웃음을 쳤다. "아닐걸요. 한 달이 다 끝나갈 때쯤 끽해야 몇 개 정도 할 수 있겠죠."

"아니, 아니, 그렇지 않아요. 우리 모두 전부 다 합니다. 매일요. 이게 프로그램이에요. 그럼 내일 뵙죠!"

그렇게 우리는 그 방에서 떠밀리듯 나와 비나이의 삼촌에게 가서 수강료를 납부했다. 한 달에 2만2000루피(대략 300파운드), 거기다가 리센이 오후에 수강하기로 한 허리 스트레칭 수업료를 좀 더 얹어 냈다. (허리에 좀 문제가 있는 리첸은 아침의 하드코어 요가 수업을 미꾸라지처럼 빠져나갔다.)

그날 밤 나는 우리가 배를 타던 날 리첸이 내게 주었던 『요가의 발견Light on Yoga』이라는 책을 읽기 시작했다. 세계적인 요가 지도자 B. K. S. 아엥가가 쓴 요가 교과서의 고전이었다. '먼저 내장을 비우지 않은 채로 절대 수련하지 않는다'는 아엥가 선생의 조언 중 초반에 나오는 것이었다. 내장을 비우지 않았을 때에 어떤 사태가 발생하는지에 대해서 아엥가 선생은 불길하게도 침묵을 지켰다. 그는 많이 드시지도 않는 분이었다. "만약 우리가 혀를 만족시키기 위해 먹는다면 과식하게 되고 소화 불량에 시달리게 되며 우리 몸의 체계를 망가뜨리게 된다"고 그는 경고했다. "요기yogi는 조화와 균형을 신봉하기에 오직 생명 유지만을 위해 먹는다. 너무 많이 먹지도 너무 적게 먹지도 않는다." 이 요기 양반께선 오랜 시간 푹 삶은 중국식 돼지갈비를 먹어보지 않은 게 분명하다.

우리가 거실의 푹 꺼진 소파에 앉아 모기와 전쟁을 치르고 있을 때 나는 이 부분을 큰소리로 리첸에게 읽어줬다. 리첸은 책을 빼앗아가더니 다른 부분을 큰소리로 읽었다. 아주 재미있는 모양이었다.

"악마적 기질을 타고난 사람은 기만적이고 무례하며 자만한다. 그는 분노, 잔인함, 무식함으로 가득 차 있다. 그런 사람들에게는 순수함도 옳은 행동도 진실도 없다. 그들은 자신의 열정을 충족시키기 바쁘다. 수많은 욕망 속에서 갈피를 잡지 못하고 망상이라는 그물에 걸린다. 감각적 쾌락의 중독자들은 지옥에 떨어진다."

그리고 그녀는 조용히 거의 사디스트에 가까운 웃음을 지어 보이더니 자러 가버렸다.

영국에서 온 패션 테러리스트

요가 수련 첫날 나는 잠든 식구들을 뒤로한 채 집을 나섰다. 전날 빅바자에서 300루피를 주고 산 요가 매트를 옆에 끼고 희망으로 가득한 가슴과 출렁이는 뱃살을 부여잡고 요가 센터로 향했다. 헐렁한 수영복 반바지 위에 역시 빅바자에서 구입한 싸구려 보라색 '대표팀 대학교'라고 적힌 티셔츠를 입고, 나의 유일한 신발인 뭉툭하고 밑창이 두툼한 가죽 워킹슈즈를 신은 채였다. 휴가를 떠난 보험계리사 혹은 정신질환을 앓다가 사회로 다시 돌아와 적응하느라 고전하고 있는 사람을 그려보면 대충 비슷하리라.

샬라 밖에는 수강생 몇몇이 대기 중이었다. 대부분이 밝은 무늬가 찍힌 요가 매트 가방을 매고 있었다. 가방 하나 없이 매트만 덜렁 들고 있다는 사실만으로 이미 나는 어쩌다 이 마을에 굴러들어와 슈퍼마켓에서 싸구려 요가 매트 하나 산 김에 요가나 한번 해볼까 생각한 순진해빠진, 웜업 스트레칭 한번 안 해보고 본인을 요기로 생각하는 인간으로 치부될 터였다. 젠장.

아무도 말을 하지 않고 있었기 때문에 나는 전적으로 이 사람들의 외모에만 근거해서 편견으로 가득한 이들의 일대기를 상상해볼 수 있었다. 내 옆에는 일자눈썹을 하고 인상을 구기고 있는 모사드(이스라엘의 비밀 정보기관) 살인 병기가 서 있었고, 「쿵푸 팬더」에 나오는 캐릭터(아마도 신령스러운 사부)처럼 생긴 중국 사람, 환경보호단체에서 일하고 채식만 하느라 고생하고 있음이 분명한 흐느적거리는 호주 여자아이, 유틀란트반도의 바람 몰아치는 해변에서 탄트라 섹스학 강의를 할 것 같지만 유머감각은 죽을 쑤려고 해도 없게 생긴 탄탄한 몸매의 내 또래 덴마크 남자. 다음 사람으로 넘어가려는데 비나이가 샬라 문을 열어주었고 우리는 조용히 계단을 올라가 탈의실로 향했다.

하지만 이미 위아래가 완전히 따로 노는 의상을 장착하고 온 나는 수련 공간에 들어가 서성거렸다. L자 모양의 방은 칙칙한 붉은색 콘크리트 바닥으로 되어 있었고 그중 한쪽 벽에는 비나이의 트로피와 힌두교 조각상들이 전시된 선반들이 붙어 있었다. 절대 정숙을 강조하고 음주를 금지한다는 공지도 붙어 있었고 한쪽 벽에는 영감을 주는 포스터들로 장식되어 있었다.

만약 당신이 패배했다고 생각하면 패배한 것이다.

만약 당신이 할 수 없다고 생각하면 할 수 없을 것이다.

만약 승리하고 싶지만 할 수 없다고 생각한다면 승리는 당신의 것이 아니다.

만약 질 거라 생각한다면 이미 진 것이다.

세상에 나가보면 깨닫게 된다. 성공은 우리의 의지에서 시작된다는 것을.

모든 것은 마음가짐에 달려 있다.

꼭 힘세고 빠른 사람이 인생의 싸움을 이기는 것은 아니다.

머지않아 이 싸움에서 이기는 사람은 이길 수 있다고 생각하는 사람이다!

그래! 바로 그거야! 마이클, 넌 할 수 있어! 나는 생각했다.

실내는 딱 요가 매트 열 개가 들어갈 만한 공간이었고, 바닥에는 노란색 테이프로 표시가 되어 있었다. 방금 읽은 용기를 북돋우는 글귀들을 돌아서자마자 까먹은 나는 마치 죽음이 다가오고 있음을 직감한 짐승처럼, 다른 사람들의 시선에서 최대한 멀찍이 저 멀리 어두컴컴한 구석으로 가서 매트를 펼치기 시작했다. 그런 나를 본 비나이는 반의 가장 앞쪽으로 나를 불러냈다.

"자, 여기에." 그는 말했다.

젠장. 요가 매트 가방의 부재가 나의 비밀을 미처 누설하지 않았다면 이제 내가 얼마나 초보인지 만천하에 드러나게 될 터였다. 다른 수강생들이 몸을 풀며 스트레칭을 하기에 나도 건성으로 이리저리 스트레칭을 하다가 손으로 발가락을 터치하려고 시도했다.

제발 아무도 못 봤기를.

덴마크에서 온 수련생은 강사의 매트에 무릎을 꿇고 앉았다. 그가 수업을 리드할 모양이었다. 우리는 모두 그가 하는 대로 했다. 비나이가 그의 옆에 꿇어앉았고, 두 사람은 눈을 감은 채 큰 소리로 숨이 허락할 때까지 길게 '옴om'이라고 외쳤다. 나머지 수련생들도 그들을 따라했고 나도 함께 했다. 어찌나 남의 이목이 의식되던지 내 지인 중에 이 광경을 목격하고 있는 사람이 없다는 게 새삼 감사했다.

피가 안 통하는 관계로 다리가 저리는 고통만 아니면 나는 '옴' 소리가 만드는 진동이 내 두개골과 치아 사이로 울리는 느낌을 제법 즐기고 있었다. 내가 '옴' 챈팅chanting에 나름 재능이 있는 것 같단 생각이 들었다. 비나이가 내 옆에 기도 책을 슬며시 놓아주었고 나는 하레크리슈나교 주문 비슷한, 듣기엔 좋으나 뭔 말인지는 전혀 알 수 없는 소리를 따라하려 애써봤다. 사탄 일당에게 충성을 맹세하고 있는지 어쩐지 모를 일이었다.

우리는 기본적인 수리야 나마스카 혹은 태양 숭배 자세라는 동작들로 운동을 시작했다. 위로 스트레칭을 하고 아래쪽으로 내려갔다가 허리를 앞으로 곧게 펴서 쭉 뻗고, 다리를 번갈아 스트레칭하고 몸으로 아치 모양을 만드는 자세 등으로 구성됐는데 비나이의 버전에는 프라나 바시야 요가의 과장되고 기이한 동작들이 추가돼 있었다. 수리야 나마스카의 중반쯤에는 마치 석유 시추기의 지렛대가 중간에 떠 있는 상태처럼 손바닥을 바닥에 붙이고 다리를 허공에 교대로 들어올려야 했다. 우리는 이 동작을 천천히 규칙적인 속도로 멈추지 않고 수없이 반복했다. 덴마크 남자가 우리 동작에 맞춰 호흡의 박자를 세어주었다. "마시고, 하나, 둘, 셋, 내쉬고, 하나, 둘, 셋" 뭐 이런 식으로. 그래서 우리의 동작이 호흡과 따로 놀지 않도록.

내가 이 모든 것에 얼마나 준비가 안 되어 있는지는 몇 분 만에 확실히 알 수 있었다. 태양 숭배 자세는 대충 따라갈 순 있었지만 다섯 번쯤 하고 난 다음 내 생각은 이미 편히 눕고 싶다는 쪽으로 흘러갔다. 그러나 이어서 바로 다른 아사나가 이어졌다. 중국 첩보기관이 절대 입을 열지 않는 반체제 인사를 다루는 매뉴얼에서 뽑아온 게 분명한 육체를 뒤트는 자세였다. 전사 자세 A, B, C를 예로 들어보자. 먼저 두 다리를 넓게 앞뒤로 벌리고 서서 앞쪽 다리의 무릎을 굽혀 직각으로 만들고 두 팔을 옆으로 쫙 편다. (A)그다음 두 팔을 머리 위로 쭉 뻗어올려 기도하는 것처럼 모은다. (B)그리고 마지막으로 가장 끔찍한 동작이었는데, 한쪽 다리로 균형을 잡고 선 채 다른 다리를 들어 두 다리로 직각을 만들어 T자를 만든 뒤, 두 팔은 마치 수영장에 다이빙하기 직전처럼 앞으로 쭉 뻗는다. 나는 내 몸이 나에게 이런 고통을 안겨줄 수 있다고는 상상조차 해본 적이 없다. 적어도 한쪽 다리로 온몸을 떠받쳐야 한다는 의도가 없을 경우에는 말이다.

전사 자세가 끝난 후 다리가 어찌나 후들거리던지 달달 떨고 있는 강아지 꼴이었고, 그다음 순서로 배 근육은 이 수업을 보이콧하겠다고 선언하고 있었다. 심지어 차분히 이어지는 느리고 깊은 호흡마저 나를 좌절시키고 있었다. 산소 부족으로 시야마저 얼룩덜룩해졌다. 이 현상은 쿰바카 혹은 '호흡 잠그기'를 하는 동안 더 악화됐다. 우리는 숨을 깊이 들이마신 후 특정한 아사나를 행하는 동안 그 숨을 품고 있어야 했다. 나의 허벅지는…… 뭐랄까 '진동'(이 단어만이 유일한 표현이라고 본다)하기 시작했고, 단순히 '몸매가 별로'인 단계를 훨씬 넘어서는 아주 당황스러운 신체적 증상들이 마치 내 의지에 반기를 들 듯 차례로 나타나기 시작했다. 비나이는 내가 고통스러워하는 것을 눈치채고 얼굴을 바닥 쪽으로 향하고 엎드려 기운을 회복하라고 했다. 한두 번 들은 소리가 아닙니다만.

"언젠가는 이 모든 게 끝날 거야." 다른 사람들은 모두 동작을 이어나가는데 나만 옷이 흠뻑 젖은 채 땀으로 흥건해진 매트 위에 누워 스스로를 달랬다.

우리의 첫 만남 때 비나이는 수업 직전에 음식을 먹지 말고, 물도 최소한으로만 마시라고 했기 때문에 나는 지치기만 한 것이 아니라 굶주린 데다 갈증으로 목이 타들어가고 있었다. 나는 딱 거기서 그만두고 첫 수업의 30분이 지난 시점에서 걸어 나오는 것도 고려했다. 비굴하게 사과하는 표정을 지은 후 매트를 수습해서—혹은 그냥 샬라 바닥에 그대로 내버려둔 채. 어차피 다시 쓸 일도 없을 테니—다른 사람들한테 땀방울을 흘리지 않게 최선을 다하며 살금살금 나와서 다시는 돌아가지 않는 거야.

그러나 두 눈을 감고 두 손 위에 턱을 얹고 있노라니(손가락 끝은 마치 소시지처럼 쪼글쪼글해지고 있는 가운데) 내 앞에는 두 개의 길이 놓여 있다는 깨달음이 왔다. 하나는 그냥 벌떡 일어나 이 자리를 박차고 나가 숙소에 가서 리센의 분노를 대면하는 것이었다. 아마도 우리는 곧 집으로 돌아갈 테고 다시 인도로 떠나오기 전과 똑같은 삶을 반복하게 되겠지. 술은 더 마실 테고 일은 덜 할 테고 더 뚱뚱해지고 더 가난해지고 더 비참해지고 더 부정적이 되고 더 쫄아서 살아가게 되겠지. 나는 거절하고 움츠러들고 포기하고 모든 것을 체념한 채 쉽고 안전한 망각을 향한 나락으로 떨어져버리겠지. 그 끝은 어디일까? 내게 남은 사회적 능력의 재기 불가능한 최후의 붕괴 지점은 어디일까? 회복 불가능한 신체적 파탄. 파산. 질병. 병원. 만약 리센의 어두운 암시들을 기억한다면 내가 사랑하는 모든 이와 결별하게 될 것이며 종국엔 종합 병실에서 내 토사물과 소변이 만든 웅덩이 속에서 영혼은 럼주에 담근 건포도처럼 쪼그라든 채 소독약 냄새가 콧구멍 주위를 떠도는 가운데 볼썽사나운 죽음을 맞이하겠지.

그렇다면 또 하나의 길은? 그 길은 어디로 이어질까? 단기적 굴욕 그리고 그나마 아직 남아 있던 자존감의 파편마저 빼앗겨야겠지. 하지만 어차피 이들은 다 모르는 사람들이다. 그리고 다시 볼 일도 없다. 따라서 내가 창피한 기억만 지울 수 있다면(그리고 이런 전례는 이미 충분히 있었다) 아무 상관없지 않은가? 고통, 계속 이어지는 육체적 괴로움? 솔직히 크게 상관이 있긴 했다. 예전에 신체의 일부를 영구적으로 파열시킨 적이 없다는 점을 기억할 때 이건 정말 지금껏 가능하다고 상상도 못 해본 고통의 신세계였다. 그러나 비나이는 나를 지켜보고 있는 것 같았다. 내가 너무 무리하지 않도록 신경 써줄 거라는 믿음이 있었다. 그의 지극히 영롱한 눈동자 때문인지 새하얀 치아 때문인지 혹은 온 방 안을 환히 밝히는 보조개를 만드는 미소 때문인지는 모르겠으나 내 마음 저 깊은 곳에서—이것이 사전 정보에 따른 결론인지 아니면 그저 단순한 절박함에서 오는 것인지는 알 수 없으나—나는 그의 방법이 내 삶을 바꿔줄 거라는 확신이 있었다. 나는 다시 일어나 심호흡을 한 뒤 어깨를 활짝 펴고 덴마크 남자의 구령에 맞춰 몸을 움직이기 시작했다.

몇 분 뒤, 나는 다시 엎드려서 실험실의 비글처럼 헐떡거리고 있었지만 적어도 포기는 하지 않았다.

수업이 두 시간쯤 이어지는 동안 동료 요가 박사님들은 별의별 희한하고 기이한 동작들을 선보였다. 도저히 가능하다고 상상할 수 없는 동작들이었다. 과연 곡예의 모든 것이라 할 수 있었다. 또 한 번 매트 위에서 기운을 차리고 있던 차에 앞쪽 벽에 진열된 트로피들을 훑어보게 됐다. 이미 웹사이트를 통해 비나이가 인도의 전국 챔피언이라는 사실은 알고 있었지만 꽃으로 장식된 가네쉬Ganesh Chaturthi 코끼리 머리를 한 힌두교의 신 조각상 옆으로 전시된 트로피와 상패만 스무 개였다. 하지만 나의 엎드린 자세에서는 그보다 덜 고무적인 것들도 시야에 잘 들어왔다. 보기에 가히 아름답지 않은 쭉쭉 늘어나고 있는 엉덩이 몇 개 그리고 특히나 마치 화난 것처럼 보이는 중국 남자의 음낭까지 언뜻 눈앞을 스쳐 지나갈 때는 꽤나 언짢았다. 그러나 마침내 몇 년 같은 시간이 흐른 뒤 수업은 끝났다.

10분의 휴식 시간에 나는 발코니로 나가 바깥의 신선한 공기를 들이마셨다. 그리고 두 번째 수업이 시작됐다. 프라나야마 수업, 쉬어가는 시간이었다. 약간의 명상과 호흡이 아사나처럼 고될 리는 없지 않겠어?

수련생들은 매트 위에 책상다리를 하고 앉아 손등을 무릎에 얹고 검지와 엄지를 동그랗게 붙인, 전 세계에서 통용되는 "날 봐, 나 지금 명상 중이야!" 자세를 취했다. 나도 똑같이 했다. 비록 나 자신에게 엄청난 배신감을 느끼긴 했지만. ("이건 내가 아니야. 나는 구멍 난 옷을 입은 히피처럼 바닥에 책상다리하고 앉는 그런 사람, 아니잖아.") 비나이는 수련생들 한 명 한 명에게 다가가 옆에 쪼그리고 앉아 앞으로 두 시간 동안 해나가야 할 호흡법을 조용히 보여주었다. 얼마 뒤 비나이가 내 앞에 앉았다.

"두 눈을 감으시고 이 부분에 집중해보세요." 그는 자기 이마의 한가운데 트리쿠티라고 알려진 부분을 가리키며 말했다. "여기가 당신의 제3의 눈입니다."

그는 어떻게 호흡해야 하는지 시범을 보였다. 물론 여전히 코로만. 천천히 숨을 들이쉬며 넷까지 센 후 똑같이 천천히('양 한 마리, 양 두 마리'로도 부족했고, '하얀 양 한 마리, 하얀 양 두 마리' 정도는 돼야 충분했다) 여섯까지 세며 내쉬었다. 한 번도 산수를 잘한 적은 없지만 그런 내가 보기에도 이건 논리적으로 안 맞는 것 같았다. 이걸 하는 이유는 우렁찬 소리를 낼 때처럼 복부의 근육을 활용해서 몸 안에 있던 '묵은' 공기를 내보내기 위함인 듯했다. 그러니까 일종의 내적 자정 활동 같은 것. 나는 복부에 큰 압박을 가하는 호흡 운동을 서른 번 반복한 후 누워서 같은 횟수의 보통 호흡을 하며 기력을 회복해야 했다. 물론 여전히 코를 통해서만.

"호흡을 할 때는 척추의 맨 밑바닥으로 호흡한다고 생각하세요." 비나이는 다음 사람에게 옮겨가기 전에 마지막으로 내게 이렇게 속삭이고 갔다. 그래. 척추. 오케이.

처음에 이 호흡법을 시도했을 때는 콧속에 들어 있던 온갖 이물질을 깨워 움직이게 만들었다. 그래서 다들 휴식 시간에 요란하게 코를 풀어대던 것이로구나, 나는 휴지를 찾기 위해 탈의실로 달려가며 생각했다. 하지만 그보다 힘들었던 건 책상다리를 하고 바닥에 앉아 있느라 시작된 타들어가는 듯한 허리 아랫부분의 통증이었다. 그런 자세는 캘러헌이 수상이었던 시대1976~1979년 재임 이후로는 한 번도 시도해보지 않았다. 허리 통증은 거의 앉자마자 시작됐고 곧 무릎 통증과 극심한 다리 저림 현상으로 이어지더니 결국 나는 발의 모든 감각을 상실하고 말았다. 가만히 앉아서 숨만 쉬는 것도 건강해야 가능한 것이었다니. "여럿이 함께 하는 더 강한 호흡을 느껴보세요"라고 비나이가 말했지만 별 도움은 안 됐다. 다시 한번 그는 나의 고통을 눈치 채고 조용히 누우라는 손짓을 해 보였다. 이번에는 등을 바닥에 대고.

신기하게도 누워서 천장의 선풍기 날개를 쳐다보고 있는데 아까까지만 해도 미처 날뛰던 허기가 가라앉는 느낌이었다. 동작을 하는 내내 나를 괴롭히던 절박한 갈증도 사라졌고, 더욱더 이해하기 힘든 건 아까처럼 그렇게 힘들지 않다는 것이었다. 오히려 즐거운 기분이었다. 거의 키득키득 웃음이 날 정도로. 이걸 어떻게 설명해야 하나?

내 뒤에서 또 한 명의 수련생이 놀라운 소리를 내기 시작했다. 마치 누군가가 상어 떼가 득시글대는 바다 위에서 가라앉고 있는 에어매트에 고물 자전거 공기 주입기로 바람을 넣으려고 하는 것 같은 소리였다. 나는 방 안을 둘러봤다. 누가 저 사람을 좀 도와줘야 하는 거 아닌가? 알고 보니 그는 그냥 프라나야마 수련의 단계를 진행 중인 모양이었다.

내가 첫 번째 세트를 마쳤을 때 비나이는 내 옆에 조용히 쪼그리고 앉더니 4-6 호흡법을 반복하되 이번에는 오른쪽 엄지로 나의 오른쪽 콧구멍을 막고, 그다음에는 검지로 왼쪽 콧구멍을 막는 과정을 교대로 진행하라고 했다. 다른 상황에서 누군가가 나에게 이런 짓을 하라고 했다면 나는 안면이 마비된 미소를 지어 보이며 뒤로 스멀스멀 물러났겠지만, 그 공간의 나머지 사람들이 모두 비슷하게 우스꽝스러운 활동에 매진하고 있었기에 괜찮았다. 자전거 바퀴 공기 주입기 호흡을 하는 사람과 이제는 길게 '옴'을 외치고 있는 사람들.

'옴' 혹은 '아움' 챈팅의 반복은 수련자들로 하여금 머릿속을 비우고 마침내 깨우침에 다다르게 돕는 기술 중 하나라고 했다. 나는 이미 아사나를 하는 동안 이 반의 경쟁의 기운을 감지하고 있었다. 수련생들은 상대보다 조금이라도 더 길게 몸을 늘이려 했고 '옴' 챈팅을 할 때는 경쟁이 더 과열됐다. 다들 누가 가장 길게 음을 끌 수 있는지 해보겠다는 듯 폐에서부터 끌어올린 소리를 안간힘을 쓰며 마지막까지 쥐어짜냈다. 참담하게도 나는 '옴' 소리를 내는 것도 허락되지 않는 것 같았다. 수업의 막바지에 비나이는 나보고 다시 누워서 그냥 남들 하는 것을 지켜보라고 했다.

육체적으로나 감정적으로 많은 것을 소모한 그날의 아침을 우리는 힌두교 기도 노래로 마무리한 뒤 무릎을 꿇은 자세로 비나이에게 절을 하고 조용히 사색하듯 매트를 말아 아래층으로 내려간 뒤 인도의 밝고 강렬한 태양 속으로 걸어 들어갔다.

숙소는 걸어서 겨우 10분 거리였지만 나는 지칠 대로 지쳐 오토릭샤에 쓰러지듯 몸을 실었다. 집에 돌아왔을 때 몸은 만신창이였고 나의 인간적 존엄성은 샬라 바닥에 내 땀이 모여 이룬 웅덩이에 버려진 상태였지만, 나를 지배하는 감정은…… 성적 흥분이었다. 부엌에 있던 물통의 물을 다 마셔버리고 샤워를 한 후 내 머릿속의 오직 한 가지 생각은 아내와 잠자리를 갖는 것이었다. 나는 사창가의 창문을 닦는 사람처럼 달아올라서 격렬한 그리고 만신창이가 된 나의 몸 상태를 고려할 때 낙관적인 성욕에 사로잡혔다.

여러분은 나의 성생활을 궁금해하고 있었는지도 모르겠다. 아닌가? 뭐 어쨌건 간에. 사실 우리는 비록 띄엄띄엄이긴 했지만 맥은 끊지 않고 이어가고 있었다. 아이들과 호텔 방을 같이 쓰는 경우 이건 결코 쉬운 일이 아니다. 그 활동은 아주 다급하게 화장실을 방문하는 것으로 제한돼야만 하는데, 우리는 그 방면으로 꽤 능숙했다. 아이들은 우리가 '생일 선물에 대해 의논하는'

데 너무 오래 걸린다는 점을 수상하게 여기기 시작했지만 그럭저럭 그런대로 넘어갔고, 또 하나 이런 상황에서는 우리가 엄청 기뻐했다가 불쾌했다가 하며 상반된 감정이 엇갈리고 있는 것처럼 들린다는 점이 주효했다.

갑작스럽고—특히 리센에게—놀라울 정도로 확 증폭된 나의 성적 충동은 내 첫 요가 수업 이후에 생각해보아야 할 여러 혼란스러운 의문점 중 하나일 뿐이었다. 프라나야마가 어떻게 나의 허기와 갈증을 잠재웠을까? 걷잡을 수 없는 성욕은 요가의 영구적인 부작용일까? 중국 남자의 음낭은 왜 그렇게 성이 나 있었던 걸까?

간디가 성적 충동을 권장하지 않았으리라는 것은 확실하다. 비록 그의 눈이 항상 두리번거리고 있었다는 점은 누구나 아는 사실이지만 글에서 그는 비생산적인 성행위를 강하게 반대하고 있다. "결혼은 자손을 낳기 위한 것이지 단지 성적 쾌락만을 위한 것이 아니다. 성적 충동은 아름답고 고결한 것이다. 그러나 오직 창조를 위한 행위일 때 그렇다는 의미다. 그 외의 다른 용도는 신과 인류에 대한 죄악이다."

간디 선생님, 당신은 어쩌면 수련을 제대로 안 하신 거였는지도 모르겠습니다만.

고래와 트럼펫

나의 첫 요가 수업을 평생 단 한 번의 일탈로 규정한 내 몸은 이제 그게 어떤 것인지 확실히 알았기에 다시는 반복할 계획이 없었다. 다음 날 아침에 일어났는데 정말 온몸에 안 아픈 구석이 없었다. 강도 높게 혹사당한 근육들은 아주 미세한 부담에도 툭 끊어질 것만 같았다. 그 수업을 마치고 생존했다는 것만으로도 나는 산 정상에 등극한 느낌이었고 다시는 돌아가지 않을 생각이었다.

"난 행복하지 않아." 이튿날 아침 여섯 시, 나는 팔꿈치로 리센을 툭툭 쳐서 깨우며 말했다. 리센은 끙 소리를 내며 의식을 차단하고 있었다.

"어쩌나 경쟁이 심한지 몰라. 기쁨도 웃음도 없어. 누가 자기

발을 더 우스꽝스러운 위치에 놓을 수 있는지, 숨을 제일 크게
쉴 수 있는지 과시하려고 난리들이야. 난 안 가."

침묵.

"진짜야. 안 간다고. 적어도 시도는 했잖아. 못 하겠어."

여전히 침묵.

나는 일어나서 주섬주섬 수영복 반바지를 입고 워킹슈즈를
신고 샬라를 향해 출발했다.

이번에는 구석에 서서 고정관념으로 그들을 재단하는 대신
그중 한 명과 대화를 나눠보기로 했다. 알고 보니 덴마크 남자의
이름은 라스였다. 요가를 한 지는 4년밖에 되지 않았다고 했고,
지금은 몇 달째 주로 고아 주의 요가 샬라들을 돌며 인도를 여
행 중이라고 했다. 원래 마이소르에는 올 계획조차 없었다고.

"너무 마돈나스럽다고 생각했어요." 그는 이제 고인이 된 아
시탕가 요가 구루 파타비 조이스를 스승으로 모시고 고쿨람 부
근의 샬라에서 수련한 것으로 알려진 가수를 언급하고 있었다.
"하지만 제 여자친구의 설득에 넘어왔는데 비나이 선생님의 요
가에 너무 감명을 받았어요. 정말 진지하고, 엄청, 엄청 강도가
세잖아요. 그래서 이제 지도자가 되기 위해 수련 중이에요."

이내 미국 여자가 긴 빨간 머리를 찰랑거리며 도착했다. 그 여
자가 나를 노려보기에 나는 그녀도 벤치에 앉을 수 있게 자리를
만들어주려고 옆으로 당겨 앉았다. 그러자 그녀는 나를 대화에
서 완전히 소외시킨 채 라스를 향해 앉아 전날 밤 자기가 갔던
파티에 대해 얘기하기 시작했다.

나이가 좀 많은 중국 남자는 비나이의 가네쉬 조각상에 바칠 이국적인 꽃을 끼고 나타났다. 알고 보니 뉴질랜드에서 온 그의 이름은 링이었고, 행동이 약간 여성스러운 친절한 타입이었다. 나는 그에게 다른 요가도 해본 적이 있냐고 물었다.

"아, 그럼요." 그가 웃었다. "아시탕가 요가를 무려 30년 넘게 했답니다. 오클랜드에서 요가원도 운영한 걸요. 하지만 이 요가가 제가 경험해본 가장 빡센 요가예요. 어떤 날은 정말 죽을 것 같더라고요. 정말 비나이 선생만큼 잘하는 분은 못 만나본 것 같아요."

그리고 비나이의 초능력에 대한 간증이 이어졌다. 어떤 여자가 한번은 자기가 비나이에게 오늘따라 너무 힘들다고 말했더니 그녀가 생리할 때가 됐음을 비나이가 기억했다고 했다. 또 다른 여자는 비나이가 자기가 곧 아플 거라는 걸 예견했다고도 했다.

"그냥 평소보다 동작이 잘 안 되고 있을 뿐이었거든요." 그녀가 말했다. "왜 그런지는 저도 몰랐죠. 그런데 선생님 말이 딱 맞았어요. 선생님이 내가 독감에 걸릴 거고 하루 이틀은 쉬어야 할 거라고 했거든요. 그때는 멀쩡했단 말이죠. 근데 다음 날 자고 깨보니 몸이 너무 안 좋았고 요가 수업도 못 왔죠."

이런 증언들은 내 기분을 살짝 나아지게 했다. 아주 살짝. 대신 내 요가 매트가 마음에 안 들기 시작했다. 수업을 시작할 때 스튜디오 안을 둘러보니 다른 사람들의 매트는 모두 내 것보다 더 두껍고 질이 좋았다. 심지어 어떤 사람들은 화려한 색의 면 담요를 매트 위에 조심스럽게 깔기까지 했다. 빅바자에서 구입한 나의 300루피짜리 매트는 정말 저급한 축에 속했다. 그리고 내

땀을 모두 흡수하자마자 콘크리트 바닥으로부터 나를 전혀 보호하지 못했다. 어쩐지 모든 동작이 다 너무 힘들더라니!

거기서 생각을 딱 멈췄다. 여기까지 와서도 다른 사람들의 매트나 탐내고 있었던 거다. 내 인생이 어쩌다 이 지경이 된 거지?

이번에는 비나이가 혼자서 수업을 이끌어갔다. 아사나를 함께 해나가면서 동시에 우리가 무엇을 해야 하고 어떻게 호흡을 해야 하는지 끊임없이 지도해나갔다. 그러면서도 호흡이 흐트러진다거나 특별히 애를 쓰는 것처럼 보이지도 않았다. 정말 놀라웠다.

"근원을 향해 호흡하세요." 그가 어느 순간 말했다. "본인 내부의 빛에 집중하세요."

나는 이게 무슨 소린지 전혀 알 수 없었지만 어쨌든 최선을 다했다. 그런데 이상하게도 두 번째 수업이 더 힘겨웠다. 규칙적인 심호흡을 유지하려 애쓰다가 눈앞이 캄캄해졌고, 이내 자세가 흔들리면 비나이가 그때마다 내게 누워 있으라고 가만히 말해주었다.

두 번째 수업의 주요 동작들에 대해 논하면 좋겠지만 누군가가─나는 링이라는 데 걸겠다─방귀를 뀌었다. 마치 고래가 트럼펫을 부는 것처럼 어마어마한 소리로. 아무도 반응하지 않았지만, 개인적으로 나는 모르는 사람으로 가득 찬 공간에서 실수로 방귀를 뀌는 것보다 더 당황스러운 일은 상상이 안 된다. 이 사건은 내 기분을 상당히 업시켰다. 나는 머리 위로 발 들어올리기 같은 건 못 할지도 모르겠으나(실로 웃음이 절로 났다) 적어도 나의 괄약근은 조절할 수 있단 말이다.

그러나 그 후 얼마 지나지 않아 땀으로 흠뻑 젖은 내 티셔츠 안에 갇혀 있던 공기 방울들이 내가 매트에 엎드리자 나의 배에 의해 압박을 받는 불운한 상황이 잇따랐다. 다른 사람들에게는 나 역시 엄청난 가스를 발포한 것으로 들렸을 것이다. 나는 마치 "보세요, 내가 그런 게 아니에요. 내 티셔츠 때문에 난 소리예요"라고 말하듯이 곧바로 같은 소리를 복제해내려고 했지만 암만 노력해도 헛일이었다. 이젠 나도 젊은 요기 동지들에게는 늙어가는 '공기'실금 환자로 각인됐을 것이다. 그렇기만 하면 다행이게, 두 번 다 내가 낸 소리라고 생각했을 수도 있다.

아사나 수업에 이어 프라나야마 호흡 명상 수업은 책상다리로 인한, 이제는 친숙해진 육체적 고통을 불러왔다. 그래도 이번에는 내가 콧속의 통로를 깨끗이 비워야 한다는 것을 기억했고, 비나이가 수건을 접어 나의 삐걱거리는 무릎 아래 괴어주고 쿠션 기능을 할 수 있도록 요가 매트를 말아서 나의 경직된 척추를 받쳐주어 고통이 아주 약간은 완화됐다. 이 모든 게 좀 모양 빠지는 일이긴 했다. 만약 빠질 모양이 남아 있었다면 말이다. 나는 마치 무너지고 있는 가지들을 튼튼한 기둥으로 받쳐놓은 아주 오래된 일본 소나무가 된 듯한 기분이었다.

그러나—이건 정말 엄청난 '그러나'다—둘째 날 샬라를 나와 마이소르의 먼지 자욱한 거리로 나섰을 때 내 육체적 불편함은 어떤 이질적인 느낌에 의해 좀 완화됐다. 정확히 어떤 느낌인지는 솔직히 알 수 없었지만 세상은 좀 더 선명하고 환하고 맑아 보였다. 물론 나는 통증 때문에 무척 피로했고 몸도 마음대로 움직일 수 없었지만, 마음을 뒤흔드는 나의 분노가 잘 조절되는 듯한 이 느낌은 무엇이었을까? 오랜 시간 잠들어 있던 정신, 예전엔 멸종된 것으로 믿고 있었던 그것은 긍정이란 마음이었다.

내가, 아마도 입을 살짝 벌리고, 약간 게슴츠레한 표정으로 이것이 진짜 감정인지 아니면 단순히 몸이 극도로 지쳐서 나타나는 도취 현상인지 알아내려 애쓰고 있는데 모사드 살인 청부업자(알고 보니 위풍당당하게도 진짜로 이스라엘 군인 출신)가 지나갔다.

우리는 서로를 알아보고 조심스럽게 고갯짓으로만 인사를 했는데 무슨 일인지 그가 주저하며 내게 다가왔다.

"좀 어떠세요? 보니까 고생 좀 하시는 것 같던데요."

"네, 맞아요. 하지만 잠깐이나마 뭔가가 찾아왔던 것 같아요. 지금 방금요. 그게 뭔지 잘 모르겠지만."

"아하", 그는 콧바람을 내쉬는 소리를 내더니 뭔가 안다는 듯 고개를 끄덕였다. "아마 아난다일걸요?"

"아난다?"

"요가 경전을 읽으셨다면…… 요가 경전은 읽었겠죠, 그쵸?"

"영화를 보려고 기다리는 중에 띄엄띄엄 봤어요." 그는 농담을 알아듣지 못하는 것 같았다.

"우파니샤드? 파탄잘리? 바가바드기타?"

"당연히 전부 다 제 독서 목록에 있습니다."

그는 '얘 뭐야?'라고 생각하는 듯 눈알을 살짝 굴렸지만 나의 무지함은 당연히 무시받아 마땅하긴 했다.

"요가는 아주 간단히 말해서 딱 한 가지를 위한 것입니다. 아난다죠. 아난다는 지속적인 영원한 행복을 의미합니다. 아난다에 도달하려면 먼저 명상과 아사나를 통해 당신의 본질을 이해해야 합니다. 즉, 저 깊은 곳에서 당신은 이 지구상의 모든 사람과 마찬가지로 신성한 존재라는 겁니다. 불교의 열반, 우주적 의식(우주의 모든 존재 안에 내재한 본질을 다루는 개념), 여호와, 마호메트, 하느님, 당신이 그걸 뭐라고 부르든 다 같은 거란 얘깁니다."

"알겠어요, 하지만 그걸 이해하기 위해 꼭 두 발을 내 귀까지 올리고 '옴'을 외쳐야 하는 건가요? 알겠다고요, 나는 신성하다."

"그게 지적 단계에서는 이해할지 몰라도 당신은 프로그래밍되었고 세뇌되었고 당신의 정신은 온갖 감정과 공포와 불안으로 스크래치가 났고 오염돼 있어요. 요가는 그런 것을 모두 깨끗이 지워내고 자아와 우주를 완전히 선명하게 볼 수 있도록 돕는 거예요."

나는 잠시 생각해봤다. 그냥 알았다고 해. 아니면 저런 얘기 계속해댈 거야.

"그러니까 톨게이트를 지나갈 때 집중하기 위해 오디오 소리를 줄이는 것 같은 거죠?" 나는 내 말이 먹히길 바라며 말했다.

"요가를 할 때는 몸을 구부리고 늘이고 하면서 더 유연해지죠. 그럼 정신도 함께 유연해지는 거예요. 그냥 몸만 좋아지는 게 아니에요. 인도를 여행하다보면 뚱뚱한 아저씨들이 요가 하는 걸 정말 많이 볼 수 있어요. 서양에서 운동하듯이 심혈관 강화를 위한 운동 같은 게 아니에요. 요가는 자신의 몸을 이해하고 그것을 통해 무엇을 할 수 있는지 알게 되는 거예요."

"알겠어요. 그러니까 스트레칭하고 움직이고 하는 것들이 몸에 좋다는 거 이해합니다. 하지만 솔직히 아직도 잘 이해가 안 되는 건 그런 게 정신에서도 나타난다는 거예요."

"아, 곧 경험하게 될 거예요. 그렇게 됩니다. 조화. 결국은 조화가 가장 중요해요."

"아, 하나만 더요." 내 말에 그가 멈춰 섰다. "요가를 하면, 그러니까 그런 현상이 생기기도 하는지…… 성적으로 흥분하는?"

"정말요? 농담 아니고 진짜로?"

"하하, 당연히 농담이죠. 어쨌든 내일 봐요!"

그는 매트를 옆구리에 끼고 땀으로 푹 젖은 티셔츠가 등짝에 붙은 채로 이미 걸어가고 있었다.

그날 오후 숙소로 돌아와 이옌가르의 책과 마이소르의 가게에서 고른 요가의 역사와 배경을 다룬 책 몇 권을 읽었다. 나의 요가에 대한 기본적인 이해는 정말로 기본적인 것이었다. 예전에는 요가에 대한 글이라면 고통스러울 정도로, 인생의 활기를 다 뽑아가버릴 정도로 지루해야 한다고 생각한 것 같았다. 그냥 이 정도로 얘기하겠다. 만약 당신이 헨리 제임스의 책이 잘 안 읽힌다고 생각한다면 요가 구루라는 사람들이 쓴 책을 읽을 때는 그저 행운을 빌어주겠다고. 요가의 가르침은 3000년 전, 700편의 운문으로 이루어진 바가바드기타고대 인도의 서사시인 『마하라바다』의 일부를 이루는 종교, 철학적 교훈 시편에서 기원했는데, 크리슈나 신이 크루크세트라 전쟁터에서 이 바가바드기타를 암송했다고 한다. 크리슈나는 혈육인 사촌과 적이 되어 싸워야 한다는 사실에 전의를 상실한 판다바의 왕자 아르주나에게 전쟁의 도덕에 대해 그리고 궁극적으로 '최후의 자유' 혹은 '해탈(모크샤)'을 성취하는 법에 대해 조언한다. 크리슈나는 먼저 인간의 본체, 즉 개별적 자아는 영원불멸이며 육체만이 생멸하기 때문에, 죽이든 죽임을 당하든 상대에 괴로워할 필요가 없다고 주장했다고 한다.

이런 신성한 도입 이후 요가는 수많은 목적과 철학으로 갈라져 나간 것 같다. 그러나 인도든 서양이든 지금 우리가 아는 대다수 요가의 핵심은 불과 2000년 전, 마하무니(위대한 현자) 파탄잘리가 고안한 아슈탕가 요가다. 이는 8개의 가지—내가 보기엔 '가지'보다는 '단계'라고 해야 할 것 같지만, 나도 내가 뭔 소리를 하고 있는지 모르겠다는 사실은 이미 확실히 해두었으므로 넘어가겠다—로 이루어진 요가로 이 8개의 큰 가지를 통해 수련자들이 깨달음을 얻고 해방에 이르는 것을 목표로 하며, 실용적이고 정확하고 직접적인 동작으로 짜여 있다.

첫 두 단계는 광범위하게 말해서 타인과의 조화를 유지하기 위한 삶 속의 몸가짐, 도덕률, 개인적 행동들과 관련 있다.

야마yama — 기본적인 도덕적 계명 혹은 '외부의 의식'. 비폭력, 진실, 보편적 선이 이에 해당한다.
니야마niyama — 자가 통제 혹은 '내부의 의식'

그다음 두 가지는 이옌가르—그리고 비나이의 프라나 바시야 요가―가 특히 강조하는 아사나와 프라나야마다. 아사나는 수련자들이 육체를 다스리는 것을 돕고 그리고 프라나야마는⋯⋯ 흠, 헉헉거리고 씩씩대는 것이 대체 무슨 효과가 있는 걸까?

책에서는 프라나가 '숨' 혹은 '생명력'을, 야마는 '길이'를 의미한다고 설명한다. 따라서 대강 번역하자면 '호흡의 확장' 정도가 되겠다. 요가 철학의 신념에 따르면 인간의 수명은 나이나 우리가 사는 날수에 따라 결정되는 것이 아니라 우리의 호흡의 횟수에 따라 결정되는 것이다. 따라서 그 호흡에서 최대치를 끌어내는 법, 최대한 확장하고 활용하는 법을 배운다면 우리 삶도 확장될 수 있다.

'프라나야마는 폐를 청소하고 공기를 통하게 한다'고 이엥가르는 적고 있다. '혈액에 산소를 공급하고 신경을 정화한다. 그러나 육체의 정화보다 더 중요한 것은 증오, 격정, 분노, 욕정, 탐욕, 망상과 자만 같은 우리를 불안하게 만드는 감정들을 비워 정신을 정화하는 것이다.'

폐에 대한 얘기는 바로 이해됐지만 정신생리학 쪽으로 건너뛴 그 부분은 이해하기 힘들었다. 오전 수업을 마치고 햇볕 속으로 걸어 나왔을 때 언뜻 맛봤던 그 순간적인 활기를 말하는 걸까? 그것이 깨달음의 영역에서 가늘게 새어나온 빛이 내게 손짓하는 순간이었던 걸까? 아니면 신선한 공기 때문에 약간 아찔해졌던 것뿐일까?

아사나와 프라나야마 다음의 아슈탕가 요가의 두 가지는 더 난해하고 추상적인 영역으로 넘어갔고, 지금 이 단계의 나로서는 별로 흥미조차 느껴지지 않았다.

프라티아하라pratyahara — 감각과 외부 대상으로부터 정신의 절제
와 해방
다라나dharana — 집중

그리고 마지막 두 가지에서 우리는 '영혼의 휴식'으로 원대한
도약을 한다.

디야나Dhyana — 명상
사마디Samadhi — '우주의 영혼과 하나가 되는' 인간의 의식을 초
월한 '지극한 몰입'

책을 읽어나가는 동안 나는 이옌가르가 요가 수련자들을 네
범주로 분류한 것이 무척 흥미로웠다. 절대 기가 죽은 건 아니다.
유감스럽게도 그가 첫 번째 범주로 분류한 사람들(므르두)은 내
가 정신 및 인성검사를 했을 때 나올 만한 결과의 특징들이 나
열돼 있었다. 그의 말에 따르면 이 루저들은 "무언가를 추구할
때도 열정이 부족한 약한 사람들이며, 그들의 스승을 비난하고,
탐욕스럽고 나쁜 행동으로 쉽게 기울며 과식하고 휘둘리고 불안
정하고 겁이 많고 늘 기분이 안 좋고 의존적이고 독하게 말하고
성격이 나약하고 정력이 부족하다."
해당, 해당, 해당.

내가 암만 '마드히야마'(안정적인 마음과 정력 넘치고 독립적이고 고귀하고 자비롭고 너그럽고 진실하고 용감하고 젊고[너무하네, 이건 불공평하잖아] 타인을 존중하고 스승을 존경한다)가 되길 갈망하거나 심지어 언젠가는 '아드히마트라'(엄청난 에너지와 열정이 넘치고, 외모가 출중하고[다시 말하지만 이것도 불공평] 용감하고 성서를 공부하며 학구적이고 분별 있고 우울하지 않고 젊음을 유지하고 음식을 규칙적으로 섭취하고 오감이 통제되고 공포로부터 자유롭고 깔끔하고 재주가 많고 관대하고 모두에게 도움이 되고 단호하고 총명하다 등)에 들어가길 희망한다 해도 어느 모로 보나 근본적으로 내 성격 때문에 나는 첫 단계에 발이 묶여 있었다.

걱정은 마시라. 나의 운명에 디야나나 사마디가 곧 등장할 일은 없다 하더라도 나는 아사나 자체만으로도 이미 명상적인 요소들을 느끼고 있었다. 특히 규칙적이고 무의식적인 깊은 호흡을 이끌어주는 비나이의 시스템은 호흡을 조절해야 한다는 잠재의식의 부담감을 해소해주었고, 호흡을 표면화하고 본인의 통제를 넘어서는 것으로 인식하게 했다. 우리는 그저 하라고 할 때 들이마시고 내쉬면 됐고 나로서는 그것이 무언가를 해방시켜주는 면이 있었다.

이옌가르는 이렇게 말한다. "흔들림 없는 기분 좋은 자세는 마음의 평정을 불러오고 마음의 변덕을 예방한다." 내 경우와는 거리가 먼 얘기였다. 그때까지 수행하는 동안 제대로 집중하지 못하고 있었고 그 뒤로도 마찬가지일 게 거의 확실했으니까. 그러나 그보다 중요한 것은 아사나가 내게 어떤 도움이 될지 분명히 보인다는 점이었다. 그 엄청난 고통과 수모와 불편함에도 불구하고 아사나와 프라나야마의 혜택은 합리화하기 쉬웠다. 심지어 나처럼 부정적인 사람조차도. 나 역시 우주의 에너지 장에 대해 따지는 것보다 수용하는 편이 훨씬 쉬웠고 바로 그 점이 내겐 일종의 시작이었다. 적어도 다음 며칠간 포기하지 않고 나아갈 힘을 주기엔 충분했다.

이제 질문은 '내가 제대로 된 저 깊숙한 곳으로부터의 변화를 느끼기 시작할 때까지 과연 시간이 얼마나 걸릴 것인가?'였다. 그리고 그보다 더 중요한 질문은 내가 그런 변화를 성취해낼 때까지 몸과 정신이 그리고 그때까지 나흘간 이어진 금주(술 없이 내가 버틴 가장 긴 기간이었다. 언제 이후부터? 그래, 내가 진지하게 술을 마시기 시작한 십대 후반 이후로)의 의지가 충분히 오래 버텨줄 수 있느냐였다.

인도 초콜릿과 신성한 소

나흘째가 되자 내 몸은 적어도 하루를 일찍 시작하는 것에는 적응하기 시작했고 그런 사람이 나 혼자만이 아니라는 사실에 마음도 편안해졌다.

우리 아파트 단지는 길모퉁이에 자리하고 있었는데 아파트 앞의 좁은 길은 1층짜리 집들이 빽빽하게 들어선 분주한 지역으로 이어졌다. 아이들이 거리에서 뛰어놀고 노인들은 현관 앞에 앉아 무언가를 씹고 있었다. 한쪽 구석에는 물소가 커다란 쓰레기 더미 옆에 자리를 잡고 역시 무언가를 씹고 있었다. 물소 옆으로 성실하게 차곡차곡 쌓아놓은 듯한 둥글넓적한 말린 거름 더미(연료로 쓰기 위한)로 판단해볼 때, 이 물소는 아주 오래전에 이곳에 자리를 잡은 듯했다. 이곳에서 그녀는 주방에서 나온 오물, 종이, 플라스틱, 우리 이웃들이 그녀의 발치에 내다 버린 온 갖 쓰레기를 느릿느릿 꼼꼼하게 씹고 있었다. 이웃들은 아이들 손에 양동이를 쥐여주고 근처에 이어지는 개울로 나가 본인들이 내다 버린 것과 거의 비슷한 것을 떠오게 했다.

물론 모두가 아는 사실이지만 인도에서 소는 신성한 존재로, 소가 원하는 데라면 어디든 마음껏 돌아다닐 수 있다. 근데 그 게 인도인들이 신성한 존재를 대하는 태도라면 이들이 싫어하 는 것을 대하는 모습은 정말로 보고 싶지 않다. 인도의 대부분 의 소는 정말 가련하게 살아가고 있다. 소들이 소중하게 여겨지 고 숭배를 받는다기보다는 '묵인'되고 있다는 게 좀 더 정확한 표현이라고 생각한다. 그럼에도 소가 매표소 밖에, 버스 정류장 에 혹은 고속도로 4차로 한가운데에 서 있는 모습을 보면 정말 깜짝 놀랄 수밖에 없다. 그런데도 사람들은 이 소들의 존재를 의 식조차 못 하는 것 같다. 마치 이들이 눈에 보이지 않거나 늘 거 기에 있기 때문에 아예 무시되고 있는 것 같기도 하다. 0.5톤의 고기와 가죽, 목 부분에 늘어진 피부와 축 처진 복부는 어쩌다 보니 누구의 눈에도 보이지 않게 됐다. 오죽하면 옆사람을 쿡 찌 르고 이렇게 말하고 싶어진다. "저 길 한가운데에 더러운 소 한 마리가 서 있는 거, 보이죠? 그렇죠?" 리셴은 생각이 좀 달랐다. "길거리를 배회하는 소를 기다려줄 수 없을 정도로 인생을 바쁘 게, 빠르게 살아선 절대로 안 돼." 어느 날 택시에 앉아 소 한 마 리가 우리 앞을 지나가길 기다리며 리셴은 농담 반 진담 반으로 그렇게 얘기했다. (짝퉁 중국인 '현자'의 목소리로.)

쥐는 사방에서 돌아다녔다. 나는 어리석게도 안전할 거라 상상한 우리 집 3층 거실 창문에서 쥐들의 곡예를 구경하곤 했다. 거기서 목을 길게 뽑아 야자수들과 손으로 그린, 옆집의 치질 내과 간판 너머를 내다보면 저 멀리, 밤에는 불도 예쁘게 밝힌 마이소르의 랜드마크, 차문디 구릉을 볼 수 있었다. 그런가 하면 큰길 바로 건너편에는 촌스러운 노란색과 흰색 벽토로 된 교회가 서 있었다. 문 위쪽으로는 네온 십자가가 달려 있었는데 밤이 되면 적색 경보등처럼 번쩍였다. 교회 옆에는 소년 기숙학교 겸 고아원이 있었다. 커다란 2층 구조에 빨간 지붕을 얹은 이 건물은 콘크리트 격자 창문에 유리가 없었고 한쪽에는 흙먼지 날리는 운동장이 딸려 있었다. 일요일 아침이면 소년들이 둘씩 짝을 지어 학교에서 교회로 걸어갔다. 한번은 서서 구경을 하고 있는데 그중 네 명이 우리 건물 뒤쪽으로 잽싸게 도망치는 것을 보고, 그들의 탈출에 작은 환호를 보냈다. 비록 비참한 단체 생활의 일시적인 탈출일지 몰라도.

매일 아침 요가 수업 전에 이옝가르의 조언대로 화장실에 앉아 있다보면, 학교에서 소년들의 가볍고 높은 노랫소리가 들려왔다. 온몸이 삐걱거리는 고통스러운 이른 아침에 그 목소리는 마치 유령처럼 나를 괴롭혔다. 그들의 삶과 미래에 대해 생각하면 나는 부끄러워져서 그날의 고문을 감당하기 위해 문밖으로 몸을 질질 끌고 나가 샬라로 향했다. 나는 그 소년들에게 그리고 나 자신에게 빚을 지고 있는 기분이었다. 내게 주어진 이 기회를 잘 활용해야만 했다. 내가 인생에서 낭비한 모든 것을 생각할 때 특히 아주 두드러지는 이 기회 그리고 앞으로도 허비해버릴 위험이 있는 기회들, 저 소년들의 삶에는 어쩌면 절대로 오지 않을 기회들 그리고 바라건대 내 아들들은 가질 수 있었으면 하는 기회들.

그날 아침 샬라 바깥에는 늘 보던 수련생들이 모여 비나이가 문을 열어주길 기다리고 있었다. (나중에 알고 보니 비나이는 두세 시간 전에 먼저 도착해서 자기만의, 짐작건대 훨씬 더 혹독한 수련을 하고 있었다.) 나는 신발을 벗기 위해 작은 앞마당의 화분들 사이에 놓인 돌 벤치 위에 털썩 앉았다.

"링, 대체 무엇 때문에 이걸 하러 여기에 다시 오는 거죠?" 나는 내 옆에 앉아 있던 중국계 뉴질랜드 사람에게 물었다. "온몸이 다 쑤시고 아파서 도저히 안 될 것 같은 날은 어떻게 해요?"

"그냥 오토릭샤에 내 시신을 실을 뿐이에요. 그다음부턴 기사에게 모든 걸 맡기는 거고. 하지만 쉬운 일은 아니죠."

살짝 멍해 보이는 호주 여자, 킴은 우리 얘기를 듣고 몇 마디 덧붙였다. "아, 이봐요. 지금 당장이라도 여기 달려오고 싶을 사람이 얼마나 많을지 한번 생각해봐요. 우리 육신과 영혼을 소중히 기리며 또 새로운 하루를 시작할 기회가 우리에게 있다는 게 얼마나 행운인지!" 이 말을 듣고 이 여자는 쾌활함이 습관인 여자구나라는 걸 알게 됐다. 아니 거의 견뎌야 했다.

우리가 얘기하는 내내 링은 건성으로 랩톱의 자판을 두드리고 있었다. 나는 뭐하는 거냐고 물었다.

"단타 매매요." 그가 말했다. "호주 주식 시장은 우리 요가 수업이 끝난 다음에 몇 분 있으면 폐장되거든요. 나는 막 이러죠. '빨리, 빨리, 월가가 개장한 동안 온라인에 접속해야 한다고.' 이렇게 해서 마이소르에서 한 달 살 돈을 하루에 벌 수 있다니까요. 정말 끝내주죠."

비나이가 샬라 문을 열어주고 우리가 계단을 올라가기 시작했을 때 링이 어깨너머로 이렇게 말했다. "언제 내 비결을 전수해줄게요!"

요가실에 들어서자 비나이가 나를 옆으로 불러 세웠다.

"마이클, 좀 어떤가요?" 그가 갈색 눈동자를 나에게 고정한 채 물었다. 그가 나를 비판하고 있다고 느낀 적은 한 번도 없지만 그의 시선은 마치 내가 딱히 드러내고 싶지 않은 것까지 모두 꿰뚫어보고 있는 것처럼 느껴졌다. 그는 언제나 그 순간에 지독히도 충실히 존재했다. 나는 중얼중얼 이게 너무 힘들고 나는 요가에 적합한 사람이 아닌 것 같고 아니면 적어도 이런 고난이도 요가는 역부족인 것 같다고 말했다. 너무 덥고 매번 너무 어지럽고 이걸 계속해나가기엔 내가 너무 늙고 뚱뚱하고 몸이 망가졌다고 불평도 했다.

"나는 당신의 몸이 이미 변화하고 있는 게 보여요. 이제 겨우 며칠 지났을 뿐인데." 그가 차분히 말했다. "어깨가 좀 더 뒤로 젖혀졌고 허리도 꼿꼿해졌어요. 아주 잘하고 있어요. 내 눈엔 벌써 당신의 자세가 첫날보다 나아진 게 보여요." 그는 다시 한번 미소를 짓더니 링이 가져온 꽃을 받기 위해 돌아섰다.

그의 말은 자신감 없는 배우에게 쏟아진 박수 세례와 같았다.

비나이는 격려를 쉽게 하는 사람이 아니었다. 그는 비난도 비판도 하지 않았다. 내가 보기엔 그것이 자기 역할이라고 생각하지 않는 것 같았다. 요가라는 게 본질적으로 개인적인 내면의 수련이기 때문에 그것은 수련생의 몫이지 그 누구도 상관할 일이 아니라고. 가끔씩 어려운 아사나를 할 때는 가만히 몸을 잡아주기도 했고, 우리가 어떤 특정한 아사나를 제대로 해내지 못하면 열 번 더 하게 할 거라고 농담처럼 협박하기도 했지만(그렇다고 부대 선임 하사관 같은 그의 연기를 믿는 사람은 아무도 없는 것 같았다), 반을 돌면서 가끔씩 요다 같은 이상한 '좋오오오오오아' 혹은 '잘하고 있어요' 같은 말을 제외하고는 격려 같은 걸 하는 일은 거의 없었다. 우리가 어떻게 수련하느냐는 우리의 책임인 게 분명했다.

이런 식의 자유방임주의식 접근을 하면 우리 중 태만한 사람들은 수업을 설렁설렁 따라할 수도 있지 않겠냐고 생각할 여지도 있다. 프라나 바시야의 원칙에 따라 모든 숨마다 우리 몸을 늘이고 한계치까지 밀어붙이는 대신 모든 아사나를 대강 비슷하게만 흉내 낼 수도 있지 않겠냐고. 인정한다. 나도 내 가장 어두운 시기에는 그런 생각을 했었다. 하지만 나 같은 사람마저 그게 무익한 짓이라는 걸 알고 있었다. 끝까지 해내지도 않을 거면 뭐 하러 이 고생을 해가며, 비용과 고통을 감수한단 말인가. 바로 이것이 자발적으로(내 경우엔 협박에 의한 것이었지만) 자기계발을 하는 것의 짜증나는 점이다. 열심히 하지 않으면 궁극적으로는 그저 자기 자신을 속이게 될 뿐이라는 것.

그래서 그날, 비나이의 말 덕분에 나는 기분이 정말 좋아서 그 뒤로 15분간은 엄청 힘을 받았다. 짜증스러운 미국 여자가 괴상하고도 매우 야한 신음 소리를 자꾸 내서 신경이 분산되기는 했지만. 그러나 그다음부터 내 육체가 한계치에 다다르고 참기 어려운 열기 속에서 결국 다리의 힘이 풀리기 시작했다. 그러다가 마침내 아르다 밧다 파드모탄아사나를 시도하다가 무너지고 말았다. 이 동작은 왼발로 서서—이미 이것만으로도 크나큰 도전이다—오른쪽 다리를 접어 발의 바깥 면을 허벅지에 붙이고, 오른팔로 허리를 감아서 접어올린 오른발을 잡은 채 앞으로 몸을 접고(여기서부터는 가정의 영역으로 들어왔음을 기억하기 바란다) 왼손 바닥은 왼발 바닥 옆에 붙인다. 문제는 내 허벅지에 땀이 흥건해서 오른발이 자꾸만 미끄러져 내린다는 거였다. (이런 불쾌한 이미지를 불러일으키는 점에 대해선 사과드린다.) 나는 결국 균형을 완전히 잃고 휘청거리며 링의 매트 위로 넘어졌고, 수련생 절반이 도미노처럼 무너지고 말았다. 이 사태로 인해 나는 따가운 시선을 받으며 누워 있으라는 지시를 따라야 했다.

프라나야마 수업이 시작될 무렵 허기와 메스꺼움 그리고 언제나처럼 타는 듯한 갈증을 느꼈다. 심지어 멀리서 오토릭샤 기사가 거리에서 소변을 보는 소리마저 갈증을 배가했다. 그러나 중반부에 다다르면 허기와 메스꺼움 그리고 가장 기적적으로 갈증이 사라졌다. 프라나야마의 이런 효과는 대체 무엇일까? 대체 어떤 원리일까?

그보다 더 커다란 문제는 지루함이었다. 이 느린 호흡이란 게 보통 지루한 게 아니었다. 요가 샬라 시계의 분침이 휙휙 돌아가길 나는 간절히 바랐다.

"모든 숨 하나하나에 호기심을 가져보세요." 비나이가 우리에게 말했다. "모든 숨 하나하나가 신경을 어루만져줍니다."

나는 비나이가 프라나야마 수업을 마치면서 모두가 함께 외치는 '옴' 챈팅을 나만 못 하게 하는 게 약간 섭섭했다. 나도 일제히 터져나오는 '옴' 경쟁에 참가하고 싶어 죽을 지경이었다. 왜 다들 하는데 나만 못 하게 하는 거지? 나는 수업 후 작정을 하고 비나이에게 다가가 설명을 요구했다.

"아, 곧 하시게 될 거예요. 지금은 준비가 덜 되셨어요. 프라나야마 호흡을 천천히 하면서 차차 만들어가는 거예요. 지금은 위험할 수 있어요."

그날 오후 집에 돌아온 뒤 요가 수련자가 자신의 잠재력을 완전히 깨닫는 데 방해가 될 법한 다양한 장애물에 대해 적은 이엔가르의 책을 읽었다. 그것들은,

비야디 — 육체적 질환

스티야나 — 나른함 혹은 일하기에 부족한 성격

삼사야 — 의심 혹은 우유부단함

"신념이 부족하고 의심 많은 사람은 스스로를 파괴한다"라고 책에 적혀 있다.

프라마다 — 무관심 혹은 무감각함

"고통받는 자들은 대개 자만심이 강하고 겸손함이 부족해 자기 혼자만 현명하다고 믿는다."

알아시야 — 게으름

아비라티 — 호색, 음탕함

"감각적 욕망이 정신을 장악할 때 일어나는 열망", 달리 말하면 추잡한 생각들.

브란티 다르사나 — 틀린 혹은 근거 없는 지식

"겸손함이 결여되고 지혜를 과시하게 만든다."

알라브다 부미카트바 — 생각이나 집중력을 지속시키지 못하는 것

아나바스티타트바 — 오랜 수련 후 얻어낸 집중력을 지속시키지 못하는 불안정함

해당, 해당, 해당.

어쩌면 그다음 날이 아사나와 프라나야마를 쉬는 토요일이었다는 게 하늘의 축복이었는지도 모른다. 그렇다고 샬라가 문을 닫는다는 의미는 아니었다. 전날 수업을 마치고 나오는데 비나이가 내 팔을 붙잡고 말했다.

"내일 챈팅에는 나오실 거죠, 그렇죠?" 그건 질문이라기보다는 확인 같은 것이었다.

"뭘 나가요? 왜요?"

"태양이 에너지이지만 구름의 개입에 따라 환히 비추기도 하고 흐릿한 빛이 되기도 하죠. 그래서 우리가 시도하는 것은 구름을, 그 개입을 걷어내고 햇살을 경험하고자 하는 것입니다. 챈팅

은 마음을 맑게 하고 활짝 열어줍니다.”

나는 비나이와의 이 대화를 리센에게 언급하는 실수를 저질 렀고 리센은 당연히 강경하게 우리도 챈팅 모임에 가야 한다고 주장했다. 나는 피곤하다는 이유로 빠져나가려 했지만 그게 실 패하자 베이비시터가 없다는 카드를 빼들었다.

“그거야 애스거랑 에밀이 같이 가면 되지.” 리센은 서랍장 위 의 바퀴벌레 시체들을 옆으로 쓸어내며 말했다.

그리하여 이튿날 아침 온 가족이 챈팅을 하러 출동했다. 나는 비나이의 샬라로 향할 때면 이제 본능적인, 신체적인 반응을 경 험하기 시작했다. 마치 동유럽 연합 국가의 주민들이 그 지역의 비밀경찰 본부를 봤을 때의 느낌이나, 엄청나게 높은 장애물을 본 말의 반응 같은 것과 비슷할 거라고 나는 생각한다. 목 주위 가 조여드는 기분, 뱃속에서 무언가가 툭 떨어지는 느낌, 온몸에 힘이 들어가는 그런 느낌.

애스거와 에밀은 요가실 밖에서 기다리기로 했다. 빅바자의 4층 아케이드에서 에어하키 한 게임과 초콜릿이라는 뇌물을 먹 고서. 나와 리센과 다른 수련자들은 비나이, 그의 모친, 젊은 인 도 여성이 이끄는 대로 무릎을 꿇고 앉아 힌두교의 기도와 노래 를 따라 불렀다. 초록 사리를 몸에 감은 비나이의 모친은 깨끗 한 피부와 반짝이는 미소로 비나이만큼이나 환히 빛나는 분이 었다. 젊은 아가씨는 비나이의 약혼자로 수줍은 미소를 짓고 있 는 호리호리하고 아름다운 여성이었다.

한때 가수였던 리센은 기도의 조용한 멜로디를 자신 있게 따라 불렀다. 심지어 가끔씩 화음까지 넣어서 비나이를 기쁘게 했다. 나는 평소대로 렉스 해리슨의 말 반, 노래 반 스타일로 참여했는데 뉴욕에서 온 여자—내가 덴마크 남자와 대화할 때 끼어들었던 바로 그분—가 방 건너편에서 발끈하는 걸 느낄 수 있었다. 그분께서는 본인을 프라나 바시야 요가 샬라의 디바라고 생각했고, 따라서 목소리를 계속 키웠다. 문제는, 음정을 유지하기는커녕 정확한 음정을 제대로 때리지도 못한다는 것이었고, 특정한 조가 없는 저음 파트를 부를 땐 더 짙은 먹구름을 드리웠다. 에밀은 한쪽 손을 다른 팔 아래 넣어서 방귀 소리를 만들어내고 있었다. 최근에 완전히 마스터한 기술이었다.

내게 선택권이 있었다면 나는 밖에서 쟤들과 방귀 소리를 내고 있었으리라. 내게 있어 챈팅이란 곧 아무것도 하지 않는 것과 같았다. 요가 수업을 시작할 때 하는 기도와 마찬가지로 우리가 부르는 노래의 의미를 한 글자도 이해하지 못하는 나에게는 솔직히 이 행위의 목적도 별로 와닿지 않았다. 요가의 길에 있어 챈팅이 깨달음으로 가는 필수 요소라는 건 알겠는데, 내가 향하는 길이 어디든 간에 챈팅이 내 길에 필수 요소가 아니라는 건 확실히 알 수 있었다.

나는 어릴 적 교회에서 찬송가를 부를 때 했던 것처럼 노래책에 몇 페이지나 남았는지 세기 시작했다. 그러나 잔인하게도 우리는 많은 노래를 여러 번 반복해야 했다. 그러다가 어느 순간 '하레 크리슈나'라고 노래하고 있는 내 목소리가 들려왔고 그러자 내 처지 변화가 절망적으로, 거의 비극에 가까운 느낌으로 나를 강타했다. 내 일평생 '내가 여기서 대체 뭔 짓을 하고 있는 거지?' 하는 생각이 가장 강하게 든 순간 중 하나였다. 싸구려 운동복을 입고 낯선 사람들로 꽉 찬 이 방 안에 책상다리로 앉아 그 고통을 견디며 내게 완전 무의미한 말들을 노래하며 대체 뭘 하고 있는 거야? 이건 내가 아니야. 나는 단 한순간도 이런 사람이 되고 싶었던 적이 없어.

마침내 문밖의 방귀 소리가 도저히 무시할 수 없을 정도로 계속됐고, 그렇게 애스거와 에밀이 내게 그 방을 나와야만 하는 핑계를 만들어주었다. 나는 다른 사람들이 계속해서 노래하는 동안 뒷걸음질로 방을 나왔다. 리센은 영적인 혹은 적어도 음악적 몽상에 푹 빠져 있었다.

나는 두 아들과 빅바자로 걸어가 게임 아케이드에서 한동안 놀았다. 우리는 여태까지 인도에서 맛봤던 다른 모든 초콜릿과 마찬가지로 반쯤 녹고 징그럽게 얼룩덜룩해진 초콜릿을 샀다. 인도인들의 초콜릿에 대한 고집 하나는 정말 인정해줘야 한다. 초콜릿이 이 나라에서 재배되고, 전국에 어디에서나 파는 캐드베리 밀크 초콜릿에 인도 국민이 남다른 애정을 갖고 있음에도 불구하고 이곳의 더위와 높은 습도, 열악한 운송 체계와 부실한 냉장 설비를 생각하면 인도는 초콜릿 친화적인 나라가 아니다. 인도 기후를 제대로 파악하고 현명한 대처를 한 회사는 킨더 사뿐인 것 같다. 킨더 사는 킨더 서프라이즈 에그 초콜릿을 계란 모양으로 파는 것을 진작 포기하고 찐득한 상태의 초콜릿을 아주 작은 플라스틱 스푼으로 먹을 수 있는 형태로 바꾸어 출시했다.

하지만 초콜릿과 게임 둘 중 어느 것도 애스거의 기분을 나아지게 만들어주진 못했다. 지난 며칠간 애스거는 평소의 모습이 아니었다. 뭔가 고민이 있는 것 같았다. 애스거에게 문제가 있다는 걸 진단하기 힘든 이유는 지 애비와는 달리 이 아이는 모든 상황과 모든 사람을 긍정적으로 보는 경향이 있기 때문이다. 애스거는 차라리 갈등이나 불필요한 사태의 악화를 피하는 쪽을 선택한다. 그러기 위해서 상황이 괜찮지 않은데도 그런 척해야 한다면 그렇게 하고 마는 성격. 살살 캐물은 뒤에야 아들 녀석은 기분이 좋지 않다는 걸 인정했지만 왜 그런지는 모르겠다고 했다. 그냥 뱃속에서 '이상한 느낌'이 난다고만 표현했다. 나는 향수병일 거라 추측했다.

"내 머릿속에서 무슨 일이 일어나는지 모르겠어요. 어떤 때는 아빠랑 엄마랑 에밀이 미워요. 어떤 때는 좋아요." 이렇게 말하는 아이의 아랫입술이 떨렸다.

이 일로 나는 애초에 아이들을 인도에 데려온 것의 타당성에 대해, 아니 아이들을 1~2주 이상 집과 친구들로부터 분리해서 어디든 데려가는 문제에 대해 다시 생각해보게 됐다.

자유롭고 열린 사고를 하는, 모험을 즐기는 중산층은 아이들을 인도에 데려가는 것이 엄청난 인생 경험을 선물하는 것이라고 반응할 것이다. 아이들은 자신들이 살아가던 세상과 완전히 다른 세상, 사람들 그리고 그들의 생활 방식을 목격하고 그 덕분에 좀 더 폭넓은 사고를 하는 더 원만한 사람이 될 거라고. 하지만 만약 이 모든 빈곤과 고통을 경험하는 것이, 인도가 관광객들에게 보여주는 그 모든 성스러운 것과 세속적인 것의 세례를 견뎌내는 것이─본인의 의지에 반하는 것은 아닐지라도 제대로 된 정보를 주고 선택권을 주지 않은 채─교육적이기보다는 마음에 상처를 입히게 된다면? 나는 우다이푸르에서 만난 에스더 프로이드의 삶을 살고자 하던 부부와 그들의 자식들을 떠올렸다. 우리는 여행하는 동안 아이들이 안전하고 행복할 수 있도록 최선을 다했지만, 애스거와 에밀을 인도에 데리고 오는 것이 교육을 가장한 아동 학대는 아니었을까? 대부분의 사람이 그러듯 아이들이 청소년이 되어 인도아대륙에 배낭여행을 올지 말지 스스로 결정할 수 있도록 해야 했던 건 아닐까?

가뜩이나 마음이 불편한데 인도 언론은 최근 열일곱 명이 사망한 푸네인도 마하라슈트라주 푸네 지구에 있는 도시의 독일 베이카레 테러로 온통 도배되고 있었다. 폭탄은 밸런타인데이 전날 밤 폭발했고 서양 요가 학생들을 겨냥한 테러였지만 사망자는 대부분 인도인이었다. 신문에서는 리시케시인도 북부 우탈란찰주에 있는 힌두교 성지와 뭄바이를 포함해서 마이소르도 몇몇 표적에 속해 있을 수 있다고 했다. 우린 대체 여기서 뭘 하고 있는 걸까?

내 마음을 편하게 하기 위해 우리는 에어 하키를 한 판 더 한 뒤에 오토릭샤를 잡아타고 숙소에 들렀다가 꽤 괜찮은 수영장이 있다고 들은 레갈리스 호텔로 향했다. 가는 도중에 경찰이 교차로에서 우리 기사를 불러 세운 다음 체포했다. 우리 셋은 이젠 어떡하나 하는 심정으로 뒷좌석에 앉아 있었다. 기사가 주머니를 탈탈 털어 경찰을 매수하려 했지만 실패했고 결국 우리는 남은 길을 걸어서 가야 했다.

레갈리스는 마돈나와 다른 몇몇 셀럽 요가 팬들 덕분에 최근 몇 년 새 마이소르의 서양인 요가 커뮤니티 허브로(이제 생각해보니 그래서 테러리스트의 주요 타깃으로) 급부상한 곳이다. 선베드에 누워 애스거와 에밀이 풀에 뛰어들었다가 다시 기어나오고 다시 뛰어드는 사이(대략 4시간 동안 이 과정이 반복됐는데 마치 이걸 위해 사는 아이들 같았다) 나는 요가를 하려고 모인 사람들을 구경했다.

이들은 단 한 명의 예외도 없이 날씬했다. 짜증나게. 사실 정말 불공평하다. 몇몇은 얼굴이 극도로 수척해서 무척 거슬렸고, 나머지는 그냥 빼빼 마르고 이가 근질근질할 정도로 사람을 짜증나게 했다. 독자 여러분은 아마도 내가 저들을 관찰하는 관점이 쓰디쓴 자기혐오와 몸에 대한 왜곡된 의식(자기 몸에 대한 혐오감이 정당한 것이라 해도 왜곡됐다고 할 수 있을까?)에 의한 것이라 생각하겠지만 이 점만은 짚고 넘어가야겠다. 나는 그때까지 그렇게 자존감이 하늘을 찌르고, 문신을 한 데다 예수님 머리까지 한 나르시시스트들이 떼거지로 한자리에 모여 있는 건 본 적이 없었다는 걸.

내가 그들을 그렇게 싫어한 이유를 열거해보기로 하자.

— 모든 문장을 올려서 끝내는 말투. (얼마 지켜본 뒤에 어쩌면 그들이 말하는 모든 것이 진짜로 질문일 수도 있겠다는 생각이 들었다. 어쩌면 그들에게 이 세상이 너무 혼란스러워서 따발총 질문을 해대고 거기

서 다만 몇 가지 해답이라도 구하는 것이 그들의 유일한 대응책인지도 몰랐다.)

— 포니테일을 한 남자들.

— '있잖아~'와 '암튼'의 과도한 사용. 내가 그들의 대화 한 토막을 있는 그대로 받아 적어보겠다.

요가 바보 1: 있잖아, 암튼……

요가 바보 2: 암튼

요가 바보 1: 그래, 있잖아, 그게, 있잖아 암튼……

요가 바보 3: (술을 들고 와서) 암튼……

— 꼿꼿한 그들의 등. 내가 자연스럽게 앉아 있는 자세는 근본적으로 소용돌이 모양의 소프트아이스크림 같았다. 내 등은 나날이 퍼지고 있는 흐물흐물한 군살이 쌓아놓은 타이어들처럼 나선형을 이루고 있었지만 그들은 앉아 있는데도 등이 팽팽한 활 모양을 그리고 있었고, 가슴은 모델계의 샛별처럼 단단했다. 아니, 요가라는 게 다 긴장을 풀자고 하는 거 아니었나?

— 남성미 뿜뿜 포니테일.

— 내가 무슨 기이한 장애가 있는 것처럼 자꾸 곁눈질로 나를 쳐다보는 시선. 난 그냥 조금 뚱뚱하고 늙은 것뿐이다. 왜, 어쩔래? 조금만 시간을 주면 나도……

— 자기 얼굴보다 더 커다란 선글라스를 낀 여자들.

— 스피도 수영복을 입은 남자들.

내가 늙어간다는 사실에 한 시간쯤 속상해한 후 가지고 온 책을 집어들었다.

1934년, 저자의 구루 탐색기를 흥미롭게 적은 폴 브런튼의 『신비로운 인도에서의 탐구A Search in Secret India』였는데, 그가 묘사한 나라가 어찌나 구시대적이고 낙후됐는지 1743년 아니 1434년이라고 해도 믿을 판이었다. 그는 고행수도자, 신비주의자, 요기, 스와미힌두교 종교 지도자 등 다채로운 사람을 만났고, 그중 몇몇은 사기꾼이라고 비난하지만 나머지는 자신의 능력을 그에게 납득시켰다고 한다. 특히 어느 고행수도자는 자신의 한쪽 눈알을 "마치 재킷 단추 하나를 뜯어내듯 태연하고 무심하게" 뽑아냈다고 한다.

브런튼은 서양 작가들 중에서는 가장 먼저 요가를 이해하려고 시도했던 사람이지만, 그런 그도 처음에는 본인이 목격한 것에 당황했던 것 같다. "이 시스템의 나머지 부분을 구성하고 있는 70개의 기이한 자세는 가장 열렬한 수련자들을 제외하고는 해낼 가능성이 거의 없어 보인다. 그것도 팔다리가 자유자재로 구부러지고 몸이 유연한 젊은 사람이라야만 가능할 것이다." 그는 이렇게 적고 있다. "요가의 대부분을 구성하는 수많은 난해한 자세를 유럽에서 온 성인들이 뼈 한두 개를 부러뜨리지 않고 감행하는 게 어떻게 가능한지 도저히 모르겠다."

그는 또 이렇게 말한다. "서양인 중에서 이 모든 복잡한 수련을 완수하고 마스터할 만큼의 인내심을 갖춘 사람이 과연 있을까?"

우리는 모두 힌두교

굴욕감이 서서히 나의 잠재의식으로 스며들고 있었다. 심지어 꿈속에서조차 비판, 수치심, 난감함을 피할 만한 은신처는 없었다.

그날 밤 나는 책 사인회에서 빌 브라이슨을 만나는 꿈을 꿨다. 무슨 이유에선지—절대 제대로 설명되는 법이 없는 꿈의 짜증나는 생리, 그래서 더 마음을 불편하게 만드는—그와 나 단 둘이서만 하는 공동 사인회였다. 빌 브라이슨이 그의 『○○산책』 시리즈와 그게 뭐든 그가 쓰고 싶은 이야기를 적은 신간을 흔들어대는 팬들 사이에 완전히 에워싸여 있는 동안 나는 철저히 혼자 팔리지 않은 내 책들로 쌓은 요새 속에 앉아 있었다. 나는 「세사미스트리트」의 빅버드 의상을 입고 있었다. 그러다가 또 아니었다. 잠시 뒤 빌이 한가롭게 다가왔다.

"헤이, 마이크, 사인회는 잘돼가나요?"

지금까지 내가 딱 한 권의 책에만 사인했다는 걸 다 알고 있으면서. 나의 그 '팬'이라는 분은 어떤 분인고 하니, 그분의 보호자가 빌 브라이슨의 줄에 참을성 있게 서서 기다리는 동안 내 옆에 세워둔 휠체어에 푹 꺼지듯 앉아 있었고 입가엔 침이 반짝이고 있었다. 나는 책을 그의 겨드랑이 사이에 끼워넣어주었다. 그리고 또 한 가지, 난 누가 날 마이크라고 부르는 거 진짜 싫거든!

"뭐, 아시다시피 그저 그렇습니다." 나는 산처럼 쌓여 있는 내 책을 두 팔로 가려보려 안간힘을 썼지만 소용없는 일이었다.

"서점에 새로 도입됐다는 장치에 대해 들어봤어요?" 빌은 아이오와 사람 특유의 장난기를 발동하며 물었다. 나는 그를 경계하며 고개를 저었다.

"그게, 이제는 서점 안을 돌아다니면 모든 책 아래에 그 책의 판매 부수 혹은 그 책을 끝까지 읽은 독자들의 비율을 나타내는 측정기를 볼 수 있게 될 거랍니다."

그때 갑자기 나는 눈을 떴다. 리센이 '목이 졸린 사람이 지르는 비명 소리'라고 묘사한 소리를 내면서. 어차피 일어나야 할 시간이었다. 새벽 6시였고 고아들이 합창을 하고 있었다.

아마도 신병훈련소 뺨치는 요가원에서 겪은 지난 며칠간의 치욕스러운 부작용들이 이런 꿈을 꾸게 만든 것 같다. (하루 전날 인터넷 카페에서 내 책의 아마존 순위를 체크하기는 했다. 어쩌면 그것도 영향을 줬을 수 있다.)

요가를 시작한 뒤에 제법 여러 부작용이 나타났는데 전부 다 나쁜 거라고만 할 순 없다. 일단 마이클 더글러스^{저명인사로는 최초로 본인이 섹스 중독임을 인정했다. '섹스는 나에게 엄습해오는 파도와 같다'라며 주체할 수 없는 성욕에 대해 2012년 자서전에 밝혔다} 스타일의 섹스 중독 증상이 나타났고, 전례 없는 그러나 완전히 자연스러운 식욕 저하 증상이 생겼다. 나흘간 나는 캐슈너트 한 봉지, 요구르트와 과일, 길 건너편 코코넛 장수에게서 산 코코넛 하나로만 연명했다. 속이 안 좋은 것도 아니었고 먹을 수 없는 것도 아니었고 그냥 딱히 먹을 필요를 느끼지 못했다. 그럼에도 기운은 넘쳐났고—솔직히 말하면 그 어느 때보다—만성적인 근육 통증과 수업 직후에 두 시간 정도 지쳐 있는 것만 빼면 몸이 꽤 괜찮은 느낌이었다.

"음식에서 충당하던 에너지를 이제 아사나와 프라나야마가 주는 에너지로 대체하게 된 겁니다"라고 비나이는 설명했다. 하지만 운동과 깊은 호흡이 어떻게 에너지를 만들어내지? 적게 먹는데 에너지가 더 생긴다는 게 역설적으로 들리긴 했지만 내가 산증인이었으므로 부인할 수도 없었다.

아마도 가장 놀라운 사실은 갑작스레 그리고 아주 극적으로 알코올에 대한 관심이 뚝 끊겼다는 거다. 아침에 눈을 뜨고도 언제 술을 마시게 될까 생각하지 않았고, 해가 질 무렵에도 술 생각이 나지 않았다. 술에 대한 갈망이 자연스럽게 가라앉았다. 적어도 지금은 그 욕구가 사라졌다. 내가 일상의 틀에서 벗어나 있다는 것도 분명 도움이 됐다. 숙소에는 술이 전혀 없었고 마이소르에서는 술을 구하기도 어려웠다. 내가 들어간 그 어느 상점에서도 심지어 빅바자에서도 술을 팔지 않았다. 하지만 대부분의 주정뱅이처럼 나도 술 하나는 귀신같이 찾아낸다. (한번은 우리 어머니가 갖고 있던 술이 들어 있는 초콜릿 한 상자를 다 해치우기도 했다. 쿠앵트로와 체리브랜디로 채워진 초콜릿 끝을 잘라내고 그 작은 애기들을 쪽쪽 빨아먹었던 것.) 만약 내가 원했다면 술로 마실 만한 것을 분명히 찾아냈을 것이다. 그러나 그러지 않았다. 적어도 그때까지는.

이것들은 긍정적인 변화였고 반면에 별로 달갑잖은 것도 있었다. 특히 걷잡을 수 없이 터져나오는 여드름이 문제였다. 비나이와 요가를 시작한 지 일주일도 안 되어 어깨, 목, 얼굴 전체에 내가 평생 경험해보지 못한 만성 여드름 꽃이 만개했다. 이에 대한 내 반응은 처음에는 호기심이었고 다음에는 은근히 분한 감정이었다. (내가 이 나이에도 뽀루지가 날 수 있다는 걸 왜 아무도 말 안 해준 거야?) 그리고 자기혐오감, 당황스러움, 공포, 영화 「엘리펀트맨」희귀병 때문에 끔찍한 안면 기형으로 서커스단에서 살며 조롱을 피하기 위해 머리에 자루를 쓰고 다닌 남자의 이야기를 다룬 영화 같은 속세와의 단절, 그런 날이 몇 주씩 이어지자 내 딴에는 필사적으로 길러본 찰스 맨슨사이비 종교 집단의 교주이자 연쇄 살인범. 머리카락과 수염을 길러 자신을 예수처럼 보이게 했다 스타일의 턱수염까지. 도대체 무엇이 이 무시무시한 여드름의 폭발을 촉발한 걸까? 다른 수련생들의 의견은 분분했다. 샬라 바닥의 먼지가 내 손바닥에서 얼굴로 옮겨갔을 것이다, 땀구멍이 땀으로 막혀서 그렇다, 식이요법 때문이다, 그중에서도 가장 많은 표를 받은 의견은 바로 '디톡스'였다.

우리 아파트 근처의 다른 샬라에 인터넷을 하기 위해 가끔 가곤 했는데 정말 바싹 마른 몸에 머리에서 발끝까지 온몸을 천연 염색한 마섬유로 휘감고 발가락에는 은반지 같은 것을 잔뜩 끼운 여자가 내가 마당에 들어서는 걸 보고 말했다. "와우, 디톡스 대박! 대박, 대박."

"맞아, 그니까, 지난 세월 몸에 들이부은 독소가 빠지는 중이에요." 족제비같이 생겨가지고 머리를 뒤로 묶은 캐나다 남자가 말했다. "고기를 많이 먹었었죠, 그쵸?"

"네." 나는 사과하는 것처럼 들리지 않게 노력하며 말했다.

"지금 몸이 단백질 부족으로 쇼크를 받은 거예요." 그가 말했다.

"그럼, 그니까, 다시 고기를 왕창 먹어야 하는 걸까요?"

"아뇨, 말도 안 돼요, 진짜." 그가 생각만 해도 끔찍하다는 듯 말했다. "아저씨, 그건 독소를 더 집어넣는 꼴이죠. 우웩, 시체들이잖아요. 코코넛 우유가 최고예요. 나는 요가가 끝난 뒤엔 꼭 신선한 코코넛을 먹어요. 단백질과 비타민이 엄청 많이 들어 있거든요."

그러니까 내 몸은 불순물을 배출하고 정화하고 새롭게 태어나 회춘한 몸으로 새롭게 시작하는 과정이었던 것이다. 뭐, 좋다. 그렇지만 그 과정에서 꼭 나를 본드나 마시는 열네 살짜리처럼 보이게 만들어야 했던 걸까? 이것이 디톡스 과정이라면 나는 지금 처음 떠먹은 셔벗부터 마지막에 마신 진 토닉까지 내가 소화한 모든 독소를 대대적으로 축출하는 중임이 분명했다.

그리고 그 이튿날, 괴물 완전체를 완성하기 위해 눈에 야구공만 한 다래끼까지 났다. 지난번에 리갈리스 호텔에서 요가 수련생들을 분노의 눈길로 지켜보던 그날 얼굴까지 심하게 타서 마치 마티 펠드먼영국 코미디언, 어릴 때 앓은 질병으로 안구가 크게 튀어나오고 두 눈의 정렬이 맞지 않다이 거울의 방에 들어선 듯한 기이한 느낌을 주게 됐다. 나의 이 고난에 동정심을 느낀 리센은 요구르트와 라벤더 오일을 섞어 얼굴에 치덕치덕 발라준 다음 나를 소파에 눕히고 그것들이 잘 스며들 때까지 한 시간씩이나 누워 있게 했다. 격 떨어지게시리. 애스거와 에밀은 번갈아가며 속수무책으로 누워 있는 엘리펀트맨 아빠의 사진을 찍어댔다.

내가 읽는 지역 신문에 실린 기사를 보니 매주 일요일 저녁 7시면 마이소르의 마하라자 궁전 정면에 1라크(인도 숫자 체계로 10만 개에 상당)의 전구가 불을 밝힌다고 했다. 그래서 마이소르에서 맞이한 두 번째 일요일 밤, 우리는 10여 분간 시내 중심부를 관통하는 여정을 견뎌내고 궁전 구경을 갔다. 이미 사방은 어두워졌고 달은 노랗고 빵빵했다. 우리가 궁전 앞마당으로 들어서는 바로 그 순간, 불이 일제히 들어와 그 격렬한 빛으로 정원을 물들였다. 궁전의 앞면은 마치 어마어마한 분장실 거울처럼 눈이 부셨다. 구경 나온 수백 명의 인도인과 여기저기 흩어져 있는 서양인들이 일제히 탄성을 내질렀다.

그곳은 온통 축제 분위기였는데 그 사실은, 여행 내내 좀비처럼 애스거와 에밀에게 홀린 듯 따라다니며 볼을 꼬집고 머리를 쓰다듬는 중년 아저씨, 특히 아줌마들을 바짝 경계해야 함을 의미했다. 우리는 상당히 오랜 시간 동안 사람들과 함께 사진을 찍어주기 위해 포즈를 취해야 했다. 우리와 사진을 찍는 사람들은 친구와 친척들을 만난 자리에서 이 사진들을 보여주며 뭘 하려는 걸까? 뭐라고 할까? "자 여기 우리가 예전에 한 번도 본 적 없고 앞으로도 절대 만날 일 없는 서양 애들하고 찍은 사진이야!" "봐봐, 이건 나고 이건 마티 펠드먼이랑 그 사람 애들이야!"

마이소르 궁전은 특이한 인도 왕실 건축물 중 하나로 마이소르 왕국을 통치했던 와디야 왕조가 범상치 않은 이슬람-고딕 하이브리드 스타일(인도-사라센 양식)로 지었다. 설계는 영국의 인도 통치 시절 별로 유명하지 않은 건축가 헨리 어윈이 맡았다. 이 건축 외엔 그의 건축물이라고는 몇 개의 기차역에 불과한 듯하다.

이 궁전은 마치 브라이튼 기차역 안에 작은 로열 파빌리온잉글랜드 브라이튼에 위치한 19세기 초반의 궁전을 집어넣은 것 같았다. 내부는 극장처럼 아치형 구조가 줄줄이 이어졌고, 벨기에 스테인드글라스로 만든 공작새 문양의 창문, 자개 무늬가 박힌 문, 주철로 만든 기둥으로 장식돼 있었다. 기둥은 그 많은 곳을 놔두고 하필 글래스고에서 제작된 거라 했다. 1947년 이후로는 이 궁전이 정부 소유로 넘어갔지만 현재 제25대 마하라자인도에서 왕의 칭호, 산스크리트어로 대왕이라는 뜻인 스리칸타 다타 나라심하라자 와디야는 아직도 궁전 뒤쪽의 어느 방에서 행복하게 살아가고 있다. 사진을 보니 작고 땅딸막한 체구에 눈꺼풀이 두툼하고 수염을 꼼꼼하게 다듬은 모습이 내가 봤던 모든 마하라자와 꼭 닮아 있었다.

그 이튿날은 물감을 탄 물과 가루를 사방에 던지는 행사로 유명한 힌두교도의 봄 축제, 홀리Holi였기 때문에 우리는 이 파티 분위기가 이어지길 바랐다. 우리 집 식구들이 그렇게 기대를 했건만 마이소르에서의 홀리는 대실패였다. 알고 보니 홀리는 인도 북부에서 주로 즐기는 축제였다. 리센은 완전히 몸을 빼버렸지만 애스거와 에밀과 나는 물감 탄 물을 채운 물총과 가루 폭탄, 물감 주머니로 무장한 다음 오토릭샤를 타고 동네를 돌아다녔다. 이따금 옷에 물감을 묻힌 아이가 보이기도 했고 밝은 색 물감이 흩뿌려진 보도가 보이기도 했지만 물감을 진짜로 던지는 모습은 전혀 보지 못했다.

결국 오토릭샤에서 모든 걸 포기한 채 걸어서 우리 동네로 향하던 중에 마침내 물총을 든 운이 지지리 없는 열 살짜리 꼬마를 우연히 만났다. 애스거와 에밀은 잠깐 그 아이와 총격전을 벌이더니 갑자기 이 녀석들 셋이 한 팀이 되어 나를 공격하면 더 재미있겠다고 생각했는지 나를 물감과 물로 흠뻑 적셨다. 한바탕 대접전을 벌인 뒤 우리는 마치 사악한 광대 같은 모습을 하고 있었다.

다음 날 우리는 링을 통해 그 지역의 어느 가정집에 식사 초대를 받아서 갔다. 링은 예전에 수라지와 데바키 그리고 그 집 아들들과 함께 그 집에서 하숙했다고 했다. 링으로부터 내가 음식에 엄청난 관심이 있다는 사실을 전해 들은 이 집 부부가 마이소르 교외의 집으로 점심 초대를 한 거였다. 그렇게 해서 토요일 아침, 우리는 오스트레일리아에서 온 요가 동급생 킴과 함께 그 집으로 향했다. 나는 부인이 요리하는 모습을 볼 수 있을 거란 희망을 품고 길을 나섰다. 수라지와 데바키의 아이들이 우리 애들과 노는 동안 나는 주방에서 부인이 요리하는 모습을 지켜봐야지.

아주 작고, 이런 말하긴 좀 뭐하지만 완전 더러운 부엌에서 나는 그 집 부인이 우리를 위해 음식 만드는 모습을 지켜봤다. 처음에는 카르다몸, 설탕, 라임, 토마토와 수박을 넣어 음료를 만들어주었고, 그다음에는 다양한 향을 풍기는 채소와 렌틸콩 요리를 만들었다. 수라지의 모친은 소젖(남부에서는 기를 만들 때 버펄로 우유보다 더 선호한다고)으로 홈 메이드 기를 만드는 법을 설명해주셨다. 그녀는 크림을 분리하기 위해 우유를 데웠다가 식힌 다음 버터로 기를 만들었고 발효시키기 위해 며칠간 그대로 두어야 한다고 했다. 마지막 결과물은 내 입맛에는 못 먹을 정도로 숙성돼 있었다. 맛을 보자마자 정말 도로 넘어오려는 걸 기침으로 위장해야 했다.

뭄바이에서 니타와 바드리 부부가 그랬듯이 수라지와 데바키 가족도 과도할 정도로 친절을 베풀어서 우리는 몸 둘 바를 몰랐다. 마치 자기네가 웨이터인 것처럼 우리 시중을 들어주었다. 링이 설명하길, 힌두교의 원칙에 따르면 손님은 정말로 신과 동격으로 여겨진다고 했다. 그들은 거실 옆에 예배실을 마련해둔 브라만 가족이었고 그래서 우리가 식탁에 둘러앉아 있는 동안 수라지, 데바키와 수라지의 모친은 최고의 인도 가정식 요리들을 계속해서 내왔다. 그리고 마침내 우리가 정말 배가 부르다고 그들에게 여러 번 확신을 준 뒤에야 함께 앉았다. 리센과 나는 이런 풍습이 영 익숙지 않았다. "이 사람들이 자기네 업보 은행에 예치금을 쌓는 데 우리를 이용해먹는 건 아닌가 느낄 정도였어"라고 리센이 내 귀에 대고 속삭였다.

데바키는 인포시스라는 인도의 IT 대기업에서 일했고 수라지는 사탕수수 농장을 포함해서 다양한 집안 사업을 돌본다고 했다.

우리는 인도 국민의 80퍼센트가 신봉하는 힌두교에 대한 대화를 나누었다. 특히 힌두교도와 이슬람교도 사이에 점점 고조되어가는 긴장에 대해 얘기했는데, 최근 몇 년 사이에는 그 문제로 마이소르에서 폭동이 몇 차례 발생하기도 했다. 수라지는 이런 극단적인 경향이 몹시 유감스럽고 그것이 그의 신앙을 왜곡한다고 느낀다고 했다. "우리에게도 이슬람교도 동료나 친구가 많아요. 정치인들이 나의 신앙을 이런 식으로 이용해먹는 건 정말 끔찍한 일입니다."

비록 무굴 제국 시절 초기부터 힌두교가 이슬람 극단주의를 더 극단으로 몰아간 면이 있긴 하지만 그래도 이 두 종교보다 공생이 어려운 종교가 있다는 건 상상조차 하기 힘든 일이다. 이들은 돼지고기를 삼가는 데에는 동의할지 모르겠으나, 독실한 이슬람교도가 힌두교의 천박한 신들이 계속 늘어나는 현상을 어떻게 생각할지는 상상에 맡기겠다. 그런가 하면 힌두교도들은 분명 이슬람교에는 인간에게 위안을 주는 신화, 시금석, 미신이 결여돼 있다는 사실에 고개를 절레절레 흔들고 이슬람교의 지성주의를 차갑고 불편하다고 생각한다.

내가 사람들과 신앙에 대해 이야기할 때 으레 신이 나서 조롱하는 교리나 의식들이 수라지와 데바키의 삶에서는 모두 합리적으로 보였다. 그들은 힌두교에는 인정받을 만한 부분이 많다는 사실을 내게 납득시켰다. 힌두교에는 이맘이슬람교에서 예배를 인도하는 성직자도 교황도, 랍비 혹은 그 어떤 권한을 갖는 인물이 없다. 원죄도 없고 커다란 경전도 없고 고정된 가르침을 지키기 위한 의식도 없다. 다만 특정한 형태가 없는 거대한 그리고 무궁무진하게 이리저리 해석되는 신앙 체계가 존재할 뿐이다. 힌두교는 3000만이 넘는 신이 존재하는 것으로 유명하다. 하지만 또 어찌 생각해보면 3000만이 전지전능한 신 단 하나보다는 더 나을 수도 있는 거다. 가장 보편적인 산타클로스의 턱수염을 두른 전능한 유일신 대신 힌두교도들에겐, 내 눈에도 훨씬 덜 고압적으로 느껴지는, 브라마라는 구체적이지 않은 어떤 '힘'을 지니고 있다. 게다가 힌두교도들과 그들의 신 사이의 관계는 참신할 정도로 현실적이다. 한번은 TV 광고에서 화장실 세정제를 홍보하기 위해 신을 모델로 쓰는 걸 보기도 했다. 이슬람교도들은 절대 하지 않을 법한 일이다. 내 생각에는 단어의 뜻을 있는 그대로 이해하지는 못하더라도 업보라는 것의 원칙에는 누구나 동의할 수 있을 것 같다. 비록 사회의 다양한 구성원 중에는 일방적으로 본인을 업보에서 자진 면제해주는 경우가 있을지 몰라도(은행가, 테러리스트, 프로축구 선수) 어디에서 업보와 맞닥뜨리든 문명사회라는 건 기본적으로 '남들이 나에게 해주길 바라는 대로 남에게 해주어야 한다'라는 의식으로 유지되는 것이다.

그러나 그다음에는 환생 혹은 '윤회'(삼사라samsara)라는 주제

와 마주치게 되고, 안타깝지만 바로 이 대목이 내가 힌두교와
갈라설 수밖에 없는 부분이다.

"하지만 다른 사람으로 혹은 다른 것으로 살았다는 증거가
있어요? 아님 다시 이 세상에 올 거라는 증거가 있어요?" 내가
물었다.

수라지와 데바키는 당황스럽다는 듯 서로의 얼굴만 보고 있
었다. 리센이 식탁 밑에서 내 다리를 걷어찼다.

"이 사람 말은 두 분의 신앙에서 제대로 이해 안 되는 부분이
있어서 더 배우고 싶다는 뜻이에요." 리센이 말했다.

"그건, 그렇다고 베다고대 브라만교 경전에 적혀 있어요." 수라지가
차분하게 말했다. "바가바드기타는 죽음을 맞이할 때 우리가 도
달한 의식 상태에 따라 우리가 다음 생에 어떻게 태어날지 결정
해준다고 설명합니다."

"알겠어요. 그러면 만약 내가 힌두교도가 되고 싶으면 어떻게
하면 됩니까?" 내가 물었다.

"그게, 진짜로 힌두교도가 된다거나 다른 종교로 개종하듯 힌
두교로 개종할 수는 없어요. 힌두교도로 태어나야 하는 겁니다.
그렇지만 또 우리는 모두 힌두교도라고 말할 수도 있어요. 힌두
교는 사실 그저 존재이거든요."

"하지만 만약에 내가 그걸—"

리센의 이번 발길질은 내 입을 바로 닥치게 할 정도로 아팠다.

엉덩이 사이로 머리 밀어넣기
그리고 깨달음으로 가는 기타 방법들

　그러나 지루함, 지루함이 문제였다. 우와, 요가는 정말 지루하다. 나와 아무 상관없는 곳의 일기예보처럼, 자전거를 타고 진짜 긴 터널을 통과할 때처럼 혹은 무언가를 다운로드할 때 나타난 시계가 생각했던 것보다 훨씬 오래 빙글빙글 돌아갈 때처럼 지루하다. 몸을 쭉 늘이고 호흡을 하고 몸은 아프고 시계를 보는데 이제 30초밖에 안 지났고 끙, 신음 소리를 낸다. 가끔 누군가가 방귀를 끼면 그 덕에 지루함이 잠깐이나마 해소되는 것 같지만 곧 다시 땀이 흐르고 몸을 뻗어야 한다. 그렇게 반복. 몇 시간씩이나.

　둘째 주에 접어든 뒤 나는 지루함과 사투를 벌이기 위한 비결을 하나 생각해냈다. 요가를 하는 동안의 지루함을 상쇄시키기 위한 방법이었다. 몸은 비나이가 세는 호흡을 따라가고 있지만 내 몸에 자동 조정 장치를 켜고 나의 정신만은 군살 없는 근육을 자랑하는 요기들로 꽉 찬 덥고 답답하며 고약한 냄새를 풍기는 공간에서 벗어나 마치 민들레 홀씨처럼 온 세상을 떠다니게 하는 것이다. 꽤 여러 번의 수업 동안에는 파리의 거리를 걸어다녔다. 익숙한 보도 위의 갈라진 금까지 하나하나 다시 떠올리며, 나의 최애 파티세리에 들어설 때 들리던 종소리, 초콜릿 가게의 향기, 뤽상부르 공원의 나뭇잎 바스락거리는 소리, 미슐랭 별 셋 레스토랑의 두꺼운 카펫 위를 걷는 축축한 발자국 소리를 차례로 상상했다.

내 감각이 기억하는 파리의 모든 것이 소진됐을 때 나는 내가 사랑하는 세상의 다른 곳들을 닥치는 대로 떠올렸다. 노면에 맺힌 물방울들이 반짝이기 시작하는 시부야의 황혼 무렵, 젖은 모래를 드러내며 썰물이 몇 마일씩 밀려나간 웨스트 위터링의 햇살 쨍쨍한 오후, 로마 트라스테베레의 자갈 깔린 거리, 그곳의 어느 야외 테이블에 브루넬로이탈리아 적포도주의 총칭 한 병을 놓고 앉아 있는 나, 런던 채링크로스의 어느 책방 안을 돌아다니며 내 책이 있는지 찾아보고, 있으면 눈에 더 잘 띄는 좋은 자리 특히 빌 브라이슨의 책 바로 앞에 놓고 있는 나, 코펜하겐 덴마크 왕립 도서관 뒤 작은 공원에서 책을 읽고 있는 나, 그 옆에 눈부신 모델이 앉아 내게 무슨 책을 읽는 중이냐고 물어오면 나는 '내 책'이라 대답하고, 그러면 그녀는 '어머, 제가 제일 좋아하는 작가예요. 우리 집에 한번 놀러 오실래요?'라고 하고 그러면 우리는…… 다른 종류의 판타지로 옮겨가는 건 좀 경계하는 게 좋을 것 같았다.

모든 기억이 마침내 다 떨어지고 나면 나는 다시 삐걱거리는 내 몸으로 돌아와 있다는 사실에 당황해서 실망감에 매트 위로 풀썩 쓰러질 뻔했다. 안 아픈 구석이 없었다. 어지러웠고 갈증이 났고 배가 고팠고 피곤했고 당황스러웠고 좌절감이 들었다.

나는 더 이상 비나이의 말을 듣지 못하고 있었다. 호흡은 흐트러졌고 수련에서 길을 잃은 나는 리듬의 흐름을 따라가는 대신 나의 육체적인 불편함 때문에 점점 더 산만해졌다. 비나이는 이것을 감지하기라도 한 듯 수련생 모두에게 마치 노래하는 듯한 목소리로 "여러분의 정신은 질주하는 말과 같습니다. 그것을 통제하는 법을 배우셔야 해요. 만약 동작들과 함께 모든 호흡을 가치 있게 해나갈 수 있다면, 여러분의 심신을 통제하는 데 도움이 됩니다. 단지 요가 수련을 할 때만이 아니라 삶 속에서도요."

맞는 말이었다. 비록 요가를 하며 온갖 고통에 시달리긴 했지만, 아사나와 프라나야마가 이 샬라를 넘어 인도를 넘어 우리 집으로 돌아간 뒤의 일상 속에서 어떻게 내게 도움이 될지 내 눈에도 보이기 시작했다. 몸을 구부리고 늘이고 숨을 크게 들이쉬고 내쉬고 하는 것들이 화석처럼 굳어버린 내 삶에, 나를 완전히 장악해버리는 노이로제에 어떤 영향을 주었을까?

우선 첫째로, 내가 서서히 아사나들을 정복해가고 내가 가능하다고 믿었던 것들보다 내 몸을 조금씩 더 밀어붙이면서 신체적 자신감이 자라나는 걸 느꼈다. 이미 신체적 자아를 충분히,

완전히 통제할 수 있고 사지와 근육의 주인이 된다는 사실이 얼마나 어마어마한 만족감인지는 아주 기쁜 마음으로 한두 번 살짝 맛을 봤다. 당신의 감각과 지각이 바닥에서 손 하나만으로 몸을 들어올리는 것(부자피다아사나라는 자세)은 절대로 불가능한 일이라 말하고 아니 비명을 질러대고 있을 때, 기어코 해내고 나면 그때의 자신감은 지붕도 뚫을 기세다. 나도 내 몸의 대담함에, 내가 이룬 성취에 몇 번이나 큰 소리로 웃을 수 있었다. 예를 들면 내가 마침내 두 다리를 곧게 뻗은 상태에서 발가락을 잡을 수 있었을 때 혹은 내 이마를 무릎에 갖다 댈 수 있었을 때. 그건 정말 황홀한 경험이었다. 깜짝 놀라고 난 뒤에는 곧 카드로 지어올린 집처럼 와르르 무너지고 말았지만, 그래도 그게 중요한 건 아니니까. 이런 성취는 내가 예전에 경험한 것들과는 상당히 다른 것이었다. 어떤 면으로도 과시할 일이 아니고, 그 누구의 인정을 갈망하지 않아도 되지만, 그러면서도 극도로 개인적이고 놀라우며 가능성의 새로운 영역을 보여주는 무언가였다. 나의 늙고 고장난 몸이 내가 가능하다고 한 번도 생각지 않았던 것, 말 그대로 수십 년간 한 번도 가능하지 않았던 것들을 성취하고 있었다.

둘째 주 중반에 접어든 어느 날, 나는 나 홀로 매트 위에 엎어져 있는 굴욕의 순간 없이 일련의 동작들을 완수하겠다는 결심을 하기에 이르렀다.

일단 사방을 둘러봤다. 모사드 살인청부업자는 바시스타 아사나를 시도하고 있었다. 왼발과 왼손으로 매트를 지지하고 오른손으로 오른발을 잡아 골반 너머로 높이 들어올린 그의 모습은 마치 처음으로 걸어보려고 하는 미친 불가사리 같았다. 그런가 하면 짜증쟁이 뉴요커는 숩타 쿠르마아사나를 시도하고 있었다. 기본적으로 머리를 자기 엉덩이 밑으로 밀어넣는 동작을 하는 중이었고(평소에 재수 없는 이 여자에게 아주 딱인 동작이라 할 수 있겠다) 오스트레일리아 출신인 킴은 다리를 양쪽으로 최대한 벌리고 앞으로 몸을 접어 이마를 매트에 대는 동작을 하고 있었다. 일명 우파비스타 코나아사나.

새로 들어온 수련생도 있었다. 마르고 다리에 힘이 하나도 없어 보이는 프랑스인이었다. 그러나 그녀는 수련 시작 즉시 비나이가 지도하는 대로 척척 따라갔다. 아주 짜증나게도 그녀는 처음부터 모든 아사나를 완벽하게 수행해나갔다. 그 여자는 내가 요가를 시작한 지 얼마 안 됐다는 것도 전혀 모를 테니 그 앞에서 내가 또다시 요가 매트 위에 얼굴을 대고 엎드려 있어야 한다면 정말 참을 수 없을 것 같았다.

비나이는 내가 돌파구를 찾기 직전임을 감지했는지 그날 평소와 다르게 과하다 싶을 정도로 칭찬을 해주었다. 심지어 내가 한 발로 서서 다른 한 발을 앞을 향해 90도로 뻗고 두 손으로 그 발의 발가락을 잡았을 때(우티타 하스타 파당구쉬타아사나)는 박수까지 쳐주었다. 나는 진정한 진전을 이루어내고 있었다. 많은 아사나를 해내는 데에서만 그치는 게 아니라 일단 아사나를 완수한 뒤에 내 몸을 더 뻗어내려 했고 그 과정에서 더 깊고 규칙적인 호흡을 했다.

그랬는데, 무슨 이유에선가 크리프 리처드의 노래 '데빌 우먼'이 머릿속에서 무한 반복되기 시작했고 한동안 정말 돌아버리기 일보 직전까지 갔다. 이 상황을 수습해야 했다. 나는 미슐랭 별 세 개에 빛나는 파리 레스토랑 '가이 사보이'에서 먹었던 저녁 식사를 떠올렸고 그러다보니 동작이 거의 마무리 단계로 접어들고 있었다.

그리고 마지막 아사나를 하던 중 정말 엄청난 일이 일어났다. 앉은 상태에서 한쪽 팔로 세워둔 무릎을 감싸 몸 뒤로 돌려 허리 뒤쪽에서 다른 쪽 손과 맞잡는 자세였다. 예전에 이 자세를 시도했을 때 내 손은 마치 물개가 어둠 속에서 전등 스위치를 찾는 것처럼 등 뒤에서 퍼덕거리기만 했다. 그런데 이번에는 비나이가 내 뒤로 다가와 너무나 부드럽게 내 왼손과 오른손을, 전혀 잡아당기지도 않고 만나게 해주었다. 내 두 손이 맞잡았어! 나는 척추의 연골이 으드득 소리를 내고 응급실로 실려 가는 건 아닐까 두려워하며 마지막으로 한 번 더 몸을 뻗었다. 그런데 이번에는 손가락끼리도 맞물려 잡을 수 있었다.

나는 승리에 취해 외치고 싶었다. "여러분, 보세요! 나도 여러분이 하는 걸 하고 있어요. 하! 나도 그렇게 형편없는 건 아니었어!" 그러나 내 장기들이 버려진 버블랩 포장재처럼 구겨져 있었기 때문에 말을 하는 건 불가능했다.

프라나야마 수업 시작 전, 나는 쉬는 시간마다 나가 서 있는 발코니의 내 자리에서 폐 한가득 숨을 들이마시고 옆집 마당 나무에 달린 군침 도는 코쿰 열매에 추파를 던지고 있었다. 그때 비나이가 와서 말했다. "오늘 좀 더 강해진 느낌 아닌가요?"

나는 활짝 웃었다. 그랬다. 나는 강해져 있었다. 그걸 느낄 수 있었다.

"아시겠지만 진짜 포기할 생각도 했거든요. 그런데 왜 그랬는지는 모르겠지만", 나 역시 나의 꾸준한 노력이 신기해서 고개를 설레설레 저었다. "계속해서 나를 밀어붙이게 되더라고요."

"네, 만약 스스로를 독려하지 않았다면 여기 마이소르까지 그 먼 길 오신 게 아무 의미가 없었겠죠. 안 그런가요?" 비나이가 말했다.

나는 프라나야마 호흡에서도 더 발전을 보이고 있었다. 이번에는 비나이가 미친 자전거 공기 펌프법이 포함된 더 복잡한 호흡 훈련법을 지시했다. 첫 번째 시도에서는 거의 기절할 뻔했다. 잠깐 동안은 눈앞이 아예 캄캄해지기도 했지만 나는 계속했다. 그럼에도 비나이는 내게 '옴'을 허락할 기미가 전혀 없었다.

프라나야마 수업이 끝나갈 무렵에 수련생들은 등을 바닥에 대고 다리를 살짝 벌리고 손등을 엉덩이 옆쪽 바닥에, 손바닥이 위로 가게 내려놓고 15분간 누워 있었다. 그 시간은 아마도 내 하루 중 최고의 순간이었을 것이다. 중간중간 누워 있어야만 했던 순간이 모두 끝났음을 알리는 누워 있기. 깨어 있는 것과 잠자는 것이 절묘하게 공존하는 시간. 내 몸의 모든 조직이 지난 네 시간 동안 소진되고 에너지가 다 고갈되어 내가 할 수 있는 것이라곤 나를 비웃으며 멈춰 있는 천장의 선풍기를 쳐다보는 것뿐이었다. 그러나 그날 나는 분명 일종의 돌파구를 경험했다.

집에 돌아왔을 때는 탈수 증세가 너무 심해서 소변이 마치 싱글몰트위스키처럼 보였다. 프라나야마는 신비롭게도 아사나 수업 이후의 타는 듯한 갈증을 잠재워줬지만 그래도 내 몸은 여전히 수분을 필요로 하는 것 같았다. 그래서 다음 날엔 꼭 물을 가지고 가자고 메모를 해두었다. 그렇게 하고 나니 아사나 수업 내내 프라나야마 수업 시작 전에 탈의실에서 물을 벌컥벌컥 들이키는 것 말고는 아무것도 생각할 수가 없었다. 이건 금지된 행위라는 것도 알고 있었다. 탈의실 벽에는 심지어 수업 사이에 수분 섭취를 금지한다는 문구도 붙어 있었다. 방망이 모양의 물 탐지기를 사용했는지(그는 탈의실에 절대 들어오는 일이 없다), 내가 영화 「아이스 콜드 인 알렉스Ice Cold in Alex」에서 잭 호킨스가 칼스버그 맥주를 들이키는 것처럼 목구멍으로 물을 쏟아붓고 있는데 비나이가 나타났다.

"안 돼요, 안 돼, 마이클, 멈춰요!" 그는 단호하게 말했다. 그가 화를 내는 것과 가장 근접한 모습을 보였다. "전혀 도움이 안 돼요. 여기 오기 15분 전, 떠난 후 15분 이내에 물 마시는 것은 금지돼 있어요. 물을 마시면 프라나야마를 제대로 수련할 수 없어요."

"하지만 너무 목이 마르다고요." 내가 징징댔다.

"기다려요. 일단 프라나야마가 시작되면 더 이상 갈증이 나지 않아요. 지금 몸을 물로 적시면 프라나야마를 할 수 없어요. 지금은 너무 지쳐 있는 상태라 당신 몸이 스스로 부족한 부분을 보충하게 하는 편이 나아요. 프라나야마 수업 동안 그런 현상이 일어납니다."

그리고 언제나처럼 그의 말이 맞았다. 호흡 수련을 시작한 지불과 몇 분 안에 갈증은 사라졌다. 두 시간 수련의 막바지에 비나이는 내 옆에 아예 쪼그리고 앉았다. 나는 이제 그가 마침내 내가 '옴'을 외치는 것을 허락할 거라고 잠시 경박한 생각을 하기도 했다. 하지만 그 대신 그는 내게 새로운 호흡법을 알려줬다. 심지어 자전거 공기 주입기 호흡법보다 더 괴상한 것이었다. 혀를 내밀고 양쪽 가장자리를 말아서 일종의 혀 카놀리 형태를 만들어야 했다.

"자, 이제 입으로 천천히 숨을 쉬세요. 이렇게요." 비나이가 시범을 보이며 말했다. "이 방법이 프라나 바시야에서 입으로 숨 쉬는 유일한 호흡법입니다. 이렇게 숨을 쉬면 갈증이 해소되고 몸이 식을 거예요."

그는 마치 목욕물이 욕조 배수구 밑으로 빙글빙글 돌며 빠져나가는 것 같은 아주 깜짝 놀랄 만한 소리를 냈다. 이제 모두가 긴장을 풀고 편안한 자세로 누워 있었기 때문에 남들의 이목을 의식하며 나는 투명 스파게티 면발을 빨아들이는 것 같은 소리를 냈다. 그리고 어떻게 됐을까? 내 입안만 시원해진 것이 아니었다. 체온도 1, 2도 같이 떨어졌다.

"이 호흡법은 바로 여기에 있는 분비샘을 식혀줍니다." 비나이는 내 갑상선을 가리키며 말했다. "바로 그곳이 우리 몸의 체온을 조정하는 기관이에요." 침이 고인 혀를 지나가며 식은 공기로 갑상선을 씻어줌으로써 전신을 식혀주는 것이다. 놀라운 원리.

링이 나에게 아유르베다인도의 전승 의학. '아유르'는 장수, '베다'는 지식이란 뜻으로 생명과학을 의미한다 식당에서 점심을 함께 하자고 했다. 이제는 거의 다 죽어가는 나의 음식 책 프로젝트에 대해 듣고 난 뒤부터 나를 계속 데리고 가고 싶어했다. 그는 마이소르에서의 만족스러운 삶에 대해서도 들려줬다.

"제가 몇 주 전에 별 네 개짜리 호텔에서 남자 안마사로부터 마사지를 받았거든요." 그는 신이 나서 말했다. "그리고 결국은 둘이 섹스를 했어요!"

"오, 잘됐네요." 내가 말했다.

"네, 맞아요, 그리고 친구가 됐거든요. 근데 어찌 된 줄 알아요? 글쎄 다음 주 자기 결혼식에 날 초대한 거 있죠!"

링에게 마이소르는 마치 싱글들을 위한 거대한 바인 것 같았다. 지프도 샀다고 했다. "차를 몰고 어디를 가든 사람들이 나한테 손을 흔들고 미소를 지어요. 고국에 돌아가면 난 아무도 아니에요. 하지만 여기서는 정말 유명하죠. 끝내줘요."

만약 링의 말을 곧이곧대로 믿는다면 공원, 식당, 거리에서 그는 정말 말 그대로 늘 그에게 접근하는 남자들을 거절하기 바빴다. "그냥 샬라 근처의 공원을 가로질러 가고 있는데 남자들이 나한테 접근한다니까요. 지난번에는 거기서 남자친구를 기다리고 있는데 다른 남자가 다가오는 거예요. 그래서 그냥 그 남자랑 가버렸어요. 아실지 모르겠지만, 인도에서는 모든 남자가 게이예요. 그게 그들이 결혼 전에 섹스를 할 수 있는 유일한 방법이거든요. 다음번에 누군가가 다가와서 악수하고 싶다고 하거든 한

번 생각해보세요."

나는 사실 그보단 그의 단타 주식 매매 비결에 더 관심이 많았다. 정말로 마이소르에서의 한 달 생활비를 하루에 버는 걸까?

"그럼요." 그가 무언가를 공모하듯 내 쪽으로 몸을 쑥 내밀었다. "나의 비결은, 결국은 그냥 많이 떨어진 종목을 사들이는 거예요."

나는 좀 더 기다렸다. 그러나 그 뒤로 긴 침묵만 이어졌다. 링의 비결이란 게 그게 다였던 모양. 그는 매일 새벽 4시 반에 일어난다고 했다. "돈이 나를 깨워요! 알람을 맞출 필요도 없어요." 그리고 수업이 정시에 끝나면 시드니에서 장이 마감될 때까지 15분 정도가 주어진다고 했다.

"지난번에 수업이 5분 정도 늦게 끝났던 거 기억하죠? 그때 리오틴트 사에 수천 달러를 써야 했지 뭐예요!"

우리의 아유베르다식 점심 식사는 재료의 맛이 선명하게 살아 있었다. 이런 음식은 대체로 건강식이다. 식사 공간 바로 옆에 붙어 있는 작은 방에서 일하는 요리사들은 채식 요리를 계속해서 내놓았다. 쌉쌀한 박, 당근 샐러드, 양배추 소란cabbage thoran, 뒷마당에서 손쉽게 얻을 수 있는 채소를 강판에 갈거나 잘게 다져 양파, 칠리, 갓 같은 코코넛, 향신료를 넣고 만든 요리, 케랄라 사람들의 단골 점심 메뉴, 코코넛 렐리시와 갓 구운 차파티 등을 우리는 커다란 테이블에 둘러앉은 서양 요가 수련생들과 나눠 먹었다.

다른 수련생들 중에는 에메랄드 빛 빈디를 찍은 젊은 여성이 앉아 있었다. 나는 도저히 묻지 않고는 견딜 수가 없어서, 짐짓 아무것도 모르는 척 혹시 힌두교도냐고 물었다.

"아뇨, 왜요? 전 보스턴에서 왔는데요." 그녀가 말했다.

"그게, 빈디를 찍고 있어서요. 그거 힌두교 전통 아닌가요? 그래서 혹시 그런가 했어요. 그렇잖아요, 내가 만약 십자가 무늬 옷을 입고 있으면 내가 기독교도라고 생각하지 않겠어요, 안 그래요?"

"저는 우리 모두 각자의 방식대로 영적인 세계를 추구할 자유가 있다고 생각하는데요." 그녀가 살짝 날을 세워 말했다.

"네, 그렇죠." 나는 다시 먹고 있던 카레 잎을 곁들인 토마토로 돌아가며 말했다.

"오늘 내 마음속에서 아주 요란하게 파도가 쳤어." 얼굴이 푹 꺼지고 머리를 땋은 남자가 쓱 끼어들더니 그 여자에게 말을 걸기 시작했다. 그리고 둘이서 한동안 그게 얼마나 골칫거리인지에 대해 얘기를 나눴다.

내가 유치하게 빈디를 걸고넘어진 건, 사실 인도를 자기계발 슈퍼마켓처럼 이용하는 나 자신에 대한 불편함이 반영된 행동이었다. 나도 빈디를 찍은 여자처럼 영적으로 내가 원하는 것만 쏙쏙 뽑아먹는 것에 대해 죄책감을 느끼는 건 아니었을까?

나는 링의 생각을 물었다. 나의 '여기서 요가 찔끔, 저기서 호흡 명상법 찔끔, 향도 좀 피우고 당근 샐러드도 먹지만, 인도의 신들과 챈팅은 받아들이지 않는' 접근법에 대해 어떻게 생각하는지. 의미도 모르는 산스크리트어 문신을 새기는 바보들이랑 나도 다를 게 없는 건 아닌지.

링은 어깨를 으쓱했다.

"글쎄요, 당신의 삶에 마음의 평정과 평화를 불러오는 데 아사나와 프라나야마가 도움이 된다면 그걸 어떻게 나쁘다고 할 수 있겠어요. 챈팅을 하지 않아도, 머리를 밀지 않아도, 가진 걸 모두 기부하지 않아도, 어쨌든 당신은 스스로를 개선하고 있는 거잖아요." 링은 잠시 말을 멈추었다. "그리고, 나도 마오리 문신 했거든요."

링의 말이 암시하는 바는 나를 개선함으로써 더 나아가 세상을 개선하게 된다는 것이었다. 비록 지극히 작디작은 요인이라 해도, 제네바호에 던진 조약돌 하나가 호수의 수위를 높일 수도 있는 것처럼 말이다. 적어도 내가 식욕과 중독 증세를 완화할 수 있다면 다른 이들에게 더 많은 조니 워커와 초콜릿 케이크가 돌아가게 될 테니 그것도 하나의 작은 시작이 될 수 있지 않을까?

링은 '자기 인생은 각자가 알아서' 학파의 신봉자 같았고, 그런 면에서 나와 죽이 잘 맞았다. 차 한 잔을 놓고 우리는 비나이와 그의 요가 스타일에 대해 이야기를 나누었다. 링은 본인의 요가원을 갖고 있었고 예전에 내게 말했듯이 30여 년에 걸쳐 다양한 요가를 수련해왔다고 했다.

"하지만 비나이 선생님의 요가는 정말 특별해요." 그렇게 말하는 그의 두 눈이 촉촉해졌다. "지난 11월에 내 상황이 좀 좋지 않았어요. 그래서 요가 수업 도중에 울음이 터졌어요. 그랬더니 다른 사람들도 다 같이 울기 시작했어요. 그러고는 다 같이 웃기 시작했어요. 마치 우리가 하고 있던 것이 우리 사이에 행복의 파장을 창조해낸 것 같았어요."

나는 그로부터 살짝 물러났다. 울었다고? 아, 뻥치지 말아요. 요가가 어떻게 사람을 울리나?

'옴' 챈팅 장인의 탈선과 귀환

그러자 그의 영혼 저 깊은 어디에선가, 지금은 고단한 삶의 과거
어디에선가 어떤 소리가 울려 올라오기 시작했다. 그것은 말이었
고, 음절이었고, 그가 불분명한 발음으로 아무 생각 없이 스스로
에게 건네는 말이었다. 브라만의 모든 기도의 시작과 끝인 태고의
언어, 성스러운 '옴'은 대략 '완벽한 것' 혹은 '완성'을 의미한다. '옴'
의 소리가 싯다르타의 귀에 닿은 순간, 잠들어 있던 그의 영혼이
번쩍 깨어나 자기 행동이 얼마나 어리석었는지 깨닫게 해주었다.
_ 헤르만 헤세, 『싯다르타』

목요일 프라나야마 수업이 끝나갈 무렵 비나이가 내 옆에 쪼
그리고 앉았다. 그가 조용히 미소 짓는 걸 보고 나는 내 시간이

도래했음을 알았다.

"마이클, '옴'을 한번 해볼래요?"

나는 애써 흥분을 감추며 말했다.

"뭐, 선생님이 제가 준비됐다고 생각하신다면야."

비나이는 혀끝을 밀어올려 입천장 뒤쪽의 부드러운 살이 있는 부분에 가져다대라고 했다. 그 부분이 느껴지냐고 그는 물었다. 그렇다고 나는 끙끙대며 말했다. 좋아요. 이제 나는 코를 통해 아주 천천히 넷을 세면서 숨을 들이쉬고, 천천히 여섯을 세면서 예전에 본 대로 복근을 활용해서 폐의 공기를 모두 밀어내며 숨을 내쉬어야 했다. 그리고 다시 넷을 세며 들이쉬고 여섯을 세며 내쉬고…… 이번에는 비나이가 마치 머리끝에서부터 뿜어져 나오는 듯한 깊고 낭랑한 소리를 거침없이 내보냈다. 나도 그를 따라했고, 내 입으로 이런 말 하긴 좀 그렇지만, 나의 첫 번째 '옴'은 제법 그럴듯했다. 깊고 강하게 시작되어 깔끔하고 위엄 있게 마무리됐다. 그렇게 몇 번 더 했다. 어! 나 이거 잘하잖아? 마침내 굴욕적인 배움의 과정 없이도 시작하자마자 바로 잘할 수 있는 걸 찾았어! 나는 두개골과 내이內耳를 통과하는 울림을 즐기며 두어 번 더 해봤다. 그러자 기분 좋은 에너지가 솟아나며 거의 오르가슴을 느끼듯 기운이 났다. 진동이 내게 집중할 수 있는 명상의 표적을 만들어주었고 요가를 하는 내내 으레 머릿속을 꽉 채우던 잡생각들을 싹 지워주었다. 그것은 마치 초음파 클렌저와 같았다. 내 두뇌의 작은 구멍들을 정밀하게 타격해서 다른 화장실 세정제들이 도저히 도달할 수 없던 부분까지 파고들어 수십 년간 쌓인 먼지가 이룬 외피들을 제거하는 것 같았다.

'옴'의 미덕과 목적이 드러났다. 나는 이제 옴 개종자가 됐다. 나는 옴을 사랑했고, 해도 해도 또 하고 싶었고, 나는 옴만 외치며 살 수 있을 것 같았다. 나는 옴 체질이었다. 같은 반 수련생들이 프라나야마 수련을 마칠 때 나는 방 맞은편에 앉아 새로운 형태의 '옴'을 습득하기 시작했고, 그러자 완전히 다른 차원의 옴의 세계가 열렸다.

비나이가 요가 대회에서 좋은 성적을 거두었다는 얘기를 처음 들었을 때부터 나는 요가로 경쟁을 한다는 개념 자체가 잘 이해되지 않았다. 내가 이해하는 바로, 요가란 내면의 여정이고 자기만의 내면의 도전이었다. 캘리포니아 사람들이 파도 치는 해변에서 요가를 하는 이미지들이 본질적으로 너무 가짜 같아 보이는 이유 중에는 그런 것도 있었다. (스팅도 마찬가지. 본인의 토스카나 포도밭이 내려다보이는 테라스에서 책상다리를 하고 물구나무를 서 있는 모습이라니.) 요가는 환경과는 무관해야 하는 것이다. 요가가 인도에서 수 세기 동안 이렇게 건재해온 이유 중 하나는 아마도 평범한 인도인들도 환경, 배경, 지위와 부에 상관없이 끔찍할 정도의 인구 과밀에서 조용히 물러날 수 있는 공간을 만들어주었기 때문이라 생각한다. 로터리에서도 할 수 있고(자이푸르에서 누군가 하는 것을 직접 봤음), 공항 터미널(우다이푸르), 심지어 사람이 많이 오가는 공중화장실 밖 인도 위(뭄바이)에서도 할 수 있다. 나중에 기회를 잡으면 비나이에게 요가로 경쟁이 가능한 건지 물어봐야겠다고 머릿속에 메모를 해둔 상태였다. 하지만 '옴' 경쟁이라면, 그건 완전 이해가 됐다. 그리고 나는 다른 수련생들보다 '옴'을 오래, 어떤 때는 1.5배 이상 길게 끌며 모두를 완파했다.

"마이클, 훌륭해요." 그날 수업을 마치고 나오는데 비나이가 말했다.

"아, 뭐, 그 정도로 무슨." 나는 수줍어하며 말했다.

"옴을 아주 오래 이어가던데요. 나는 보통 수련생들에게 열다섯을 셀 때까지를 목표로 해야 한다고 말하는데, 그보다 더 길게 하시던데."

엎어지면 코 닿을 집까지 가기 위해 오토릭샤에 몸을 던지는 대신 나는 에너지가 충만함을 느끼며 걸었다. 그리고 내 첫 '옴'의 성공을 기념하며 근처 샬라에서 매트 위에 까는 천을 사기로 했다. 두꺼운 면으로 된 형광 녹색을 골랐다. 은연중에 녹색이 내게 에너지를 줄지도 모른다고 생각한 것 같다. (영적 추종자들 틈에 끼어 살면서 이런 근거 없는 생각에 영향을 받지 않기는 어렵다고 본다.) 나의 새 매트는 다음 날 샬라에서 히트를 쳤다.

"우와, 그거 어디서 났어요?" 뉴요커님께서 처음으로 살짝 부드러워진 목소리로 물었다.

"교차로 근처 샬라에서 샀어요." 나는 만족스러운 미소를 띠며 한마디 덧붙였다. "근데 어쩌나, 이 색은 이게 마지막이었는데."

자만하면 으레 재앙이 따르는 법이다. 그리고 바로 그날, 나의 3주차 금요일에 내가 그 짝이 났다. 그날은 내가 비나이의 샬라에서 요가를 시작한 이후 최악의 날이었다. 나는 속이 메스꺼웠고 탈진할 것 같았다. 새 매트가 금세 땀으로 흠뻑 젖은 건 말할 것도 없고 시작한 지 20분 만에 기운이 다 빠졌으며 담배 회사 실험실의 비글처럼 숨이 가빴다. 그 뒤로는 제대로 할 수 있는 동작이 하나도 없었다. 결국에는 호흡의 리듬만 겨우 유지할 수 있을 뿐이었다. 도대체 왜 갑자기 모든 게 무너져 내리는지 알 수 없었지만 노력을 하면 할수록 내 몸이 나를 저버리고 있다는 사실만은 분명해졌다.

수업 시작 후 얼마 지나지 않아 나는 비나이에게 '더 이상은 못 하겠어요'라는 표정을 지어 보였다.

"그만하고 쉬세요." 그는 다른 수련생들을 방해하지 않기 위해 조용히 말했다.

이제는 좀 짜증이 났다. 나 자신에게 실망해서만은 아니었고 이 모든 것에 분노가 치밀어서 바로 쏘아붙였다. "선생님이 우릴 너무 심하게 몰아대잖아요."

비나이는 차분하게 대답했다. "그게 제 일입니다." 그리고 돌아서더니 다른 수련생들의 자세를 봐주었다.

모든 게 다 그냥 일일 뿐이라는 거야?

수업이 끝난 후 내가 비나이 앞을 지나서 나오는데도 그는 내게 아무 말도 하지 않았다. 나는 이것 역시 개인적인 모욕으로 받아들였다. 유치하게시리. 마치 최근 며칠간 내가 이룬 진전이 그냥 다 사라져버린 것 같았다. 지금까지의 모든 노력이 다 허사로 돌아갔는데 비나이가 나를 이 어둠의 통로에서 빼내주지 않으면 누가 해준단 말인가? 나는 다시 시작점으로 돌아가 있었다.

지금까지 대체 뭘 한 거지? 조금이나마 지속적으로 발전하고 있다고 느끼려면 이보다 얼마나 더 노력을 해야 했던 거야? 집에 도착했을 때쯤엔 기분이 정말 더러웠다. 나는 애꿎은 리센에게 마구 퍼부어댔다. 매일 내 몸을 이렇게 극한으로 밀어붙이는 게 얼마나 지긋지긋한지 아냐고, 나는 이 모든 게 가치 있다고 믿지 않는다고, 요가는 아무 짝에도 소용없는 것 같다고, 비나이는 자기가 뭘 하는지도 모를뿐더러 나한테는 관심이 1도 없다고. 그리고 내 책을 위한 리서치를 깡그리 무시해버리고 내 모든 프로젝트를 다 망쳐버린 리센의 만행에 분노한다는 말도 했다. 대체 무슨 권리로 내 커리어에 그런 식으로 간섭하는 거냐고.

양쪽의 목소리가 다 높아졌다. 애스거와 에밀은 각자 방으로 들어가 문을 닫고 인도 TV에서 방송 중인 하누만 만화의 볼륨을 있는 대로 높였다. 서로 너무 격앙된 나머지 절대 해서는 안 될 말이 오갔다. 나는 다 관두겠다고 협박했고, 리센은 떠나겠다고 협박했다. 떠난다는 것이 정확히 어떤 의미이고 누구를 떠나겠다는 것인지는 직접적으로 밝히지 않은 채. 곧 문이 쾅 닫혔다. 그리고 나는 자버렸다.

아침에 일어났을 때 집은 비어 있었다. 리센의 메모가 한 장 놓여 있었다. 애들을 데리고 동물원에 갔다가 거기서 바로 영화를 보러 갈 거라고.

평소와 다르게 죽도록 배가 고파서 나는 인력거에 올라타고 레갈리스로 향했다. 그리고 나도 근사한 밥 한 끼 정도는 먹을 자격이 있다고 스스로에게 말했다. 케밥과 카레와 폭신폭신한 난에 둘러싸여 혼자 앉아 있자니 이 상황에서 맥주 한잔을 하지 않을 수는 없겠다는 생각이 들었다. 아, 그리고 딱 한 잔 마신다고 무슨 일이 나기야 하겠어? 물론, 알코올중독자에 대해 거의 아는 게 없는 사람이라고 해도 다음 상황이 예측 가능했겠지만 일단 첫 번째 맥주 한 병을 들이켜고 나자 — 아, 그 달콤하고 시원한 거품, 알코올이 입안에 처음 닿는 순간의 그 위안, 머릿속이 몽롱해지며 삶의 날카로운 날들이 무뎌지는 느낌 — 나는 한 병 더 마시는 것이 무슨 차이를 불러올지 보지 못했다. 나는 이미 미약하기 짝이 없는 내 양심의 마지노선을 넘어버렸다고 생각했다. 이미 물은 엎질러졌다. 맥주 몇 병 더 마신다고 죄가 더 무거워지진 않을 거야, 안 그래? 그리고 마무리를 위해선, 바텐더! 진 토닉을 마셔줘야지. 이젠 기분이가 조오오오오아 졌어. 이 사람들도 위스키 사워위스키에 레몬 또는 라임주스를 혼합한 것를 만들 줄 알까나? 모른다고? 아, 그럼, 이 가격에 진 토닉을 한 잔 더 안 하고 가면 바보지.

　오토릭샤를 타고 집에 돌아오는데 예전에는 있는 줄도 몰랐던 바처럼 보이는, 전면이 개방된 판잣집 같은 것이 시내 중심가 상점들 틈에 끼어 있었다. 자기 전에 밤 술 한 잔! 이 저녁을 기분 좋게 마무리하기 위해 또 한 잔 해줘야지. 안에는 남자들이 조용히 서서 커다란 유리잔에 담긴 인도 위스키를 마시며 벽에 걸린 TV를 통해 주황색 법복을 입은 뚱뚱한 남자들이 연단에 앉아 노래하는 방송을 보고 있었다. (인도 TV 방송의 대부분이 저런 프로그램이다.) 나를 보자 작은 무리가 둘로 갈라졌다. 나는 유쾌한 미소를 지으며 바를 향해 다가갔다. 그리고 선반 위의 병을 손가락으로 가리켰고, 바텐더가 내게 건네준 단단한 유리잔을 움켜쥔 후 그 사악한 영혼을 내 목구멍으로 넘겨버렸다. 대담할 대로 대담해진 나는 심하게 얼룩진 조끼를 입은 남자와 몇 번의 고갯짓을 주고받았고, 옆을 보니 내 옆에 사각팬티가 서 있었다. "안녕하쇼!" 나는 흥겹게 인사를 건넸다. 그는 나를 보고 당황하더니 TV 화면을 향해 살짝 돌아섰다. 인도 사람들, 술이 들어가도 소심하구만!

그날 저녁 마침내 집에 도착했을 때 리센은 내게 어디에 다녀온 거냐고 물을 필요도 없었다. 나는 곧장 자러 들어가버렸다.

다음 날 아침 여섯 시, 요란하게 울려대는 휴대전화 알람을 끌 만한 정신도 차리기가 어려웠다. 그래도 어찌어찌 겨우 침대에서 기어나오긴 했다. 마치 젖은 모래 안에서 다리를 끌고 가는 느낌이었다. 의식은 있었으나, 깨어 있는 구차한 일 한 가지조차 해낼 만한 속도를 낼 수 없었다. 뼛속까지 고단했다. 뜨개질바늘로 관자놀이를 쿡쿡 쑤셔대는 것 같았다. 입안은 바싹 말랐고 내 뱃속 저 깊은 곳에 자기혐오로 얼룩진 슬픔이 도사리고 있었다. 이런 상태로 요가는 상상조차 할 수 없었다. 나는 다시 침대로 돌아갔다.

리센이 뒤척였지만 아무 말도 없었다.

"안 되겠어." 나는 신음하듯 말했다. "도저히 안 되겠어." 이 상황이 불러올 결과를 분명히 알고 있었지만 다른 어떤 행위조차 불가능했기에 나는 커다란 나무가 넘어가듯 매트리스 위로 쓰러졌다.

두 시간 뒤, 끔찍한 탈수 증세와 자기연민으로 몸이 마비되는 것을 느끼며 다시 잠에서 깼다. 하지만 그 와중에도 프라나야마 수업은 맞춰 갈 수 있겠다는 사실을 깨닫고 따가운 오전의 햇살을 받으며 조심조심 샬라로 향했다.

"오늘 아침에 아사나는 왜 안 오신 건가요?" 내가 도착하자 비나이가 약간 날이 선 어투로 물었다. 나는 그냥 몸이 안 따라주었다고 말했다.

"이해합니다." 그는 친절하게 말했지만 내게서 풍기는 술 냄새를 못 맡았을 리 없었다. "이 단계에서 누구에게나 생기는 일입니다. 그렇게 지치는 게 정상이에요. 당신의 몸은 많은 걸, 그동안 한 번도 겪어보지 않은 것들을 겪었으니까요. 당신의 정신도 마찬가지고요."

놀랍게도 프라나야마는 내게 새 생명을 불어넣어주었지만 수업이 끝난 뒤 집에 돌아왔을 때는 리센과 아이들은 떠나고 없었다. 부엌 테이블 위에는 메모가 한 장 남아 있었다.

"비행기 예약하러 감." 이름도, 인사도 없었다.

식구들이 돌아오고 무언의 비난과 회개가 오가며 탁탁 불꽃을 튀기는 분위기 속에서 아이들이 잠자리에 든 후, 나와 리센은 대화를 나누기 위해 발코니에 앉았다.

"당신 표는 안 샀어." 리센이 입을 열었다. "당신이 우리랑 같이 가고 싶은지 어떤지도 사실 모르겠지만, 어쨌든 나는 이렇게는 안 되겠어. 이젠 당신한테 달렸어. 포기하고 싶으면 우리랑 같이 가."

"나 포기 안 할 거야. 이번 일은 정말, 정말 미안해. 나도 내가 역겨워 죽겠어. 그냥 무너져버렸어. 다시는 안 그럴 거야. 다시는 수업 안 빠질게. 약속해. 제발 가지 마. 난, 혼자서는 끝까지 못 해낼 것 같아."

에밀이 잠결에 거실로 걸어 나왔다. 그리고 지난 두 달간 계속 바뀌던 화장실 위치가 그대로라는 사실에 당황했다. 길 건너의 교회를 노려보고 있는 리센을 남겨두고 내가 일어나서 에밀을 도와줬다.

여전히 반쯤 잠든 에밀이 방광을 비운 후 나는 아이를 눕히고 이불을 덮어주었다. 하지만 날이 너무 더워서 아이는 곧바로 이불을 걷어차버렸다. 나는 에밀과 그 옆에 대자로 뻗어서 자고 있는 애스거를 잠시 보고 서 있다가 발코니로 돌아갔다.

리센과 나는 밤새 이야기를 나누었고, 갖은 애원과 약속을 한 끝에 결국 리센이 표를 바꾸고 나와 남도록 설득해냈다. 내가 어느 모로 보나 확실한 알코올 중독자라는 사실은 인정하기 힘들었지만, 마침내, 내 인생 최초로 내게 음주 문제가 있다는 사실만큼은 인정했다. 내가 구질구질하고 어정쩡한 주정뱅이가 아니라 앞으로 보나 뒤로 보나 완전히 술에 전 인간이라면 차라리 해결책이 깔끔할 뻔했다. (쉽거나 기분 좋진 않을지 몰라도.) 그냥 당장 술을 영원히 포기하면 될 일이었다. 하지만 나와 같은 처지인 많은 사람과 마찬가지로 나한테 그런 딱지를 붙이는 게 그냥 용납이 안 됐다. 비록 그것이 진실에 가까울지라도 '실생활이 가능한 알코올 중독자'라는 것조차 용납이 어려웠다. 알코올 중독이라는 사실을 인정하는 것이 회복의 첫걸음이며, 전문가들이 한목소리로 얘기하듯 그 첫걸음을 떼지 않고는 나는 가망이 없으며, 내가 내 중독에 제대로 책임지는 일은 절대 일어날 수 없다는 사실을 나도 알고 있다. 그리고 알코올 중독자 모임AA에서 알코올 중독자를 규정하는 기준에 나는 해당되지 않는다고 주장할 수도 없다. 상당히 많이 해당되기 때문이다. 그러나 나는 한 번도 그 기준들에 완전히 납득된 적이 없다. 만약 그 기준들을 엄격하게 적용하면 인구의 절반 이상이 알코올 중독자로 규정될 거라는 게 내 생각인데 그건 있을 법한 일이 아니기 때문이다. 비록 폭음이나 중산층의 '위험한 음주'가 증가세라는 건 알고 있으나 정부에서 건강한 음주로 권장하는 주당 음주량을 훌쩍 넘기는 사람들에게 '알코올 중독자'라는 용어는 너무 과하다고 생각한다. 나는 알코올 중독을 '질병'이라고 여기지 않는다는 것도 여기서 인정해야겠다. 질병은 아니다. 질병이란 단어의 의미를 굳이 설명하고 따질 필요도 없이, 만약 당신이 하지 않기로 결심할 수 있다면 그것이 질병이 될 수 있을까? 의존성, 나약함, 성격 파탄, 취약함, 화학적 중독, 이 중 무엇이든 내게 갖다 붙여도 좋지만 질병은 아니다.

그러나 알코올에 대한 의존성이, 비록 비교적 정도가 약하고, 스콧 피츠제럴드보다 한수 아래라고 할지라도 평생을 간다는 것에는 동의한다. 그러니까 내가 이 문제를 풀기 위해서는 계속 경계하고, 계속 전심전력을 다해나가야 할 것이었다. 요전날의 욕 먹어도 싼 실패는 이 문제가 나 같은 의지박약인 인간의 힘 — 그리고 리센의 원망과 비난, 이건 결코 그녀의 전쟁이 아니었으므로 — 보다 더 강력한 힘을 필요로 함을 여실히 증명했다. 내가 매일매일 균형을 잘 잡고 살기 위해서는 도움이 필요했다. 전날 요가에 대해 격렬한 분노를 터뜨리긴 했지만 나는 사실 이런 나에게 비나이가 가르치는 요소들이 도움이 된다는 것을 이미 알고 있었다. 심지어 겨우 3주가 지났음에도 불구하고 아사나는 내 몸과 내 몸에 대한 느낌에 변화를 주고 있었다. 체중이 줄었고 희미하게나마 근육이 형성되고 있었다. 요가에 중독됐다고는 말하기 어렵지만 — 그리고 어떤 중독을 다른 중독으로 대체하는 것은 의미가 없지 않나 — 나는 요가 아사나의 신체적·정신적 혜택들에 확신이 있었다. 비나이의 지도를 통해 나는 내 몸이 할 수 있는 것들을 목격했고, 그것이 내 자신에게 자신감을 주었으며 그 자신감 덕에 나 자신에 대해 기분이 좋아졌고, 그러자 더 많은 것을 성취하게끔 노력하는 데에 도움이 됐다. 비록 미약하고 유혹에 취약했지만 그것은 분명, 세상에 대해, 그리고 세상과 나의 관계에 대해 호감을 갖는 길로 나아가는 시작임이 분명했다.

그럼에도 불구하고 나는 완전히 무너져 내렸다. 내 얼굴에 먹칠을 했고 비나이와 내 아이들과 아내를 실망시켰다. 이것이 나의 마지막 기회라는 걸 나는 알았다. 또다시 모든 걸 망쳐버리는 일은 용납할 수 없었다. 하지만 그런 꼴을 피하기 위해서는 십대부터 내 일상의 중요한, 심지어 필수적이라고도 할 수 있는, 내 안에 깊이 자리한 요소를 극복해내야 했다. 술은 나의 결정적인 조력자이자 이완제였다. 불안, 고뇌, 지루함을 완화하는 자가 처방된 치료제였다. 모든 걸 꺼버릴 수 있는 나의 스위치였고, 내가 의지하는 목발이었으며, 나의 심리치료사였고, 나의 실존주의적 위안이었다.

내 바람은 비나이의 샬라에서 배운 것들을 활용할 수 있게 되는 것이었다. 인도에서 남은 시간 동안 술을 입에 대지 않고 버티는 것뿐만 아니라 술과의 관계를 극적으로 끊어낼 수 있는 도구를 획득하고 내 삶의 와인 잔 모양의 구멍을 메운 뒤 집으로 돌아가야 했다.

리셴이 위기일발이라고 매우 분명하게 강조한 결혼 생활과 가정을 지키기 위해서는 두 가지 옵션이 있었다. 첫째는 술을 한 방울도 입에 대지 않겠다고 맹세하는 것이었다. 차갑고 드라이한 리슬링프랑스와 독일에서 가장 오래된 포도 품종으로, 이 포도로 만든 최고급 백포도주을 앞으로는 절대 맛보지 못한다는 것. 부드럽고 따뜻한, 심장을 태우는 듯한 싱글몰트도 마찬가지. 시원한 생선회와 따뜻한 사케도, 혀를 천천히 감도는 샤토 마들렌의 복잡미묘한 소용돌이도 즐기지 못한다. 그래도 과연 살 가치가 있을까? 두 번째 옵션은 훨씬 더 어려운 도전이 되겠지만 훨씬 선호할 만한 것으로, 술에 대한 의존성을 조절하는 지속 가능한 방법을 찾아내 나와 알코올의 관계에 절제와 균형을 부여하는 것이었다.

그렇게 하기 위해서는 내가 술을 마시는 이유들에 대해 고심

해봐야 했다. 이유야 많았지만 ─ 긴장을 풀기 위해, 자신감을 불러오기 위해, 스트레스를 해소하기 위해, 그냥 지루해서, 술맛을 좋아하니까, 사교적이 되기 위해 ─ 그중에서도 가장 주된 원인은 노이로제, 불안, 공포를 차단하는 것이었다. 부모, 작가, 성인 남성으로서 실패하는 것에 대한 두려움, 질병에 대한 두려움, 실망과 패배에 대한 두려움, 삶에 대한 두려움, 죽음에 대한 두려움.

이엔가르는 이렇게 적었다.

요기는 아무것도 두려워하지 않는다. 공포는 사람을 꽉 붙들고 마비시킨다. 인간은 미래를, 알지 못하는 것과 보지 못한 것을 두려워한다. 인간은 생계수단과 부와 명예를 잃을까봐 두려워한다. 그러나 그중에서도 가장 큰 공포는 죽음에 대한 공포다. 요기는 본인이 자신의 육신과 별개임을 알고 있다. 육신은 그의 영혼이 임시로 깃드는 집일 뿐이다. 육신은 병, 나이, 부패, 죽음에 종속되나 영혼은 그에 영향받지 않는다. 요기에게 죽음은 삶에 열정을 더해주는 양념일 뿐이다.

죽음이 양념이라고? 지금까지 내 생각과는 거리가 있는 이론이었지만 죽음을 통해 평정심을 성취한다는 아이디어는 내 많은 문제에 해답이 될 것 같았다. 나의 과도한 걱정들과 집착의 뿌리에 대해서도.

시간만 충분히 준다면 나도 해낼 수 있을 거란 희망을 품을 준비는 되어 있었으나, 그래도 아직 이 구원의 레시피에는 뭔가가 부족한 느낌이었고, 그 점이 계속 신경 쓰였다. 아사나는 달랐다. 요가 동작들이 나를 유연하게 만들어주고 그래서 신체적으로 더 건강하게 해준다는 것을 나는 알게 됐다. 요가 동작들이 내 장기들을 마사지해주고 혈액에 산소를 공급해주며, 이미 설명했듯이 자신감과 웰빙 지수를 끌어올려준다는 것도 이해했다. 그러나 명상적인 측면은 그와 비등한 진전을 보이지 못하고 있었다. 프라나야마(호흡 명상)에서 계속 고전했다. 수업이 거듭되면서 나는 심하다 싶을 정도로 조바심을 냈다. 기대하는 것과는 완전히 반대되는 현상이었다. 모든 수련 중에서 오직 '옴'에만 열중할 수 있게 됐다. 내가 모두가 인정해 마지않는 '옴' 마스터라기보다는 수업 전체에서 오직 그 과정만이 나를 마음의 평화와 고요에 가까워지게 해주었기 때문이다. 오직 '옴'을 외칠 때만 내 마음속에서 휘몰아치는 사소한 잡동사니들, 공포, 불안, 자의식을 깨끗이 몰아낼 수 있었다. 내가 프라나야마에서 무언가를 놓치고 있거나 잘못 이해하고 있다는 사실을 인정할 마음의 준비가 되어 있었다. 하지만 그게 대체 뭘까? 그리고 지금 이 단계에서도 그것을 알지 못한다면 대체 시간이 얼마나 지나야 알 수 있는 걸까?

연 띄우기

이튿날 나는 요가 수업에 아주 긍정적인 자세로 임하기 위해 침대에서 발딱 일어나기로 맹세했고 실제로 그렇게 했다. 시원하게 내장을 비운 후, 아침 일찍 보험계리인의 휴가 복장으로 씩씩하게 발걸음을 옮겼다. 어쩌면 그 결과, 그날은 진정한 돌파구가 된 날이었다. 아사나 수업 내내 호흡의 리듬을 잘 유지해나갔고, 그때까지 나를 좌절시키던 몇몇 자세도 성공시켰다. 물론 그중 두어 가지는 여전히 뜻대로 되지 않았다. 특히 사람 잡는 우르드바 다누라아사나(아치 자세)가 그랬다. 등을 대고 바닥에 누운 뒤 손은 발가락 쪽을 향해 두고 골반을 공중으로 밀어올려 아치를 만든다. (나는 이 자세가 뒤집어진 게 같다고 생각했다.) 그리고 또 하나는 머리 서기 자세인 시르사아사나. 아사나 수업의 대미를 장식하는 이 자세를 비나이는 아직 내게 허락하지 않았다. 그러나 수업 막바지에 매트 위에 누웠을 때 나는 환하게 웃고 있었다. 의기양양한 기분이 파도처럼 쓸고 지나갔고 억제하기 힘든 희열을 느끼며 혼자 킥킥 웃었다.

"오늘 아주 강한 모습이었어요." 방을 나서는데 비나이가 내게 천하장사 몸짓을 해 보이며 말했다. 나는 그를 따라 그의 사무실로 들어가며 혹시 잠깐 얘기할 시간이 되는지 물었다. 몇 가지 나를 헷갈리게 만드는 의문점도 있었고, 비나이를 조금 더 알고 싶은 마음도 있었다.

"본인 생각만큼 몸이 안 좋진 않으세요." 우리가 자리에 앉은 뒤 내가 농담 삼아(떠보듯이) 나처럼 허약한 수련생을 본 적이 또 있냐고 물었을 때 그는 이렇게 대답했다. "오늘은 자신감도 보였고, 열심히 하시잖아요. 물론, 비슷한 상태로 여기에 오는 초보자들도 있어요. 그런데 요가는 외부의 경험이 아니에요. 우리는 다른 사람이 보라고 무언가를 창조해내는 게 아닙니다. 오직 우리 자신을 위해서 할 뿐이죠."

내가 이해한 바로는 프라나 바시야Prana Vashya 요가와 다른 요가의 가장 중요한 차이는 호흡의 연속성을 강조하는 것이었다. 비나이가 연속된 아사나들을 이끌어나갈 때 우리가 안정적으로 따라갈 수 있도록 그는 종종 호흡의 박자를 세어주었다. 한결같은 박자는 절대 흔들림이 없었다. 그것이 왜 그렇게 중요한 걸까?

"연속적인 흐름을 주고 싶은 거예요. 에너지가 계속 흘러갈 수 있게 말이죠." 비나이는 의자 끝에 허리를 곧게 펴고 걸터앉으며 말했다. 그의 얼굴은 늘 그렇듯 건강함과 평온함으로 태양처럼 빛나고 있었다. "다른 유형의 요가들은 어떤 자세를 해내고 그 자세를 유지하는 데에 초점을 맞추죠. 우리는 수련자들이 마시는 호흡 한숨 한숨마다 가능한 한 각자의 잠재력을 온전하게 깨닫길 바랍니다."

프라나 바시야 요가가 여느 요가와 다른 점 또 한 가지는 각각의 자세를 시작하고 끝내는 방식을 중요하게 여기는 것이라고 비나이는 말했다. 꾸준하고 명상적인 리듬, '역동적인 흐름'을 유지하는 게 중요하다고도 했다. 그러면 본인의 호흡을 관찰해야 하는 부담감을 덜어내는 데 도움이 된다고 했다.

"요가의 근본적인 목적은 무념무상을 경험하는 상태에 다다르는 거예요. 하지만 나는 그보다 더한 것을 보기 위한 경로를 찾으려고 노력 중입니다. 아시다시피 다른 단계들이 있죠. 사마디 등등. 하지만 나는 사마디가 궁극이라고 믿지 않습니다."

"그럼, 그 이상의 것이 있다고 생각한단 말이에요?" (요가에 대해 내가 읽은 모든 것에서는 사마디를 궁극적인 목표, 즉 '신의 경지', 혹은 '우주적 의식'이라고 규정하고 있었다.)

"분명히 있을 겁니다." 비나이는 마치 비밀스러운 야망을 드러내듯 살짝 수줍게 말했다. "시바 신힌두교의 주요 신 중 하나만 보더라도 사마디에 이른 후에도 계속 명상을 한다는 것이 아주 인상적이죠."

"그가 왜 계속했다고 생각하시나요?"

"그것이 바로 내가 알고 싶은 점입니다. 지금은 확실하게 말할 수 없지만 계속 이 길을 가며 노력하면 최선을 경험할 수 있다고 자신합니다. 신의 경지라 할 수 있는 더 높은 힘을 나는 믿어요. 그건 전 세계적인, 누구에게나 존재하는 보편적인 힘이에요. 결코 종교적인 얘기는 아니지만. 그 에너지에 더 가까이 다가갈수록 더 많은 은총을 누리게 될 거예요."

나는 비나이에게 유심론이나 종교에 내가 품은 의구심을 털어놓았고, 이번에 인도를 여행하며 본 제각기 다르게 행해지는 종교 의식에 대해서도 잠깐 이야기를 나누었다. 그리고 결국은 내가 무신론자임을 비나이에게 인정했다.

"나는 종교가 좋은 지표라고 보고, 많은 사람이 삶에서 자신들을 인도해줄 지표를 필요로 한다고 생각해요." 비나이는 동요하지 않고 말했다. "힌두교에서 가져다가 적용할 만한 것이 많기도 하지만 그래서는 안 되는 것도 있습니다. 무엇이든 본인에게 좋은 것, 본인의 목표를 향해 가까워지도록 돕는 것들을 따르면 돼요. 신앙이 없어도 괜찮습니다. 좋든 싫든 당신은 깨달음을 향해 다가가고 있어요. 당신도 당신 안의 영적 존재를 분명히 느끼게 될 겁니다."

"하지만 저는 그런 거 별로 안 느끼고 싶은데요." 내가 반박했다. "나는 그런 영적인 무언가가 존재한다고 믿질 않아요."

"아, 네." 비나이가 웃었다. "알겠습니다. 그렇지만 아사나나 프라나야마가 당신에게 좋다는 건 알겠죠, 그렇죠? 그걸 느끼고 있잖아요, 안 그렇습니까?"

"그거어언, 그러어쵸……"

"전 그거면 충분합니다. 사람들을 긍정적인 길로 계속 이끌 수 있는 것이라면 뭐든."

"힌두교 방식의 깨달음을 추구하는 거 말인데요." 나는 계속 말을 하다가 비나이를 언짢게 하는 건 아닐까 잠시 고민했다. "어떤 땐 존중하기 어렵다는 생각이 들어요. '말씀'을 나누는 데에 주력하는 기독교적 배경의 출신인 경우, 전도하고, 믿음의 체계를 타인에게 설득하잖아요. 그런데 자기 성찰과 자기 자신에게만 너무 많은 시간을 쓰는 것은 다소 자기 본위이거나 이기적인 걸로 보일 수도 있거든요."

"무슨 말씀인지 이해합니다. 하지만 요가에서 자아는 개념이 좀 달라요. 이렇게 설명을 할게요. 프라나야마 수련을 하면 자신의 정신을, 이어서 자신의 자아를 통제하는 법을 익히게 되지요. 자신을 더 잘 이해하게 되면 타인을 더 잘 이해하게 되고, 당신이 더 나은 사회의 일원이 되면 사회도 더 나은 곳이 되겠지요. 이렇게 생각하면 됩니다. 하늘에 열 개의 연이 날고 있어요. 그중 하나가 당신 연이에요. 당신의 연이 하늘에 올라가기 전까지 당신은 당신 연에만 집중합니다. 그러나 일단 하늘에 올라간 뒤에는 다른 연에도 신경을 쓰게 되지요."

"그러니까 비행기에서, 산소마스크가 위에서 내려오면 다른 사람들을 돕기 전에 본인이 먼저 착용해야 하는 거랑 같은 거죠?" 알고 보니 비나이는 한 번도 비행기를 탄 적이 없었지만 무슨 말인지 알아들었고, 그렇다고, 비슷한 거라고 했다.

나는 비나이에게 건강 면에서 요가가 주는 혜택에 대해서도 묻고 싶었다. 어쩌면 그가 말도 안 되는 걸 우기지나 않는지 보고 싶은, 약간은 놀리는 마음도 있었던 것 같다. "요가가 병도 고칠 수 있나요? 어떤 사람들은 당뇨병도 호전시킬 수 있다고 하던데."(설탕과 기의 어마어마한 섭취량 때문에 인도는 세계의 당뇨병 중심지다.)

　"네, 나는 아사나에 그런 힘이 있다고 믿어요." 비나이는 차분하게 말했다. "내 수련생들 중에는 인슐린을 끊은 사람들이 있었어요. 관절염에도 도움이 되죠. 내게 찾아온 사람이 숨만 제대로 잘 쉴 수 있다면 나는 늘 그들의 건강을 개선시킬 수 있다고 얘기합니다."

　그렇다면 암은?

　"예방은 분명 가능합니다. 암이 몸에 독소가 쌓여서 생기는 것이라면 말이죠. 물론 유전적인 이유도 있고, 나쁜 습관 때문에 발병하기도 하겠지만 요가가 적어도 독소는 제거할 수 있어요."

　사무실을 나오면서 나는 다른 수련생들 사이에서 뜨거운 화제인 비나이가 꿈꾸는 야심찬 미래가 있는지 물었다. 요즘 무언가 새로운 걸 제시할 수 있는, 젊고 카리스마 있는 요가 지도자들 중에는 미국으로 건너가 요가 DVD를 제작하고, 책을 쓰고 그들만의 요가를 브랜드로 만들어 다른 요가 지도자들에게 라이선스 계약을 맺어 수익을 버는 경우가 종종 있다. 비크람 차우드리와 동명의 섭씨 40도 전용 스튜디오에서 진행하는 핫요가와 존 프렌즈의 아누사라 요가가 그에 해당되는 두 가지 사례가 되겠다. 비나이도 할리우드 스타를 낚아서 영주권을 받고 싶은 생각이 있을까?

"아뇨, 아니에요. 저는 물질적인 것이나 명예, 벤츠 같은 것엔 관심이 없어요." 그가 웃었다. "제겐 개인적인 발전이 더 중요해요. 저는 지금 아주 행복합니다. 왜냐하면 제 아버지께서는 저를 엔지니어로 만들고 싶어하셨거든요."

나는 좀 더 센 질문을 던져보기로 했다. 왜 비나이의 수업은 외국인에게만 열려 있는가? 외국인들에게선 수업료를 몇 갑절로 받을 수 있기 때문이 아닌가?

"네? 아닙니다. 이 지역 분들을 위한 강좌도 있습니다. 제가 수업을 안 하고 제 동생이 하고 있죠. 이 지역 분들이 이 수업에 오지 않는 이유는 인도인들에겐 요가가 삶의 일부이기 때문입니다. 평생 그렇죠. 우리 수업을 들으러 오는 인도인들은 아주 오랫동안 요가를 해온 분들입니다. 딱 한 달 배우고 마는 분은 없죠. 그러니 이 두 부류를 한 교실에 모아 수업하기는 어렵지 않겠어요?"

마지막으로, 좀 더 개인적으로, 나는 그가 왜 내겐 머리 서기를 허락하지 않는지 알고 싶었다.

"그건, 아직 힘이 부족하시기 때문이에요. 하지만 저는 첫 수업에서 수련하는 모습만 봐도 얼마 후에 그분이 어떤 걸 해낼 수 있는지 판단하고 예측할 수 있는데, 마이클 당신은 언젠가는 머리서기를 할 수 있을 거예요. 제가 장담합니다."

동물원의 신스틸러

숙소로 돌아와보니 애스거와 에밀은 최근에 새로 사귄 친구와 놀고 있었다. 그 친구는 복도 끝, 창문 덧창이 언제나 닫혀 있는 어두운 아파트에 할머니와 함께 살고 있는 다섯 살짜리 여자아이였다. 그 집 현관문은 언제나 열려 있었기 때문에 우리는 숙소에 도착하자마자 아이와 친해질 수 있었다. 집주인에 따르면 아이의 부모는 둘 다 중동에서 일하고 있는데 몇 달에 한 번밖에 마이소르에 오지 않는다고 했다. 아이의 할머니는 종일 잠옷을 입고 살았고 절대 건물 밖으로는 나가지 않는 듯했다. 할머니는 영어를 전혀 못 했고 아이는 단어 몇 개를 말할 수 있는 정도였지만, 애스거와 에밀은 새 놀이 친구를 만난 게 좋아서 그 정도 장벽은 충분히 극복할 수 있었을 뿐만 아니라 그 아이의 인상적인 장난감 컬렉션을 살피고 연구하며 자기들의 별 볼일 없는 장난감들을 그 아이에게 보여주기 바빴다. 그동안 아이의 할머니는 장난감에 둘러싸인 채 거실의 절반을 점거하고 있는 장난감 집 옆에 가만히 앉아 있기만 했다.

이튿날 집에 와보니 아이와 할머니가 우리 집에 와 있었고, 할머니는 바닥에 앉아 점심 식사를 하고 있었다. 나는 언제나처럼 땀범벅이 된 요가 직후의 흉한 모습으로 할머니께 미소를 지어 보였고 할머니도 미소로 화답했다.

"우리 엄마가 집에 와요." 어린아이가 자랑스럽게 웃으며 말했다. "좋겠다." 그렇게 말하긴 했지만 마음이 좀 아팠다. 지난 2주간 아이는 내게 몇 번이나 그 말을 했지만 아이의 부모 둘 중 누구도 아직 보지 못했기 때문이다.

리센은 허리 스트레칭을 위한 요가 수업을 받으러 갔기 때문에 으레 오후 시간에는 내가 애들을 데리고 마이소르를 탐험하곤 했다. 우리는 이 도시의 어린이 친화적인 장소들을 아주 빠른 속도로 모두 섭렵해버렸다. 솔직히 이곳은 인도의 다른 도시들보다 아이들을 데려가기 좋은 곳이 더 많았고 시설도 더 좋은 편이었다. 일단, 인도에서 가장 규모가 큰 축에 속하는 동물원이 있는데 그곳에서 나는 내 평생 가장 커다란 코브라를 봤다. 다른 동물원에 있는 뱀들(나무 막대기 정도의 활동성을 보이는)과 달리 마이소르 동물원의 코브라는 고개를 빳빳이 들고 후드를 하루 종일 쫙 펼치고 있었다. 우리 셋이 완전히 얼어서 이 괴물을 쳐다보고 있는데 불현듯 우리가 서 있는 곳의 반경 200~300미터 안에 야생 코브라가 없다고 장담할 수는 없겠다는 생각이 들었다. 이 끔찍한 생명체는 마이소르 부근에서도 서식하기 때문이다. 그다음에 동물원에 갔을 때 또 한 번 코브라 앞에서 우리 셋이 입을 벌리고 구경하다가, 주위의 인도 사람들에게 동물원 밖에서도 코브라를 본 적이 있는지 물었다. 그중 한 젊은 남자가 폴리에스터 바짓단을 발목 위로 말아올리더니 끔찍한 상처를 보여주었다. 딱 봐도 그가 도시 외곽의 들판에서 일하다가 코브라에게 물린 자국이었다.

그러나 코브라의 인기를 능가하는 동물원의 스타가 있었으니, 그것은 백호였다. 갇혀 지내느라 돌아버릴 지경인 백호들은 긴장에 의한 자폐 증세를 보이며 우리 안을 돌아다녔다. 그런데 그 백호들의 인기를 무색케 하는 두 생명체가 있었으니 그것은 바로 나의 두 아들이었다. 인도에서 어디를 가든 나는 길거리에 나선 대통령을 경호하는 비밀 요원의 임무를 수행하곤 했다. 아이들을 향한 손길과 사진 촬영 요청을 단호하게, 그러나 동시에 친절하게 차단해야 했기 때문이다. 에밀은 사원에서 받은 붉은색 펠트 재질의 빈디를 붙이고 있었기 때문에 더 많은 관심을 불러일으켰고, 두 아이 다 앞으로 다시는 만날 일 없을 생판 모르는 남들이 왜 자기네랑 사진을 찍길 원하는지 몰라 어리둥절해했다.

"근데 왜 우리랑 사진을 찍고 싶어하는 거예요?" 호랑이 우리 근처에서 젊은 커플이 애스거와 에밀 뒤에 어색하게 서고 내가 셔터를 누르려 하는데 애스거가 속삭였다. "저기 백호가 있잖아요!" 그랬다. 동물원을 찾은 사람들은 저 신비로운 동물은 완전히 무시해버리고 있었다.

"그게, 너희는 이 사람들이 평소에 만나는 사람들이랑은 좀 다르게 생겼잖니." 나는 일단 그렇게 말하고 이 상황을 어찌 설명해야 할지 열심히 궁리하다가 어린아이들에게 거짓말을 했을 때 별로 문제될 건 없고 재미는 아주 오래간다는 점을 기억해내고는 이렇게 말했다. "그리고, 저 사람들은 네가 데이비드 테넌트 「닥터후」에 출연한 스코틀랜드 배우인 줄 알거든."

아, 이제야 모든 것이 딱딱 맞아떨어지는 느낌이었다. 저 사람들은 우리 아들이 데이비드 테넌트라고 생각했던 거야. 그렇고말고. 애스거는 「닥터후」의 열성팬이다. 일주일 전에는 근처 양복점에 가서 테넌트가 닥터 복장을 하고 있는 사진을 보여준 후 그가 TV에 입고 나온 단추 네 개 달린 갈색 싱글 슈트를 만들어줄 수 있는지 물었다. 며칠 전 그 슈트를 찾아온 뒤부터는 이 더위에 어딜 가든 그 슈트에 빅바자에서 장만한 넥타이를 맞춰 매고 나갔다. 테넌트라고 오해를 받는 것은 애스거에게는 매우 만족스러운 일이었고, 따라서 그때부터 누가 사진을 같이 찍자고 부탁해오면 기꺼이 응했다. 심지어 굳이 사인까지 해주겠다고 우기기도 했다.

애스거가 유일하게 슈트를 벗어준 곳은 워터 파크였다. 참 아이러니하게도 그 지역 사람들은 파도 풀과 워터 슬라이드에서 물놀이를 하면서도 옷을 모두 입고 있었다. 워터 파크를 찾은 사람들은 죄다 실질적으로 온몸을 가리고 있었다. 풀의 깊이가 모두 성인 허벅지 정도였기에 망정이지 아니었으면 물을 잔뜩 먹은 청바지와 사리 때문에 제법 많은 사람이 익사했을지 모른다.

100년의 역사를 자랑하는 활기찬 이 도시의 시장인 데바라자 시장—다른 사람들은 모두 여기에서 장을 본다는 사실을 우리는 뒤늦게 깨달았다—을 드나들기 시작하면서 우리는 아리츠라는 노점상을 알게 됐다. 그의 가게가 애스거와 에밀의 관심을 끌게 된 것은 우리가 홀리 축제를 준비할 때였다. 원색의 가루 페인트들이 작은 산처럼 일렬로 쌓여 진열돼 있었기 때문이다. 아리츠는 백단유, 재스민, 오렌지 꽃 외에도 희귀하고 값비싼 향이 첨가된 아로마 오일, 그리고 홈 메이드 향도 팔았다. 그곳을 처음 발견한 날 우리는 족히 한 시간쯤 킁킁거리며 그의 물건들을 탐색했고, 그사이에 아리츠는 조수에게 따뜻하고 달콤한 차이(이것이 에밀의 차이 중독의 시작이었다. 이 세상에서 그 아이만큼 카페인이 필요 없는 사람도 없을 텐데 말이다)를 한 잔씩 가져오게 했고 그 후로 우리는 오후에 시내 탐험을 나설 때면 참새가 방앗간에 드나들 듯 그곳에 들르곤 했다.

어느 날, 아리츠와 아이폰에 대한 이야기를 나누며(그의 가장 원대한 꿈이 언젠가 아이폰을 장만하는 것이었다) 차를 홀짝이고 있는데 내 신장을 누군가 쿡 찌르는 게 느껴졌다. 돌아보니 약간 뚱뚱하고 화장을 떡칠한 중년 여성이 보석을 주렁주렁 단 통통한 손을 내밀고 있었다.

"20루피만 주세요." 나를 위에서 내려다보면서 그 아줌마는 굵고 낮은 목소리로 말했다. 나는 어깨를 으쓱해 보였다. 딱 봐도 돈이 궁한 사람이 아니었으므로 나는 1루피도 주지 않을 생각이었다.

"저 여자한테 뭐라도 좀 주는 게 좋을 것 같아요." 아리츠가 눈에 띄게 불안해하며 작은 소리로 말했다. "만약 안 주면 몇 분 안에 저 패거리가 와서 진상을 떨 거예요. 진짜예요. 제발요."

나는 그 아줌마를 다시 한번 쳐다봤다. '그녀'가 '그', 그러니까 거세한 남자임을 확실히 알 수 있었다. 이 사람들은 공공장소에서 진상을 떨겠다고 협박을 하며 먹고산다고 어디선가 읽은 적이 있다. 사람들의 당황스러움을 극대화할 수 있는 잔치집이나 기타 사교 모임에서 주로 그런다고 했다. 한편으로는 그냥 한발 물러서서 어디 한번 갈 데까지 가보라고 하고 싶었지만, 이 여자가 정말 어디까지 해댈지도 알 수 없는 노릇이었고 근처에 진짜로 친구가 많을지도 몰랐다. 게다가 그 뒤에 이어질 애스거와 에밀의 강도 높은 질문 공세를 내가 견뎌낼 수 있을지도 미지수였다. 결국 나는 그녀에게 지폐를 건넸고 그녀는 비틀비틀 물러나 시장 안에서 본인의 행진을 이어나갔다.

마이소르에서 2주차에 접어들었을 때 아리츠가 자기 집에서 저녁을 먹자며 우리를 초대했다. 알고 보니 그는 아내와 두 아이, 그리고 시집 안 간 여동생, 그의 남동생 부부, 그 부부의 세 아이, 그리고 그의 어머니와 함께 마이소르 서부에 위치한 다 쓰러져가는 3층짜리 아파트의 방 세 개짜리(그리고 코딱지만 한 부엌과 아주 기본적인 욕실) 집에서 살고 있었다. 아리츠의 가족은 이슬람교도였는데, 요란한 하와이 셔츠를 입고 말끔하게 면도한 아리츠와 검은 턱수염을 풍성하게 기르고 머리는 밀고, 무릎 아래까지 쿠르타주로 파키스탄과 인도 서북부의 펀자브 지방에서 착용하는 튜닉형의 상의. 민족 의상를 입은 아리츠의 동생 아리프처럼 그들의 독실함에는 정도의 차이가 있었다. "우리는 밤과 낮처럼 서로 달라요." 아리츠는 영어를 못 하는 아리프에게 우리를 소개하며 씩 웃었다.

벽에는 종교적 글귀와 포스터가 붙어 있었다. 그중 하나는 '이슬람의 기적'을 묘사하고 있었는데, 아랍어로 '알라'라는 단어가 모든 것에 다 적혀 있었다. 토마토에, 물고기의 비늘에, 그리고 아기의 귀에도. 그리고 비록 어렴풋하긴 했지만 모든 것에 숨길 수 없는 포토샵의 흔적이 보였다. 아마도 저 포스터는 아리츠보다는 아리프가 붙여놓은 듯싶었다.

아리츠의 가족은 수줍게 우리를 맞아들였고 우리는 모두 바닥의 매트 위에 앉아 (오른)손으로 음식을 먹었다. 그날 먹은 음식은 내가 인도에서 먹었던 모든 것 중에서 가장 맛있었다. 풍성한 저녁상을 차리기 위해 아리츠 가족은 일주일 치 식재료비에서 꽤 많은 돈을 지출했을 게 분명했다. 시금치 요리, 코코넛 카레, 필라우(쌀 요리) 두 가지, 산처럼 쌓아놓은 차파티, 그리고 가장 돈이 많이 들었을 소고기 요리까지 있었다. 아리츠는 카펫에 앉아 우리와 함께 먹었지만, 그의 남동생과 여자들은 우리와 함께 먹지 않고 옥상의 정원에서 창문을 통해 우리를 지켜봤다.

아리츠는 최근 폭동으로 절정에 이른 마이소르의 반이슬람 정서에 대해 이야기했다. "어떤 사람이 돼지머리를 잘라서 우리의 사원 안으로 집어던졌어요." 아리츠는 고개를 절레절레 저었다. "폭동에서는 아홉 살짜리 남자아이가 죽었고 결국엔 이슬람교도들에게 통행금지령이 내렸죠." 아리츠는 자기 노점도 한동안 닫아야 했다.

"다 정치적인 문제예요." 아리츠가 말을 이어나갔다. "마이소르나 인도의 힌두교도와 이슬람교도들 사이에는 나쁜 감정이 없어요. 제 손님들도 거의 다 힌두교인 걸요. 바나나가 시장에서 아리츠의 노점이 있는 열의 상인들도 다 힌두교예요. 우리 사이에는 아무 문제가 없어요. 다 정치인들이 조장한 거예요."

리센은 아리츠의 여동생에 대해 물었다. 그들이 그녀의 남편감을 찾고 있기는 한지. "아, 시집보내려고 애쓴 지는 한참 됐지요." 아리츠가 어이없다는 표정을 지으며 말했다. "그런데 다들 엄청난 다우리(지참금)를 요구했어요. 어떤 집에서는 10만 루피에, 오토바이에 별걸 다 달랍디다. 거기다가 결혼식에는 300에서 500명을 초대해야 한다고 했어요."

열한 명이 한집에서 사는 가족이 어떻게 그런 결혼식을 감당할 수 있을지 상상도 되지 않았다. 아리츠의 수줍음 잘 타는 아름다운 여동생은 아직도 싱글로 남아 있을 거라고, 내가 지금도 생각하게 되는 이유다.

비나이의 이야기

비나이의 수업 마지막 주에 나는 또 한 번 그와 이야기할 기회를 얻었다. 이번에는 대화하는 내내 그의 모친인 프레말라사도 함께 앉아 계셨다. 상냥하고, 조용하고, 얼굴에서 미소가 떠나지 않는 분이었다. 나는 비나이가 처음에 어떻게 요가에 관심을 갖게 됐는지 물었고 그는 일곱 살에 처음으로 요가를 하게 됐다고 말해주었다. 바로셀로나 올림픽이 한창이던 어느 날 어머니께서 동네 요가 수업 광고 책자를 가져오셨다고 했다.

"원래는 체조를 배우고 싶었어요." 비나이가 말했다. "올림픽 경기를 보면서 체조가 제 목표가 됐죠. 영적인 면은 전혀 없었어요. 그 당시에는 완전히 육체적 운동일 뿐이었죠." 일곱 살의 비나이에게 요가는 체조처럼 보였고, 그는 잘렌드라 쿠마르라는 남자가

운영하는 요가원에 나갔다.

"반년 만에 요가에 완전히 전념하게 됐어요. 잘렌드라 선생님은 제게서 무언가를 보셨고, 저를 도와주고 지지해주셨어요. 정말 좋은 분이에요. 여덟 살에 북부에서 열린 대회에 처음 출전했을 때부터 줄곧 저를 데리고 인도 전역을 다니셨죠."

요가 대회라는 개념은 여전히 잘 이해가 되지 않았다. 어떻게 명상적인 내면의 활동을 대회로 둔갑시킬 수 있단 말인지.

"네, 무슨 말씀인지 잘 압니다." 비나이가 말했다. "하지만 요가 대회는 경쟁하기 위한 것이라기보단 요가를 대중에게 알리고 설명하기 위한 거예요. 퍼레이드도 하고 시범도 보이고, 젊은이들의 관심을 끌기 위한 방법이죠. 대회 때문에 제가 자만할 수도 있었겠지만, 제 주위엔 좋은 분이 많았어요."

비나이도 결국은 대회 참가를 그만두었다. "거의 모든 대회에서 우승을 했어요." 그는 자랑한다기보다는 그냥 사실을 담담히 말하는 쪽이었다. "열한 살 때 잘렌드라 선생님께서 제게 프라나야마를 소개해주셨고 그제야 저는 요가를 정말 제대로 이해하게 됐어요. 열네 살 때부터는 제가 참여하고 싶은 수업들을 골라서 배웠어요. 육체에만 도전되는 것이 아니라 정신에도 도전이 될 수 있도록 제 수련법을 발전시키고 싶었지요."

사람들은 비나이가 수련하는 모습을 보고 자기네도 가르쳐달라고 부탁하기 시작했다. "그들에게서 본 변화는 정말 놀라웠어요. 그래서 제 수련법에 더 자신감이 붙었고 많은 사람을 도울 수 있겠다는 확신도 생겼죠. 제 수련법이 적절치 않다고 생각하는 사람들도 좀 있었어요. 그들은 그냥 나를 흥밋거리로, 혹은 짜증나는 존재로 여겼고, 제 수련생들이 시범을 보이면 많은 사람이 이렇게 말했죠. '어떻게 이런 식으로 해요? 이렇게 하는 건 옳지 않아요.' 그러면 저는 그냥 웃고 말았지요. 우리는 언제나 제 요가의 혜택들을 보여줄 수 있었고 그 덕에 언제나 마음이 편했어요. 제가 아슈탕가 요가를 반대하는 것은 아니지만 우리의 빈야사 태양경배Sun Saluation로 열고 닫는 일련의 동작들로 내게는 프라나 바시야 사이클의 요소 중 가장 큰 도전이었다는 그것과는 무척 다르고 아주 새로운 것입니다. 아슈탕가 요가에서는 신체의 일부를 활용하는 편이에요. 예를 들면 팔이라든가, 그런 개별적인 요소들 말이죠. 하지만 저는 신경계 전체를 개입시켜서 동작을 하다보면 머리에서부터 발가락 끝까지 신체의 모든 부분을 의식하게끔 하는 데 초점을 맞췄어요. 저는 사람의 기운이 특정한 한 부분에만 집중되고 그 안에만 유지되길 바라지 않아요. 저는 의식이 몸 전체를 흘러다니길 원합니다."

나는 아사나가 어떻게 정신적으로 나를 도울 수 있는지, 아사나가 어떻게 나를 변화시키고, 세상과 마주할 수 있게 하는지 이해하게 도와달라고 했다.

"아사나는 신체뿐만 아니라 정신에 대한 접근입니다. 우리가 불안하거나 스트레스를 받는 상황이 되면 우리 몸이 반응하죠. 일단 호흡부터 달라집니다. 그래서 제 요가의 체계는 맨 처음부터 수련생들을 프로그래밍합니다. 호흡을 통제할 수 있도록 정신을 프로그래밍해서, 몸이 어떤 압박을 받는 상황이 와도 흔들림 없이 본인을 통제할 수 있도록 호흡을 일정하게 조절하는 경험을 하도록 합니다."

그러니까, 요가란 몸을 만들고 강하게 하는 것만큼이나 자신감과 자제력을 기르는 거란 얘기죠?

"바로 그겁니다. 어떤 상황에서 평정심을 유지하기만 했다면 훨씬 결과가 좋았을 거라 생각한 적이 몇 번쯤 되나요? 약간의 참을성만 있었다면 말이죠. 그렇지만 사람들은 스스로를 못살게 굴죠. 프라나 바시야는 우리 정신이 언제나 마음의 평화와 균형감을 유지하고, 이를 통해 본인의 무한한 잠재력을 깨달을 수 있도록 돕습니다. 우리는 근육이 아닌 신경에 어떤 경향을 만들어 심어넣으려고 노력합니다. 그래서 천천히 규칙적인 호흡을 이어나가는 동안, 포기하지 않고, 할 수 있다고 생각하고, 이런 자세를 해내고 유지할 수 있다는 느낌을 심어주는 거죠. 우리는 사람들이 자신감의 수준을 신경의 수준까지 끌어올릴 수 있도록 노력합니다. 본인의 몸을 강하게 프로그래밍해서 그 몸이 어떤 새로운 것을 만나더라도 준비가 되어 있도록, 해낼 수 있는 자신감을 몸속에 품도록 하는 거죠. 어떤 자세를 유지한 채 천천히 다섯 번 호흡할 수 있으면 자신감이 형성됩니다."

"그런 거랑 수영장을 끝에서 끝까지 스무 번 왕복하거나 힘든 테니스 경기에서 이기는 거랑 뭐가 다르죠?" 내가 물었다. "그런 운동도 자신감을 심어주지 않나요?"

"그렇죠. 하지만 그건 외부의 무언가에 몸을 쓰는 활동입니다. 종류가 달라요. 요가는 완전히 내적인 행위예요. 추가로 어떤 물건도, 장비도, 외부적인 목표도 필요치 않아요. 내 몸의 능력을 이해하기 위해 순전히 본인의 몸에만 집중합니다."

나는 비나이에게 그의 수업 중에 절정 비슷한 순간을 두어 번 경험했다고 털어놓았다. 선뜻 영적인 것이라고 말하기는 좀 그랬다. 정신적인 것만큼이나 생리학적인 것이었으니까. 어쨌든 나는 흥분되고, 자극되고, 톡 쏘는 듯한, 웃음이 막 나올 것 같은 느낌을 받았다. 내가 느낀 건 아마도 행복이지 싶다.

"정말 반가운 얘기네요." 비나이가 말했다. "갑자기 신앙이 샘 솟는다거나 종교적인 어떤 걸 느껴야 할 필요는 없어요. 제가 마이클에게 원하는 건 그런 느낌을 경험하고 더 향상시켜나가는 거예요. 그러면 자연스럽게 믿음이 자리 잡게 될 거예요. 직접 몸을 움직여 해내고, 경험해야 할 일이죠. 우리 정신은 보통 끊임없이 산만해져요. 우리는 그걸 '시타 브르티'라고 합니다. 정신의 그 부분은 계속해서 말하고 생각하고 있어요. 그러니까 제가 마이클한테 얘기를 하는데 마이클이 딴 생각을 하고 있다, 그러면 그게 시타 브르티입니다. 시타 브르티도 도움이 될 수 있어요. 연상을 하게 하고, 당신이 경험하는 것을 해석해주기도 하고, 창의력이 생기도록 돕기도 하죠. 그러나 의식을 탐구하는 데에는 도움이 되지 않아요. 그래서 프라나야마와 아사나를 통해 시타 브르티를 줄이려고 노력하는 겁니다. 정신은 여러 겹으로 이루어져 있고, 시타 브르티도 그중 하나입니다. 시타 브르티를 줄이면, 그것이 줄어든 공간은 진공 상태로 남아 있지 않아요. 의식으로 채워지죠. 마찬가지로 잡념이 많으면 의식의 공간은 줄

어둡니다.

"마이클, 정신이란 것은 소가 음식을 먹는 것과 비슷하게 작용해요. 처음에는 일단 삼키고, 그다음에 필요하다면 음식을 다시 꺼내서 곱씹어요. 그다음에 다시 삼키죠. 가장 이상적인 것은 정신이 어떤 주제를 받아들이고 그다음에 분석하는 것이지만 실제로는 대부분의 사람이 대부분의 경우 그 즉시 잘못된 방식으로 소화시켜버려요. 요가를 하면 처음부터 제대로 소화시킬 수 있어요. 왜냐하면 생각이 어디 딴 데 가 있는 게 아니라 온전히 그곳에 있고, 머리는 맑고, 집중할 수 있기 때문이에요. 정신을 분산시킬 요소가 적어진 거죠."

"하지만 아사나를 하거나 프라나야마를 할 때는 정작 무언가를 받아들여 소화할 게 없잖아요. 정신이 그렇게 맑은 단계에 이르는데 너무 아까운 거 아닌가요?" 내가 물었다.

"아닙니다. 그건 연습이에요. 프로그래밍되고 있는 거죠. 우리 마음은 물론 요가를 할 때도 표류하게 돼 있어요. 하지만 호흡을 놓치지만 않는다면 잠깐 떠돌다 제자리를 찾아 되돌아오죠. 프라나 바시야의 호흡법은 당신이 집중할 수 있도록 하고 압박하고 훈련시키죠."

"더러운 창문을 닦는 것과 같은 건가요?"

"그 이상입니다. 예를 들어 프라나야마는 당신이 더 높이 올라갈 수 있는 힘을 줍니다. 근육을 키워가는 것도 그중 한 가지입니다. 마이클이 제 수업을 다 듣고 떠나기 전에 제가 이루고 싶은 기본적인 목표는 당신이 하는 일에 제대로 집중해서 시타 브르티에 방해나 영향을 덜 받도록 하는 거예요. 시타 브르티는 스트레스의 가장 주된 이유입니다. 만약 마음이 어떻게 작용하는지 알게 되면 그것을 통제할 능력도 생깁니다. 당신의 의식이 언제나 외부에 있다면 영원히 세상에 당신을 맞추기 위해 노력해야 할 거예요. 만약 의식이 당신의 내면에 있다면 통제력을 가질 수 있습니다. 프라나야마는 마음이 어떻게 작용하는지 이해하도록 돕죠. 그걸 이해하게 되면 마음이 당신의 행위를 지지하고 떠받쳐주게 될 거예요."

"하지만 이제 저는 제 마음이 어떤지 안다고 생각하는데요. 서른아홉이나 먹었는데 그 정도는 알아야 하지 않을까요?"

"당신이 아는 건 다른 마음입니다. 당신이 다잡으려 애써오던 의식적인 마음이죠. 무의식의 마음이 잠재력이 훨씬 큽니다."

우리는 대화를 좀 더 나누었는데 대부분은 비나이의 어린 시절에 대한 얘기였다. 그의 어머니는 여전히 방의 귀퉁이에 앉아 미소를 짓고 계셨다. 다른 수련생한테 들어서 비나이의 부친께서 편찮으시다는 건 나도 알고 있었다. 비나이가 열다섯 살 때 심각한 뇌졸중을 앓고 더 이상 일을 할 수 없게 됐다고 했다. 하룻밤 새 그의 가족은 유일한 소득원을 잃어버렸다.

"아버지는 우리 가족의 전부였어요." 비나이가 말했다. "어머니는 장도 혼자서 보러 가지 않으셨으니까요. 금전상으로도 위기였죠. 정말로 힘든 상황이었는데 저는 너무 어려서 잘 이해하지 못했어요. 정말 열심히 일해야 했죠."

비나이의 아버지는 회복됐지만 ─ 그 후로 형편은 훨씬 나아졌다 — 비나이는 한동안 기술자가 되라는 압박을 받았다. 그런 비나이를 구해준 사람은 그의 요가 선생님인 잘렌드라였다.

"선생님께서 제가 계속 앞으로 나아갈 수 있게 해주셨어요. 한 번도 제게 의심을 품지 않으셨죠. 정말 대단한 분이에요. 저를 먹여주시고 언제나 돌봐주셨죠."

나중에 나는 잘렌드라 선생님도 뵙게 됐는데 영어를 썩 잘하진 못했지만 그분이 기억하는 비나이의 어린 시절에 대해 조금 들을 수 있었다.

"석 달쯤 지나니 비나이는 뭔가 다르다는 걸 알 수 있었어요. 아사나를 아주 제대로 관찰하고 있더군요." 조심스러운 성격이긴 해도 마음만은 분명 따뜻해 보이는 40대 후반의 잘렌드라 선생님이 말했다. 비나이의 요가 경력을 지원하기 위해 힘쓰던 그는 모든 연령대의 수련생 6000명이 경합을 벌이는 란치_{인도} _{동북부 자르칸드주의 도시의} '올 인디아 챔피언 오브 챔피언스All-India Champion of Champions' 대회에 데려갔고 우승시켰다.

그 대회는 비나이에게 중요한 전환점이 됐다고 잘렌드라가 설명했다. 그리고 또 다른 사건이 있었다. 나 역시 마이소르의 요가 수련생들로부터 이미 여러 차례 들은 루머인데 지금까지도 이 도시의 요가 커뮤니티에서 회자되는 사건이라고 한다. 6년 전, 마이소르 로터리 요가 대회에서 일어난 일이었다. 이 도시의 가난한 사람들에게 요가 지도 봉사를 해온 잘렌드라가 공로상을 수상할 예정이었다. "하지만 저는 정말 조용한 사람입니다." 잘렌드라가 내게 말했다. "저는 사람들 앞에서 연설을 한 적도 없고 상을 받아본 적도 없었죠. 너무 긴장됐고, 무슨 말을 해야 할지 난감했어요."

그래서 수상 소감을 말하는 대신 비나이에게 요가 시범을 보이게 하면 좋겠다고 생각했단다. "제 요가에 대해 말로는 표현할 수 없는 것들을 비나이의 시범이 다 말해줄 수 있을 거라 생각했어요." 잘렌드라가 말했다. 문제는 그 자리에 또 다른 귀빈이 참석해 있었다는 거였다. 그 사람은 다름 아닌 전설의 요가 마스터, 마돈나, 스팅, 그리고 기네스 펠트로 외 여럿을 가르친 요가 구루 파타비 조이스와 조이스 요가 제국의 후계자인 그의 손자였다.

잘렌드라가 비나이를 무대 위로 불러올려 시범을 보이자 조이스는 상당히 불쾌해했다. 이유가 무엇인지는 잘렌드라도 비나이도 지금까지 알지 못한다. 조이스는 — 소유와 속세에 대한 애착을 버리라고 역설하면서 정작 본인은 리무진을 타고 마이소르를 누비며 편안한 삶을 영위했다고 한다 — 그 상황을 자신의 지위에 대한 모욕으로 받아들인 것 같다고 짐작만 할 뿐이다. 이 위대한 파타비 조이스에게 요가를 가르치겠다는 이 건방진 놈들은 대체 누구란 말인가?

조이스는 대회장을 박차고 나갔고 손자도 그 뒤를 따랐다. 그리고 잘렌드라나 비나이에게 다시는 말도 붙이지 않았다. 조이스가 2009년에 세상을 떠났을 때도 잘렌드라와 비나이는 초대되지 않았고, 그 이후, 전 세계적으로 유명한 마이소르의 아슈탕가 요가 연구 협회의 불꽃을 지금까지 환히 밝히고 있는 그의 손자와도 한마디 말도 섞지 않고 지낸다고 했다.

"신문에까지 난 일이었어요 논란거리가 됐죠. 어찌나 화를 내던지." 비나이가 말했다. "잘렌드라 선생님께서는 그저 제자를 통해 지금까지 성취하신 바를 보여주고 싶었던 것뿐입니다."

이유는 알 수 없지만 이런저런 얘기를 나누다보니 나는 비나이에게 모든 걸 고백하고 싶어졌다. 물론 이미 수업 시간에 내 밑천을 있는 대로 다 드러냈고, 더 이상 손상되고 말고 할 품위도 남아 있지 않았지만. 나는 그에게 내 음주 문제를 얘기하고, 요가를 통해 이 감당 안 되는 욕구를 절제할 수는 없는지 묻고 싶었다.

그는 조용히 이 이방인의 이야기를 들었다. 술을 입에도 대지 않는 채식주의자이며 자기 관리가 뛰어난 요가 구루에게는 나의 이 약점이 너무 낯설어서 인식하기도, 본인과 결부시키기도 힘들 터였다.

"자각하게 됐다는 게 가장 중요해요. 그 습관을 끊을 수 있는 가장 좋은 길이죠. 마이클, 당신은 당신 라이프 스타일의 악영향을 인식하고 있어요. 이제 몸의 중요성을 인식하고 요가도 시작했잖아요. 몸의 능력도 알게 됐고요. 집으로 돌아간 뒤에도 계속해서 수련하세요. 아사나와 프라나야마 둘 다. 한 시간이고, 두 시간이고 매일."

"네? 그건 말도 안 돼요! 일도 해야 하고, 애들도 있고……."

"그렇게만 하면 다른 일의 속도도 빨라지고 효율도 높아질 거예요. 생생해지고 팔팔해질 거예요. 부정적인 면들을 버리고 더 긍정적인 사람이 될 준비를 갖추게 될 거예요. 요가 수련을 통해 힘을 얻게 될 거예요. 저와 요가를 시작한 뒤부터 식욕이 줄어들지 않았나요?"

나는 견과류와 요구르트만 먹고도 예전 그 어느 때보다 컨디션이 좋다고 느끼는 날들이 생겼다고 말했다.

"수업에서 얻어가는 에너지가 음식으로 채우던 에너지를 대체하기 때문이에요. 몸속의 체계를 건강하게 유지하기 위해서 꼭 필요한 건 하루 한 끼에 불과해요. 언제든 술이 당길 때는 프라나야마 수련을 해보세요. 일단은 30분만. 그 뒤로는 저절로 확장될 거예요. 술 생각도 나지 않을 거예요. 저를 믿고, 본인을 믿으세요."

믿음이 문제가 아니었다. 시간이 문제였다. 비나이가 조언한 대로 매일 아사나와 프라나야마에 시간을 쓴다는 것은 완전히 비현실적으로 들렸다. 자아성찰과 자기계발을 위해 매일 한두 시간을 내는 것 자체가 불가능했다. 나는 또다시 낙담했다. 정말 그렇게 해야만 내 인생이 바뀔 수 있는 거라면 나는 완전 망한 셈이었다.

깨달음은 밤바람처럼 온다

어느 날 아침, 나는 비나이의 샬라 문이 열리길 기다리다가 본의 아니게 다른 수련생들의 얘기를 엿듣게 됐다. 늘 짜증난 사람처럼 보이는 뉴요커가 세상 단순한 호주 여자 킴에게 초월명상 코스를 들어볼까 한다고 얘기하고 있었다.

"그게, 그 날아다니는 요기들이 하는 캘리포니아 컬트 같은 거, 맞죠?" 킴이 물었다.

"아뇨, 컬트는 아니에요. 그냥 진짜 훌륭한 명상 요법일 뿐이에요." 알고 보니 이름이 에밀리였던 미국 여자가 답했다. "미국에서는 어떤 마을 전체가 그 명상을 했는데 범죄율이 뚝 떨어졌다니까요. 그 명상 요법으로 우울, 긴장감, 스트레스, 불안을 치유할 수 있고 집중력도 좋아진대요."

내 귀가 쫑긋했다.

"그리고 클린트 이스트우드도 몇 년째 초월명상을 하고 있대요."

이 대목에서 나는 바로 넘어갔다.

"안녕하세요, 어쩌다보니 두 분 얘기를 다 듣게 됐는데요, 그코스 언제 시작하나요?"

"그게, 통화 좀 해보려고 일주일째 시도 중인데 못 하고 있어요." 에밀리가 말했다. "그분은 정말, 완전, 장난이 아니래요. 그리고 마하리시마헤시 요기, 비틀스의 친구이자 초월명상의 창시자의 첫 제자들중 한 명이랬어요. 그런데 전화 통화조차 할 수가 없어요. 처음에는 방갈로르에 계시다고 하더니, 나중에는 수업 중이라고 하고, 그다음에는 거기 그런 사람 없다고 하질 않나. 그래도 뭐 한번 해보시겠다면, 여기요." 에밀리는 내게 전화번호가 적힌 꼬깃꼬깃한 종이를 건넸다.

그로부터 일주일 동안 열 번쯤 그 번호로 전화를 걸었는데 매번 다른 사람이 전화를 받았고, 모두 저마다 다른 스타일의 도저히 알아들을 수 없는 인도 억양으로 말했다. (여기는 인도 땅이니 당연히 그들이 해독 불가능한 인도식 영어를 쓸 권리가 있었지만 그래도 좌절감이 드는 건 어쩔 수 없었다.) 그리고 어떤 분을 찾아야하는지 이름조차 알지 못하는 것 역시 도움이 되지 않았다. 그러다가 마침내, '그분'께서 다음 날 다섯 시에 계실 거라는 대답을 들을 수 있었다.

나는 다섯 시에 전화를 걸었다. 아무도 받지 않았다. 10분 후 다시 걸었고, 그 뒤로 한 시간 동안 10분 간격으로 계속 걸었다. 다른 비슷한 상황을 만났을 때(예를 들면 은행에 전화를 걸어 기계가 인간을 바꿔줄 때까지 기다려야 할 때처럼) 보통은 백 번 중 아흔아홉 번은 포기하는데, 그러지 않은 이유는, 사실 나도 잘 모르겠다. 그냥 강한 흥미를 느꼈던 것 같다. 인터넷에서 열심히 찾아 읽었는데 특히 초월명상이 명상을 하는 동안만이 아니라 일상생활에서도 마음을 '잠잠하게' 해준다는 말에 혹했던 것 같다.

명상이라는 아이디어에는 사실 언제나 끌렸다. 하지만 매번 명상에 대해 읽어보고 '그래, 언젠가는 한번 해봐야지. 은퇴한 뒤에나?' 하는 식이었다. 한번은 진짜로 시도를 해본 적도 있다. 리셴이 아주 고가의 명상 CD들을 사다준 적이 있는데(이제야 깨달은 바지만 리셴이 내 음주 문제를 해결해보려는 초창기의 시도들 중 하나였다) 나를 재워주는 아주 값비싼 방법으로만 활용됐을 뿐이다. 그래도 명상 효과에 대한 내용을 읽다보면 내 상황에 딱 맞는 것 같다는 생각은 늘 있었다.

나는 또 한 번 전화를 걸었고, 막 끊으려던 찰나에 누군가 떨리는 목소리로 전화를 받았다.

"아난사 연구 재단입니다."

나는 이 번호로 전화를 하면 초월명상 코스에 참여할 수 있다는 얘기를 듣고 전화했으며, 친구들 중에도 함께 등록하고 싶은 사람들이 있다고 얘기했다. 전화를 받은 남자는 무뚝뚝하게 다음 날 네 시에 오라며 시내 중심에 있는 주소를 불러주었다. 이렇게나 간단한 일을! 그래서 다음 날, 나는 킴, 에밀리(이제는 이 여자에게도 마음이 누그러지기 시작했다. 그녀의 쌀쌀맞은 행동은 뉴욕에서는 지극히 평범한 인간의 소통 방식이었음을 깨달았기 때문이다)와 오토릭샤에 끼어 타고 도시를 가로질러 마이소르 중심부의 허름하고 좁은 거리로 향했다.

"제가 들은 얘기인데요, 달라이 라마의 오른팔인 어떤 남자는 공중으로 몸이 떠오르는 걸 막기 위해 무거운 모자를 쓴대요." 킴이 말했고, 그 순간 우리가 탄 오토릭샤가 도로의 움푹 팬 곳에 부딪히며 우리 셋을 공중으로 붕 띄웠다.

그다음에는 그 거리를 왔다 갔다 하며 아난사 연구 재단 비슷해 보이는 것이라도 찾기 위해 행인들에게 길을 물어 그들을 난처하게 만들었다. 그리고 마침내 손으로 휘갈겨 쓴 듯한 작은 간판이, 그 간판만큼이나 비호감인 건물에 걸려 있는 걸 발견했다. 우리는 머뭇머뭇 입구 주변을 돌며 살핀 끝에 온실처럼 사방이 유리로 된 현관 데크를 발견했다. 그 안에는 빈 공간을 응시하고 있는 연세 지긋한 노인과 긴장 상태로 구석에 웅크리고 있는 노부인이 계셨다. 여기, 요양원 같은 덴가? 아니면 이분들은 초월 명상 실험이 잘못된 결과물인 걸까? 우리가 연구 재단에 대해 묻자 노인이 건물 뒤쪽의 불 꺼진 복도를 향해 아주 보일 듯 말 듯하게 고갯짓을 했다.

바로 거기, 책들이 쭉 꽂힌 어두운 방 안에 산스크리트어 교수이자 이 (방 한 칸짜리) 아난사 연구 재단의 대표인 만다얌 A. 나라심한이 계셨다. 그는 60대 초반의 작은 남자로, 하얀 면 조끼를 입고 불룩한 배 위로 도티인도 남자들이 몸에 두르는 천를 두르고 있었다. 뻣뻣한 흰머리는 숱이 점점 줄고 있는 것 같았고, 붉고 가느다란 줄(브라만 카스트의 표시)이 그의 이마를 양분하고 있었다. 그가 우리를 향해 미소 짓는데, 눈가에 잔주름이 잡히며 재미있다는 듯 눈빛이 반짝였다. 그리고 지하 깊은 곳에서 물이 흘러가듯 끓어오르는 목소리로 우리를 맞아들였다.

천장이 낮은 서재에는 이미 다른 수련생 셋이 와 있었다. 둘은 젊은 데다 견딜 수 없을 정도로 섹시한 포르투갈 커플이었는데, 남자는 도티를 두르고 여자는 전통 의상 같은 걸 입고 있었다. 또 한 명은 두부만 먹으며 타이다이 옷을 고집하는, 포르투갈 커플과 비슷한 신조를 가진 듯한, 연배가 좀 있는 스웨덴 여자로, 헤나 염색한 머리에 발가락마다 은반지 같은 것을 끼고 코에는 피어싱을 하고 있었다. 그들 셋은 바닥에 앉아 있었고, 킴, 에밀리, 그리고 나는 방 뒤쪽에 있는 고리버들 의자를 택했다. 의자에 앉으면서 나는 우리를 둘러싸고 있는 책들의 제목을 스캔했다. 그중에는 『마음의 고요Quietude of the Mind』가 있었고, 그 옆에는 『현대 물리학과 동양사상』, 그 옆에는 빌 브라이슨의 책이 꽂혀 있었다. 그리고 사방 벽면마다 고대 산스크리트어 문구가 가을 낙엽처럼 덕지덕지 붙어 있었다.

"의자에 앉아도 괜찮나요?" 킴이 조심스럽게 물었다.

"요기는 딱딱한 바닥에 앉으라는 충고는 하지 않습니다. 그러면 기운이 다 빠져나가기 때문이죠." 나라심한이 어서 앉으라고 손짓하며 대답했다.

하! 고건 몰랐지? 나는 경건하게 바닥에 앉아 있는 사람들을 보며 쾌재를 불렀다.

나라심한은 우리 앞쪽의 야트막한 연단 위, 그리고 작동을 멈춘 천장 선풍기 아래 앉아 있었고, 그의 왼편의 작은 신전에는 꽃과 과일 같은 제물이 바쳐져 있었다. 그는 왼발을 오른쪽 무릎 위에 얹고 오른발은 왼쪽 허벅지 밑에 놓고 앉아 있었다. 인도도 언젠가는 저 선풍기들을 돌릴 전력을 공급할 날이 오겠지, 나는 생각했다.

"초월명상 워크숍에 오신 것을 환영합니다." 그가 말했다. "이 명상의 기법은 베다 시대부터 전해 내려오는, 아주아주 오래된 것이지만, 1950년대에 마하리시 마헤시 요기께서 개개인의 건강을 개선하고 세계 평화를 추구하기 위해 이 명상법을 활용하며 본격적으로 발전하게 됩니다. 이 명상 기법은 일곱 가지 의식의 상태를 경험할 목적으로 하루에 두 번 20분씩 시행합니다."

첫 세 가지는 깨어 있는 의식, 잠든 의식, 그리고 꿈꾸는 의식이라고 설명했다. 네 번째는 초월의식, 그다음으로 '우주의식1901년 캐나다 정신의학자 리처드 모리스 버크가 우주의식을 체험한 후 동명의 책을 펴냄. 그는 여기서 우주의식을 일반인의 의식보다 한 단계 높은 의식이라 규정하고 있다' '신의 의식' 그리고 그저 '합일'이라 불리는 것이 있다. 또 시작이군. 만약 이렇게 소수정예 수업이 아니었다면 나는 이미 슬쩍 빠져나갔을 터였다.

나라심한은 설명을 이어나갔다. 마하리시는 초월명상TM을 특별히 현대를 살아가는 서양인들에게 알맞게 고안했다. 내겐 무척 다행스럽게도 아사나는 하나도 포함되지 않았고, 그 대신 순수한 의식의 바다로 서서히 빠져들기 위해 혹은 '초월'하기 위해 속으로 외우는 만트라를 활용했다. 내가 이해하기로는 이 바다는 우주의 전력회사 같은 것으로 초월명상자들은 이것이 양자물리학에 지배되는 통일장의 다른 이름일 뿐이라고 주장한다. 그는 이제 우리에게 만트라를 줄 것이라고 엄숙하게 말했다.

"그런데 만트라가 정확히 뭔가요?" 킴이 물었다.

그의 대답은 신선할 정도로 솔직했다. "어떻게 보면 말도 안 되는 소리입니다. 아무 의미가 없어요. 하지만 정말 위대한 목적이 있죠. 만트라는 생각을 잠재우는 수단입니다. 만트라를 무게추로 이용해 깊은 무의식 속으로 침잠해 들어갈 수 있어요. 현대사회는 우리 안에 점점 더 많은 긴장을 만들어냅니다. 외부 세계에서는 빠르면 빠를수록 더 많은 것을 성취하지만 내부 세계에서는 천천히 가야 합니다. 천천히 갈수록 더 성공할 수 있어요."

"그럼 그냥 낮잠을 자면 안 되나요?" 내가 물었다.

"잠은 스트레스와 긴장과 속도의 불균형을 바로잡기에는 충분치 않아요. 그러나 하루에 두 번 20분씩 만트라와 함께 명상을 할 수 있다면 정신의 긴장을 풀고, 배출할 것들은 배출해내고 충전할 것은 다시 충전하죠. 다섯 시간 숙면을 취한 것과 같은 효과입니다. 만트라는 초음파 세척기라고 보시면 됩니다." 그는 내가 '옴' 챈팅을 하며 경험한 것들을 똑같이 얘기했다. "몸의 전체적인 시스템을 정화시킵니다. 20분 안에 사고의 원천까지 침잠해 들어가는데 그곳에서는 최소한의 자극만 받게 됩니다. 그런 상태는 잠이라고 할 순 없어요. 명상을 하는 동안에 긁거나 움직이는 건 괜찮아요. 그러나 더 깊이 들어갈수록 호흡 빈도도 줄어들고 움직임도 잦아들죠. 그러다가 모기라든가 몸이 가려운 정도는 의식하지 않게 됩니다.

불안과 스트레스는 고요함이 부족한 상태입니다. 모든 행위는 어느 정도의 불안을 만들어내게 돼 있어요. 불안한 상태란 어떤 상황을 극복하기 위해 에너지가 생성된 상태예요. 예를 들면 투쟁 도피 반응 같은 것을 하기 위한 에너지죠. 하지만 에너지가 많이 부족할 수도 있어요. 만약 이미 불안 상태에 있다면 문제를 해결하기 위해 더 많은 에너지를 써야 하는데 더 이상 남은 에너지가 없을 수도 있어요. 그러면 스트레스가 생기는 겁니다. 우리가 초월명상을 통해 말하고자 하는 것은 고요해짐으로써 좀 더 정돈된 상태에 들어갈 수 있고, 그러면 스트레스 때문에 생긴 예전의 묵은 불안들이 줄어들고 고요함의 상태를 점차 회복하게 된다는 겁니다. 스트레스는 대부분 해소할 수 없는 불안, 털어내지 못한 과거의 불안 때문에 생기고, 나이가 들어갈수록 우리가 내면에 만든 감정의 덩어리들 때문에 이런 이상 현상은 커져갑니다. 아이들은 육체적으로나 정신적으로 유연하지만 나이가 들면 뻣뻣하고 폐쇄적이 되죠. 잠자는 동안 이완할 수 있지만 오늘날의 잠은 스트레스를 해소하기에는 충분치 않습니다. 우리는 마음속에 온갖 유령을, 불안의 세계를 만들어놓았죠. 이 유령들과 어떻게 싸울 건가요? 물론, 신경 안정제나 술의 힘을 빌릴 수 있겠지만 장기적으로 볼 때 그런 것은 스트레스를 악화시킬 뿐입니다. 그리고 그것들 자체가 또 스트레스를 만들어내죠. 따라서 부작용이 없는 좀 더 자연스러운 접근법이 필요합니다. 누구에게나 효과가 있고, 위험 부담도 없고, 극단적이지 않은, 단순하고, 고요하고, 느린 접근법 말이죠."

나는 계속 집요하게 물었다. "하지만 목욕을 하면서 긴장을 풀고 문제를 해결하거나 기차 차창을 내다보고 있어도 되지 않나요?"

"그럼요, 그럼요. 하지만 그런 방식만으론 오늘날 삶의 정신적 소음을 전부 극복할 순 없어요. 나는 언제나 이 예를 들어 설명하죠. 자, 당신이 붐비는 거리 한쪽에 서서 길 건너편의 친구에게 말을 하려고 노력하고 있어요. 자동차 소음을 뚫고 말소리를 전하려면 소리를 질러야겠죠. 그러나 만약 자동차 소음이 없다면 당신이 속삭인다고 해도 친구는 당신의 얘기를 들을 수 있어요. 소음이 클수록 집중하기 더 힘들죠. 물론, 가만히 앉아서 각자의 문제에 대해 생각해볼 수 있습니다. 하지만 대부분의 사람은 비슷비슷한 답, 혹은 일시적인 해결책을 생각해낼 뿐이에요. 초월명상은 좀 더 창의적인 길을 찾도록 돕습니다. 만약 정신이 좀 더 조용한 상태로 들어갈 수 있다면 가능성은 더 분명해집니다."

만트라(만man은 산스크리트어로 '정신', 트라tra는 '통제'를 의미한다. 만트라는 사실 만트람mantram이라는 단어의 복수형이다)는 여러 생각을 대체해준다고 그는 말했다. 만트라는 이성 혹은 감정과 관련 없는 아무 의미 없는 소리들이기 때문에 마음을 깨끗이 비워내고 고요하게 만드는 효과가 있다. 명상을 하면 우리 육체는 거의 깊은 수면 상태와 비슷한 단계에 도달하며 상당히 이완된 상태로 진입하게 되는 것이다. "선생님이 교실에 들어왔다고 생각하면 돼요." 나라싱한이 말했다. "그럼 모두가 조용해지죠."

"그런데 왜 우리는 모두 다 다른 만트라를 받게 되나요?" 포르투갈 여자가 물었다.

"만트라는 약 같아요. 사람이 다르니 다른 약을 줘야겠죠. 나는 여러분 한 분 한 분에게 각자 다른 만트라를 골라줄 거예요. 나는 이 일을 40년간 해왔고 3만 명쯤 되는 사람들을 만나 왔어요. 나는 사람을 척 보면 그 사람이 가늠이 됩니다." 우리는 일제히 당연히 감탄사를 뱉어냈다. "평소에는 이 직감을 꺼놓고 있어야 해요. 안 그러면 나는 다른 사람들의 생각의 쓰레기통이 돼버리고 말 겁니다."

"그러니까 사람들의 마음을 읽을 수 있다는 말씀이에요?" 내가 물었다. 나라싱한은 '때가 되면요'라고 말하는 듯한 몸짓을 해 보이곤 수수께끼 같은 말을 덧붙였다. "만약 사람들이 내가 그들에게서 무엇을 보고 무엇을 알 수 있는지 알게 된다면 무서워서 여기 오지도 못할 겁니다."

그는 우리에게 모두 일어나라고 한 뒤, 우리 손에 꽃을 하나씩 놓아주었다. 그러고는 방구석의 신전에서 간단한 제사를 지냈다. 어떤 남자(그가 마하리시의 구루인 브라만다 사라스와티라 혹은 '구루 데브'라는 사실을 나는 나중에 알게 됐다)의 흐릿한 흑백 사진 앞에 바나나와 코코넛을 올려놓고, 램프를 켠 후 공중에서 가만히 흔들며 조용한 기도를 읊었다. 그리고 꽃을 다시 수거하고 우리를 모두 방 밖으로 내보낸 뒤, 만트라를 주기 위해 한 사람씩 방으로 불렀다.

밖에서 대기하는 동안에는 만트라에 대한 흥분감이 만져질 듯했다.

"내가 아는 어떤 분의 세입자가 스리랑카에 명상을 하러 갔는데 미쳐서 돌아왔대요!" 킴이 인상을 쓰며 말했다.

나는 나라심한이 만트라를 어떻게 선택하는 건지 궁금하다고 말했다. 포르투갈 남자는 사람들의 나이, 신장, 결혼 여부 등 우리가 수업 전에 작성한 서류에서 밝힌 정보에 근거해서 만트라를 나누어주는 거라고 제법 권위 있게 말했다. 포르투갈 여자가 만트라를 받은 사람답게 평온한 모습으로 나왔다. 그리고 이제 내 차례였다.

방 안은 더 어두워져 있었다. 나라심한은 연단 위에 앉아 있었다. 그는 손짓으로 나를 자기 앞에 앉으라고 하더니 낮은 목소리로 나의 만트라를 말해주었고(이것을 '만트라의 전달'이라고 한다) 내가 제대로 듣고 정확히 발음할 수 있는지 확인하기 위해 따라해보라고 했다.

만트라는 비밀로 간직돼야 한다. 절대 자기 만트라를 큰소리로 말해서는 안 된다. 명상을 할 때에도 머릿속에서만 되뇌어야 하고 절대 그 누구와도 공유할 수 없다. 만트라에 마법이 있다거나 신비로운 힘이 있다고 믿기 때문이라기보다는 누군가와 만트라에 대한 대화에 돌입하면 웃기거나 썩 유쾌하지 않은 것을 연상하게 만들어 만트라의 효험을 떨어뜨릴 염려가 있기 때문이다. 말하자면 이런 식이다. "하, 그거 꼭 내 남자친구가 내 생식기에 붙인 별명이랑 비슷하게 들리는데?" 혹은 "뭐? 너의 그 만트라란

거 꼭 베리세인트에드먼즈영국 동부 서픽주의 도시랑 라임이 맞는걸?"
그 결과 명상을 시도할 때마다 당신은 영원히 누군가의 생식기 혹은 고향을 생각하게 될 것이다. 명상씩이나 하면서 남의 생식기나 영국 동부의 작은 마을을 떠올려서야 되겠냔 말이다.

그러므로 나는 다 괜찮았다. 제법 일리가 있었다. 실은 이미 초월명상의 모든 원칙과 실천 방법에 믿음이 가기 시작하는 중이었다. 머릿속을 깨끗이 비우고, 과거의 모든 것을 뒤로하고 내 안의 평온한 중심을 찾는다. 20분간 하루에 두 번? 그게 바로 내가 찾던 거였다. 그런 시간이 스트레스, 정신 집중, 불안 등의 문제에 도움이 되리라는 건 쉽게 유추할 수 있었고, 기꺼이 당장 내 삶에 받아들일 생각이 있었다. 그건 결코 문제가 아니었다.

문제는 나의 만트라였다. 진짜 마음에 안 들었다. 그건 목이 졸린 채 터져나오는, 모음으로만 된 끝없는 비명 소리 같았다. 대충 이런 소리에 가까웠다. "아애이이이이이잉흐."(그건 그렇고, 만약 이런 게 당신 중요한 부분의 애칭이라면 그게 아마도 당신 커플이 겪고 있는 모든 문제의 원천일 수도 있겠다.)

그리하여 성스러워야 마땅한, 내 인생을 바꿀지도 모를, 나의 만트라를 받는 순간에 내 머릿속은 온통 '그 포르투갈 여자한테는 내 만트라보다 훨씬 괜찮은 걸 준 게 분명해'라는 생각뿐이었다. 나는 나라심한을 쳐다보며 만트라를 가만히 두 번 반복했고, 그는 만족스러워했다.

"질문 있으십니까?"

"그게, 음, 만약에 제가, 그러니까, 제 만트라가 마음에 안 들면 어떻게 하나요? 제가 제 만트라를 진짜, 진짜로 안 좋아하면요?"

"시간이 필요합니다. 시간을 좀 주세요." 그가 웃으며 말했다. "좋아하지 않는 건 괜찮아요. 제가 골라드린 거니까 그럴 수 있어요. 식사 후에 명상을 하면 안 된다는 것만 기억하세요. 잠들 수도 있으니까요. 잠자리에 들기 전에도 하지 마세요. 만트라는 에너지를 불어넣어줄 테고 그럼 잠을 못 잘 수도 있습니다."

그러곤 끝이었다. 나는 방을 나와 다음 차례인 스웨덴 여자를 위해 문을 붙잡아주었다. 볼 것도 없이 완전 멋지고, 인도 느낌 물씬 나는 이국적인 만트라를 주겠지? 모두가 각자의 만트라를 받은 뒤 연습을 하기 위해 줄지어 다시 방 안으로 들어갔다.

"두 눈을 감으시고, 머릿속을 비워보세요. 본인의 만트라를 입밖으로 말하지 말고 머릿속에서도 만트라를 말하려고 적극적으로 노력하지 마세요. 그냥 그것이 찾아오길 기다립니다. 필요하다면 몇 분씩 기다려야 할 수도 있어요. 염려할 것 없습니다." 나라심한이 말했다. "만트라를 붙들고 있으려고 무리하지 않는 것이 중요합니다. 마치 버스를 기다리는 것과 같아요. 차들이 지나가는 걸 지켜보듯, 여러분의 생각들이 지나가는 걸 지켜보세요. 겨우 몇 번밖에 말하지 못했다고 걱정할 필요 없습니다."

우리는 정적 속에 앉아 몇 분간 각자의 만트라를 속으로 반복해봤다. 아무리 반복해도 내 만트라는 좋아질 기미가 없었다. 사실은 머릿속으로조차 반복이 불가능했다. 그 지극히 고통스러운 음절들을 모방하자니 혀에 경련이 날 것 같았다. 모기들이 윙윙거리며 내 다리를 간질였다. 옆통수도 근질거렸다. 그리고 손등에

도 한 마리 붙었다. 나는 허벅지에 쥐가 난 걸 풀어보려고 자세를 바꿔봤다. 그리고 슬슬 짜증이 나기 시작했다. 나 같은 사람도 그게 명상의 목적이 아니라는 것 정도는 알 수 있었다. 불과 몇 분 뒤 나라심한은 우리를 불러 조언을 몇 가지 더 해주었다.

"만트라를 정확하게 발음하는 것은 중요하지 않습니다. 그리고 정신이 이리저리 헤매고 떠돌아다녀도 괜찮아요. 떠돌아다니게 두세요. 떠돌아다니는 걸 지켜보세요. 그리고 다시 돌아오게 두세요."

우리는 다시 명상을 시도했다. 이번에는 15분이었다. 원래 혼자 초월명상을 할 때는 20분이 됐음을 알리는 타이머를 사용할 수 없게 돼 있다. 누군가 명상하는 이를 건드려서도 안 되고, 그렇다고 20분 넘게 명상을 해도 안 된다. 명상을 하다보면 차츰차츰 내면에서 스스로 시간을 가늠할 수 있게 된다고 한다. (나는 지금까지 이 방면에서 고전하고 있다. 눈을 감고 앉아 있을 때 20분이란 시간은 영원 그 자체로 느껴지기 때문이다.) 그렇지만 이번에는 나라심한 선생께서 명상을 인도하면서 15분 후에 만트라 반복을 중단하라고 조용히 말해주었고 몇 분간 침묵 속에서 가만히 있다가 두 눈을 마사지해서 깨우도록 했다.

그래서, 하얀빛이나 통찰의 불빛을 봤느냐고 물으신다면? 아쉽지만, 그건 아니었다. 이상하게도 두 손에 감각이 없어져서 마치 더 이상 그 자리에 존재하지 않는 것 같았고, 뇌 앞쪽 깊은 부위에 기묘한, 두통 비슷한 긴장감 같은 게 느껴지다가 잦아들었다. 하지만 가장 놀라운 특징은 만트라를 지속하기가 상당히 어렵다는 것이었다. 바보 같은 생각들이 옆에서 쿡쿡 찔러댈 때마다 마치 커다란 비누가 내 손아귀에서 미끄러져 빠져나가는 것 같았다. 처음에는 이상한 느낌이었다가 곧 좌절감이 들었고, 그다음엔 평온해졌다가 가끔 잠깐씩 다른 감정들이 들고났다. 2, 3분간은 약간 흥분되고, 약간 두렵고, 아래로 뚝 떨어지는 느낌을 경험했다. 간혹 잠에 빠져들 때 경험하는 것과 비슷한 느낌이 들기도 했는데, 단지 그 느낌이 잠으로 귀결되는 것이 아니었고, 그 방향으로 가는 것 역시 아닐 뿐이었다. 나는 완전히 다른 곳으로 곤두박질치고 있었다. 궁금하군. 하지만 결정적으로 초월명상은 프라나야마처럼 지루하지 않았다. 그리고 그 모든 역경에도 불구하고 내 정신세계는 잠재적으로는, 내가 도피할 만한 흥미롭고 즐거운 피난처가 될 수 있을 것 같았다.

초월명상의 유명한 지지자인 데이비드 린치는 그의 첫 명상을 이렇게 묘사한다.

마치 내가 엘리베이터를 타고 있는데 케이블이 끊어진 것 같았다. 쿵! 나는 더없는 행복으로 떨어졌다. 순수한 행복. 그리고 나는 그냥 그 안에 머물렀다. 그리고 선생님이 말했다. "이제 나올 시간입니다. 20분 됐어요." 그래서 나는 말했다. "벌써 20분이 지났다고요?" 아주 익숙하지만, 동시에 아주 새롭고, 강렬한 느낌이었다. 명상은 당신을 때 묻지 않은 순결한 의식의 바다, 순수한 앎의 바다로 데려간다. 그러나 익숙하다, 그건 당신이기 때문이다. 그리고 금방 행복감이 모습을 드러낸다. 피상적인 행복이 아니라 꽉 찬,

진정한 행복감이다.

그가 무슨 말을 하고 싶은지 나는 알 것 같다. 나도 그 엘리베이터 느낌을 분명히 경험했지만, 즐겁고, 때로는 무섭고, 그래도 대개는 편안했음에도 불구하고 나에게 20분이란 시간은 영원처럼 느껴졌다. 린치는 저서 『데이비드 린치의 빨간 방』에서 초월명상의 창의적 혜택에 대해서도 논한다. 명상 중에 실제로 구체적인 좋은 아이디어가 찾아온 건 딱 한 번뿐이지만, 명상은 의식이 깨어 있는 동안 그가 '아이디어를 붙잡을' 수 있도록 정신을 명료하게 해준다고 했다.

"내일까지의 숙제는 집에서 20분간 두 번 더 명상을 하고 오는 겁니다. 알람은 쓰면 안 된다는 걸 기억하세요. 20분이 됐다는 걸 스스로 알 수 있도록 훈련해야 합니다. 귀가하기 전에 알아볼 게 있어요." 나라심한이 명상 수업을 마무리하며 말했다. "만약 약물이나 알코올 문제 전력이 있는 분은 명상이 완전히 잘못된 방향으로 갈 수도 있어요. 그래서 제가 특별히 추적 관찰해야 합니다." 그냥 내 상상일 뿐이었을까, 아니면 그 말을 하면서 그가 진짜로 유독 나를 쳐다봤던 걸까?

어쩌면 초월명상의 효과가 내가 기대했던 것보다 빨리 나타났던 것 같다. 그날 저녁, 드문드문 불을 밝힌 마이소르 중심부를 통과해 집으로 걸어 돌아가는데 마치 처음으로 인도를 보는 것 같은 느낌이 들었다. 이번엔 더 관대한 눈으로, 그리고 덜 두려운 눈으로. 실은, 집을 향해 걸어가던 20분의 시간 동안 인도와 사랑에 빠졌다고도 말할 수 있을 것 같다. 활짝 열린 현관문에서 그들의 삶이 먼지 풀풀 날리는 길거리로 쏟아져 나오고 있었고, 아이들은 뛰어놀고 노인들은 마당의 플라스틱 의자에 앉아 담소를 나누고 있었다. 하루의 노역의 이유가 되는 시간이었다. 이제 마이소르 사람들은 삶의 진짜 중요한 것들을 누리고 있었다. 음식, 유흥, 담배 한 모금, 그리고 수다.

영국에서 인도로 떠나오기 전에 사람들은 우리가 인도에 적응하려면 2주는 족히 걸릴 거라고 했다. 하지만 실상은 지금까지 이 나라를 멀리하고 다가가려 하지 않았던 것 같다. 나는 인도가 두려웠다. 질병, 도둑, 상처, 나의 죄책감이 두려웠고, 이 나라만의 영성 과다가, 또는 신앙과 종교의식의 불협화음이 내게 줄 영향이 두려웠다. 그리고 좋은 쪽으로든 나쁜 쪽으로든 나를 변화시킬지도 모른다는 사실이 두려웠다. 그래서 그 모든 것을 향한 문과 창문을 걸어 잠갔다. 하지만 이제는 무섭지도 그리 위축되지도 않았다.

칠흑 같은 하늘에 수많은 별이 총총 박혀 있었다. 노란 불빛 아래 아이들이 뛰어가고 엔진 소리가 공기를 가르는 것을 들으며 나는 따뜻한 저녁 공기를 느꼈다. 처음으로, 시끌벅적하고 엉망진창인, 이 눈부시게 아름다운 나라가 언젠가 다시 돌아오고 싶은 곳으로 느껴졌다. 나의 남은 생 동안, 다시, 또다시.

033

마이클에게 보내는 메시지

애스거와 에밀은 거의 두 달 반 전 델리에 착륙한 이래 한 번도 머리를 자르지 않았다. 이제 아마추어 「지저스 크라이스트 슈퍼스타」 오디션을 준비하는 애들처럼 보이기 시작한 나의 두 아들은 머리를 깔끔하게 자르고 가끔은 기름까지 싹 바른 대부분의 인도 소년과 아주 극명한 대비를 이루었다. 그래서 어느 오후, 나는 아이들을 데리고 이발소를 찾아 나섰다. 아이들은 줄이 길다는 이유로, 혹은 '냄새 때문에 토할 것 같다'는 이유로 몇 군데에 거부권을 행사한 끝에 마침내 줄지어 늘어선 가게들 중 괜찮아 보이는 집을 하나 발견했다. 좀 지저분하고 어둡기는 했지만, 결정적으로 그곳에서 일하는 면도를 하지 않은 통통한 두 남자를 빼곤 아무도 없었다. 그들은 어슬렁거리며 손님을 기다리고 있었다.

나는 이발소 의자에 애스거를 먼저 앉히고 그다음에 에밀을 앉힌 후, '다듬어주시는데 너무 많이 자르지는 말고, 그래도 어느 정도는 짧게' 깎아달라고 주문했다. 통통한 남자 1(딱 봐도 둘 중에 고참)은 솜씨가 훌륭했다. 애들이 평생 깎아본 머리 중에 최고의 헤어컷이라고까지 할 만했다. 게다가 가격도 각각 30펜스밖에 안 했다. 그래서 당연한 일이지만 나도 머리를 다듬어야 하는 시점이 됐을 때, 통통 이발소를 다시 찾았다.

"손님, 죄송합니다. 지금 전기가 나갔어요." 그날 오후에는 어쩐 일인지 혼자 가게를 지키고 있던 통통 남자 2가 말했다. 나는 바리캉으로 머리를 바짝 밀 참이었기 때문에 전기가 안 들어오는 건 문제였다. 이발소를 그냥 나오려는데 그 남자가 내 팔을 잡았다.

"손님, 손님, 잠깐 기다리세요. 전기는 금방 들어와요. 딱 5분만요."

딱히 달리 할 일도 없었기 때문에 나는 가방을 카운터에 올려놓고 앉아 발리우드 잡지를 읽기 시작했다. 통통 남자 2도 앉아서 어쩐지 기대에 찬 눈으로 나를 지켜봤다. 그렇게 한동안 있다가 그가 갑자기 벌떡 일어나더니 이렇게 말했다. "얼굴 마사지를 좀 해드릴까요? 아주 좋아요. 아주 편안하죠."

그러고 보니 한 번도 그런 걸 받아본 적이 없었다. 게다가 절대로 비쌀 것 같지는 않았다. 그래서 나는 의자에 앉았고, 그는 향기가 나는 분홍색 아몬드 크림을 얼굴에 듬뿍 묻혀 치덕치덕 발라대더니 문지르기 시작했다. 정말 크림을 이렇게 많이 발라야 했을까? 그가 크림을 문지르며 내 눈을 감게 하는 동안 나는 생각했다. 이 아저씨, 나를 바다 수영 선수로 착각한 거 아냐? (맨몸으로 해협을 건너는 사람들은 장시간 노출되는 피부 보호를 위한 흰색 피부 보호제를 바른다.) 몇 분간 내 볼을 주무르던 남자가 잠시 멈췄다. 그의 숨소리는 여전히 들려오고 있었고, 그때 우리 뒤쪽으로 누군가가 가게 안으로 슥 들어오며 옷이 바스락거리는 소리가 들렸다. 뭔가 의심스러워진 나는 간신히 한쪽 눈을 뜨고 분홍빛 연무 사이로 이발사의 소시지 같은 손가락이 내 가방 안으로 들어가는 모습을 딱 목격했다. 인정한다. 멍청하게도 나는 가방을 열어놓았고 그 안으로 루피 지폐들이 훤히 들여다보였다.

"뭐야— 거기 누구야!" 벌떡 일어나 앉아 거울을 보니 그 안에는 섬뜩하게도 바버라 카틀랜드영국의 로맨스 소설가. 분홍빛 의상과 화장이 트레이드마크를 닮은 내 모습이 마주보고 있었다. "지금 뭐하는 거예요?" 주위를 둘러보는데 누군가 가게 밖으로 급히 달아나는 뒷모습이 보였다.

"돈을 안으로 집어넣은 거예요." 남자가 물러서며 말했다. "밖으로 떨어지면 안 되잖아요. 훔친 거 아니에요. 아니고말고요. 아무 일도 아닙니다, 손님. 걱정하지 마세요."

"그게, 꼭 빼가는 것처럼 보였단 말이에요." 나는 말을 멈췄다. 그는 돈을 훔치지 않았다. 100루피짜리 지폐가 세 장 있었다는 걸 내가 알고 있는데 그대로 였다. 게다가 바로 그때 전기가 다시 들어왔고 나는 머리를 깎아야만 했다. 가게를 발칵 뒤집고 경찰을 부르고 할 수도 있었겠지만 솔직히 말해서, 나도 그 남자 입장이었다면 똑같은 행동을 했을지도 모른다. 200~300루피면 아마도 그 남자가 하루 이틀 꼬박 일해야 버는 일당일 터였다. 나에게는 어느 정도의 돈인가? 와인 두어 잔?

그래서 나는 잠자코 남아 있던 아몬드 크림을 닦아냈고, 그는 내 머리를 깎았다. 그리고 자기가 시도했던 절도에 대해선 완전히 잊었는지 애들한테 받은 돈의 두 배가 넘는 돈을 청구했다.

이발소에서 나온 나는 나라심한 선생의 수업을 받기 위해 시내를 가로질러야 했다. 비교적 단순한 격자 형태의 마이소르 거리를 대충 파악하고 있다고 생각하며 한동안 걸었지만, 어느새 길을 잃고 말았다. 그리고 막 오토바이에 올라타려는 남자에게 길을 물었다. 그는 내가 어디로 가야 하는지 설명하기 시작했는데, 지금 내가 있는 곳이 생각보다 아난사 연구 재단에서 꽤 멀리 떨어져 있는 모양이었다. 내가 당황한 기색을 보이자 그는 이렇게 말했다. "그러지 말고, 타세요. 데려다줄게요."

"네? 오토바이로요?"

나는 오토바이를 극도로 무서워한다. 아마도 거미나 수녀님보다 더 무서워할 거다.

"네, 괜찮아요. 데려다줄 수 있어요. 시간이 되니까."

거절할 수 없었다. 그리고 이발소에서 경험한 불상사 이후 바로 이런 일이 생기니 마치 인도가 내게 화해를 청해오는 것처럼 느껴졌다. 그래서 좋다고 했다. 오토바이를 탄 사마리아인의 이름은 라히브였다. 그는 나를 연구 재단의 문 바로 앞까지 안전하게 데려다주고 수고의 대가로 아무것도 요구하지 않은 채 나를 내려주었다. 우리는 악수를 나눈 뒤 헤어졌다.

다른 학생들은 나라심한의 저녁 서재에서 이미 경건한 침묵 속에 기다리고 있었다. 에밀리와 킴은 바닥의 매트 위로 내려가 앉았다. 나는 지난 시간처럼 방 뒤쪽의 고리버들 의자에 앉았다. 두 번째 수업은 집에서 경험한 명상에 대한 질문과 논평으로 시작했다.

"입이 이상해지더라고요." 포르투갈 여자가 불평했다.

"저는 커피를 마셨는데 그 맛이 싫더라고요. 왜 그럴까요?" 그녀의 남자친구가 물었다.

나라심한은 전날과 똑같은 도티와 하얀 조끼를 입고 이 모든 것을 깊이 생각하는 듯 고개를 끄덕거리더니 모두 무시해버리고 대신 초월명상에 대한 과학적 연구에 대해 이야기하기 시작했다. 초월명상은 혈압을 낮추고 뇌의 에너지 패턴을 바꾼다는 내용이었다. 제법 여러 해 동안 명상을 해온 사람들은 전전두엽이 크게 발달했다고도 말했다. 전전두엽은 기억을 관장하는 영역이다. (적어도 전전두엽의 기능이 좋아지면 기억력이 좋아진다. 나는 이 부분을 찾아봤고 펜실베이니아 대학의 앤드루 뉴버그 박사의 연구를 통해 확인했다.) 명상은 전전두엽 피질의 기능도 강화한다. 전전두엽 피질은 인터넷, 끊임없이 돌아가는 TV 채널, 5분마다 블로그 방문자 수를 체크하는 것 등등 현대인의 집중을 방해하는 모든 것에 의해 가장 많이 손상되는 영역이다. 명상은 전전두엽 피질을 평온하게 해주고, 이론에 따르면 그에 따라 집중력이 개선된다고 한다.

이 긴 설명을 들으며 눈에 띄게 점점 더 안절부절못하던 스웨덴 여자는 나라심한의 말을 끊고, 전날 밤 자기는 숙제로 명상을 시도하다가 잠들어버렸다고 고백했다.

"걱정하지 마세요! 잠들어도 돼요!" 나라심한이 웃었다. "자고 일어나서 다시 10분 명상하세요. 그리고 방해를 받으면 눈을 뜨고, 먼 곳의 한 점을 응시하다가 눈을 감고 다시 시작하세요. 총 20분이라는 시간 중에 아마도 제대로 명상하는 시간은 5분에서 8분 정도일 거예요. 그래도 괜찮아요."

"안 좋은 생각들이 머릿속을 채울 때 명상을 활용해도 되나요?" 에밀리가 물었다.

"아뇨. 나쁜 기억을 정화하는 데 명상을 활용할 순 없어요. '자리에 앉아 죽은 내 친구를 생각해야겠어'라고 말할 순 없어요. 하지만 3년 정도 수련한 후에는 특정한 사안에 대해, 혹은 문제를 해결하기 위해 만트라를 외우며 명상할 수 있겠죠."

"저의 만트라는 자꾸만 제 정신의 뒤쪽으로 가요." 포르투갈 여자가 끼어들었다.

"그럼 앞쪽에는 뭐가 있죠?"

"생각들이요."

"그럼 위치를 바꿔주세요. 때로는 생각들이 앞쪽으로 나오고 때로는 뒤로 빠지기도 해요. 걱정할 일이 아닙니다." 그는 손을 앞뒤로 흔들어 보였다. "저는 여러분에게 생각을 다 몰아내고 만트라만 외우라고 요구하는 게 아닙니다. 다 조화를 이루며 자리를 잡게 돼요. 걱정하지 마세요."

"그럼 어떤 생각들을 몰아내기 위해 나의 만트라를 마치 정신적 기관총처럼 쓰면 안 된다, 그 얘기죠?" 내가 물었다.

"만약 어떤 생각들을 차단하기 위해 만트라를 적극 이용하려고 하면 관자놀이 쪽이 아파올 거예요. 이성적인 머리로는 아무 의미도 없는 말을 되풀이하는 게 바보처럼 생각될 수도 있어요. 만약 다른 방법을 선호한다면, 뭄바이의 어떤 선생님은 학생들에게 파란색 계란을 상상하며 그것에 집중하라고 가르치기도 해요. 사실 무얼 하는지가 중요한 건 아니에요. 뭐든 효과가 있으면 되는 거예요. 하지만 이성적 머리는 가장 큰 장애물입니다. 그 너머에, 그 감각의 영역 너머에 의식의 바다가 있어요. 본인의 정신세계에 믿음을 가지세요."

자, 그렇다면 그것이야말로 큰 도전 과제였다. 내게 제일 부족한 것이 내 정신세계에 대한 믿음이었으니까. 나는 집중하고 창조하는 능력은 물론이고, 쾌락을 추구하는 게걸스러운 벌새의 변덕을 극복하는 능력이 정말 부족한 사람이었다.

"그런데," 나라심한이 말을 이어나갔다. "어떤 생각을 몰아내려고 노력 중인가요?"

"아마, 불안하게 하는 생각들이요? 두려움 같은."

"우리는 모두 미래를, 생존의 문제를 불안해합니다. 그걸 버릴 수 있다면 당신은 이미 요기겠죠. 우리의 두려움은 대부분 애착 때문에 생겨요. 물건에 대한 것이든 사람에 대한 것이든 말이죠. 그러니까 소유한 것들을 버리고, 세상의 일부를 포기하고, 체제를 포기하면 어떨까요? 만약 차를 없애면 어떻게 될까요? 당신이 가고 싶은 곳으로 당신을 데려다줄 사람은 반드시 나타나기 마련입니다. 결국에는 굳이 부탁할 필요도 없어질걸요?" 그가 웃었다.

농담 아니고 진지하게 하는 말이냐고 물어보려는데 에밀리가 또 질문을 했다.

"저는 명상을 할 때 정말로 화가 나요."

"명상을 하는 동안 혹은 명상을 한 뒤에 스트레스를 받는다면…… 우리는 아이스크림을 처방해드립니다." 그가 웃었다. "아이스크림을 드세요! 분노가 사라질 거예요. 아침에 명상을 하면 에너지를 받을 테고, 하루의 끝에 명상을 하면 마음이 차분해집니다."

나라심한은 우리를 리드해서 한 번 더 명상 시간을 가졌고, 그다음에 우리는 설문지를 작성했다. ('인간관계가 개선되고 있다고 느끼는가?' '당신의 생각들이 명상을 방해하는가?') 그렇게 수업이 끝났다.

나는 포르투갈 여자가 던지는 '명상할 땐 어떤 옷을 입어야 하는가?' '명상 후에 운전하는 것은 안전한가?' 같은 쓸데없는 질문들이 끝날 때까지 기다렸다가 나라심한에게 얘기 나눌 시간이 되는지 물었다. 그는 마치 기다렸다는 듯 나를 작은 방으로 안내했다. 그곳은 복도 건너편의 그의 집이었다.

모발 이식보다 더 즐거운 것들

나는 라탄 의자에, 그는 작은 침대 겸 소파에, 우리는 그렇게 어스름 속에 앉아 있었다. 5제곱미터가 채 되지 않는 그 방은 페인트가 벗겨져가며 흠집 난 벽에는 전선들이 걸려 있었다. 그리고 자연광은 전혀 없었다. 나라심한이 가진 속세의 물건은 작은 냉장고, 주전자, 옷장 그리고 작은 책상이 전부였다. 그에게선 정향과 카르다몸 냄새가 났다. 나는 처음에 어떻게 초월명상을 접하게 됐는지 물었다.

"저는 1970년대 마하리시가 길러낸 첫 번째 제자 중 한 명이었어요. 저는 800년 전부터 철학을 가르치는 선생님 집안 출신입니다. 제 부친, 조부, 삼촌들은 모두 종교인의 길을 걸으셨죠. 제 아버지는 평범한 사람들이 제대로 요가를 배울 수 있는 방법은 없다고 생각하셨어요. 제대로 수련하려면 수도승이 되거나 히말라야에 가야 한다고 여기셨죠. 그래서 마하리시 같은 분이 나타나자 아버지는 '이거다!' 하셨어요. 그리고 저를 그의 수하로 보냈죠. 인도에서는 집안의 아들 한 명이 요기가 되면 그 전후 100세대가 정화된다는 믿음이 있어요. 그래서 이 아이를 보내면 우리 죄를 모두 씻을 수 있을 거라고 하셨죠.

마하리시께서는 고대의 기법을 현대적인 방식으로 적용했고 젊은이들의 상상력을 사로잡았어요. 그는 이런저런 기계의 힘을 이용해서 초월하는 법을 제시했습니다. 그러니 정말 매혹적이었죠. 저는 감사하게도 특별히 명상 코스 여러 개를 맡아 지도하게 됐어요. 그리고 마하리시 스승님과 아주 각별해졌습니다. 그 시절에는 우리 모두 커다란 방에서 다 함께 자곤 했거든요."

그리고 어쩌면 당연한 일이지만 나는 마하리시가 2008년 네덜란드에서 화려한 삶을 마감할 때까지 그를 괴롭혔던 스캔들의 내막에 대해 듣고 싶었다. 마하리시는 여자를 좋아했다. 미아 패로는 그가 성희롱을 했다며 그의 접근을 직접 물리친 경험이 있다는 언급을 했다. 또 그가 어마어마한 부자였다는 사실은 그의 명상 기법이 뿌리를 두고 있는 베다의 가르침과 맞지 않는 것이었다. 어떤 사람들은 그의 조직이 컬트 느낌을 풍긴다고 말하기도 했다.

"1980년대에 들어서면서 우리 단체는 규모가 아주 커졌는데, 잘 아시다시피 조직이 유명해지고 따르는 사람이 많아질수록 조직의 대표는 대중과는 멀어지기 마련입니다. 저는 마하리시께 그런 상황에 대해 말씀드렸지만 그분은 그저 우리는 모두 다 다른 단계의 진화를 하는 중이라고, 누구에게나 모순된 부분이 있는 거라고만 말씀하셨습니다. 그분은 정말 관대하셨어요. 사람들이 본인을 이용하고 있다는 걸 알게 돼도 절대 벌하지 않았죠. 그런 전형적인 사례가 한 번 있었어요. 마하리시께서 제게 갠지스 강둑의 거지들을 아시람으로 데려오라고 하더니 그들에게 비누와 치약, 그리고 생필품을 나눠주라고 했어요. 그래서 그렇게 했죠. 보름간은 모든 게 좋았어요. 그런데 거지들이 우리가 나눠준 공짜 물건들을 놓고 싸우기 시작했어요. 저는 마하리시에게 가서 말했죠. '왜 우리가 이 거지들을 이렇게 거둬야 하는 겁니까? 아무 보람도 없잖습니까.' 그러자 이렇게 말씀하셨습니다. '이 사람들은 사회에 적응을 못 하고 집까지 나온 사람들이다. 하지만 이들이 요가 수련을 한다면 좋아질 수 있다. 만약 단 한 사람만 이라도 이곳에서 무언가를 얻을 수 있다면, 그것으로 나는 족하다.' 결국 아흔 명이 떠나고 열 명이 남았어요."

나라심한은 1980년대 초반에 마이소르로 돌아왔다. 마하리시의 아시람은 그의 성추문 때문에 대중의 반감이 팽배한 가운데 정부에서 임차계약을 파기하면서 숲으로 환원됐다. (나라심한은 원래부터 정부가 숲 환원 프로그램을 시행할 계획이 있었다고 주장하지만.) 그때부터 나라심한은 방대한 고대 베다어 문헌들을 번역하고 보존하는 데 헌신하기 시작했다. 종려 잎에 적혀 있어서 그 문헌들은 급속도로 훼손되고 있었고, 그런 문서들로 꽉 채워진 건물이 마이소르에 하나, 콜카타에 하나 있다고 한다. 나라심한은 그 문서들 속에 건강과 의학, 그리고 점성술에 이르기까지 오늘날 우리에게 도움이 될 만한 소중한 지혜가 담겨 있다고 믿고 있다.

"아까 차를 없애라는 얘기를 하셨잖아요." 내가 새로운 얘길 꺼냈다. "그러면 언제나 누군가가 저를 태워줄 거라고. 하지만 만약 모두가 사회에서 받기만 하려고 한다면 사회가 기능할 수 없죠. 누군가는 차를 소유해야 하고, 먹거리를 공급해야 하고……"

"언제나 새로운 세대가 나타나기 마련이죠. 물론 젊은 사람들이 가진 걸 다 내놓아야 한다는 얘기가 아닙니다. 하지만 잘 아시다시피 서양에는 운전하기엔 나이가 너무 많은데도 차를 소유하고 있는 사람이 많죠. 그분들은 쥐고 있는 걸 좀 내려놓을 필요가 있어요. 그들은 경주를 계속할 필요도, 계속 젊은 상태를 유지하려고 애쓸 필요도 없어요. 육체는 이미 늙어버렸는데도 젊음에 갇혀 빠져나오지 못하면 스트레스가 생길 수밖에 없죠. 본인에게 맞춰서, 그리고 본인이 삶에 기대하는 것에 맞춰서 행동도 전환할 필요가 있습니다."

"하지만 제가 예순다섯쯤 됐을 땐, 큰 차에 인도 서부에서의 휴가 그리고 모발 이식 정도는 누릴 자격이 있다고 생각하고 싶은데요." 내가 말했다.

"인도에서는 모발 이식보다 훨씬 즐거운 일이 많이 있다고 생각합니다." 그가 웃으며 말했다. "그리고 언젠가는 원하시는 그런 것들을 즐기기엔 나이가 너무 많아질 거예요. 너무 늙어서 로마에 여행을 갈 수 없는 나이가 되겠죠. 제가 드리고 싶은 말씀은 장소 불문하고 어디에 앉아 있든 행복해질 수 있는 방법이 있다는 겁니다. 마음속에서 어디든 원하는 곳을 갈 수 있어요. 그래서 제가 선생님께서 준비했으면 하는 건 ― 그리고 빠르면 빠를수록 좋습니다 ― 세상 어디에서 놀고 싶은 만큼 놀 수 있도록 건강을 챙기되 육신이 노쇠했을 때를 잘 대비해서 어떤 특정한 나이에 묶이지 않도록 하는 겁니다. 그건 정신적으로 지체되는 거나 마찬가지예요. 서양 사람들이 자신의 외모를 돌보기 위해 고군분투하고, 화장품 회사가 그로 인한 수익을 즐기는 동안, 이런 덫은 결국 당신을 묶어버리게 되고 당신은 언젠가는 스스로를 해방시켜야 한다는 걸 인지해야 한다는 겁니다.

"젊을 때는 구체적인 질문에 관심을 갖곤 하죠. 어떻게 돈을 벌어야 할까, 어떻게 해야 성공할 수 있을까, 결혼은 어떻게 하고 아이는 몇이나 낳아야 할까? 나이가 들면 대개 비관적인 생각을 많이 하게 되죠. 나라 꼴이 엉망이라느니, 젊은 세대들 행태가 잘못됐다느니 등등 말입니다. 초월명상과 요가를 통해 우리는 사람들이 좀 더 긍정적인 시선을 가질 수 있도록, 그래서 우울해지지 않도록 노력하고 있습니다. 비록 세상이 엉망이 되어가고 있다는 생각에는 변함이 없을지 몰라도 여기 내 방 안에 있을 때는 굳이 걱정하고, 괴로워할 필요가 없지요. 부정적인 것을 받아들이든 긍정적인 것을 수용하든 그런 평온함에 도달하는 것이 목적입니다."

"그러니까, 기본적으로, 나이 오십쯤 되면 삶도 포기하고, 세상도 포기해라, 그 얘긴가요?"

"아니죠, 아니죠. 오십 이전에는 세상을 바꿔보겠다는 의욕이 넘치고, 세상을 바꿔놓을 수 있다고 생각하지만, 대부분 실패하죠. — 그건 안됐지만 피할 수 없는 일입니다. — 그러면 좌절합니다. 저는 사람들에게 그 실패를 받아들이되 그게 전부라고 믿고 빠져들지 않도록 가르치고자 합니다. 그러면 정말 좋지 않겠어요? 그러면 서른이 되었을 때 느꼈던 극도의 슬픔이나 좌절감은 느끼지 않아도 되겠죠. 나이가 들어갈수록 야망이나 활기는 점차 사라집니다. 그게 순리죠. 그리고 요가를 하면 부정적인 것에 사로잡히지 않고 어떤 일이 일어나든 긍정적으로 만족하며 살 수 있게 됩니다. 해야 할 일을 하지만 결과에 크게 연연하지 않게 됩니다."

"그 말은 요전날 거지에게 줄 것을 주되 그들이 그 돈을 어떻게 쓰는지에 대해서는 걱정하지 말라는 것과 같은 의미인가요?" 내가 물었다. 우리의 경험 때문에 나는 그 말이 영 걸렸다.

"네, 그럼요. 본인의 한계를 인정해야 합니다. 각자의 의무와 역량을 인지하고, 거기서 멈춰야 합니다. 저는 결혼을 하지 않았고 아이도 가져보지 않았습니다. 평생 혼자 살았죠. 저는 모든 걸 포기했습니다. 저는 재산에 연연하지 않습니다. 제게 생기는 걸 굳이 마다하진 않겠지만 무언가를 소유해야 한다고 느끼지 않아요. 차요? 그건 최소한의 육체적 노력으로 저를 다른 장소로 이동시켜주는 운송 수단이죠. 그러니까 어떤 차도 괜찮고 말이 끄는 어떤 것도 다 상관없습니다. 보시다시피 제 방이 볼품없지만, 사실 아무것도 필요한 게 없습니다. 제 육신이 늙어가고 있다는 걸 알지만—올해 예순여섯이니까요— 전혀 걱정되지 않아요. 사람들이 제 수업에 돈을 얼마 내는지도 신경 쓰지 않아요. 우리는 학생들에게 내고 싶은 만큼만 기부하라고 하죠. (서양에서는 정식 훈련을 받은 초월명상 지도자들은 나흘짜리 입문 코스에만 수백 파운드를 받는다. 마하리시는 사람들이 어디에 돈을 많이 낼수록 그것에 진지하게 임하게 되는 법이라는 이론으로 자신의 입장을 옹호했다.) 제가 작업 중인 고대 문헌 프로젝트가 잘됐으면 하는 바람과 포부가 있긴 하지만 그런 것들이 제 삶의 본질은 아닙니다. 이런 부분을 조정할 수 있도록 돕는 게 바로 요가입니다. 요가는 우리가 가장 영구적이고 즐거운 독립체에 애착을 가질 수 있도록 돕습니다. 그 독립체는 바로 자기 자신입니다. 놓치기 쉬운 부분이죠. 영적인 세계는 그런 겁니다. 사원도 챈팅도 아니죠. 그런 것은 당신이 자아실현의 길로 올라설 수 있도록 해주는 외부의 도움일 뿐이죠."

"그럼 그런 우스꽝스러운 의식들은 다 뭐죠? 왜 이 나라에는 사원이 학교보다 두 배는 더 많은 건가요? 어제 TV에서 보니까 점성술사가 좋다고 권했다는 이유만으로 어떤 소녀를 개와 결혼시킨 일도 있던데요. 그런 일들이 깨달음과 대체 무슨 관련이 있죠?"

"의식은 사람들이 영적인 세계로 한 계단 올라설 수 있도록 돕습니다. 연애 초기에는 여성의 환심을 사기 위해 꽃을 선물하죠. 나중에는 고마운 마음에 그녀에게 꽃을 선물합니다. 종교에서도 마찬가집니다. 우리가 처음에 사원에 가는 이유는 그곳에서 무언가를 얻을 수 있다고 생각하기 때문이지만, 나중에는 그곳에서 받은 것에 감사를 표하기 위해 사원에 가게 되죠. 감사하는 마음을 품고 사원에 갈 때 영적 체험을 할 수 있습니다."

"하지만 저는 이미 오래전에 겉치레라고 생각되는 것은 모두 거부한 사람입니다. 선생님은 왜 안 그러시죠?"

"저는 가난한 자들과 배우지 못한 자들을 위해 겉치레를 선호합니다. 그 모든 것이 그들이 영적인 세계에 입문할 수 있는 수단이 되기 때문이죠. 사람들의 지적 능력에 저마다 차이가 있다는 사실은 인정하시죠?"

"그야……"

"생각해보세요. 전 세계에서 과연 정말로 이성적인 사람들이 몇이나 될 것 같아요? 대다수가 어느 정도의 단계에 머물러 있거나 딴 데 정신이 팔려 있죠. 저는 바로 그들이 정신을 팔고 있는 것들을 이용해서 제게 오도록 만드는 겁니다. 이성주의자들도 종교적인 사람들과 다를 바 없어요. 당신 같은 이성주의자들은 평범한 사람들은 이해하기 힘든 지적 분석을 강요하니까요."

"그러면 맹목적 믿음을 말씀하시는 건데, 어떤 경우를 막론하고 맹목적인 것은 좋지 않다고 보는데요."

"네, 신의 존재에 대한 증거는 없습니다. 그러나 믿음이 있으면 삶이 쉬워집니다. 삶의 다른 분야에서는 믿음을 가지면서 왜 이 분야에서는 안 됩니까? 당신은 때가 되면 고용주가 월급을 줄 거라 믿고, 고용주는 당신이 본인의 일을 할 거라고 믿죠. 식당에서는 음식이 나올 거라는 사실을 믿죠. 우리 눈으로 볼 수는 없어도 전자, 중성자, 양성자로 이루어져 있다는 사실을 믿으시죠?"

"아, 그거야, 과학적 지식은 다르죠. 제대로 입증이 됐으니까요."

"그 증거를 직접 입증하는 사람이 얼마나 될까요? 저도 뉴턴의 경험을 직접 해본 적은 없지만 그것을 인정합니다. 일반적으로 사람들은 어떤 일들을 이런 식으로 받아들일 준비가 돼 있습니다."

"하지만," 그가 원하기만 한다면 그런 이론들을 직접 실험해볼 수 있다는 사실을 지적해주려는데 그가 말했다.

"저에게 장비만 있거나 마음만 있다면 이런 이론들을 실험해볼 수 있다는 얘기를 하고 싶으시죠? 그 얘기를 하려는 참입니다. 그렇다고 해서 상대성 이론을 직접 증명해 보인 사람들이 주위에 있습니까? 저는 제가 존경하고 신임하는 지식 사회나 단체가 그런 이론을 인정했기 때문에 의심 없이 그 이론들을 받아들이는 겁니다. 저는 바로 그런 걸 믿음이라고 생각합니다. 만약 제가 무언가를 스스로 입증해야 한다고 생각하지 않고 의심 없이 믿을 수 있다면 인도에서는 그것이 바로 믿음입니다. 이성적으로 입증될 수 없는, 경험 불가능한 것들을 믿는 게 맹목적인 믿음이죠."

나라심한이 인도의 믿음이라고 방금 말한 것은 맹목적인 믿음의 또 다른 정의일 뿐이라고 입을 떼는데 그가 말했다.

"이렇게 말하고 싶으신 거죠? '거봐요! 그게 바로 맹목적인 믿음이잖아요.' 하지만 인도에서는 경전의 권위를 이성과 경험의 단계에서 입증해줄 수 있는 요가와 여러 기법이 존재합니다. 요가 수련은 우리에게 무엇이 참이고 무엇이 참이 아닌지 말해줍니다.

아사나와 프라나야마, 명상 수련에 모든 것이 담겨 있습니다."

"하지만 어떻게—"

"자연히 일어나게 됩니다. 경험하게 될 거예요. 제 말을 믿으세요. 사랑이란 감정처럼 그 경지에 도달하게 되면, 본인의 마음을 볼 수 있게 되면 알게 될 거예요. 이런 현상을 경험하기까지는 3개월에서 6개월 정도 걸립니다. 처음에는 두려울 거예요. 그래서 모두 자신의 보호막 안에서 나오고 싶어하지 않죠. 하지만 왜 그 3차원의 세계에 갇혀 있으려고 합니까? 왜 4차원의 세계, 8차원의 세계로 가려 하지 않나요? 왜 3차원에 묶여 있나요? 미지의 세계를 항해할 땐 언제나 불안한 법입니다. 옛날 장비만 갖고 있던 콜럼버스는 어땠겠어요. 당신은 당신이 한 번만 산다고 생각하죠?" 그는 이렇게 말하고는 활짝 웃었다. 그리고 유감스럽다는 듯 고개를 저으며 손가락을 흔들어 보였다. "하지만 저는 여러 개의 생을 살 겁니다. 이번 생에는 어쩌면 쇼윈도 장식 정도에밖에 못 미칠지 몰라도 언젠가, 어느 생에선가 핵심에 도달할 거예요."

"왜 모든 사람이 이번 생에 본질에 도달할 수 있도록 돕지 않고, 그 모든 불가해하고 말도 안 되는 의식과 절차에 빠져 있게 하는 건가요?"

"왜냐하면 모두의 지적 능력이 같지 않기 때문입니다. 이건 잘난 척이 아닙니다. 사실이 그렇습니다. 누군가에게는 힌두교가 우스꽝스럽고 불가해한 것처럼 보일 수도 있겠지만 힌두교는 다양한 지적 수준의 대중에게 알맞게 고안된 종교입니다. 불가해함을 설명하는 격언들이 있기 때문에 불가해하지 않습니다. 풀리지 않고, 뚫리지 않는 것은 없어요. 방법만 알면 됩니다. 힌두교는 액체와 같아요. 흑백이 아니고 회색입니다. 힌두교도가 아닌 사람들은 혼란스러울 수도 있어요. 모든 개개인에게 각자의 종교를 주고자 하기 때문이죠. 아무도 소외시키지 않습니다. 그러나 바로 아무도 소외시키지 않기 위해서는 다소 애매모호해야만 해요. 확실한 형태를 규정지을 수 없어요. 유럽에서 이성주의는 엄청난 실망감 이후에 생겨났죠. 제1차 세계대전, 제2차 세계대전을 겪으며 신이 인간을 버렸다고 여긴 거죠. 생각해보세요. 사람들이 위안을 얻기 위해 신을 숭배하는 장소로 모여들었는데 바로 그 자리에서 많은 사람이 총에 맞아 죽었어요. 반면에 동양에서는 그런 재앙을 겪지 않았습니다."

"뭐, 동양에서는 홀로코스트 같은 재앙이 일어나지 않았지만 제가 여기 인도에서 주변을 둘러보면 지구상에 여기만큼 우울한 곳도 없는 것 같은데요."

"네, 우리는 모든 걸 신에게 맡겨버렸으니까요! 그 점은 잘못됐죠. 반면에 서양에서는 모든 걸 개인에게 떠넘기죠. 오늘날 사람들이 정신적으로 많이 힘들어하는 이유가 바로 그겁니다. 당신 같은 이성주의자들은 사회의 실패가 곧 개인의 실패라고 생각합니다. 의무와 책임이 개인에게 꼭 붙어다니는 이유입니다. 인도에서는 모든 책임을 신에게 돌립니다. 우리 경전에는 인간이 각자를 돌볼 능력을 타고났고, 우리 능력 밖의 문제가 생길 때에만 신을 찾으라고 나와 있습니다. 그러나 우리 인도인들은, 아, 모든 문제에 언제나 하느님을 찾아대요! 하느님이 모든 문제를 해결할 거라는 이 철학은 지난 200년 사이에 생긴 건데 우리가 외세의 지배를 받았고 저항할 방법도 알지 못했기 때문이에요. 그래서 우리는 서양의 이 하느님을 받아들이기 시작했고, 사람들은 심리적으로 패배했어요. 우리는 간디가 나타나기 전까지는 싸울 의지조차 잃어버렸죠. 영국인들이 우리 경제도 거덜냈고 교육을 통해 그들의 문화를 우리에게 강요했습니다. 우리가 힘이 없었기 때문에 당한 일이라고 생각합니다. 우리가 저항할 수도 있었겠지만, 우리는 정면으로 대립하기보다는 현실도피적인 철학을 택했죠. 보세요, 저는 당신이 스스로를 이성적이라고, 모든 것을 이성적으로 판단한다고 생각하길 좋아한다는 걸 압니다. 그러나 이성적인 길을 추구하다보면 당신의 자아가 모든 걸 안다고 느끼게 하는 아주 높은 곳으로 올라가게 되죠."

"모든 걸 배울 수 있기 때문에 모든 걸 알고 이해할 수 있다?"

"네, 당신은 뭐든 할 수 있죠. 그러나 당신이 늙고 육체적 능력이 당신을 저버리게 되면 그 이성적 자아가 당신을 떠나는 시점이 옵니다. 그때가 당신이 종교적 이성주의 현상을 경험하는 순간입니다. 나이든 사람들은 더 이상 이성적이지 못하다는 고통을 보상받기 위해 종교로 회귀하죠. 물론, 나이가 든 뒤에도 만약 완전하게, 뛰어나게 이성적이지만 육체는 나날이 쇠약해지는 상황이 되면 독을 선택하죠."

"안락사 말씀인가보네요. 마틴 에이미스영국의 유명한 소설가는 우리가 길모퉁이마다 안락사 부스를 만들어야 한다고 말했어요."

"자신의 삶을 잘 살았다고 생각한다면, 네, 그래요, 그 삶을 끝내는 것도 자신의 선택이 될 수 있겠죠. 하지만 삶에 절망해서 끝내는 것은 옳지 않아요. 자포자기는 또 다른 문제니까요. '나는 할 수 있는 일은 다 했어. 나는 내게 일어난 모든 것에 만족해. 이제는 더 이상 이 사회에 부담이 되고 싶지 않아.' 이런 생각이라면 괜찮습니다. 그건 아주 객관적으로 자기 삶을 보는 거예요. 인도 철학에서는 이런 경지를 최고로 봅니다. 나쁜 감정으로 하는 것이 아니라면 저는 자살에 반대하지 않아요."

"제 다음 질문이 바보같이 들리긴 하겠지만, 제가 명상에서 발전을 보려면 얼마나 기다려야 할까요?"

"아, 제가 그걸 제대로 판단하기에는 변수가 너무 많아요. 예를 들면 당신이 외향적인지 내성적인지 같은 것이죠. 하지만 당신이 루비콘강을 건너게 되면 당신 스스로 깨달을 거예요."

"그것 참 짜증나는 대답이네요."

"그렇죠? 자, 보세요. 제가 만약 당신이 평생 어떻게 살아왔는지 안다면 바로 말씀드릴 수도 있어요. 감정적인 사람들은 제대로 이해하지 못한 상태에서도 그냥 뛰어들죠. 이성적인 사람들은 과도하게 분석하는 경향이 있고요. 가장 좋은 케이스는 균형이 잡힌 사람들이에요. 그런 사람들이 성취가 빠릅니다. 대뇌의 우반구와 좌반구가 적절한 균형을 이뤄야 합니다. 당신도 그렇게 될 거예요. 저는 믿어 의심치 않습니다."

이제 우리는 캄캄한 어둠 속에 앉아 있었다. 나는 반사된 빛에 반짝이는 그의 두 눈동자만 볼 수 있었다. "선생님 시간을 너무 많이 뺏었네요. 이제 가봐야겠습니다. 감사합니다"라고 나는 말했다.

"아니에요, 아니에요. 이 문을 열어둘 테니 언제든 저를 만나러 오셔도 됩니다. 저도 즐거웠어요. 저한테 질문할 때 마다 제머릿속이 명확하게 정리됩니다. 만약 제 말에 순순히 다 동의하시면 저는 그냥 똑같은 얘기만 되풀이하는 녹음기 같아질 거예요. 그런데 '왜?' '어떻게'라는 질문을 하시고 제 말에 동의하지 않는다고 말할 때마다 저도 다시 한번 생각해보게 되고, 제가틀렸는지 당신이 틀렸는지 다시 판단해보게 돼서 좋네요. 대부분 틀린 쪽은 당신이지만요!"

"그런 확신이 있다는 게 부럽네요."

"만약 의지할 데가 없다면, 만약 어느 정도의 믿음이 없다면미쳐버릴지도 모릅니다. 당신이 의지하고 믿는 구석은 이성주의죠. 당신은 세상의 모든 지식을 스스로 분석 가능한지 의문을제기하는 과정을 통해 그 믿음을 유지합니다. 이성적인 사람들은 감정적으로 큰 대가를 치를 수밖에 없어요. 감정적으로 많이힘들 수밖에 없어요. 세상은 완벽하지 않고, 이성적인 사람들은문제의 해결책이 언제 어디서나 적용되지 않는다는 걸 알기 때문이죠. 늘 이성적인 해결책이 있는 건 아닙니다."

내가 물어볼 용기를 내지 못하고 있는 질문이 아직 하나 더 남아 있었다. 바로 요가의 공중부양에 관한 것이었다. 지금까지 나는 나라심한의 지혜, 관용, 그리고 상식에 완전히 사로잡혀 있었다. 그가 요가의 공중부양이 가능하다고 믿는다고 하면 어떨까?

"그건, 진짜 공중부양은 아니에요." 그가 설명했다. "그냥 6미터 점프죠. 체조 선수들도 그 정도는 다 해요. 차이가 있다면 체조 선수는 금방 지치지만 요기들은 심장 박동과 호흡이 일관되기 때문에 지치지 않죠. 비결은 바로 그겁니다."

그렇다면 독심술은? 그는 첫 수업에서 독심술을 할 수 있음을 암시했다.

"저는 사람들에게 제가 어떤 능력이 있다고 말하면 안 된다고 배웠습니다. 그냥 보여주면 되는 거라고 했죠!"

이런 말은 상황을 모면하려는 걸로 보였지만 그 정도로 만족하고 나는 자리에서 일어나 다시 한번 그의 시간과 인내심에 감사를 표했다. 그런데 그때 이상한 일이 일어났다. 내가 방을 나오며 그와 악수를 나누는데 나라심한이 이렇게 말했다. "명함 만드신 거 있잖아요. 어디에 맡겼나요? 저도 새로 명함을 만들어야 하는데."

"저는, 음……" 내가 명함을 새로 만든다는 건 어떻게 알았지? 난 그런 말 한 적이 없는데, 아닌가? 아니, 분명히 말하지 않았어. 하지만 그건 사실이었다. 시장의 아리츠 친구에게 주문한 명함을 가지러 가야겠다고 생각하던 참이었다.

"시장 근처의 어떤 업자한테 맡겼어요." 머릿속이 빙빙 도는데 나는 겨우 이렇게 말했다. "내일 수업 때 주소를 드릴게요."

더 건강하고, 더 강하고, 더 생산적인

이제 이곳의 시간이 막바지로 접어들고 있었다. 마이소르에서
뿐만 아니라 인도에서의 시간이. 벌서 집을 떠나온 지 석 달이
넘었고 애스거와 에밀, 특히 에밀은 영국의 우리 집과 자기 방의
세세한 부분은 잘 기억하지 못했다. 놀라운 점은 둘 다 그다지
돌아가고 싶어하지 않는다는 거였다.

"하지만 그다음 주에는 다시 돌아올 거죠, 그렇죠?" 우리가 인
도를 떠나기 이틀 전에 에밀이 내게 물었다. 그러려면 좀 더 오랜
시간이 지나야 할 거라고 대답해주었다. 일주일보다는 훨씬 더 오
랜 시간을 기다려야 할 거라고. 에밀은 심란한 기색이 역력했다.

"하지만 아직 내 원숭이도 못 찾았잖아요. 비잘라는 어떡해
요?" 비잘라는 복도 맞은편에 사는 어린 여자아이였다.

나는 비잘라도 얼마간은 만나지 못할 거라고 말해주었다. 에밀은 입을 꾹 다물었다. 애스거는 집으로 돌아가면 지난 2주간 용케 피해온 숙제에 파묻혀야 한다는 사실에 몹시 언짢아했다. 그리고 집에 돌아가기 전에 사야 할 쇼핑 목록을 발 빠르게 작성했다(보석이 박힌 시크교 단검, 삼륜차, 인도 킨더 에그 초콜릿 열두 개). 그런가 하면 리센은 이미 자기 친구들을 데리고 마이소르에 다시 와서 비나이에게 요가를 배울 거라고 말하고 있었다. 그러더니 하루는 온 동네를 다니며 이곳에서 사귄 친구들에게 작별을 고했다.

나는 마이소르에서의 마지막 며칠간 초월명상 입문 코스를 끝마쳤다. 이제 나는 세계 어디를 가든 나와 함께할 수 있는 기술을 갖게 됐고, 앞으로 살아가면서 평생토록 하루에 다만 몇 분이라도 스위치를 내려서 세상을 잠시 멈추게 하고, 미친 듯 널뛰는 마음을 진정시킬 수 있게 됐다.

나의 요가 수련은 그렇게 순탄치만은 않았다. 하지만 프라나바시야 요가의 마지막 주인 넷째 주가 끝나갈 무렵에는 라디오헤드의 「피터 해피어Fitter Happier」 가사를 조금 바꿔 인용하자면 나는 '더 튼튼하고, 더 강하고, 생식 능력도 더 강해졌다'. 비나이의 아사나 수업은 마지막 순간까지 극도의 고통을 안겨줬다. 우리가 마이소르에 머무는 동안 기온은 조금씩 꾸준히 올라갔고 결국 종강 전날 나는 비나이에게 창문을 좀 열어주면 안 되겠냐고 말 그대로 애원했다. "좀 이따요." 그는 특유의 기쁨이 넘치는 웃음을 지어 보이며 말했다.

나는 끝에서 두 번째 수업을 좀비 같은 상태로 마쳤다. 지쳐서 완전히 멍해진 채 마치 아사나를 흉내만 내듯이 겨우 동작을 이어갔다. 비나이는 내가 힘들어하는 걸 알아차리고는 자기 가슴을 손가락으로 가로지르며 물었다. "이 부분에 통증이 있나요?" 추측건대 심장마비가 오는 건 아닌가 생각한 것 같다. 만약 내가 그렇다고 했으면 바닥에 누울 수 있었겠지만 무슨 이유에선지 비나이에게 거짓말을 할 수가 없어서 나는 고개를 저었고 비나이는 나를 계속 독려해나갔다. 기적적으로 남아 있던 힘을 모두 끌어모아 계속 따라했고 시체 같은 내 몸을 허공에 밀어올려 끝에서 두 번째 동작인, '아치 자세'를 해냈다. 이 동작을 성공시킨 건 그때가 처음이었다. 그리고 그게 마지막이기도 했다는 건 뭐 별로 놀랄 일은 아니리라.

나는 그 순간을 나의 소박한 요가 역사에서 최고의 순간으로 꼽는다. 물론 머리서기 동작을 해냈다면 더 만족스럽게 대단원의 막을 내렸겠지만, 머리서기 동작은 내가 좇아야 할 백경, 내가 상대해야 할 최대의 라이벌이자, 나의 마지막 결전으로 남겨두고 있다. 솔직히 말하는데 이건 결코 과장도 호들갑도 아니다. 비나이가 말했듯이 요가는 경쟁이 아니고, 설사 그렇다 하더라도 경쟁 상대는 오직 자기 자신이다. 그렇잖은가? 그것이 내가 생각하는 궁극적인 원원이다.

수업 막바지에 누워서 심장 박동을 정상 수준으로 돌리려 애쓰고 있는데 비나이가 다가왔다. 그러더니 무릎을 꿇고 가만히 내 머리를 들어올려 돌돌 만 수건을 그 밑에 괴어주었다.

"심장 박동이 머릿속에서 쿵쿵 울리나요?" 그가 내 머리를 다시 수건 위에 가만히 내려놓으며 조용히 물었다. 그 손길이 어찌나 다정한지 부끄럽지만 나는 울고 말았다. 정말 당황스러울 정도로 감상적으로 들리겠지만 ― 그리고 감상이란 감정의 못난이 사촌 같은 것이다 ― 그때 내 감정은 당황스러움을 넘어서는 어떤 것이었다. 다행히 끓어오르는 수증기를 누르고 있는 주전자 뚜껑처럼 나는 가슴속에서 올라오는 흐느낌을 누르고 있었다. 하지만 그래도 눈물은 땀과 섞여 짭짤한 개울처럼 볼을 타고 흘러내렸다. 집에 돌아온 나는 화장실로 달려 들어가 문을 걸어 잠그고 목 놓아 울었다. 하지만 나쁜 울음은 아니었다. 카타르시스를 느끼게 하는 울음, 삐걱거리는 내 육신과 그보다 더 미약한 정신력을 간신히 이끌고, 어떤 대목에서는 이러다가 사람 잡겠다는 생각마저 들게 한 요가 코스 전 과정을 무사히 마쳤다는 만족의 울음이었다.

다음 날, 마지막 수업을 마치고 샬라를 나올 때 둘 사이에 무슨 거창한 작별 인사 같은 건 없었다. 그저 비나이와 악수를 나누고 내가 웅얼웅얼 잘 알아들을 수도 없게 고맙다는 말을 한 게 전부였다.

그 순간을 찍은 사진을 나는 지금도 갖고 있다. (쿰이 찍었는데 그녀의 엄지손가락 때문에 사진 한 귀퉁이가 뿌옇게 나왔다.) 낡은 수영복 반바지를 입고 땀으로 목욕한 내가 탈의실 앞에서 비나이와 나란히 서서 찍은 사진이다. 나는 정말 끔찍한 몰골이다. 솔직히 말하면 수업이 끝나면 항상 그 꼴이었다. 하지만 비나이의 에너지는 젊은 태양처럼 빛나고 있다. 만약 내가 뉴에이지 스타일의 공상에 능한 사람이었다면 그때는 정말 우주와 같은 장대한 순간이었다고 말했을지도 모르겠다.

다시 방생된 구조 동물

인간은 자기 자신을 위한 조용한 도피처를 찾는다. 전원의 집, 해변, 산 속. 언제든지 원할 때 우리 내면으로 도피할 수 있는 힘은 우리 자신에게 있다. 우리가 도피하는 곳 중에 우리 마음속보다 더 조용하고 더 자유로운 곳은 없다. 평온이란 가지런히 정돈된 마음에 지나지 않는다.
_ 마르쿠스 아우렐리우스

'나 자신을 찾기 위해' 인도로 가는 것은 책에서 발견할 수 있는 가장 고리타분하고 상투적인 말이다. (물론 이 책에서는 아니다. 여기서는 그보다 더 상투적인 얘기들을 잔뜩 발견할 수 있을 거다.) 변명을 좀 하자면 나는 애초에 사르손카삭^{펀자브 지역의 유명한 채식 요리}

의 진짜 레시피를 구하겠다는 좀 더 숭고한 목적을 품고 인도로 떠났다가 방향을 튼 사람이기 때문이다. 길을 잘못 든 줄 알았는데 알고 보니 그게 옳은 길이었다.

내가 인도에서 진짜로 발견한 것은 내 삶에 균형, 고요, 명료함 그리고 절제를 좀 더 불러올 수 있도록 돕는 간단한 도구였다. (사르손카삭 레시피도 물론 손에 넣긴 했지만, 집으로 돌아오니 요리를 위해 필요한 재료를 절반도 구할 수가 없다.)

바로 본론으로 들어가겠다. 왜냐하면 내가 독자 입장이라면 이 질문에 솔직하고 확실한 대답을 원할 것이기 때문이다. 스트레칭 몇 번 하고 가만히 앉아 있는 것으로 어떻게 더 긍정적인 사람이 되고, 해로운 습관을 떨쳐내며 더 행복하고 더 나은 사람이 될 수 있는가?

운동에 대한 얘기부터 해보기로 하자.

요가 수련의 정의는 순전히 영적인 것—기도, 챈팅—에서부터 순전히 육체적인 것에까지 이른다. 후자는 비크람 요가처럼 일시적으로 유행하다가 잠잠해지는 요가로 잊을만 하면 한번씩, 대개는 캘리포니아에서 건강한 몸을 만들기 위한 차세대 잇템으로 급부상하며 그 업계의 일인자는 예외 없이 포니테일을 한 남자와 홍보 담당자가 차지한다. 영적-육체적 스펙트럼의 중간에는 아슈탕가와 거기서 파생된 요가(비나이의 프라나 바시야도 포함해서)들이 있는데 이런 유형의 요가는 우리가 성취할 만한 아사나의 신체적 영역에 집중하면서 동시에 우리 의사와 상관없이 영적 각성, 깨달음, 혹은 초월의 어떤 경지에 이르도록 이끌어준다.

개인적으로 나는 이런 것을 적극적으로 추구하는 사람이 아니고, 그런 것들의 존재 자체에도 확신이 없다. 그러니 당연히 어떤 우주의 에너지 장이나 초자연적인 힘과 접속하려고 노력하지도 않는다. 나라심한 선생님은 내게 힌두교의 다양한 의식, 관습, 신념을 합리적으로 설명해주었지만 아무리 지혜롭고 달변가인 그분이라도 내가 맹목적인 믿음으로 나만의 신념을 향해 도약할 수 있도록 나를 납득시키진 못했다. 그리고 그래도 괜찮다. 나는 고집스럽게, 당당하게, 단호하게 현실적인 존재로 남았고, 솔직히, 그 어느 때보다 그런 상태가 더 편안하다.

그렇다면 나는 왜 매일, 아이들이 학교에 간 뒤, 아침 먹고 하루를 맞이할 준비를 하기 전에 20분에서 30분간 비나이 스타일의 프라냐 바시야 요가를 하는 걸까? 언젠가 모든 요기가 꿈꾸는 해탈을 원하지 않는다면, 왜?

비록 내가 요가를 특별히 즐긴다고 말할 순 없고, 동작을 열심히 이어나가는 동안 에밀의 방(애가 짜증스러워하긴 했지만 따뜻하고 카펫이 깔려 있는 에밀의 방이 우리 집에서는 요가 수련을 할 만한 유일한 장소다)에서 심심찮게 욕설과 육두문자가 새어나오기는 하지만, 나의 요가 수련은 초월적인 깨달음이라는 당근의 필요성을 배제해도 될 만큼 실질적인 혜택들을 준다. 첫째, 탄력과 유연함을 유지시켜준다. 그러니까 적어도 요가를 하지 않았을 경우보다는 탄력 있고 유연하다는 얘기다. 그리고 몸을 이렇게 조금만 더 유연하게 유지한다면 세월이 내 몸에서 가차 없이 통행료를 떼어간다 해도 육체적인 회복력이 조금은 더 나아질 거라 믿는다. 예를 들면 이제는 푹 꺼진 소파에서 일어서면서 나도 모르게 끙 하는 신음 소리를 내지 않게 됐다. 매일 아침 양말을 신을 때도 더 이상 심호흡을 할 필요가 없어졌다. 짧지만 비교적 강도 높은 아침 요가 프로그램을 하는 동안 나는 만족할 만큼의 땀을 흘리고, 깊은 호흡은 내 혈액에 산소를 공급해준다. 비록 내 생각을 밑받침해줄 과학적 혹은 의학적 데이터는 없지만 이런 아사나들은 내 신경계를 좀 더 효율적으로 기능하게 하고, 신진대사를 원활히 유지하며, 내 장기들을 마사지해주는 기능이 있을 거라 생각한다. 개인적 경험에 따르면 확실히 좀 더 건강하고, 탄력 있고, 강해진 느낌이다.

그리고 이런 수련을 통해 좀 더 흥미로운 효과를 경험했다. 나는 남은 평생 동안 이 20분에서 30분 정도의 수련이, 가능하다면 매일, 내가 해야 할 최소한의 의무라고 스스로에게 말했다. 그리고 대개는 내가 세상 어디에 있든 가능하다. 심지어 요가 매트가 없어도, 혹은 에밀이 문 앞에 팔짱을 끼고 째려보고 있어도 말이다. 나는 나 자신과 협상을 맺었다. 사실, 이건 단순한 협상 이상의 것이다. 나는 이 일일 요가가 나의 건강 유지를 위해 필수적인 것이라고 스스로를 납득시켰던 거다.

협상의 조항 하나는, 만약 내가 이걸 매일 해내기만 한다면, 평생토록 다른 육체적 활동이 전무하다고 해도 절대 죄책감을 느낄 필요가 없다는 거다. 그렇다고 다른 운동(가끔씩 수영도 하고 걷기도 하고 테니스도 친다. 위Wii가 아니라 진짜로)에 대한 생각 자체를 다 버렸다는 의미는 아니고, 그저 이 방면에서 양심의 가책을 느끼지 않는다는 얘기다. 이 책 앞부분에서 알아버렸겠지만, 절제력이 결코 나의 강점이었던 적은 없었으나 매일 아침 20분씩 비나이가 인정할 만큼의 스트레칭으로 내가 이 협약을 지켜나갈 수 있음을 입증함으로써, 나는 스스로에게 내가 절제력을 갖춘 사람임을 증명해 보였다. 그러자 나의 절제력은 뭐랄까, 자기 충족적 예언이 되었다. 나 자신에게 내가 절제력이 있다는 걸 보여줌으로써 나는 절제력을 갖게 됐다. 그리고 절제력을 갖고, 흔들림 없이 이 약속을 알차게 지켜나감으로써 아침 운동에서뿐만 아니라, 결정적으로 내 삶의 다른 영역에서도 절제력을 유지할 수 있게 됐다. 이제 나는 명명백백하게 절제력을 갖춘 사람이다. 야호!

이상이 인도에서의 경험을 통해 내 삶이 긍정적으로 바뀐 첫번째 요소다. 두 번째는 내가 호기 있게 '나의 명상 수련'이라 부르는 것으로, 별건 아니고 그냥 하루에 한 번(가능하다면 두 번) 눈을 감고 20분씩 가만히 앉아서 — 여전히 마음에 안 들지만 요즘은 거부감이 약간 덜해진 — 나의 만트라를 속으로 계속해서 반복하는 것이다.

아시다시피 나는 전도와는 거리가 먼 사람이지만 명상은 종교를 가진 사람이건 무신론자건 거의 모든 사람에게 도움이 된다고 믿는다. 꼭 초월명상만을 지지하는 건 아니다. 세상에는 수백 가지에 달하는 다양한 명상법이 있고, 나도 그중 몇몇은 경험해봤다.

우리가 귀국한 뒤 얼마 지나지 않아, 어느 잡지사에서 나에게 인도 방갈로르 외곽의 리조트에서 엿새간의 묵언 수행 체험을 의뢰했다. 엿새간 말을 하지 않는다고 생각하니 마치 보수 정치인의 성생활처럼, 끔찍하면서도 흥미가 당기기도 했다. 도착 후 소개를 받을 때 리조트 연구개발 팀장인 크리슈나 프라카샤는 나의 묵언 맹세가 내 입장을 곤란하게 만들 수도 있음을 경고해주느라 애를 썼다. "말을 하지 않으면 잠들어 있던 악령이 모두 깨어나 나타납니다. 그래서 하지 못하는 사람들도 있어요. 정리하고 해결해야 할 것이 너무 많은 거죠."

막상 해보니 내게 그 경험은 완전한 행복 그 자체였다. 침묵은 나 자신을 지극히 만족시키며 엿새라는 그 시간을 세상으로부터의 상쾌한 도피처로 만들어주었다. (굳이 말할 것도 없이 리조트 내에서는 TV도 알코올도 허락되지 않았다.) 거의 일주일간 내 머릿속에서만 살아가면서도 내가 겁먹었던 것처럼 무너져 내리지 않았다는 사실 역시 나를 안심하게 했다. 실은 명상 속 묵언에 어찌나 익숙해졌는지 떠날 시간이 되자 나는 마치 구조된 다음 오랜 요양 기간을 보내고 다시 방생될 구조 동물이 된 느낌이었다. 내 가족을 그토록 그리워하지만 않았어도 나의 우리를 떠나고 싶다는 생각은 전혀 들지 않았을 것 같다.

수행 중에 철저하게 매일 두 번, 두 시간의 아슈탕가 아사나 수련을 하며 나는 소리 명상과 촛불 명상 같은 다양한 명상을 시도했다. 촛불 명상은 내 망막이 제발 자비를 베풀어달라고 고함을 질러댈 때까지 한 시간 동안 깜빡거리는 촛불을 사팔뜨기처럼 노려보는 것이었다. 이 두 가지 명상법은 내 취향이 아니었지만, 요가 니드라, 혹은 '수면 요가'는 시도해본 즉시 나를 열렬한 전향자로 만들어버렸다. 누워서 한다는 확실한 장점 외에도 요가 니드라는 이전에 시도했던 어떤 형태의 명상보다 나를 '초월'이라 부르는 상태, 혹은 적어도 잠들어 있지도 깨어 있지도 않은 의식의 다른 경지에 가까워질 수 있게 해주었다. 요가 니드라는 마치 정신적 롤러코스터 같았다. 사람들은 이를 '최면 상태'라 부르는데, 왔다 갔다 혹은 오르락내리락 혹은 정확한 방향성 지시어가 무엇이든 간에 어쨌든 잠든 상태와 깨어 있는 상태를 오가는 것으로 완전히 무의식 상태로 떨어지는 것도 아니지만 가끔씩 선생님이 뭐라고 하는지 완전히 듣지 못하는 상태가 되기도 한다. 사람들은 이를 알파 뇌파가 생성해낸 '의식이 있는 꿈' 혹은 '초의식'이라 부른다. 나는 그게 맞는 말인지 혹은 그게 진짜로 무슨 의미인지도 모르지만 이것 한 가지만은 알겠다. 요가 니드라는 새로운 활기를 불어넣어주는, 얻을 것이 정말 많은 명상의 형태라고. 바쁜 현실이 아닌 이상의 세계에서는 하루에 몇 번씩이라도 수련하고 싶은 명상법이다.

그러나 유감스럽게도 요가 니드라는 내겐 실용적이지 않다. 현실적으로 나는 절대 하루에 두 시간을 빼서 바닥에 누워 나의 여러 존재 사이를 오가는 여유를 부릴 수 없다. 도저히 가능한 일이 아니다. 다른 건 다 차치하고라도 일단 내겐 그런 참을성이 없다. 반면에 삶을 아주 잠시잠깐 멈추어놓고 짧지만 머리를 맑고 명료하게 해주는 초월명상의 의미 있는 순간은 해볼 만하다. 20분 정도는 가능하다. 애스거와 에밀의 가라테 수업이 끝나기를 기다리고 있을 때나 전철을 타고 갈 때, 혹은 가평클 레스토랑에 레드와인을 마시러 가는 대신 히드로 공항 제4터미널의 조용한 구석에 앉아 있을 때 할 수 있다면 정말로 더 가능한 일이다.

초월명상에 대한 끔찍한 평가들이나, 마하리시와 그의 추종자들이 만든 오명, 자연법당Natural Law Party, 초월명상의 원리 원칙들에 입각해 창립된 초국가적 정당 당원들의 우스운 작태 등은 넓은 관점에서 볼 때 핵심을 벗어난 일들이다. 예를 들어 '패싱passing'이라는 만트라 선정의 심오함은 다소 과장된(그렇지만 수익성은 확실한) 면이 없지 않아 보인다. 인터넷에서 몇 분만 투자하면 당신을 위한 만트라를 뚝딱 만들어낼 수 있다. 그렇기는 해도 나는 의지박약의 속물인지라 내가 마이소르 골목 안의, 베다어 경전들로 꽉 찬 작고 어두컴컴한 방에서 마하리시의 측근으로부터 나의 만트라를 받았다는 사실이 그것을 좀 더 소중히 여기게 해주었다. (그리고 지금까지 그놈의 주문을 이렇게나 오래 간직하고 있는 유일한 이유라고 확실히 말할 수 있다.)

마하리시는 어쩌면 제멋대로 사는 사기꾼이었는지도 모른다. 40년간의 커리어 동안 탁월한 홍보 능력으로 엄청난 부와 권력을 쌓은(1960년대에는 마치 비틀스가 새 음반을 내놓듯 매년 새로운 단계의 의식 상태를 발표하곤 했다) 한낱 돈과 여자만 밝히는 협잡꾼이었는지도 모른다. 아니면 그저 인간 의식의 세계를 넘나든 순수하고 떳떳한 우주비행사였는지도 모를 일이다. 나는 초월명상이 잘 맞는 사람에게는 이런 것이 아주 엄청나게 중요하다고는 생각하지 않는다. 만약 잘 안 맞는다면 그게 뭐든 좀 더 보편적인 다른 종류의 명상이 분명히 있을 거라고 본다.

비평가들은 초월명상이 초심자들을 위한 명상의 형태라고, 초월하기 위한 아주 빠르고 정직하지 못한 방식이라고 말한다. 그것도 어쩌면 맞는 말일지 모른다. 하지만 초월명상이 고혈압, 우울, 분노, 불안감, 노이로제를 줄여주고 집중력을 높이며 중독 증세를 극복할 수 있도록 돕는다는 객관적인 과학적 증거들 — 편파적이지 않은 매체에서 발표한 — 이 존재한다. 그리고 내가 확실히 아는 한 가지는 내겐 초월명상 수련이 잘 맞는다는 거다. 편리하고, 쉽고 효율적이다. 특별한 수업을 받으러 갈 필요도 없고 CD를 틀거나 향을 피울 필요도 없으며 내 신체의 일부분을 차례로 떠올리며 한 시간씩 집중할 필요도 없다. 무슨 중장비를 운전하고 있는 것만 아니라면 언제 어디서든 명상이 가능하다.

그러니까 초월이라든가, 요가의 공중부양, 순수한 존재의 범세계적 장universal field 같은 걸 치워두고 얘기하자면 나의 명상엔 긴장을 완화시켜주는 것 이상의 무언가는 없다. 나는 신경의 스위치를 끄고, 내면을 향하고, 재충전의 시간을 갖는다. 명상은 나를 차분하게 하면서 동시에 기운을 불어넣어준다. 긴장은 풀리지만 정신은 맑아진다. 컴퓨터 파일을 열었는데 어느 날 갑자기 무슨 이유에선가 글자 폰트가 엄청나게 키워져 있고, 모든 글자가 마치 성난 군중처럼 다닥다닥 겹쳐져 화면을 메우고 있는 걸 본 적이 있는가? 내게 명상이란 내 세상을 다시 12포인트로 줄여주고 글자 사이의 하얀 여백을 널널하게 키워 삶을 좀 더 명확하고 상대할 만하게 만들어주는 역할을 한다. 때로는 명상을 하는 동안 꿈의 영역의 가장자리를 돌아다니기도 하고, 충격적인 이미지나 장면을 보기도 하고, 엄밀한 기준에서는 내 머리가 잠을 향해 가기도 하지만, 나의 만트라는 언제나 나를 각성하게 하고, 나는 내 의식을 이런 식으로 통제하고 갖고 놀 수 있다는 사실을 조용히 즐긴다. 나는 초월을 경험하고 있는 걸까? 그걸 누가 알겠는가. 나는 '신의 의식' 혹은 '합일 의식'을 추구하고 있는 걸까? 아니다. 나는 한시도 그런 게 존재한다고 생각한 적이 없기 때문이다. (비록 그렇다고 해서 여덟 살 때 스타워즈를 본 후 더 포스The Force를 써보려고 시도했던 것처럼 명상 중에 그런 세계에 다가서려는 경우가 없는 건 아니고, 또 한편으로는 엄청 화려한 터번을 두른 점쟁이의 저주에서 봤듯이 나도 사실 미신과 관련된 우스꽝스러운 의식에 현혹되기도 한다.)

어쨌든 나의 아사나 수련은 내가 절제력 있는 사람이란 느낌을 주고, 따라서 나는 절제가 가능하다. 또 나를 유연하게 해주고, 수련을 하지 않을 때보다 적절한 건강을 유지하게 하며 인도에 다녀온 이후로 체중이 불지 않게 해준다. 그런가 하면 명상은 내 정신의 구강청결제 같다. 명상을 하면 상쾌한 기분이 들고, 긴장이 풀리며, 정신이 명료해진다. 그렇다면 더 큰 틀에서 볼 때 요가와 명상이 나를 행복하게 해줄까?

나는 행복을 찾는 것이 별 의미가 없다는 결론에 도달하게 됐다. 당연히 온 식구를 지구 반대편까지 다 끌고 가서 사원과 교회들을 전전하며 행복을 찾아다니는 것도 의미 없는 일이다. 그

길에는 실망과 유감스러운 의상 코디(대부분이 타이다이 티셔츠)만이 기다릴 뿐이다. 행복은 일시적이고, 덧없고, 손에 잡히지 않는다. 자기계발서에서 뭐라고 떠들어대든 간에 행복은 의지가 있다고 해서 가질 수 있는 것도, 포착할 수 있는 것도 아니고, 기도로 불러낼 수도 없다. 그리고 당연한 이치이지만, 때로 불행한 시간을 겪지 않고는 행복할 수도 없다. 그게 자명한 이치다.

공식적으로 지구상 최고의 신문으로 인정받는 『뉴욕타임스』에서 예전에 행복의 필수 기준을 측정하려는 시도를 한 적이 있다. 다음이 기자들이 얻은 결론이다.

기본적인 것들의 소유. 음식, 주거지, 건강, 안전.
충분한 수면.
본인에게 의미 있는 인간관계.
타인과 본인에 대한 배려.
마음을 사로잡는 일이나 취미.

자, 나는 『뉴욕타임스』처럼 한 부대의 팩트 체커들을 갖춘 (귀족처럼 존칭을 고집하는) 위엄 있는 신문사와 논쟁을 벌일 마음은 추호도 없으나, 위에서 나열한 것은 찰나의 행복이 찾아올 가능성을 위해 준비해야 할 것들에 지나지 않는다고 생각한다.

J. D. 샐린저가 한 말 중에 이런 게 있다. 액체처럼 쥐고 있기 어려운 기쁨과 비교해서 행복이란 단단한 무언가라고. 솔직히 그 말이 내게는 해당되지 않는 것 같다. 나는 기쁨이 기체라고

생각한다. 기쁨은 아주 순간적인 덧없는 것이고, 행복은 액체다. 잡을 수는 있으나 오래 쥐고 있을 순 없다. 그렇다면 삶에서 단단하고 견고한 것은 무엇일까? 평정, 평화, 명료함, 의식, 균형. 이런 것이 우리 삶에서 의식적으로 창조와 발전이 가능한 기반이 되는 것들로, 이런 것을 갖추면 행복이 강물처럼 옆으로 흘러갈 때 당신은 그것을 퍼 담을 양동이를 준비한 셈이다.

내 경우엔 그런 준비를 갖추는 과정에 좋지 않은 습관들을 해결하는 것도 포함됐다. 가장 주된 문제는 음주였는데, 음주가 바로 대부분의 다른 나쁜 습관을 초래하는 주범이었기 때문이다. 노이로제, 울화, 비교적 비관적인 인생관 등등. 사실 마이소르에서 술이 떡이 됐던 그 암흑의 날 이후, 나는 알코올에 그렇게 덤비지 않고 지냈다. 그날 무슨 일이 일어났던 건지 구체적인 숫자로 나타낼 수 있는 설명이 부족한 관계로 그날의 기억은 대부분 베일에 싸여 있다. 그러나 술에 대한 갈망은 가라앉았다. 이제는 와인이 반이나 남아 있는 상태에서도 코르크 마개를 돌려 닫을 수 있게 됐고, 두세 잔만 마시고도 자리를 털고 일어날 수 있으며, 더 이상 매일 저녁 혼자 모든 걸 다 잊을 때까지 퍼 마시고 싶다는 강한 충동을 느끼지 않는다. 그리고 매주 내가 마시는 술의 양은 우리 정부에서 안전하다고 정한 양보다 적다. 내가 기적을 믿는 사람이었다면 이거야말로 진정한 기적 같은 일이다. 이 기적을 설명할 수 있는 건 내가 앞서 말한 자기 충족적 절제력이라고 생각한다. 나는 나 자신을 절제력 있는 사람으로 변화시켰고, 절제력 있는 사람들은 와인 세 잔만 마시고도 술잔을 내려놓을 수 있다. 사실을 말하자면 현실을 도피하고픈 강한 욕구가 자체가 사라졌다. 나는 지금도 술을 마시고 있고 여전히 술을 즐기지만(요즘은 와인으로만 주종을 엄격히 제한하고 있다) 이제는 더 이상 내 모든 감각을 마비시키기 위해 술을 마시지 않는다. 이제는 술을 마시는 목표가 만취하기 위함이 아닌데, 그렇게 된 데에는 요가와 명상 수련이 내게 선물한 평정심의 몫이 크다. 정말 마법 같은 일이지만(이보다 더 적합한 표현은 생각나지 않는 관계로) 이제는 예전처럼 그렇게 불안하지도, 두렵지도 않은데 이런 변화를 유일하게 설명해줄 수 있는 건 내가 인도에서 배워온 기술과 그것이 내 일상에 주는 좋은 영향과 성취감밖에 없는 같다.

내가 새롭게 발견한 평정심 — 정말 인도스러운 단어인 평정심은 불교의 '측량 불가능한 네 가지 덕목' 중 하나로 기쁨, 사랑, 연민과 함께 바가바드기타와 파탄잘리의 가르침의 핵심 내용이다 — 은 내 삶으로 스며들어 문제였던 몇몇 영역의 독소를 제거한 것 같다. 그렇다고 평정심을 통해 그 무엇에도 신경 쓰지 않는다거나 삶에서 발을 뺐다는 얘기가 아니다. 다만 외부의 물리력에 영향을 받지 않기 위해 노력하는 온건한 금욕의 상태로, 세상에서 날아오는 돌팔매와 화살로부터 자신을 보호함과 동시에 내 삶의 통제력이나 책임을 결코 포기하지 않는다는 의미다. 실은 인도에서 많은 것을 경험하며 놀라울 정도로 의연한 태도를 보여준 내 두 아들이 내 평정심의 롤 모델이 되어주었다. 애스거와 에밀은 인도라는 나라가 자기네한테 던져주는 모든 것을 다 흡수하는 듯했다. 그 모든 것에 관심을 갖고 경계하면서도, 놀라울 정도로 당황하거나 동요하지 않았다. 이제 나도 예전보다 더 긍정적인, 열린 사람이 되었고, 조바심과 긴장감은 덜해졌다. 집중력은 엄청나게 개선됐다(내 컴퓨터의 북마크 폴더에서 트위터 링크를 제거했는데 이것도 도움이 됐다). 이젠 예전처럼 전전긍긍하지도 않고 성질도 좀 죽었다. 일상 속의 구체적인 예를 하나 들어보자면, 운전할 때 누가 확 끼어들어도 별로 화가 안 난다. 그런 일이 나에 대한 사적인 감정 때문에 생기는 게 아니라는 걸 이제야 제대로 이해하게 됐다. 그리고 우리 집 프린터가 결코 나를 미워하는 게 아니며 내 인내심의 한계를 시험하는 것도 아님을 깨닫게 됐다. 달리 말하면, 좀 뒤늦은 감이 있다는 건 인정하나 모든 게 다 나와 상관 있는 건 아니라는 결론에 이르렀다. 운전하는 사람들 중에는 거지 같은 놈들도 있는 거고, 내 프린터는 사실 맛이 좀 갔다. 이런 각성은 물론, 세상을 있는 그대로 받아들인다거나 고대 그리스 철학을 택하는 것만큼이나 자아와 관련 있는 문제다. 그런데 참 역설적인 것이 명상을 통해 내면으로 침잠하고, 모든 초점을 내부로 돌리면서 나는 오히려 걷잡을 수 없이 날뛰던 내 자아의 고삐를 잡을 수 있었던 것 같다. 나 자신에게 집중하자 나 자신의 시끄럽고 공격적인 면이 수그러들었다.

자, 이제 마지막으로 인도에 관한 얘기를 해보겠다. 이미 언급했듯이 자신의 문제를 해결하기 위해 꼭 인도로 여행을 갈 필요는 없다(심지어 바람직한 일도 아니라고 본다). 삶이 엉망이 된 외국인들이 잔뜩 몰려들어 보태지 않아도 인도에는 이미 그 나라만의 문제가 차고 넘친다. 하지만 인도가 우리를 도울 수 있는 한 가지가 있다면 시야를 넓혀준다는 거다. 새스님 상혜라가 『상투를 튼 소년The Boy with the Topknot』에 썼듯이 "인도에서는 창밖만 한번 내다봐도 내가 가진 것에 감사하게 된다".

인도에 가본 사람 중 집에 돌아왔을 때 수돗물이 콸콸 나오고 머리 위에 지붕이 있는 것에, 그리고 사람들이 교통 규칙을 대체로 잘 지킨다는 것에 감사하지 않을 이는 없을 거라고 본다. 그리고 만약 인도에서의 경험 이후에도 이런 것에 감사하는 마음이 들지 않는다면, 솔직히, 그 사람은 그런 걸 누릴 자격이 없다.

나는 나보다 더 부유하고 성공하고 인정받는 영장류의 고작 5퍼센트에 불과한 사람들에 대해 곱씹느라 말도 안 되게 많은 시간을 허비하곤 했다. 늘 '나보다 더 나은' 사람들과만 비교하고 있었던 거다. 나보다 덜 가진 95퍼센트에 달하는 사람들을 생각하고 내가 가진 것에 감사했다면 더 현실적인 인간이 되는 건 말할 것도 없고 사는 데 훨씬 도움이 됐을 텐데. 앤서니 그레일링 교수는 '행복으로 가는 방법 하나는 담장 너머 존스 씨 댁을 그만 훔쳐보는 것이다'라고 했다. 그 대신 굽타 가족, 쿠마르 가족, 파텔 가족이 어떻게 살고 있는지 보는 건 어떨까. 과일 상자로 지은 그들의 집과 노출된 하수관을, 그리고 어수선하고 더러운 그들의 마당을 말이다. 그리고 아이들이 빌딩 건축 현장에서 노동하는 모습을 보거나, 실질적으로 벌거벗은 거나 다름없는 모습으로 발목까지 쌓인 쓰레기를 헤치고 다니며, 몇 푼 벌어보겠다고 당신 집 앞으로 매일 아이스크림 수레를 밀고 다니는 걸 봤다면, 그리고 이 모든 걸 당신의 자녀들과 목격했다면, 당신의 자녀들이 그와 비슷한 어떤 걸 견디며 살아가는 것을 지켜보지 않아도 된다는 사실이 주는 안도감은 실로 형언하기 어렵다.

서구 경제가 부채의 심연으로 사라져버리는 것을 보며 이제 많은 이가 그동안 우리는 누릴 만큼 충분히 누렸다는 사실을 마침내 자각하기 시작했다. 우리 삶을 완전하게 만들기 위해서 3D TV나 아이폰 또는 모조 다이아몬드가 줄줄이 박힌 돌체 앤 가바나 점프 슈트 같은 건 필요하지 않다고. 그저 모든 것이 어느 정도 충족되기만 하면 괜찮은 것이다. 저 높은 곳에 있는 것을 잡기 위해 늘 손을 높이 뻗고 있기보다는 많은 이가 만족하는 법을 배우고, 손에 신용카드를 쥐지 않고서도 충족하는 법을 배우고 있다. 이는 결과적으로 우리는 모두 '작은 것에 감사'해야 한다는, 숱하게 애용되는 '마음챙김' 수사로 이어지게 돼 있다. 안다. 뻔한 얘기라는 거. 그렇지만 나는 이제야 향기로운 차 한잔이 얼마나 좋은 것인지, 아침에도 우리 화장실이 따뜻하다는 사실이 얼마나 감사한 것인지 진정 새롭게 인식하게 됐다. 그리고 점점 더 드문 일이 되어가고 있고, 슬프게도 머지않아 영원히 맛보지 못할 일이 되겠지만, 우리가 함께 걷고 있을 때 내 아들이 말없이 손을 뻗어 내 손을 잡아오고, 그러면 내가 그 손을 한 번 꼭 쥐고, 아들이 화답으로 다시 내 손을 꼭 쥐는 순간, 그래서 내 심장이 터져버릴 것 같은 그 순간을 나는 감사하게 생각한다.

그렇다고 굳이 마세라티나 프로방스의 별장을 마다할 생각은 없고, 명품 점프 슈트를 입으면 나도 완전 멋져 보일 거라 자신하지만, 이제는 내 삶에 이런 것들을 누리지 못한다 생각해도 잘 살 수 있다는 얘기다.

영국의 영성가이자 저술가인 폴 브런튼은 이렇게 썼다. "주요 도시와 유적지를 '돌아보고' 인도의 낙후된 문명을 경멸하며 황급히 자국으로 돌아가버리는 백인 관광객이 인도를 비하하는 것은 당연히 비난받을 일이 아니다. 그러나 현명한 관광객이라면 어느 날 아침 일어나 쓸데없이 다 무너져가는 사원들의 유적지나 옛날에 죽은 방탕한 왕들의 대리석 깔린 궁전에 가는 대신 지금을 살아가는 현자들을 찾아갈 것이다. 그 현자들은 우리가 대학에서 배우지 못한 지혜를 드러내리라."

내가 그 '현명한 관광객'이었노라고 주장하는 건 아니다. 그리고 인도에 대해 상당히 자주 열폭했던 것에 대해(전부 다 정당치 않았던 것은 아니지만) 죄책감을 느끼는 바다. 그러나 나는 아내 복이 있어 현명한 아내를 만났고, 아내는 나의 행동, 나의 신념 그리고 나의 삶에 대한 적절한 질문들을 던져보라고 내 옆구리를 넌지시 쿡 찔러주었다.

감사의 글

비나이 쿠마르님. 그분의 영적 강인함, 인정, 지혜를 나는 무척 부러워한다. 어쩌면 내 삶을 구제해주신 분이라 할 수도 있고, 그게 아니라면 적어도 내 삶이 궤도에 오를 수 있도록 도와주신 분이다. 그는 자신이 사람들의 삶을 구제해주는 게 아니라고 한다. 그러기엔 너무 겸손하신 분이기 때문이다. 그러나 배 모양의 요가 샬라를 운영하고 계시므로 그에 대한 정보를 원하시면 이곳에 들러보시면 된다. www.pranavashya.com

M. A. 나라심한님. 이분과 함께한 시간이 내 삶의 엄청난 특혜라고 생각할 정도로 위대한 학자. 아쉽게도 이분은 웹사이트도 믿을 만한 연락 방법도 없다. 그는 마치 A-특공대 같다. 만약 당신에게 문제가 있다면, 만약 도와줄 사람이 아무도 없다면 그

리고 당신이 그를 찾아낼 수 있다면, 그분은 당신과 이야기를 나누어줄 것이다

나의 편집자 조너선 케이프의 댄 프랭클린. 나를 지지해주고 지원해준 그의 노력이 언젠가는 실질적인 책 판매로 보상받기 바란다. 그리고 케이프의 톰 에이브리. 그의 도움이 없었다면 이 책과 그 전 책도 세상에 나오지 못했을 것이다.

나의 전 에이전트 카밀라 혼비 그리고 지금의 내 에이전트 데이비드 고드윈 어소시에이트의 커스티 매클라칸. 그들의 조언과 격려에 감사드린다.

이 책의 표지는 랜덤하우스의 관대하고 인내심 있는 매트 브런튼이 디자인했다. 오리지널 아이디어는 피터 스탠백이라는 천재의 것이다.

그리고 나의 좋은 친구 도르테 줄. 그녀가 아니었다면 리센은 비나이를 알 수도 없었을 것이다. 그리고 『거대한 도약The Big Leap』의 저자 수지 그리브스. 읽어볼 가치가 충분히 있는 유일한 자기계발 구루. 나는 그녀의 우정과 지혜를 내가 종종 표현하는 것보다 더 가치 있게 생각한다.

애스거와 에밀. 이 인도 여행을 떠나며 어떤 일을 겪게 될지 너희가 잘 몰랐다는 걸 안다. 혹시 이 책을 읽게 된다 해도 나를 너무 호되게 비난하진 않길 바란다. 너희 둘과 함께할 수 있다는 건 정말 최고의 기쁨이었단다.

그리고 나의 아내 리센. 끝까지 가보면 결국은 늘 당신이 옳아. 언제나 그렇듯, 고마워.

그 외에 감사한 분들

비록 결국은 우리가 여행의 모든 비용을 다 대게 되긴 했지만(결코 내 노력이 부족해서는 아니라고 자신 있게 말씀드릴 수 있다) 첫 두어 달의 여행 계획을 짜는 데는 이런저런 도움을 받은 게 사실이고, 며칠 밤의 숙박은 낯 두껍게도 잔머리를 굴려서 얻어 냈다. 그렇지 않았으면 우리 형편으로는 꿈도 못 꿀 호사였다. 따라서 콕스 앤 킹 여행사, 특히 룹 쿠마르(www.coxandkings.com) 그리고 인더스 투어스(www.indus.co.uk)의 야신 자가르에게 감사드린다. 만약 인도아대륙으로의 여행을 계획하고 있다면 두 곳 다 아주 훌륭한 여행사임을 덧붙인다.

만약 케랄란의 목가적 풍경을 원한다면 필립쿠티(www.philipkuttysfarm.com)를 자신 있게 추천한다. 아누와 그녀의 아주 특별한 가족들의 친절함에 감사드린다. 만약 리조트를 찾고 있다면 랄릿 베칼(www.thelalit.com)도 매력적인 곳이다. 다만 이제는 사람이 좀 많을 거란 각오는 해야 할 듯.

델리에서는 파크 호텔이 괜찮다(www.theparkhotel.com, 인도 전역에 몇 곳이 있다). 그리고 경제적 능력이 된다면 — 절대 당신이 돈이 없을 거란 얘기는 아니다 — 여기저기에 자릴 잡고 있는 타지 호텔에 묵으며 인도를 보는 것만큼 멋진 경험은 없을 것이다(www.tajhotels.com). 특히 정말 특별한 우마이드 바완 팰리스와 그곳의 완벽한 직원들, 그중에서도 비교 불가의 총주방장 J. S. 바타나가르께 깊은 감사를 전한다. 그리고 헤만트 오베로이 셰프께도 감사드린다.

코치(코친) 여행에 좋은 여행사로는 마블 투어스를 추천한다. gopuk@marveltour.net으로 연락하면 된다.

마이소르에서 장기간 체류할 곳을 찾고 있다면 www.mulberrybay.in을 추천한다.

내가 묵언수행을 경험한 곳은 슈레야(www.shreyasretreat.com)다. 솔직히 말해 이곳에서 시간을 보내는 것이 득이 되지 않을 사람은 없을 거라 생각한다.

우리 요가 샬라에서 함께 수련한 동지들에게도 감사한다. 그리고 나의 과장된 언동으로 수업 분위기를 흐린 것에 대해서도 깊이 사과드린다. 마지막으로 우리의 여행길에서 만난 모든 인도인에게 그래서 우리의 여행을 즐겁고 기억에 남도록 해준 그분들에게 감사의 말씀을 전한다. 특히 비노드 쿠마르와 저마다 개성 넘쳤던 우리의 가이드와 기사님들, 라울 베르마, 사우리시 바타차르야, 바크시시 딘에게 그리고 니타와 바드리, 수라지와 데바키에게 이 자리를 빌려 나의 마음을 전한다. 감사합니다.

먹고 기도하고 먹어라
미친 듯이 웃긴 인도 요리 탐방기

초판인쇄	2020년 2월 3일
초판발행	2020년 2월 10일

지은이	마이클 부스
옮긴이	김현수
펴낸이	강성민
편집장	이은혜
마케팅	정민호 김도윤 고희수
홍보	김희숙 김상만 오혜림 지문희 우상희

펴낸곳	(주)글항아리	출판등록 2009년 1월 19일 제406-2009-000002호

주소	10881 경기도 파주시 회동길 210
전자우편	bookpot@hanmail.net
전화번호	031-955-2682(편집부) 031-955-2696(마케팅)
팩스	031-955-2557

ISBN	978-89-6735-750-4 03910

이 도서의 국립중앙도서관 출판예정도서목록(CIP)은 서지정보유통지원시스템 홈페이지(http://seoji.nl.go.kr)와 국가자료공동목록시스템(http://www.nl.go.kr/kolisnet)에서 이용하실 수 있습니다. (CIP제어번호 : CIP2020003746)

geulhangari.com